dtv

Die besten Reporter des SPIEGEL, viele von ihnen preisgekrönte Buchautoren, haben die Geschichte des 11. September 2001 in monatelanger Arbeit recherchiert. Sie beschreiben die Vorbereitung des Attentats und schildern minutiös die Entführung der vier Flugzeuge, den Angriff auf das Pentagon und das World Trade Center, den Überlebenskampf in den beiden Türmen. Und sie versuchen Antworten auf die Frage nach den Motiven der Täter zu finden, in deren Lebensläufen, in den Einschätzungen von Eltern, Geschwistern, Freunden und Fahndern. Ein ausführlicher Anhang enthält die Liste der Attentäter und ihrer Helfer, die Chronologie des Attentats, Auszüge aus dem Terroristen-Handbuch, die Fibel für Selbstmordattentäter, Attas Testament und die Abschrift eines Bin-Laden-Tapes.
„Eine beeindruckende Sammlung von Fakten, die viele Fragen über das Motiv der schrecklichen Tat beantworten, aber auch ein Buch, das an Dramaturgie und Spannung kaum zu überbieten ist.“ (*Hamburger Abendblatt*)

11. September
Geschichte eines Terrorangriffs

Herausgegeben von
Stefan Aust und Cordt Schnibben

mit Beiträgen von
Klaus Brinkbäumer, Uwe Buse,
Dominik Cziesche, Fiona Ehlers,
Ullrich Fichtner, Hauke Goos,
Lothar Gorris, Ralf Hoppe,
Thomas Hüetlin, Ansbert Kneip,
Dirk Kurbjuweit, Georg Mascolo,
Cordula Meyer, Alexander Osang,
Alexander Smoltczyk,
Barbara Supp, Andreas Ulrich

Deutscher Taschenbuch Verlag

Bildnachweis:
Die Fotografen stehen in der Reihenfolge der Fotos im Bildteil: Dennis Stock/Magnum; Kathy Cacicedo; Magnum/Agentur Focus (6); Lyle Owerka/Gamma; Charlie Kurz/Lookat; Reuters; Joe McNally/Life; Klaus Reisinger/Editing/Agentur Focus; Frank Schwere; Carolina Salguero/„Here is New York“; Matt Moyer/AP; Marty Heitner; Kelly Price/Reuters; Steve Lopez/Gamma; David Turnley/„Here is New York“; Yoni Brook/Gamma; Gilles Peress/Magnum/Agentur Focus; Klaus Reisinger/Editing/Agentur Focus; AP.
Grafiken: © Spiegel-Verlag, Hamburg

August 2003
Deutscher Taschenbuch Verlag GmbH & Co. KG,
München
www.dtv.de

Der ihrerseits aktualisierten Taschenbuchausgabe liegt
die 5., durchgesehene und aktualisierteAuflage zugrunde.
Umschlagkonzept: Balk & Brumshagen
Umschlagfotos: © Tannen Maury, dpa
Satz: Fotosatz Amann, Aichstetten
Gesetzt aus der Sabon
Druck und Bindung: GGP Media, Pößneck
Gedruckt auf säurefreiem, chlorfrei gebleichtem Papier
Printed in Germany • ISBN 3-423-34026-6

Inhalt

Vorwort

Am 15. April 1912 sank die „Titanic". Über 80 Jahre später beschäftigt der Schiffsuntergang die Menschheit immer noch so sehr, dass die Verfilmung dieser Katastrophe zum größten Filmerfolg aller Zeiten wurde.

Am 22. November 1963 wurde John F. Kennedy erschossen. Bis heute gehen immer wieder Filme, Bücher, Artikel der Frage nach, wer den US-Präsidenten tötete und warum.

Vom 15. bis zum 17. August 1969 versammelten sich Hunderttausende in der Nähe des kleinen Ortes Woodstock und feierten eine Massenorgie, die der Beginn einer friedlichen Weltkommune aller Menschen sein sollte. Wenige Jahre später war dieser Traum unter Drogen, Gewalt und Kommerz begraben; bei jedem Open-Air-Festival glimmt er wieder auf.

Am 2. Juni 1967 wurde der Student Benno Ohnesorg in Berlin erschossen. Sein Tod verwandelte die antiautoritäre Bewegung der Studenten in einen Aufstand gegen den westdeutschen Staat und später zum bewaffneten Kampf der RAF. Bis heute wird der Geist der 68er bewundert und verflucht.

An die großen Tage der Weltgeschichte, die wie Weichen des Schicksals sind, erinnern sich Menschen Jahre und Jahrzehnte später, erzählen sich immer wieder, wie sie diesen Tag erlebt haben, was sie gemacht haben, woran sie gedacht haben. Wer am 11. September von 15 Uhr an im Fernsehen verfolgt hat, wie United Airlines 175 im Südturm des World Trade Center verschwand und wie später die beiden Türme zusammenfielen, der wird diese Bilder nie mehr aus seinem Kopf bekommen. Der 11. September 2001 wird ein Tag sein, über den noch am Ende dieses Jahrhunderts gesprochen werden wird – wie allerdings, das dürfte sich erst in den kommenden Jahren entscheiden.

Es kann sein, dass der 11. September 2001 nicht mehr sein wird als der Tag einer großen Katastrophe, so wie der 15. April 1912. Das wäre schön.

Es kann sein, dass der 11. September als Tag in die Geschichte eingeht, an dem die Menschheit lernte, wie die Staaten und Kulturen der Welt die Quellen des Terrors beseitigen können. Das wäre noch schöner.

Es kann sein, dass der 11. September der Beginn war für einen langen, immer aggressiveren Kampf zwischen Armeen und Islamisten, zwischen Staaten und Terroristen, zwischen Nahem Osten und Westen, zwischen Christen und Muslimen. Das wäre fürchterlich.

Nichts bleibt, wie es ist, hieß es in den Tagen nach dem 11. September überall, und das ist schon jetzt als Floskel erledigt. Vieles ist so, wie es vor dem 11. September war. Und dennoch ist der Angriff auf das World Trade Center ein Angriff auf unser Denken. Vieles von dem, was wir vorher wussten, ist nicht mehr viel wert. Und wer nicht begreift, was er nicht weiß, wird zum nützlichen Idioten des Terrors.

Terroristen wollen Schrecken verbreiten und uns mit Gewalt zwingen, über Dinge nachzudenken, über die wir vorher nicht nachgedacht haben. Das haben die Attentäter des 11. September erreicht: Wir denken über Islam und Terror nach.

Obwohl wir 3,5 Millionen Muslime im Land haben, war uns das Denken und Treiben dieser Leute vorher nicht interessant genug, um uns über die 1,3 Milliarden Muslime in der Welt den Kopf zu zerbrechen. Dass die Muslime in den arabischen Staaten die Globalisierung als Amerikanisierung erleben, dass sie sich von dieser Arroganz erniedrigt, von der Wirtschaftsmacht an den Rand gedrängt und von der Welt ausgeschlossen fühlen, haben wir nicht verstanden; dass der Islam taugt zur Weltanschauung der Verdammten dieser Erde und die Islamisten die Enttäuschung über das Versagen der islamischen Eliten in Anklagen gegen den Westen umzuleiten verstehen, haben wir nicht bemerkt.

Seit der Islamismus 1979 in Iran die Macht ergriff, haben wir gedacht, das ginge uns nichts an, weil wir von Religion nichts verstehen. Seit sich viele Islamisten auf deutschem Boden gen Mekka beugen, finden wir uns tolerant und weltoffen.

Als 1993 Terroristen versuchten, mit 550 Kilogramm Sprengstoff den einen Turm des World Trade Center auf den anderen stürzen zu lassen, aber die Baukonstruktion falsch berechneten, taten wir das ab als die Wahnsinnstat eines blinden Scheichs. In den folgenden Jahren versuchten Islamisten siebenmal, Flugzeuge, Tunnel, Schiffe in die Luft zu jagen, immer mit dem Ziel, möglichst viele Menschen umzubringen. Dreimal hatten sie Erfolg, viermal wurden die geplanten Attentate vorher entdeckt.

Wen die Anschläge treffen sollen, hat Osama Bin Laden spätestens seit 1996 nicht mehr verhehlt: Amerikaner und ihre Verbündeten, Soldaten ebenso wie Zivilisten – weil sie Steuern zahlen und zur Wahl gehen. Erst Saudi-Arabien und seine Ölfelder von den US-Soldaten befreien, dann in

Pakistan die Macht und die Atomwaffen erkämpfen, schließlich die Welt mit Guerrilla-Aktionen in Angst und Schrecken versetzen – bis die Islamisten in vielen Ländern das öffentliche Leben dominieren.

Das Erschreckende ist: Wäre der Anschlag am 11. September, wie so mancher vorher, missglückt, würden wir Bin Laden und den Feldzug islamistischer Terroristen immer noch für eine Erfindung der CIA halten.

Das Attentat ist ein Angriff auf unser Denken, in den Trümmern des World Trade Center liegen neue Wahrheiten und Fragen: Eine Horde unauffälliger, intelligenter, todessüchtiger Islamisten zieht um die Welt. Wie kann man verhindern, dass sie uns in die Luft jagen, dass sie noch mehr werden, dass sie uns für Gesindel halten? Leiden die Länder, aus denen sie kommen, an zu viel oder an zu wenig Globalisierung? Wie schnell lernen wir, dass kein islamisches Land ist wie das andere? Ist das Attentat die Chance, die Welt politisch zu globalisieren? Oder wird die USA dadurch endgültig zur Weltpolizei? Und so weiter und so fort.

Der religiös motivierte Terror, der sich am 11. September gesteigert hat zum Massenmord an 3000 Menschen, fordert neue Antworten der Weltpolitik, weil er noch irrationaler und skrupelloser ist als der sozialrevolutionär motivierte Terror des 20. Jahrhunderts. Seine Taten sollen Allah überzeugen, nicht Bauern, Arbeiter, Studenten oder welche Unterdrückten und Verfemten auch immer; und Allah wird sich nicht bei den Tätern melden und sagen, dass ihr Treiben nicht in seinem Sinne sei.

Allah stellt keine Forderungen, Allah verhandelt nicht, und darum sind die Terroristen, die in seinem Namen töten, nicht Verhandlungspartner für irgendeine weltliche Macht. Sie wollen die Ungläubigen ausrotten, nicht überzeugen. Die Attentäter des 11. September, wollten sie nur so viel Schrecken wie möglich verbreiten, so viele Amerikaner wie möglich umbringen? Haben sie über den Tag ihrer Tat hinaus gedacht, wollten sie die USA zum Gegenschlag provozieren, begriffen sie ihr Attentat als Beginn eines Krieges, der irgendwann mit dem Endsieg aller Islamisten endet? Haben sie sich vorher den amerikanischen Präsidenten vorgestellt in den Minuten und Stunden nach ihrem Terrorfeuerwerk? Haben sie in den Jahren der Vorbereitung geschwärmt vom Jubel, der in den Moscheen zu hören sein würde? Haben sie am letzten Abend gescherzt über die Toten des nächsten Tages, tausend, zweitausend, dreitausend?

Dieses Buch versucht die Antworten auf die Frage nach den Motiven in den Lebensläufen der Täter zu finden, in den Einschätzungen von Eltern, Geschwistern, Freunden und Fahndern. Die Terroristen waren keine Wahnsinnigen, sie waren keine Schwachköpfe, keine Hungerleider, keine Verstoßenen. Sie waren keine Hinterwäldler, keine Höhlenbewohner, sie waren Kinder der Globalisierung wie wir, sie beherrschten mehrere Sprachen, sie kannten die Welt.

Sie unterschieden sich im Grad ihrer Religiosität, aber sie einte ihre Weltanschauung. Die westliche Welt sahen sie zerfressen von Geldgier, von Sex, von Egoismus. Die islamische Welt sahen sie als Oase des Glaubens und der Kultur, bedroht von Amerika, ausgehungert vom Westen, gedemütigt seit Jahrzehnten. Sie haben den Westen so missverstanden wie den Islam, in einem sahen sie nur die Zerstörung, im anderen nur den Zerfall.

Sich selbst hielten sie für Handlanger Gottes, und Osama Bin Laden war genau der Stellvertreter auf Erden, der sie fesseln konnte: gebildet, reich, weltläufig, charismatisch, fanatisch – keiner, der kämpfen muss, einer, der kämpfen will. Auch unter den 19 Attentätern waren solche Typen, „Heilige Krieger", für die der Dschihad so etwas war wie für westliche Wohlstandskinder das S-Bahn-Surfen, die Crack-Karriere oder das Extrem-Piercing. Wie sehr die 19 Täter Bin Ladens nur Befehlsempfänger waren, wer den Plan zum Massenmord entwickelte, woher das Geld kam für die fast zweijährige Vorbereitung, bleibt unklar; und auch das im afghanischen Jalalabad gefundene Bin-Laden-Tape stellt mehr Fragen, als es Antworten gibt. Das Gespräch wirkt wie eine Inszenierung, nicht initiiert oder manipuliert von der CIA, sondern ins Licht gesetzt von Osama Bin Laden, der sich im Gespräch mit einem Dinner-Gast, dem saudi-arabischen Kampfgefährten Scheich Khaled al-Harbi, als Drahtzieher des Attentats präsentiert, offenbar aber weniger über die Aktion wusste als die Täter: Am 6. September habe er bereits erfahren, sagt Bin Laden, dass die Flugzeuge am 11. September in die Türme fliegen würden; die Täter haben aber schon am 26. August begonnen, ihre Tickets für diese Maschinen zu kaufen.

Das Schauspiel der Zerstörung, das die Terroristen am 11. September der Welt boten, war größer, als es sich der Bauingenieur Bin Laden erträumt hatte. Er hatte nur mit ein paar zusammenstürzenden Stockwerken gerechnet. Menschen zu schockieren ist das Ziel von Terroristen, möglichst groß soll der Schock sein, möglichst viele Menschen sollen geschockt werden, und darum sind die Attentate des 11. September der bisher perfekteste Terrorakt der Geschichte. Mit der einen einschlagenden Maschine die Medien zum World Trade Center zu locken und ihnen dann 20 Minuten später mit dem Einschlag des zweiten Flugzeugs die Schreckensbilder zu liefern, die kein Mensch mehr aus dem Gedächtnis löschen kann, wirkt wie erdacht von den Hollywood-Dramaturgen, die

Präsident George W. Bush nach dem 11. September zu Beratern machte, um neue Anschläge von Islamisten im Voraus erahnen zu können.

Die Täter wollten sich und Tausende Menschen in den Tod jagen, sie haben sich selbst und mehr als 200 Passagiere zu Insassen von Cruise Missiles gemacht. Dieser perfide Plan ist geglückt – und ihn in seiner Vorbereitung und in seinen Details zu beschreiben mag verstehen helfen, welche Sorte Menschenfeind uns bedroht.

Die Geschichten der Menschen, die den Tätern und den Türmen des World Trade Center entkamen, sind voller Trost. Sie erzählen davon, wie Lebenswille und Zufall über Terroristenpläne triumphieren. Die Geschichten der Feuerwehrmänner sind voller Hoffnung: Sie erzählen davon, wie die Bodentruppen der Menschlichkeit an einem Tag, der manchem zunächst schien wie der Anfang vom Ende, wieder ein paar Meter gutmachen konnten.

Die Lebenslinien von Terroristen und Managern, von Sekretärinnen, Stewardessen, Fensterputzern, Brokern, Köchen, Polizisten und von Computerexperten, von Menschen aus über 62 Ländern kreuzten sich an diesem Tag im World Trade Center. 3000 von ihnen starben, aber mehr als dreimal so viel überlebten.

Das Schicksalsgeflecht des 11. September zu entwirren war eine spannende, mühselige Arbeit. Gespräche mit Familienangehörigen und Freunden der Täter, mit vielen Überlebenden aus den Türmen des World Trade Center, mit Feuerwehrleuten aus New York und Sicherheitskräften der Flughäfen in Boston, Newark und Washington, mit Polizeifahndern aus mehreren Ländern waren ebenso wichtig wie die Auswertung vieler Dokumente: Abschriften des Funkverkehrs zwischen den Cockpits der Flugzeuge und den Fluglotsen, der Handy-Anrufe aus den Flugzeugen, der Notrufe bei Polizei und Feuerwehr, der Telefonate aus dem World Trade Center. Neue Geheimdienstinformationen über das weltweite al-Qaida-Netzwerk leuchten den Hintergrund der Täter aus.

Die minutiöse Rekonstruktion des 11. September ist eine Gemeinschaftsleistung von 48 Reportern, Redakteuren, Rechercheuren, Bildredakteuren, Dokumentaren, Grafikern und Schlussredakteuren. Die 18 Autoren danken Udo Ludwig, Erik Schelzig, Holger Stark, Georg Bönisch, Erich Follath, Heike Kalb, Bettina Stiekel und den New Yorker Kolleginnen Sabine Schenk, Kerstin Linke-Muller und Angelika Wrubel für ihre Recherchen und Beiträge. Ohne die Dokumentare Klaus Falkenberg, André Geicke, Stephanie Hoffmann, Angela Köllisch, Wilhelm Tappe, Peter Wahle und die Schlussredakteure Lutz Diedrichs-Schneider, Hermann Harms, Anke Jensen und Manfred Petersen wäre das Buch voller Fehler. Den Bildredakteuren und Grafikern Claudia Jeczawitz, Christiane Gehner, Matthias Krug, Michael Rabanus, Martin Brinker, Michael Walter, Ludger Bollen, Cornelia Pfauter, Jens Kuppi und Claudia Conrad danken wir ebenso wie den Sekretärinnen Helma Dabla und Runhild Höfeler.

Ohne die Unterstützung der SPIEGEL-Chefredakteure Stefan Aust, Martin Doerry und Joachim Preuß hätte es dieses Buch nicht gegeben; ohne die immer noch junge Vision Rudolf Augsteins, investigative, analytische und erzählerische Talente in einer Redaktion zusammenzuführen, wären wir verstreut statt vereint.

Unser letzter und herzlichster Dank gilt den Überlebenden und Feuerwehrleuten, die in langen Gesprächen jene Stunden nochmals durchlitten haben, die sie und die Welt nicht vergessen werden.

Cordt Schnibben

1

„Du pflanzt die Angst in die Herzen der Ungläubigen“

Flug American Airlines 11 und der Anschlag auf den Nordturm des World Trade Center

Jersey City, New Jersey, 11. September, 4.40 Uhr

Jan Demczur braucht keinen Wecker. Er muss raus, denn er hat einen Plan. Der Tag, der Monat, das Jahr, sein Leben sind aufgeteilt in Flächen, in Glasflächen. Demczur arbeitet sich seit zehn Jahren als Fensterputzer durch das World Trade Center. Er macht es sauber, immer wieder von vorn, auch am Wochenende, unaufhörlich. Das sieht sein Plan vor. Demczur hat einen weiten Weg hinter sich, und er ist noch nicht am Ziel. Irgendwann will er ein richtiger Amerikaner sein. Deshalb muss er früh raus.

Jan Demczur ist 48 Jahre alt, er hat einen polnischen Akzent, ein polnisches Gesicht und ein amerikanisches Haus, das ihm zur Hälfte gehört. Er hat zwei Töchter und eine Frau, die noch schlafen. Natürlich schlafen sie noch. Es ist Dienstag, er wird im 48. Stock anfangen. Wie immer am Dienstag. Er hat Monatspläne, Wochenpläne und Tagespläne, die er sich selbst ausarbeitet. Sie geben ihm die Glasfläche, er entwickelt den Plan. Er macht das jetzt schon zehn Jahre lang, er verschwendet keine Zeit mehr.

Demczur geht leise ins Badezimmer, er rasiert sich. Dann zieht er sich an. Er trägt eine Krawatte, wenn er zur Arbeit geht. Er findet, dass sich das gehört, er arbeitet im berühmtesten Haus der Welt, zusammen mit Geschäftsleuten. Der US Highway 78 dort draußen summt bereits, aber jetzt, kurz vor fünf, hört man Pausen zwischen den einzelnen Autos, die auf den Holland-Tunnel zurollen und aus ihm hinaus. Noch 20 Minuten, dann verschwinden die Pausen in einem Geräuschbrei. Demczurs kleines Haus steht nur drei Straßen von der Autobahn entfernt. Es ist laut, aber es gibt einen Baum vor dem Fenster.

Um 5.20 Uhr zieht Demczur die Wohnungstür hinter sich zu. Niemand hat irgendetwas von ihm gehört. Alle schlafen.

Portland, circa 5 Uhr

Das Geräusch kleiner Flugzeuge begleitet Mohammed Attas letztes Erwachen in einem Hotel, 160 Kilometer nordöstlich von Boston, 450 Kilometer nördlich von New York. Seit fünf Uhr surren Cessnas und Pipers um die zwei Rollfelder des Flugplatzes von Portland.

Attas Nichtraucherzimmer im „Comfort Inn"-Motel ist eingerichtet mit pseudo-andalusischem Stilmobiliar, dunklen Kommoden und üppigen Nachttischen, die Bettpfosten wie gedrechselt, Sessel und Decken sommerlich bunt.

Zur Tür hin geht es rechts zu Toilette und Badewanne, links ist ein

Waschtisch eingelassen, über der Nische flimmert giftiges Neonlicht. *Verlasse die Wohnung nicht, bevor du gewaschen und sauber bist, denn die Engel werden dir vergeben, wenn du sauber bist.* Das sagt die Attentäterfibel, die man später in einer Reisetasche Attas finden wird.

Hält sich Atta an die Gebote der Fibel, dann rasiert er sich an diesem Morgen, schöpft sich Wasser ins Gesicht, säubert sich zum letzten Mal. Wickelt er auch die Motelseife aus dem blassbraunen Wachspapier? Benutzt er die flachen Stücke, 28,3 Gramm schwer, das eine gedacht fürs Gesicht, das andere beschriftet mit „Deodorant"? Riecht Mohammed Atta am Tag seines Selbstmords fruchtig nach dem „Botanical Shampoo" der Comfort-Inn-Kette?

Um 5.33 Uhr gibt er an der Rezeption die hellblaue Schlüsselkarte seines Zimmers ab. An seiner Seite ist Abd al-Asis al-Umari, mit dem er das Doppelzimmer geteilt hat. Sie frühstücken nicht, sie verlassen das Motel zügig. Draußen wartet ein blauer Nissan Altima, Kennzeichen: Massachusetts 3335VI, gemietet bei Alamo Rental Cars in Boston. Kurz darauf fährt der viertürige Nissan in das Parkhaus am Flughafen.

Um 5.43 Uhr checken Atta und Umari im Souterrain des gestreckten Stahl-Glas-Baus ein, Flug US 5930, von Colgan Air ausgeführt für US Airways, nach Boston.

Um 5.45 Uhr passieren sie eine Etage höher die Sicherheitsschleuse. Das Röntgenbild ihrer Taschen wirkt auf niemanden beunruhigend.

Jersey City, New Jersey, 5.30 Uhr

Fensterputzer Jan Demczur läuft zehn Minuten lang durch sein kleines Viertel bis zum Pendelzug, der ihn von New Jersey nach Manhattan bringt. Die Einfahrt vor seiner Garage schimmert noch feucht, in der Nacht ist ein Unwetter heruntergegangen. Der Tag wird es vergessen machen, nirgendwo wechselt das Wetter so schnell wie in New York. Schon gar nicht in Polen. Es soll schön werden heute, sagt der Wetterbericht. Jan Demczur atmet die Morgenluft ein. Er ist seit ein paar Jahren nicht mehr abhängig vom Wetter, denn er arbeitet nur noch drinnen. Das ist ein Privileg, er ist der Dienstälteste von 35 Fensterputzern, die seine Firma „American Building Maintenance" im World Trade Center beschäftigt.

Es ist eine Arbeit mit hoher Fluktuation, die meisten Fensterputzer sind erst seit kurzem in Amerika. Es gibt Jugoslawen, Albaner, Türken, Iren – aber nur einen Polen. Zwei seiner Kollegen bedienen die Fensterputzmaschinen, die oben auf den Türmen stehen. Demczur hat das vor

Jahren auch gemacht. Man hat einen guten Blick von dort, aber es ist langweilig. Nur die obersten zwei Stockwerke und die untersten neun müssen mit der Hand gereinigt werden. Dorthin reichen die Maschinen nicht. Aber Jan Demczur muss nicht mehr raus. Seit drei Jahren ist er nur noch im Nordturm unterwegs. Er hat sich spezialisiert.

Im Pendelzug nach New York gibt es um diese Uhrzeit noch freie Sitzplätze. Um 5.50 Uhr verlässt Jan Demczur den Zug im fünften Untergeschoss des World Trade Center. Auf Rolltreppen fährt er nach oben. Er ist fast allein hier, die Geschäfte im unterirdischen Einkaufszentrum sind noch geschlossen. Um 5.54 Uhr zieht er seine Karte durch die Stechuhr im ersten Untergeschoss des Nordturms. Demczur fährt mit dem Fahrstuhl in den dritten Stock, wo sich die Fensterputzer umziehen. Er hat einen Spind mit seinen Arbeitssachen und seinem „Werkzeug“: Eimer, Lappen, Spülmittel, Gummischrubber. Es sind ein paar Kollegen da, nicht alle. Sie haben unterschiedliche Anfangszeiten, und nicht selten verschläft jemand. Jan Demczur trifft Rako Cami, einen Albaner, der die Maschine auf dem Dach des Südturms bedient, und Fabian Zoto, der jeden Morgen im Restaurant „Windows on the World“ Fenster putzt, bevor die ersten Gäste kommen. Der Stammfahrer für die Maschine auf dem Nordturm hat Urlaub, seine Vertretung scheint wieder mal verschlafen zu haben.

Es ist nicht einfach, zuverlässige Leute zu finden. Sie reden ein bisschen, nicht viel, es ist früh. Jan Demczur legt die Krawatte ab, niemand hat sie gesehen, aber darauf kommt es nicht an. Er hängt sie in den Schrank. Er kämmt sich noch mal, er trägt einen Seitenscheitel, er trug ihn schon als kleiner Junge.

Portland, 6 Uhr

Nach einer 14-minütigen Wartezeit am Gate 11 besteigen Mohammed Atta und Abd al-Asis al-Umari die mit Propellern getriebene 19-sitzige Beech 1900, Flugziel Boston, Massachusetts.

Um 6.04 Uhr, leicht verspätet, hebt die Maschine ab, hinein ins Zwielicht über der Casco Bay vor Portlands Küste. Atta und Umari sitzen, von arglosen Pendlern umgeben, nebeneinander. Um 6.17 Uhr beginnen die Strände zu glitzern. Es wird ein glasklarer Tag, wolkenlos, warm und still. *Der Himmel lächelt, mein junger Sohn,* sagt die Attentäterfibel. *Öffne dein Herz, heiße den Tod willkommen.*

Tags zuvor, am späten Nachmittag erst, sind die beiden heraufgekommen nach Maine, haben den Mietwagen am Bostoner Flughafen bestiegen, haben am Airport den großen Kreisverkehr zur Bundesstraße 1A genommen, ließen Autoverkaufshallen, Möbelhäuser, Waschanlagen links und rechts liegen, Dunkin' Donuts, Wendy's, viele Cash&Carry-Märkte: Amerika zog an ihnen vorbei wie ein einziger Supermarkt.

Zwei Stunden dauerte die Tour auf den sechs bis acht Spuren der Interstate 95 durch Massachusetts, New Hampshire, hinein ins südliche Maine. Der Nissan schwamm im Strom des ruhigen Verkehrs, ein gemächliches Fahren, sie überquerten die Piscataqua-Brücke auf ungefähr halber Strecke und erreichten Süd-Portland kurz nach fünf Uhr. Im Comfort Inn, Maine Mall Road 90, meldeten sich Atta und Umari um 17.43 Uhr an. Weil sie am nächsten Morgen sehr früh abreisen würden, zahlten sie im Voraus 149 Dollar Zimmermiete, dann begann ihr letzter Abend.

Sie verbrachten ihn wie Leute, die ein langes Leben vor sich und viel Zeit totzuschlagen haben. Im Auto fuhren sie auf den Hauptstraßen herum, rechts und links bläulich schimmernde Supermärkte, Hamburger-Drive-Thrus und Autohäuser. Zwischen 20 und 21 Uhr wurden sie bei Pizza-Hut an der Maine Mall Road 415 gesehen. Fast Food war ihr letztes Abendmahl.

Um 20.31 Uhr machte die Kamera im Fast-Green-Geldautomaten auf dem Parkplatz von „Uno's Chicago Bar & Grill" Bilder von den beiden: Umari ist im Vordergrund zu sehen, er zieht Grimassen, schneidet ein Gesicht gespielter Ratlosigkeit, dann lacht er breit und gut amüsiert.

Atta steht hinter ihm, ein kleiner Mann mit flächigem, immer gelangweiltem Gesicht, auf den Videobildern grau verwaschen. Beide werden gefilmt durch einen Spiegelstreifen über dem Bedienfeld des Automaten. Sie sehen aus wie zwei Kumpel, die an einem Samstagabend das Geld für ihre Sauftour ziehen: Jedermänner, Durchschnittstypen, höchstens kleine Ganoven.

Im Wal-Mart von Scarborough, südlich von Portland, Payne Road 451, machte Atta seinen letzten Einkauf zwischen 21.22 und 21.39 Uhr. Kameras zeigen ihn beim Hinein- und Hinausgehen an den Glastüren des Supermarkts, er trägt ein schwarz-weißes Poloshirt, beim Verlassen hat er eine Plastiktüte in der Hand.

Danach erfasst sie in dieser Nacht keine Sicherheitskamera mehr, kein Augenzeuge sieht sie. Sie kehren ins Comfort Inn zurück, irgendwann. Ein abnehmender Mond geht auf in sternklarer Nacht um 22.36 Uhr.

Am Abend bevor du deine Tat verübst: Rasiere das gesamte überschüssige Haar von deinem Körper, parfümiere deinen Körper. Rezitiere die Verse über Vergebung. Entsinne dich, dass du in dieser Nacht zuhören und gehorsam sein sollst, denn du wirst mit einer ernsten Situation konfrontiert werden. Stehe in der Nacht auf und bete für den Sieg, dann wird Gott alles leicht machen und dich beschützen. Um fünf Uhr ist die Nacht vorbei. Der 11. September ist da.

50 Minuten braucht das Propellerflugzeug bis Boston, der Flug verläuft reibungslos, es gibt in Plastik eingeschweißte Sandwiches, Kaffee und Limonaden. Touristen könnten Atta und Umari sein, Handelsvertreter, Sportfunktionäre. Ihre Tarnung ist gut. Sie spielen, seit Jahren schon, mit den Masken der Angepassten, der säkularen Muslime. Atta trägt ein leuchtend blaues Hemd mit halben Ärmeln, Umaris Hemd ist beige, ihre Schultertaschen sind mittelgroß, ihre Haare normal kurz, keine Bärte, kein Schmuck.

Sobald du das Flugzeug betrittst und dich auf deinen Sitz setzt, entsinne dich dessen, was dir zu einem früheren Zeitpunkt gesagt wurde. Gott sagt, dass du, wenn du durch einige Ungläubige umgeben bist, still sitzen und dich entsinnen sollst, dass Gott dir den Sieg auf Erden ermöglichen wird.

Atta und Umari haben eine Verabredung mit Gott. Seit Jahren schon. Die Ausbildung war hart und fordernd. Nun ist es so weit. Es ist Dienstag, der 11. September. Zu spät, um sie noch aufzuhalten. In ein paar Minuten werden sie einsteigen in die Todesmaschine.

Wie konnten die Angreifer so lange unentdeckt leben im verhassten Land der Gottlosen, ausreisen, einreisen, bleiben? Wer gab ihnen Wohnungen? Wer machte sie zu Piloten? Was suchten sie in schmuddeligen Motels am Ende des Las-Vegas-Strips? Warum stritten sie kurz vor dem großen Tag der Tat in schmierigen Bars um Rechnungen kleiner als 50 Dollar? Was wären die Attentäter ohne die Passfälscher von Church Falls, Virginia? Und hätte Josh Strambaugh, Sheriff von Broward County, den ganzen Spuk verhindern können, damals, am 26. April 2001, als er Mohammed Atta ohne Führerschein in einem roten Pontiac anhielt?

Newark, 3. Juni 2000

15 Monate bevor Mohammed Atta die Boeing in den Nordturm des World Trade Center jagen wird, betritt er an einem warmen, sonnigen Samstag das erste Mal die Vereinigten Staaten; auf dem Flughafen von Newark, im US-Bundesstaat New Jersey. Mohammed Atta, 33, ist Ägypter, Sohn eines Rechtsanwalts aus Kairo, der ihn zum Judenhass erzogen hat. Das FBI geht davon aus, dass er vor seiner Ankunft in den Vereinigten Staaten einen Tag in Prag verbracht hat.

Marwan al-Shehhi, der mutmaßliche Pilot der Maschine, die in den Südturm stürzen wird, ist am 29. Mai 2000 mit einer Sabena-Maschine aus den Vereinigten Arabischen Emiraten über Belgien in die USA eingereist. Wie Atta landet er in Newark. Wie Atta besitzt er ein HM1-Studentenvisum, das ihm den Besuch einer Flugschule erlaubt. Shehhi, 23, geboren in den Vereinigten Arabischen Emiraten als Sohn eines islamischen Predigers, kam als 18-Jähriger mit einem Militärstipendium nach Deutschland, lernte in Bonn am Goethe-Institut Deutsch, besuchte ein Studienkolleg, zog später nach Hamburg.

Am 27. Juni kommt auch Ziad Jarrah, der mutmaßliche Pilot des Flugzeugs, das in Pennsylvania abstürzen wird, in Atlanta an. Jarrah, 27, ist Libanese aus gutem Haus, ein Sonnyboy, der gern trinkt und nicht besonders fleißig studiert.

Jarrah besitzt auch ein Studentenvisum, und die Menschen, die ihm im kommenden Jahr begegnen, finden, dass er federnd durchs Leben geht. Wie einer, dem eine Last von den Schultern genommen wurde, wie einer, der sich nicht mehr fragen muss, was der Sinn des Lebens ist.

Die drei kennen sich aus Hamburg. Dort haben sie Deutsch gelernt, Elektrotechnik, Stadtplanung und Flugzeugbau studiert, dort sind sie zu fanatischen Muslimen geworden, dort ist in ihnen der Plan gereift, mitzuwirken an etwas, was die Welt noch nicht gesehen hat. *Wenn die Arbeit getan und alles gut verlaufen ist, werden sich alle die Hände reiben und sagen, dass dies eine Aktion im Namen Gottes war.*

Vor ihrer Einreise in die USA haben die drei ihre Pässe in Deutschland als verloren gemeldet. Verdächtige Auslandsaufenthalte in „Schurkenstaaten“ sind nun aus ihren Pässen und aus ihrem Lebenslauf getilgt – das ist gut, denn die drei sind nicht in die USA gekommen, um den amerikanischen Traum zu träumen.

Mohammed Atta war sprachlich und organisatorisch begabt, er war rational und selbstbewusst, er hasste die westliche Kultur und war psychisch wie physisch belastbar.

Und eben das, diese perfekte Emotionskontrolle, gepaart mit Attas Intelligenz, hat ihn für die Hintermänner der Attentate attraktiv gemacht. Er konnte gehorchen und gleichzeitig führen. Er war genau der Mann, der nötig war für das Unternehmen 11. September.

Atta wurde in Kafr al-Scheich im Nildelta geboren, aber schon früh zog die Familie nach Kairo; sein Vater, Mohammed Atta senior, ein Rechtsanwalt, eröffnete in der Hauptstadt eine Kanzlei. Der Junior war ein exzellenter Schüler mit ziemlich wenigen Freunden; er fehlte nie, er lebte streng, er war ein Perfektionist und ein Streber.

Dann studierte Atta an der Cairo University, machte seinen Bachelor of Architectural Engineering – nach deutschem Verständnis eine Art Vordiplom –, und 1992 ging er nach Hamburg. Sein großes Thema waren Städte: Er wollte die ägyptische Kultur schützen und glaubte, dass Hochhäuser amerikanischer Art seine Heimat zerstören; er hasste alles Westliche, was nach seinem Verständnis seiner Heimat übergestülpt wurde.

Ziad Jarrah war wankelmütig, ein Mensch, der überall nach Anerkennung suchte. Er wuchs in Beirut auf, war ein lausiger Schüler und ein leidenschaftlicher Party-Gänger. Er mochte schnelle Autos, und noch mehr mochte er die Mädchen, die in den schnellen Autos neben ihm saßen. Pilot wollte er werden, aber sein Vater schickte ihn nach Deutschland, wo er erst einmal etwas Seriöses studieren sollte.

Er muss ein zerrissener Mensch gewesen sein. Der Terrorist Jarrah lebte das westliche Leben, und er genoss es. Er lebte dieses Leben weiter bis zum Schluss, viel zu intensiv, als dass es Tarnung gewesen sein könnte. Und der Terrorist war ein netter Junge. Als der Ehemann seiner Hamburger Vermieterin im Sterben lag, hielt Ziad Jarrah ihm die Hand.

Während der kommenden Monate wird er seine türkische Freundin Aysel, die in Bochum lebt, fast täglich anrufen. Er will ein Kind. Er bittet Aysel, seine Familie im Libanon zu besuchen, damit der Vater das Okay zu Hochzeit geben kann. Und in Florida kauft er sich einen roten Sportwagen.

Es passt zu Jarrah, dass ausgerechnet seine Maschine ihr Ziel nicht erreichen wird.

Marwan al-Shehhi, der Dritte der Hamburger Terrorzelle, war der Adjutant, der perfekte Schattenmann. Er war sehr religiös und sehr verschlossen, sehr ordentlich und sehr intelligent. Erst in den letzten Jahren wurde er offener, gesprächiger, munterer; nun wurde Shehhi der Hofnarr des kleinen Königs Atta.

Shehhi kommt aus Ras al-Cheima, dem nördlichsten der arabischen Emirate, er muss eine Art verstoßener Sohn gewesen sein, zerrissen, heimatlos.

Einmal, so erinnert sich Shehhis einstiger Kumpel Khaled Bin Z., habe Shehhi einen heftigen Krach mit seinem älteren Halbbruder gehabt: Es ging dabei um gewichtige Dinge im Leben des Jüngeren, um ein Vorhaben, das seinem älteren Bruder nicht passte – was genau, das weiß Bin Z. nicht, aber der ältere Bruder habe versucht, den kleinen Marwan zu kontrollieren. Und der habe seine Familie nur noch selten angerufen und irgendwann gesagt, er werde nicht in die Emirate zurückkehren.

Nachdem Atta, Jarrah und Shehhi in die USA eingereist sind, nehmen sie Kontakt zu Hani Hanjour auf, dem mutmaßlichen Piloten der Maschine, die ins Pentagon einschlagen wird. Der 27-Jährige stammt aus Saudi-Arabien und war bereits 1991 das erste Mal in den USA.

15 Monate vor dem Angriff auf die USA sind die wichtigsten Mitglieder der vier Terrorteams in den Vereinigten Staaten angekommen, die vier Piloten und Anführer. Atta, Jarrah und Shehhi bleiben an der Ostküste, in Miami. Hanjour verbringt das kommende Jahr vor allem im Westen des Landes, in Kalifornien und Arizona. Die Aufgabe, die sie in den kommenden Monaten lösen müssen, lautet: Lernt, ein Flugzeug zu fliegen.

Venice, Florida, August bis Dezember 2000

Mohammed Atta und Marwan al-Shehhi parken ihren Wagen auf dem Rasen der Flugschule Huffman International. Vor ihnen liegt das flache, einstöckige Gebäude, in der Mitte die Rezeption, links die Büros der Fluglehrer, rechts führt ein schmaler Gang ins „Cockpit Café“. Es riecht hier immer noch nach Kaffee und Hamburgern. Durch die Fenster des Cafés können die Besucher den Übungsmaschinen beim Starten und Landen zuschauen. Niemanden wundert es an diesem August-Tag, dass sich zwei Männer mit arabisch klingenden Namen zum Flugunterricht anmelden. Das kommt hier häufig vor.

Es gibt Hunderte solcher Flugschulen in Florida, und an fast jeder finden sich Männer und Frauen aus Europa, aus Afrika, Asien, aus Süd- und Mittelamerika, die sich hier zu Piloten ausbilden lassen. Sie genießen die Sonne Floridas, die Strände und das stabile Wetter, das die Ausbildung beschleunigt, und sie müssen nur 18 Jahre alt sein und ein Visum besitzen. Und etwas Geld.

Die Ausbildung zum Piloten einer Verkehrsmaschine kostet rund 20 000 Mark, dauert ungefähr vier Monate und sichert vielen Flugschülern in ihren Heimatländern einen guten Arbeitsplatz. Nach bestandener Prüfung haben die Flugschüler rund 250 Stunden am Steuerknüppel eines Flugzeugs verbracht, sie sind in der Lage, einen Airbus zu fliegen oder eine Boeing. Rudi Dekkers, Fluglehrer und Besitzer der Huffman Flugschule, ist stolz darauf, dass die Vereinigten Staaten von Amerika die Piloten der Welt ausbilden.

Atta und Shehhi beginnen ihre Ausbildung auf einer Cessna 152, einer einmotorigen Propellermaschine, die in Amerikas Flugschulen so allgegenwärtig ist wie in deutschen Fahrschulen der Golf. Die Cessna 152 ist ein gutmütiges Flugzeug. Sie verzeiht die meisten Fehler, und es braucht eine große Portion Unfähigkeit, um mit ihr in Schwierigkeiten zu geraten.

Sie bietet zwei Sitze, deren Metallrahmen durch die dünnen Polster drücken. In ihrer Nase hängt ein Vierzylindermotor, der die Cessna mit einer Höchstgeschwindigkeit von 200 Stundenkilometern durch die Luft zerrt. Lässt man den Motor an, schüttelt es das ganze Flugzeug. Die dünnen Bleche der Außenverkleidung vibrieren, innen drin scheppert etwas. Als Atta zum ersten Mal ins Cockpit blickt, sieht er vier Pedale, zwei Lenkknüppel und ein Sammelsurium von Instrumenten. Am Bug der Maschine hängt ein Propeller, der das Flugzeug beim Gasgeben zur Seite zieht. Auf den ersten Blick hat dieses Ding mit einer Boeing so viel zu tun wie ein Mofa mit einem Reisebus.

Atta lernt. Er lernt, den Hauptschalter umzulegen, den Anlasser zu betätigen, zu beschleunigen, nach 250 Metern am Steuer zu ziehen und mit der Maschine in die Luft zu steigen. Er lernt Linkskurven, Rechtskurven, hinabzugleiten und wieder zu landen. Atta schlägt sich durch das Symboldickicht der Flugkarten, übt das Navigieren, er lernt, wie sich ein Pilot mit Fluglotsen im Tower korrekt unterhält, wie er sich anmeldet und abmeldet, er lernt, einen Wetterbericht zu interpretieren, und er stellt sich bei all dem nicht blöd an.

Er sieht die Brücke aus Beton, die das neue Venice mit dem Stadtkern verbindet, er sieht die drei Strände der Kleinstadt, und vor allem sieht er das türkisfarbene Wasser des Golfs von Mexiko.

Venice ist ein guter Ort, um zu leben. Es ist ein guter Ort, um das Fliegen zu erlernen – und auch Terroranschläge lassen sich hier in aller Ruhe planen. Die Verbrechensrate ist niedrig, die Polizisten sind freundlich und an den Stränden suchen Eltern mit ihren Kindern gern nach fossilen Haifischzähnen. Die geben sie einmal im Jahr bei der Stadtverwaltung ab, und die organisiert dann ein Fest. Venice nennt sich in einer Selbstbeschreibung stolz die Haizahn-Hauptstadt der Welt.

Im Laufe der Ausbildung steigt Atta von der Cessna 152 um auf eine Piper Warrior und schließlich auf eine zweimotorige Maschine. Wie alle anderen Flugschüler bringt Atta sich die Theorie des Fliegens, verpackt in drei dicke Bücher, selbst bei.

Rudi Dekkers mag Atta nicht besonders. Atta läuft oft schlecht gelaunt zwischen den Flugzeugen herum und macht allen klar, dass er nicht hier ist, um Freundschaften zu schließen. Nach einer Weile geht Dekkers Attas mürrisches Gesicht auf die Nerven. Er nimmt Atta beiseite, rät ihm, seine Einstellung zu seinen Mitmenschen gehörig zu überdenken.

Im Oktober wechseln Atta und Shehhi für drei Wochen zur „Jones Aviation Flying Service“ in Sarasota, Florida. Wieder fallen sie unangenehm auf; Fluglehrer Tom Hammersley: „Atta wusste alles besser.“ Sie kehren zurück zu Huffman. Auch Anne Greaves findet Atta unsympathisch. Sie ist eine Flugschülerin und fliegt häufig mit ihm, und wenn sie mit ihm im Cockpit sitzt, möchte sie manchmal mit ihrer Hand vor Attas Gesicht wedeln, um ihn aus der beängstigenden Starre zu holen, in die er beim Fliegen verfällt. Atta erinnert sie an einen Roboter. Shehhi ist das genaue Gegenteil von Atta. Greaves vergleicht Shehhi mit einem tapsigen Bären, der immer lacht und Atta folgt wie dessen Leibwächter.

Zu Beginn ihrer Ausbildung wohnen Atta und Shehhi im Haus des Ehepaars Voss. Das Haus liegt am Rand der Stadt, und ihm ist anzusehen, dass Charles Voss und seine Frau Drucilla, genannt Dru, vom Leben vor allem eins erwarten: Frieden.

Vor ihrem Haus steht ein schneeweißer Brunnen aus Gips, am Fuß des Brunnens tanzen ein paar feiste Engelchen. Charles und Dru Voss sind stolz auf ihren Brunnen. Nachts beleuchten ihn Scheinwerfer. Hinter dem Brunnen liegt schneeweißer Kies, er zieht sich um die Front des Hauses wie eine Verteidigungslinie. Die Tür wird von weiteren Gipsfiguren geschützt. Auch sie sind weiß und werden beleuchtet.

Mohammed Atta und Marwan al-Shehhi bleiben nur kurz hier. Charles Voss ärgert sich über das überschwemmte Badezimmer und darüber, dass seine Untermieter mit tropfnassen Haaren durchs Haus laufen. Nach einer Woche sagt er ihnen, dass es Zeit für sie sei, sich ein neues Zimmer zu suchen. Vier Monate nach Beginn ihrer Ausbildung erhalten Mohammed Atta und Marwan al-Shehhi ihre Pilotenlizenzen.

Ebenfalls in Venice und zur selben Zeit hat Ziad Jarrah das Fliegen gelernt. Er beginnt seinen Unterricht im „Florida Flight Training Center“, einer Flugschule, genau so klein und unscheinbar wie die von Rudi Dekkers. Auch er lernt in einer Cessna 152.

Arne Kruithof, der Eigentümer des „Florida Flight Training Centers“, mag Jarrah. Kruithof hätte sich ohne Zögern von Jarrah fliegen lassen. Jarrah ist immer pünktlich, meist gut gelaunt, er hilft anderen, wenn sie Probleme haben; sind sie deprimiert, muntert er sie auf.

Seine Mitschüler fotografieren ihn. Jarrah, wie er lacht. Jarrah, wie er feiert und alle anderen ansteckt mit seiner Fröhlichkeit. Auf einem Gruppenbild steht er fast genau in der Mitte, als wäre er der Mann, um den sich alles dreht. Abends sitzen Flugschüler und Fluglehrer oft zusammen im „44th Aero Squadron“, einer Bar gleich neben der Flugschule.

Während des Zweiten Weltkriegs wurden hier Kampfpiloten ausgebildet, und Keith und Serena Schortzmann, die Eigentümer, erinnern gern an diese Zeit. Sie sammeln Devotionalien aus dem Krieg, stellen sie in ihrem Restaurant auf und geben ihren Gerichten lustige Namen. Sie heißen Land Mines, Booby Trap Wire, Pearl Harbor Midway.

Kruithof glaubt, dass Piloten sich wohl fühlen müssen in der Gesellschaft anderer. Seinen Schülern hält er Vorträge über die Teamfähigkeit des modernen Piloten, über seine Vorbildfunktion, seine Selbstdisziplin und die Tatsache, dass herumliegende Bierdosen im Zimmer eines Flugschülers nicht akzeptabel seien.

An der Wand hinter seinem braunen durchgesessenen Sofa hat er ein Fax aufgehängt. Es stammt von einer europäischen Fluglinie, es ist nur eine Seite, aber es stellt viele Fragen. Ist der Kandidat zuverlässig? Ist er fähig, im Team zu arbeiten? Ist er selbstkritisch? Ist er durchsetzungsfähig? Was sind seine Schwächen?

Kruithof bekommt regelmäßig Anfragen wie diese. Er ist nicht nur Fluglehrer, er ist auch ein Richter, der über seine Schüler urteilt, wenn sie sich bei einer Fluglinie um einen Posten im Cockpit bewerben. Über Ziad Jarrah hat Kruithof sein Urteil schnell getroffen: der perfekte Kandidat.

Jarrahs Mission in Amerika ist so schwierig wie die der anderen Verschwörer. Er muss in der Lage sein, über ein Jahr lang im Land des Feindes zu leben. Er muss bereit sein, dem Feind zu gehorchen, sich von ihm unterweisen zu lassen in all den Fertigkeiten, die er und die anderen Attentäter brauchen, um ihre Mission durchzuführen. Er muss bereit sein, den Feind kennen zu lernen, mit ihm zu feiern, zu lachen. Und ihn dann immer noch töten können.

Auch Jarrah besteht seine Flugprüfung ohne Probleme.

Scottsdale, Arizona, August bis Dezember 2000

Hani Hanjour, dem mutmaßlichen Piloten der Maschine, die ins Pentagon stürzte, bereitet das Fliegenlernen größere Schwierigkeiten.

Hanjour lebt während seiner Flugausbildung in Scottsdale, im US-Bundesstaat Arizona, und besucht dort das CRM Airline-Trainings-Center. Die Schule hat einen hervorragenden Ruf.

Hanjour hat mit allem Probleme: mit den Starts, mit den Landungen, mit den Kurven. Er ist nervös und unkonzentriert. Nach drei Monaten intensiven Unterrichts besitzt er nicht einmal die Privatpilotenlizenz, die normal begabte Schüler nach vier bis sechs Wochen erhalten. Die Prüfung zum Verkehrspiloten schließlich besteht Hanjour nur dank sehr vieler Flugstunden und mit viel Glück.

Hanjour, ein zartgliedriger Saudi-Araber mit Dackelaugen und einem spärlichen Oberlippenbart, ist schon seit dem 3. Oktober 1991 in Amerika. Erst in Arizona, wo er an der Universität ein Sprachprogramm absolvierte. Anfang 1992 ging er nach Saudi-Arabien zurück, um im April 1996 erneut in die USA einzureisen – diesmal für immer. Die erste Zeit lebt er bei den Khalils, einer arabisch-amerikanischen Familie in Hollywood, Florida. Über ihren seltsamen Hausgast wissen die Khalils wenig – und ahnen nichts. Adnan Khalil arbeitet als Englischlehrer am örtlichen College, seine Ehefrau Susan, eine typische Mittelstandsamerikanerin, kümmert sich um den dreijährigen Sohn Adam.

Susan hilft dem verzweifelten Hanjour, der bei jeder Gelegenheit knallrot anläuft und kaum ein Wort Englisch spricht, seine Formulare für diverse Flugschulen auszufüllen. Adnan, jovial und heiter, kocht opulente arabische Menüs für Hanjour und ermuntert seinen Hausgast immer wieder, viel Fernsehen zu gucken, um sein Englisch aufzubessern. Was nichts nützt. Susan Khalil hat das Gefühl, als würde Hanjour in einem Schneckenhaus leben. Vor Amerika hat der angehende Pilot höllischen Respekt, und am deutlichsten ist seine Hilflosigkeit in der Gegenwart von Frauen.

Am ehesten entwickelt Hanjour noch ein Verhältnis zu Adam, dem dreijährigen Sohn der Khalils. Stundenlang spielt er mit dem Knaben, er bringt ihm arabische Worte bei, lässt ihn auf seinem Rücken reiten. Und so oft er kann, besucht er die Dar-Ulum-Moschee, 7050 Pines Boulevard, ein umgebauter Supermarkt, grau und unscheinbar. Susan Khalil, selbst gläubige Protestantin, staunt über die gusseiserne Frömmigkeit ihres Hausgastes. Zu ihrem Mann sagt sie: „Dieser Junge hat irgendein ernstes Problem – aber welches?“

Opa-Locka-Flughafen bei Miami Beach, 29. Dezember 2000

Eine Woche nachdem Atta und Shehhi ihre Pilotenlizenzen erhalten haben, mieten sie im Norden Miamis, in Opa-Locka, für sechs Stunden einen Boeing-727-Simulator. Sie üben vor allem das Fliegen von Kurven. Starts und Landungen interessierten sie kaum. Gemessen an den 250 Flugstunden, die sie hinter sich gebracht haben, sind sie akzeptable Flugzeugführer. Nach allem, was bislang bekannt ist, sitzen Atta und Shehhi danach nie wieder in einem Boeing-Simulator.

So haben, ein dreiviertel Jahr vor dem Anschlag, die Attentäter die erste Aufgabe gelöst. Sie sind in der Lage, die Maschinen zu fliegen, bis zum Attentat werden sie nun immer wieder, in Florida, Georgia und Maryland, Flugzeuge mieten, um im Training zu bleiben.

Nun beginnt die nächste Phase des Unternehmens „Anschlag auf Amerika“: die Vorbereitung der Entführung, das unauffällige Warten auf den Tag X.

Die Finanzierung des rund eine Million Mark teuren Unternehmens steht bereits: Das Geld kommt, wie FBI und CIA herausgefunden haben, per Boten und Überweisungen vor allem aus den Vereinigten Arabischen Emiraten, aber auch aus Ländern wie Bahrain; und es kommt in vielen kleinen Tranchen, um keinen Verdacht zu erregen. Am 4. Juli 2000 beispielsweise gehen auf dem Konto 573 000 259 772 bei der Suntrust Bank in Florida, das Atta und Shehhi eröffnet haben, knapp 10 000 Dollar ein. Absender ist ein gewisser Isam Mansur aus den Emiraten. Am 30. August kommen nochmals 19 985 Dollar, diesmal von „Mr. Ali“, am 18. September desselben Jahres 69 985 Dollar, nun von „Hani“. Insgesamt werden 116 500 Dollar allein auf dieses Konto von Atta und Shehhi geschoben.

Oder: Hamsa al-Ghamdi, einer der Terroristen an Bord der Maschine, die in den Südturm fliegt, eröffnet in Hollywood, Florida, ein Konto, auf das bisher unbekannte Helfer mal 3000 Dollar, mal nur 1000 einzahlen. Per Travellerscheck, ausgestellt in Bahrain. Oder über ein Konto bei der HSBC Bank in den Emiraten. Es gehört dem Piloten Shehhi, zwischen Juli 1999 und November gehen hier rund 100 000 Dollar ein, fast immer telegrafisch.

Kleine Summen. Verschiedene Konten. Verschiedene Absender. Nur keine Regelmäßigkeiten. Perfekt.

Für die Organisation des Alltags können die Chefs auf ihre „Logistiker“, wie sie das FBI nennt, zurückgreifen: Sie sollen sich um Wohnungen, Kleidung, Verpflegung kümmern. Es sind zwei Männer, die ebenfalls Piloten werden sollten – aber scheiterten: Chalid al-Midhar und Nawaf al-Hamsi.

Midhar, sehnig, agil und klein gewachsen, stammt höchstwahrscheinlich aus dem Jemen. Hamsi, kräftige Statur, kommt aus Saudi-Arabien. Hamsis Vater, Mohammed Salim al-Hamsi, besitzt in Mekka einen Supermarkt; er ist Hausbesitzer und wohlhabend genug, seinem Sohn eine unbeschwerte Zukunft bieten zu können.

Beide Männer sind schon seit dem 15. Januar 2000 in den Vereinigten Staaten. Zuvor waren sie in Kuala Lumpur, der Hauptstadt Malaysias, wo sie sich mit Verbindungsleuten von Osama Bin Laden getroffen haben.

Die Kuala-Lumpur-Gruppe steht im Verdacht, im Jemen das Bombenattentat auf den Zerstörer USS „Cole“ organisiert zu haben. Von diesem Treffen existiert eine Videoaufzeichnung des malaysischen Geheimdienstes, die, über vielerlei Umwege, in die Hände des CIA gelangen und dafür sorgen wird, dass Midhar und Hamsi auf die „Watch List“ der Einwanderungsbehörden gesetzt werden. Dies geschieht allerdings viel zu spät, nämlich am 21. August 2001, 20 Monate nachdem Midhar und Hamsi bereits in den USA sind – und erst drei Wochen vor dem 11. September.

San Diego, Dezember 2000

In den USA leben die beiden Logistiker im kalifornischen San Diego, in den hübsch-bescheidenen „Parkwood Apartments“, 26 401 Mount Ada Road. Hamsis Rufnummer 858-279-5929 ist bis zum heutigen Tag eingetragen im Telefonbuch von San Diego. Die Parkwood Apartments liegen unweit des Commercial Strip von San Diego, und Midhar bewohnt ein Apartment im Erdgeschoss – so wie es das Attentäter-Handbuch der Qaida vorschreibt.

Diese Gebrauchsanleitung des Terrors im Namen Allahs, 180 Seiten dick, stellt auf der ersten Seite klar: *Nie in der Vergangenheit und nie in der Zukunft wurde und wird ein islamisches Reich durch friedliche Verhandlungen und durch die Zusammenarbeit von Gremien errichtet werden. Islamische Reiche werden errichtet durch den Stift und das Gewehr. Und durch das Wort und die Kugel. Und durch die Zunge und den Zahn.*

Lektion 4 des Handbuchs erklärt in 22 Punkten, wie ein ordentliches Terroristen-Apartment aussehen sollte. Es darf nicht in der Nähe von Polizeistationen und Behörden liegen. Es darf nicht einsehbar sein für neugierige Nachbarn. Es muss Schlösser haben, die man auswechseln kann. Und es muss im Erdgeschoss liegen, um im Falle eines Überraschungsangriffs noch entkommen zu können. Den angehenden Terroristen wird außerdem empfohlen, ihrem Geschäft zu möglichst normalen Arbeitszeiten nachzugehen, um bei den Nachbarn keinen Verdacht zu erregen.

Was den Logistikern Midhar und Hamsi jedoch nicht ganz gelingen wird.

Zunächst machen sie sich in „Sorbi’s Flying Club“ verdächtig, weil sie unbedingt Fliegen lernen wollen, aber nicht das geringste Talent haben. Sie bieten Fluglehrer Richard Garza zusätzlich Geld, damit er sie für Düsenflugzeuge ausbildet. Garza lehnt ab, wird auch misstrauisch, meldet sich aber nicht bei CIA oder FBI.

Auch die Nachbarn in den Parkwood Apartments wundern sich über das Gebaren der beiden Araber. Monate nach ihrem Einzug haben Midhar und Hamsi immer noch keine Möbel, sie schlafen auf Matratzen; nie sieht man sie ohne Aktentaschen und Handy am Ohr, gelegentlich lassen sie sich von einer auffälligen Limousine abholen. Bevor jemand die Polizei alarmiert, wechseln Midhar und Hamsi die Wohnung.

Dass sie dann, entgegen der al-Qaida-Terroranweisungen, Unterschlupf im islamischen Milieu suchen, mag man als Hinweis auf ihre gestiegene Nervosität und Eile deuten.

Nachdem die Ausbildung der vier Todespiloten erfolgreich abgeschlossen ist, müssen die Logistiker Midhar und Hamsi vor allem die Ankunft der übrigen Terroristen vorbereiten. Das FBI hat die Terroristen in drei Gruppen eingeteilt: „Piloten" – das sind Atta, Shehhi, Hanjour und Jarrah; „Logistiker" wie Midhar und Hamsi; und schließlich die „Kämpfer", Männer ohne besondere Talente – außer, dass sie in der Lage sein müssen, so viel Crew-Leute und Passagiere wie nötig umzubringen und möglichst Furcht erregend zu wirken, um alle übrigen Menschen an Bord in Schach zu halten.

Müssen diese Männer den ganzen, selbstmörderischen Plan kennen? Nein. Aus der Sicht der Anführer schiene es sogar sinnvoller, die Kämpfer an Bord im Glauben zu lassen, es gehe um eine ganz „normale" Entführung. Je weniger Mitwisser, desto geringer die Gefahr, dass sich einer verquatscht oder die Nerven verliert angesichts seines bevorstehenden Todes.

Dubai, März 2001

Wer die zwölf Männer angeheuert hat, ob die vielen Reisen der beiden Piloten Atta und Shehhi, unter anderem nach Madrid, Prag und Amsterdam, dazu dienten, kampferprobte und mordbereite Männer persönlich zu rekrutieren, oder ob sie von Verbindungsleuten der Qaida gestellt wurden, weiß man noch nicht. Sicher aber ist, dass die Kämpfer in dem Zeitraum zwischen März und Juni 2001 einreisen. In kleinen Gruppen, von Dubai aus.

Die Kämpfer sind: Salim al-Hamsi, höchstwahrscheinlich ein Bruder des Logistikers Nawaf al-Hamsi, aus dem saudi-arabischen Mekka. Zusammen mit dem Piloten Hanjour und den Logistikern Midhar, Hamsi und Madschid Mukid wird er auf der Maschine sein, die um 9.40 Uhr ins Pentagon stürzt. Mukid ist der Sohn eines Beduinen-Stammesfürsten aus der Nähe von Riad und hat die Jura-Fakultät der König-Saud-Universität besucht.

Es kommen außerdem: Hamsa al-Ghamdi aus der Stadt Baljurschi in der saudi-arabischen Provinz Baha, der einige Monate vor dem 11. September seine Familie ein letztes Mal anruft – sie sollen ihm seine Sünden vergeben und für ihn beten; und der Saudi-Araber Mohald al-Scheri, der ein Semester lang an der Islamischen Universität in Abha studiert hat, dann nach Riad zog und schließlich nach Tschetschenien verschwand. Die beiden landen am 28. Mai 2001 in Miami, sie kommen via London aus Dubai. Ahmed al-Ghamdi, ebenfalls aus Baljurschi, reist am 2. Mai 2001 über London und Washington D. C. ein.

Zusammen mit dem Saudi Fajis Ahmed werden sie, geführt von dem Piloten Shehhi, in den Südturm des WTC rasen.

An Bord der American Airlines 11, die Atta in den Nordturm fliegen wird, sind die Kämpfer: Satam al-Sukami aus den Vereinigten Arabischen Emiraten; die Brüder Walid und Wail al-Schari, Physiklehrer der ältere Wail, Student mit Psychoproblemen der jüngere Walid, beide aus der saudi-arabischen Stadt Chamis Muscheit und zwei von elf Söhnen eines erfolgreichen Geschäftsmanns; außerdem Abd al-Asis al-Umari, ebenfalls Saudi-Araber. Er reist als Letzter in die Vereinigten Staaten ein; wahrscheinlich unter falschem Namen und mit gestohlenem Pass.

Die Maschine, die mit 40 Minuten Verspätung abfliegen wird und später in Shankersville, Pennsylvania, zerschellen soll, hat drei Muskelmänner an Bord. Während Ziad Jarrah, gebürtiger Libanese, das Cockpit übernimmt, werden diese drei Männer mit den Passagieren einen Kampf auf Leben und Tod führen: Said al-Ghamdi, Ankunft in Orlando, Floria, am 27. Juni 2001 aus den Emiraten, Ahmed al-Hasnawi und Ahmed al-Nami. Über Nami ist am meisten bekannt: Der 23-Jährige, der am 28. Mai 2001 in Miami landet, brach im August 2000 zu einer Pilgerfahrt nach Mekka auf, seitdem wird er vermisst. Er habe sich, sagen seine Eltern, vor zweieinhalb Jahren zum frommen Eiferer gewandelt und sei sogar Imam, also Vorbeter, an der Moschee von Asir gewesen. Eine hohe Ehre für einen so jungen Mann.

Von den 19 Attentätern kommen 15 Männer aus Saudi-Arabien, die meisten sind Söhne wohlhabender Familien, Söhne von Supermarkt-Besitzern und Stammesfürsten.

Sie kommen aus dem konservativen Königreich, das die heiligen Stätten des Islam hütet und das gleichzeitig Tankstelle der westlichen Wirtschaft ist. Ein Fünftel aller amerikanischen Rohöleinfuhren stammen dorther, als Wortführer der Opec gewährleistet die saudi-arabische Regierung außerdem einen stabilen Preis.

Der regierende Saud-Clan hat geschäftliche Verflechtungen bis in die höchsten politischen Ränge der USA. Gleichzeitig investierte das Land Milliarden von Dollar in den islamischen Befreiungskampf auf der ganzen Welt. Ein Riss, der sich durch das ganze Land zieht, durch viele Familien. Die meisten Väter und Mütter der Soldaten hatten keine Ahnung, was ihre Söhne trieben.

Nirgends sonst konnten arabische Terroristen so leicht Einreise-Visa in die USA bekommen. „Visa an Terroristen auszustellen war meine Aufgabe“, sagt Michael Springman, ehemaliger Chef des US-Konsulats im saudi-arabischen Dschidda. In seiner Zeit ging es um Terroristen, die die CIA und Osama Bin Laden in aller Eintracht rekrutiert hatten und die in den USA für ihren Einsatz in Afghanistan ausgebildet wurden – gegen die Sowjets. Es wird den Terror-Rekruten nur zu recht sein – und gerecht vorkommen –, diese gute alte Tradition nun für ihre Zwecke genutzt zu haben.

Florida, Frühjahr und Sommer 2001

Logistik für 19 Männer, die nicht aussehen wie Durchschnittsamerikaner, die sich nicht alle verhalten wie Amerikaner, die aber nicht auffallen dürfen, ist eine schwierige Sache. Sie müssen schlafen, frühstücken, sie brauchen frische Socken, Führerscheine, sie müssen Durchfall kurieren und fünf Mal am Tag beten. Sie dürfen keine rote Ampel überfahren, keinen Blinddarmdurchbruch erleiden und in keine Schlägerei verwickelt werden.

Die vier Anführer entwickeln, unterstützt von ihren Logistikern, eine möglichst verwirrende Choreografie des Wohnungswechsels, die nur ein Ziel hat: Unsichtbarkeit.

Ziad Jarrah zum Beispiel ist es, der für die Brüder Wail und Walid al-Schari, die später zur Atta-Truppe gehören werden, am 28. April ein Zimmer im „Bimini-Motel“ am North Ocean Drive in Hollywood mietet. Für einen Monat, für 650 Dollar, die Jarrah vorweg und cash bezahlt.

Besitzer ist das Ehepaar Solic; John Solic, ein 53-jähriger Jugoslawe, hat in den achtziger Jahren in Düsseldorf und Bonn gelebt, er ist dankbar für jede Gelegenheit, sein Deutsch zu üben.

Er beobachtet, wie der eher schmächtige Jarrah den kräftigen Brüdern Anweisungen gibt, wie er den Raum, Zimmer 8, kurz besichtigt, die Vorhänge prüft und die Brüder mit knappem Arabisch anweist, was sie dürfen und was nicht. Zum Beispiel sollen sie nicht auf der Terrasse sitzen, obwohl die Sommernächte gnadenlos stickig sein können, Zimmer 8 zur ebenen Erde liegt, mit Rückfront auf den wunderschönen Nord-Süd-Kanal und diese Terrasse der ganze Stolz des Bimini darstellt. Jarrah überwacht auch ihre Einkäufe und schleppt persönlich palettenweise den Durstlöscher „Gatorade Grape“ heran, ein blaues Fruchtgetränk.

Morgens um zehn verlassen die Brüder das Zimmer, abends gegen sechs kehren sie meist zurück. Stets sind sie, wie alle Attentäter, nach dem All-American-Dresscode gekleidet: gebügelte Khakihosen, bunte Polohemden. Gelegentlich erschnuppern die Solics das Aroma der arabischen Speisen, die die Brüder sich brutzeln. Und gelegentlich kommt Jarrah, schaut nach dem Rechten und bleibt eine Nacht.

Alles schön unauffällig, alles ganz gewöhnlich.

Erkennbar haben sie aus den Fehlern der Logistiker Midhar und Hamsi in San Diego gelernt, als deren Nachbarn anfingen, Fragen zu stellen. Die Attentäter mieten eine Vielzahl von kleinen Apartments, Motel- und Hotelzimmern, vorzugsweise der billigeren Preisklasse wie das Bimini in Hollywood, Florida. Meistens zahlen sie die Miete im Voraus, 650 Dollar zum Beispiel für eine winzige Wohnung im Obergeschoss in dem schmuddeligen Haus 1818 Jackson Street in Hollywood, Florida, die Atta von Mai bis Juni mietet. Hier wohnen Einwanderer, Späthippies, Studenten, die sich nichts Besseres leisten können. Ein paar arabische Youngster fallen hier nicht auf.

Oder sie beziehen Apartments in bewachten Wohnanlagen, wie der Pilot Shehhi, der sich für 6000 Dollar zwei Monate lang im „Hamlet-Country-Club“, 401 Greenswald Lane, in Delray Beach, nördlich von Miami, einmietet. Hier lebt man so luxuriös wie unauffällig.

Die Attentäter verteilen sich über die dicht besiedelte Ostküste Floridas, wo jeder zweite Ort auf „Beach“ endet und es genügend Flugschulen und Sonne gibt, um im Training zu bleiben. Außerdem verbringen hier Scharen von jungen Touristen ihren Urlaub, junge Araber in Khakihosen und Polohemden fallen hier nicht auf. Den arabischen „Thaub“, ihre beigegelben, knielangen Kittel, tragen sie nur in ihren Hotelzimmern. Und jede Menge Fitness-Clubs gibt’s außerdem: So dass die Attentäter ihre Muskeln trainieren und, wie Jarrah, Kampfsporttraining nehmen können.

Coral Springs, April bis Juni 2001

Das „Tara Gardens Condominium“, 10 001 West Atlantic Boulevard, dient von Mai bis Juli als Zentrale der Terroristen. Das weiße, zweigeschossige Haus hat 38 Apartments, umstanden von Fächerpalmen.

Atta und Shehhi, die Piloten, haben das Apartment 122 gemietet, für 840 Dollar im Monat. Immer wieder hocken sie vor dem Computer, üben auch mit Flugsimulationsprogrammen. Die sind beliebt unter Gotteskriegern, auch Osama Bin Ladens Kämpfer in Kabul vertreiben sich damit die Zeit – nach der Einnahme der afghanischen Hauptstadt im November wird die Bedienungsanleitung des Microsoft-Programms „Flugsimulators 98" in den Trümmern des al-Quaida-Lagers gefunden.

Im Laundry Room der Wohnanlage in Coral Springs stehen den Mietern riesige Waschmaschinen zur Verfügung. Hier wird Shehhi oft gesehen, offenbar erledigt er die Wascharbeit für das ganze Team. Nachbarn wundern sich gelegentlich, dass zwei Männer derartig viele Hemden und Hosen verbrauchen. Keiner der Araber wird je am Swimmingpool gesehen; dafür steht Atta oft auf dem Parkplatz, um dort eine Marlboro light nach der anderen zu paffen. Glatt rasiert, Bügelfalten, Button-down-Hemden – Atta wirkt wie ein junger ernsthafter Ingenieur oder Lehrer; etwas grimmig wohl, aber unauffällig.

Die Attentäter haben eine wirksame Abwehr gegen die Neugier und Leutseligkeit der Amerikaner errichtet. Wenn Nachbarn ein bisschen Small Talk mit dem Piloten Shehhi machen wollen, reagiert er betont brüsk. Auch Atta senkt ostentativ den Blick, sobald ein Bewohner des Hauses ihm über den Weg läuft und zum Gruß ansetzt. Auch untereinander wechseln die Männer grundsätzlich kein Wort, sobald sie ihre Wohnung verlassen haben.

Ihre Bilanz im Frühjahr 2001 sieht gut aus: Atta und Shehhi haben die Truppe ausgezeichnet organisiert. Sie sind mal hier, mal dort, hinterlassen kaum Spuren, und wollte man ein Bewegungsdiagramm der Attentäter für das Frühjahr und den Sommer 2001 zeichnen, sähe das Ganze aus wie ein Schnittmusterbogen. 19 Attentäter, die dabei sind, den größten Angriff auf die Supermacht der Welt zu organisieren, bleiben für CIA, FBI und die Polizei unsichtbar. Fast unsichtbar.

Fort Lauderdale, 26. April 2001

Der Inverrary Boulevard ist eine zweispurige Schnellstraße und gehört zum Gebiet des Broward County Sheriffs in Fort Lauderdale. Um kurz vor elf Uhr abends überholt Deputy-Sheriff Josh Strambaugh den Fahrer eines roten Pontiac, Baujahr 1986, in Höhe der „Forrest Trace"-Wohnanlagen. Der Fahrer fährt ein bisschen hektisch, Sheriff Strambaugh knipst die Sirene an, Routinekontrolle. Der Fahrer des Pontiac ist Mohammed Atta.

Für Atta muss es ein heilloser Schreck gewesen sein, als Deputy-Sheriff Strambaugh ans Fahrerfenster pocht und nach den Papieren fragt. Atta hat seinen ägyptischen Führerschein nicht dabei – oder er will ihn nicht zeigen. Der Polizist mustert den Wagen, ihm fallen die arabischen Sticker auf, er befragt Atta, der kaltblütig bleibt und höflich antwortet.

Attas Glück ist es, dass Deputy Strambaugh zur Road Patrol des Countys gehört, nicht zum Traffic Enforcement, der Motorradstaffel, deren Job es ist, so viele dollarschwere Strafzettel wie möglich auszustellen. Außerdem hat Strambaughs Dienst gerade eben begonnen, die Nachtschicht geht von 22.45 Uhr bis morgens 6.45 Uhr.

Deputy Strambaugh belässt es bei ein paar väterlichen Ratschlägen und einer Verwarnung. Atta soll genau 30 Tage später, um Punkt 8.45 Uhr morgens im County West Satellite Courthouse auftauchen und seinen Führerschein vorlegen. Sollte er – wider Erwarten – nicht kommen, würde eine „Warrant" ausgesprochen, ein Haftbefehl auf Atta, gültig im ganzen Staat Florida. Ein ernst-mahnender Blick des Officers, noch eine beflissene Versicherung von Atta – so muss die Begegnung geendet haben.

Zum festgesetzten Termin Ende Mai taucht Atta nicht auf – obwohl er sich am 2. Mai einen Führerschein des Bundesstaates Florida besorgt hat.

Nun wird sein Name in den Computer der Polizeistellen von ganz Florida eingegeben. Theoretisch haben nun alle Polizisten der 67 Countys in Florida Attas Namen gespeichert.

Delray Beach, 5. Juli 2001

Zunächst ist das Warrant nur ein Routinevorgang. Und doch hätte alles auffliegen können – denn Atta wird am 5. Juli wieder von einem Sheriff gestoppt, wegen zu hoher Geschwindigkeit.

Diesmal findet das Ganze in Palm Beach County statt, in der Nähe des Städtchens Delray Beach. Diesmal heißt der Polizist Scott Gregory, und diesmal zeigt Atta seinen amerikanischen Führerschein, ausgestellt in Florida am 2. Mai 2001, mit der Nummer A 300 540-68-321-0.

Routinemäßig checkt Gregory die Personendaten. Aus mysteriösen Gründen aber verschweigt der Computer Officer Gregory die Tatsache, dass Atta im Broward County gesucht wird. Der Mann, der in gut zwei Monaten den größten Terroranschlag der Geschichte anführen wird, kommt mit einer simplen Geldbuße davon. „Die Wahrscheinlichkeit, dass der Computer in so einem Moment aussetzt, liegt bei vielleicht zwei, drei Prozent", sagt Officer John Williams, Dienstleiter der Broward-County-Polizei. Er fügt hinzu: „Verdammt, eigentlich hatten wir ihn schon."

Falls Church, Virginia, 1. August 2001

Ein Wagen fährt auf einen Parkplatz in Falls Church, einem Ort im US-Bundesstaat Virginia, am Stadtrand Washingtons. Der Parkplatz grenzt an einen Kiosk, der rund um die Uhr geöffnet ist. Im Innern des Wagens sitzen der Pilot Hani Hanjour und der Logistiker Chalid al-Midhar. Sie sind nicht hier, um Kekse, Käse oder Mineralwasser zu kaufen. Auf dem Parkplatz wird eine Dienstleistung angeboten, die illegalen Einwandern zu Ausweisen verhilft. Hier wartet Luis Martinez-Flores auf Kunden, selbst ein illegaler Einwanderer aus El Salvador.

Um in Virginia in den Besitz eines Ausweises zu kommen, braucht man nicht mehr als einen Bürgen, der mit seiner Unterschrift bezeugt, dass man einen festen Wohnsitz in Virginia hat. Martinez-Flores bietet diese Dienstleistung für 50 Dollar an. Zusammen mit Hanjour und Midhar fährt er zu einem Regierungsgebäude, sie erledigen die Formalitäten.

Am nächsten Tag nutzen Hanjour und Midhar ihre neuen Ausweise, um für die Logistiker Madschid Mukid und Kämpfer Hamsi zu bürgen. Andere Attentäter besorgen sich auf diese Weise ebenfalls neue Papiere.

Diese Ausweise sind ein weiterer wichtiger Bestandteil des Terrorplans. Ohne sie müssten all die, die nicht im Besitz eines amerikanischen Führerscheins sind, am 11. September beim Einchecken ihre arabischen Reisepässe vorzeigen. Und möglicherweise würden sich die Angestellten der Fluggesellschaften wundern über die Vielzahl arabischer Passagiere und unangenehme Fragen stellen.

„Warrick's Rent-a-Car", Pompano Beach, 6. August 2001

Atta und Shehhi, die unter Vorlage ihrer Florida-Führerscheine und ausgedachten Sozialversicherungsnummern bei „Warrick's Rent-a-Car" in Pompano Beach einen weißen Ford Escort, Baujahr 1995, und einen blauen Chevy Corsica, Baujahr 1996, gemietet haben, bringen bis zum 9. September in drei Etappen insgesamt 3204 Meilen auf den Tacho, mehr als 5100 Kilometer. Wahrscheinlich, weil die Terroristen jetzt, in der Endphase, keinem Telefon vertrauen.

Die Entscheidung für den Angriff am 11. September fällt wahrscheinlich kurz nach dem Besuch Attas und Shehhis bei Warrick's Rent-a-Car. Am 8. August versuchen die Logistiker Midhar und Mukid erstmals Tickets für die Todesflüge am 11. September über die Website von American Airlines zu kaufen. Vergebens. Die Software kann manche Angaben nicht verifizieren.

Midhar und Mukid werden ihre Tickets erst später, am 5. September, am Baltimore-Washington-Airport kaufen. Sie bezahlen bar.

Las Vegas, 13. August 2001

Als Mohammed Atta mit dem Flugzeug in Las Vegas eintrifft, mietet er ein Auto und fährt damit zur Econo Lodge am Las Vegas Boulevard South. Er bucht ein Zimmer für eine Nacht. Er zahlt 59,99 Dollar in bar für den Raum mit der Nummer 124. Atta schließt die Tür auf und hängt das „Do not disturb"-Schild raus.

„Bitte nicht stören" – beim Gipfeltreffen der Piloten: Die Terroristen müssen jetzt, nachdem die Entscheidung gefallen ist, noch letzte Details abstimmen.

Zwischendurch geht Atta öfter ins Café „Cyberzone". Er checkt seine E-Mails. „Unreal", ein Computer-Kriegsspiel, ist bei den Besuchern des Internet-Cafés sehr beliebt. Überall in den Räumen des Cafés sind schwere Bombendetonationen zu hören.

Las Vegas ist eine Stadt des Luxus, der Sucht, der Sünde. Es ist schwer, einen Ort zu finden, in dem sich die USA und ihre Art zu leben ungehemmter feiern als hier, in der Wüste von Nevada. Möglicherweise ist das ein Grund, warum Atta hierher reist. Am 29. Juni war er schon einmal in Las Vegas und in der Econo Lodge, zwei Tage im Zimmer 122.

Nach einem Jahr im Land der Ungläubigen, nach einem Jahr, in dem er mit ihnen zusammen gefrühstückt hat, mit ihnen im Stau stand und zusammen mit ihnen vor der Supermarktkasse wartete, kann er hier in der Econo Lodge am südlichen Ende des Las-Vegas-Boulevard, umgeben von Porno-Videotheken, Pfandhäusern und Strip-Lokalen, Amerika in seiner ganzen grandiosen Verderbtheit besichtigen. Ein asketischer Muslim wie Atta muss dieses Mekka der Gottlosen hassen.

Ziad Jarrah, der mutmaßliche Pilot der Maschine, die in Pennsylvania abstürzen wird, hat keine Lust auf die schlichte Econo Lodge. Er schläft lieber im Norden des Las Vegas Boulevard im „Circus Circus", einem Hotel, das seine Gäste nach Kräften in dem Glauben unterstützt, ein Leben ohne Spaß sei kein Leben.

Der Pilot Shehhi macht es wie Jarrah: Las Vegas hassen, aber genießen. Er besucht das „Olympic Garden Topless Cabaret".

Gegen zwei Uhr in der Nacht ähnelt der Club einem irdischen Nachbau des Paradieses, das islamischen Selbstmordattentätern als Lohn für

Massenmord versprochen wird. Hinter den beiden schweren Doppeltüren warten allerdings keine 72 Jungfrauen, sondern ein paar hundert Frauen, die drei Dinge wollen: Ihre Kleider abwerfen, sich an Männern reiben und ihnen ihre Brüste vor die Nase halten. Und natürlich wollen sie dafür bezahlt werden.

Der Olympic Garden ist ungefähr so groß wie eine Turnhalle, und wenn er richtig voll ist, riecht es nach Schweiß. Dann sitzen vier-, fünfhundert Männer in dämmrigen Sitzecken, und fast genauso viele Frauen kreisen mit ihren Becken über ihren Köpfen.

Die Frauen nennen sich Valerie, Samantha oder Cindy. Und sie sagen, sie seien hier, weil sie ihren Sohn durchbringen müssen, weil sie das College sonst nicht bezahlen könnten oder weil sie hoffen, hier den Mann ihres Lebens zu treffen.

So ähnlich redet Karen auch. Sie tanzte in jener Nacht für den Piloten Shehhi. Sie trug ein enges Stretchkleid, hatte blonde Haare und im Gesicht ein 20-Dollar-Lächeln. „Der Typ sah ziemlich billig aus“, sagt sie, und sie bedauert nicht, dass er tot ist: „Er hat ein wirklich beschissenes Trinkgeld gegeben.“

„Panther Motel“, Deerfield Beach, Florida, 26. August 2001

Das „Panther Motel“ an der Küstenstraße A1A in Deerfield Beach wird die letzte Station für einige der Attentäter. Der Pilot Shehhi und der Kämpfer Mohald al-Scheri beziehen Zimmer 12 im ersten Stock, die Brüder Schari und Satam al-Sukami, allesamt Muskelmänner, Zimmer 10, gegenüber dem kleinen, nierenförmigen Swimmingpool.

Die Besitzer, Diane und Richard Surma, sind polnische Einwanderer; mit zähem Fleiß haben sie sich in Florida einen bescheidenen Wohlstand erarbeitet. Der 61-jährige Richard Surma züchtet Orangen, am liebsten die Sorte „Honeybell“, und sammelt außerdem Trödel jeder Art: pseudo-afrikanische Masken, pseudo-arabische Wasserpfeifen. Er ist sich auch nicht zu schade, den Müll seiner Motelgäste nach Sammelswertem durchzuwühlen.

Die Surmas bemühen sich in ihrem Motel um familiäre Atmosphäre. Sie sind gläubige Katholiken, aber sie wissen auch, dass sie im Geschäftsleben ein Auge zudrücken müssen – nicht selten vermieten sie für 35 bis 40 Dollar ihre Zimmer stundenweise an junge Pärchen, die noch keine eigene Wohnung haben, oder an Geschäftsleute für den schnellen Seitensprung zwischendurch.

In einem Punkt aber versteht Diane Surma keinen Spaß: Wenn mehr

Leute im Zimmer leben als dafür bezahlen. Als die Brüder Schari Besuch von Atta bekommen und der sich mit den Männern im Zimmer einschließt, pocht sie wütend an die Tür.

Atta unterbricht ihren Vortrag schon nach den ersten Worten. „Calm down, Lady“, sagt er eisig, „I am just a visitor“ – nur ein Besucher.

Diane Surma, keine ängstliche Frau, wird dabei ganz mulmig zumute. Kalt, durchdringend und irgendwie verächtlich – so wird sie ihrem Mann den Blick des Besuchers schildern. Sie stammelt, sie entschuldigt sich sogar bei Atta für die Störung. Shehhi läuft ihr noch hinterher: Sein Freund sei ein bisschen sehr kühl, er wisse, sie sei hier der Boss, völlig klar – sie wollen ihr bestimmt keine Probleme mehr machen.

Nur ein einziges Mal noch stutzt Richard Surma über seine arabischen Gäste: als er sieht, dass sie zwei Ölbilder an der Wand mit Handtüchern bedeckt haben. Die Bilder, im Format 40 mal 60, sind so erotisch harmlos wie künstlerisch unbedeutend: ein hingekleckstes Porträt eines Mädchens im Unterrock vor einer Jukebox, zwei Mädchen am Strand.

Surma wundert sich. Er versucht, Shehhi, den er unschwer als Anführer der Clique identifiziert hat, ins Gespräch zu ziehen – bitte, man könnte die Gemälde ja auch abhängen, wenn seine Gäste sich daran störten. Und ist es vielleicht aus religiösen Gründen? Nein, nein, wimmelt Shehhi den Motelbesitzer lächelnd ab. Auch ein Gespräch über Wasserpfeifen lässt sich mit dem Araber nicht führen. Diese Gäste wollen keinen Small Talk. Am nächsten Tag sind die Handtücher über den Bildern verschwunden.

„Shuckum's“, Hollywood, Florida, 7. September 2001

15 Monate lang haben die Verschwörer alles getan, um nicht aufzufallen. Nun aber fallen sie auf bei ihren Besuchen in Kneipen, Discotheken, Bars: Sie suchen Streit.

Im „Shuckum's“ zum Beispiel, 1814 Harrison Street in Hollywood. Das „Shuckum's“ ist eine dunkle Kneipe, spezialisiert auf glibberige Austern und so genannte Dolphin-Sandwiches, zu 6,95 Dollar. An der Decke kreiseln Ventilatoren, an der Wand hängen Gummihaie und Schwertfische aus Plastik. Hier schlagen die Piloten Atta und Shehhi und ein dritter Mann aus dem Team am Abend des 7. Septembers fast vier Stunden lang die Zeit tot. Shehhi und der Unbekannte kippen zusammen fünf Wodka-Orangensaft und fünf Cocktails namens „Captain Morgan“, gemixt aus Rum, Gewürz und Coca-Cola.

Atta schüttet stattdessen Preiselbeersaft in sich hinein. Und traktiert die ganze Zeit ein Videospiel namens „Golden Tee '97", einen großen, staubigen Kasten, der auf dem Weg zu den Toiletten steht. Eine Partie simuliertes Golfspiel kostet einen halben Dollar.

Die meisten Gäste des Shuckum's ignorieren das Ding; Atta aber spielt stundenlang, konzentriert, fast verbissen. Die besten Spieler dürfen sich mit einem Namenskürzel in die „Golden Tee"-Rangliste eintragen; auf Platz sieben hat sich jemand mit dem Kürzel „Abu" verewigt. Was auf Arabisch so viel bedeutet wie „Vater". Oder auch „Anführer".

Weil die Kellnerin Patricia Idrissi, 38, ihre Schicht beenden will, bringt sie den Männern die Rechnung: 48 Dollar, Trinkgeld nicht inbegriffen.

Die drei Attentäter beschweren sich, werden wütend, die Rechnung sei zu hoch. Idrissi ruft den Manager Tony Amos. Der will die aufgebrachten Männer beschwichtigen. Vielleicht, fragt der Manager, haben sie nicht genug Geld dabei?

Atta gerät erst recht in Rage. „Denkt ihr, wir könnten nicht zahlen?", brüllt er, „wer, denkst du, sind wir? Wir sind Piloten, von American Airlines!" Er zieht ein zusammengerolltes Paket Dollarnoten aus der Hosentasche, Fünfziger und Hunderter, knallt eine 50-Dollar- und eine 1-Dollarnote auf den Tresen, das Trio zieht ab.

Sechs Tage zuvor passierte Ähnliches im „251 Sunrise" in Palm Beach. Der Pilot Shehhi und ein nicht identifizierter Araber trinken Champagner und Whiskey mit drei Mädchen aus West Palm Beach. Am Ende stehen 1100 Dollar auf der Rechnung. „Betrug", brüllt Shehhi, setzt seine Brille ab und macht Anstalten, sich mit den Rausschmeißern zu prügeln.

Auch hier verpufft die Aggression. Shehhi schmeißt ein Bündel Banknoten auf den Tisch, dazu 25 Dollar Trinkgeld, und das Quintett verschwindet wie ein Spuk.

Ein Tag später besucht Shehhi, wiederum mit einem nicht identifizierten Begleiter, die Strip-Bar „The Pink Pony" in Daytona Beach. Sie bestellen einige Bier, schieben den strippenden Mädchen Dollarscheine unters Strumpfband, starren wie hypnotisiert, und nach etwa einer Stunde gehen sie wieder.

So kurz vor dem Anschlag scheinen sie kaum mehr Angst vor der Entdeckung zu haben. Sie fühlen sich unverwundbar, sie sind stark. Sie fordern Amerika heraus.

Ihr wisst nicht, wer wir sind.

Aber wir werden euch ins Mark treffen.

Und ihr ahnt nichts, gar nichts.

Minneapolis, 16. August 2001

Amerika ahnt nichts. CIA, NSA, FBI ahnen nicht viel. 15 Monate lang planen islamistische Terroristen den größten Anschlag auf die USA, und die Geheimdienste der Supermacht merken nichts. Die Gottesflieger greifen nicht von außen an, sie leben mitten unter den Amerikanern. Alles, was sie brauchen für den Anschlag, lernen sie im Land, kaufen sie im Land.

Drei Wochen vor dem Anschlag hat das FBI zum letzten Mal die Chance, vom 11. September zu erfahren. In Minneapolis bucht der Marokkaner Habib Zacarias Moussaoui in einer Flugschule Stunden im Simulator. Er will in aller Eile lernen, einen Düsenjet zu fliegen, Landetechniken sind ihm egal, er zahlt alles in bar. Der Fluglehrer schöpft Verdacht, benachrichtigt die Polizei. Über Moussaoui liegt bereits eine Warnung des französischen Geheimdienstes vor. Er wird verhaftet, seine Wohnung wird durchsucht, sein Computer beschlagnahmt, aber nicht ausgewertet. Erst nach dem 11. September stellt sich heraus, dass er Kontakt zur Hamburger Terroristengruppe um Atta hatte und aus Hamburg Geld überwiesen bekam. Moussaoui sollte möglicherweise als fünfter Pilot eine weitere entführte Maschine aufs Weiße Haus stürzen lassen oder in jenem gekaperten Flugzeug sein, das nur vier statt fünf Entführer an Bord hatte.

Die Ahnungslosigkeit der US-Behörden ist umso unverständlicher, als die USA seit dem ersten Attentat auf das World Trade Center wissen, dass ein weltweit agierendes Netzwerk von Islamisten versucht, die USA in großem Stil zu attackieren. 1993 sollte der eine Turm auf den anderen stürzen und 40 000 Menschen in den Tod reißen, doch die später gefassten Terroristen berechneten die Sprengstoffmenge falsch.

Im Juni 1993 sollten in New York gleichzeitig zwei Verkehrstunnel, das Uno-Gebäude und das New Yorker Büro des FBI gesprengt werden, die Islamisten wurden vorher verhaftet. Im Jahr darauf sollten innerhalb von 48 Stunden zwölf amerikanische Jumbo-Jets auf ihrem Flug vom Fernen Osten in die USA gesprengt werden, der „Manila Air“-Plan wurde entdeckt. 1995: Anschlag auf die US-Streitkräfte in Riad. 1998: Sprengung der US-Botschaften in Kenia (253 Tote) und Tansania (10 Tote). 1999: Vereitelter Silvester-Anschlag auf den Flughafen von Los Angeles. Januar 2000: Geplantes Attentat auf den US-Zerstörer „The Sullivans“ im Hafen von Aden. Oktober 2000: Anschlag in Aden auf den US-Zerstörer „Cole“.

Alle Anschläge haben eines zum Ziel: den Massenmord an Amerikanern. Die Attentäter um Mohammed Atta und deren Hintermänner kombinieren den World-Trade-Plan von 1993 mit dem „Manila Air"-Plan von 1994, ein paar Jumbos gleichzeitig explodieren zu lassen. Möglicherweise wollten sie ursprünglich gemietete kleine Sprühflugzeuge mit Kerosin füllen und sie als fliegende Bomben nutzen. Moussaoui hatte sich übers Internet für solche Flugzeuge interessiert, und Atta war im Frühjahr 2001 ebenfalls als seltsamer Interessent für Schädlingsbekämpfungsflugzeuge in Belle Glade, Florida, aufgefallen.

Er und die anderen Attentäter entgehen den Staatsorganen, weil sie nicht dem Feindbild der 30-Milliarden-Dollar-Agentenabwehr der USA entsprechen. Sie sind keine professionellen Terroristen, sie sind Anfänger, sie haben sich ihrem Anschlag vorsichtig genähert, haben ausprobiert, improvisiert, aus Fehlern ihre Schlüsse gezogen – learning by doing.

Das 180 Seiten starke al-Qaida-Handbuch für Terroristen enthält allerlei kriegerische Phrasen, geeignet für Höhlenkämpfer, die sich von Afghanistan aus vorstellen, wie man die Welt in Angst und Schrecken stürzen kann. Wenig werden Atta und Co. gebraucht haben; wie man Internet-Cafés unauffällig nutzt, um mal eben ein paar Mails auszutauschen oder sich einen Überblick über die besten Flugschulen zu besorgen, das brachten sie sich selbst bei.

Ihr Interesse am Westen und seiner Art zu lernen und zu leben war nicht geheuchelt. Gerade Atta, Shehhi und Jarrah, die Piloten und Anführer, waren Anfang der neunziger Jahre gen Westen aufgebrochen, um zu erfahren, „wie diese so genannte Erste Welt uns betrachtet und wie sie sich unserer Dritten Welt gegenüber verhält" – so hatte damals Atta begründet, warum er in Deutschland Entwicklungspolitik studieren wollte. Aus den wissbegierigen Muslimen, die der Westen reizte, sind dann im Westen hasserfüllte Krieger gegen den Westen geworden. Sie waren keine Schläfer, sie waren Schüler. Die aus dem, was sie sahen und lernten, die falschen Konsequenzen zogen. Und sie ohne erkennbare Angst in die Tat umsetzten. *Alle westlichen Zivilisationen, die ihre Macht genießen, sind in ihrem Innern sehr schwach*, steht in Attas Selbstmordfibel.

Sie waren allerdings nicht die Todesroboter, die Bomben auf zwei Beinen, die nur darauf warteten, von Osama Bin Laden ferngezündet zu werden. Sie arbeiteten sich langsam heran an den Tag der Tat; sie unterliefen die Abwehr der USA wie ein kleines Sportflugzeug, das unter der Radarüberwachung hindurchsurrt.

Zwischen dem 26. August und dem 5. September buchen und kaufen die Attentäter ihre Tickets in den Tod. Die Flüge haben sie kühl kalkulierend ausgewählt: Es sind frühe Maschinen, die von 7.59 Uhr bis 8.14 Uhr in Boston, Newark und Washington starten. Es sind Boeings 757 oder 767 mit nahezu identischen Cockpits – was die Vorbereitung erheblich erleichtert hat. Es sind Maschinen mit Zielen an der Westküste – was hohe Kerosinmengen an Bord und größtmögliche Sprengkraft garantiert.

Panther Motel, Deerfield Beach, 9. September 2001

Gegen zehn Uhr morgens checken der Pilot Shehhi sowie die Kämpfer aus dem Panther Motel aus. Sie werden abgeholt von etwa sechs anderen Arabern, an die sich das Hotelbesitzer-Ehepaar Surma aber nicht mehr erinnern kann. Atta ist nicht dabei.

Sie hinterlassen zwei Plastiksäcke voller Müll. Richard Surma, einer alten Angewohnheit folgend, durchsucht den Müll und findet: ein Tapetenmesser, Landkarten, ein Wörterbuch Deutsch–Englisch, einen Winkelmesser und ein Gerät, mit dem Piloten oder Flugingenieure die Kerosinqualität prüfen sowie Videokassetten und ein Videokabel. Die Kassetten, die Surma findet, sind leer. Andere wurden offenbar benutzt; Surma findet die Verpackungen. Surma freut sich, schleppt seine Beute ins Zimmer 17 A, seinen Lagerraum. Er wundert sich kurz über die Videos: Was haben seine seltsamen Gäste aufgenommen?

Womöglich ihr Testament, mutmaßt der CIA. Ein paar letzte Worte an die anderen Gotteskrieger in aller Welt – und einen Aufruf, ihrem Beispiel zu folgen?

Kurz vor dem Abschied bringt Walid al-Schari Diane Surma den Zimmerschlüssel ins Büro. Sie hat es eilig, weil sie die Zimmer sauber machen muss, wünscht ihm gute Weiterreise. Er druckst einen Moment herum, ergreift ihre Hand, hält sie lange fest und sagt dann auf Englisch und mit gutturalem Akzent: „Thank you, it was good knowing you – you are very good person."

Boston, 11. September, circa 6 Uhr

Die Kämpfer Walid und Wail al-Schari räumen ihr Zimmer 432 im „Park Inn" von Newton, einer Vorstadt Bostons, Boylston Street 160, 15 Kilometer entfernt vom Flughafen. In der Tasche Tickets für den Flug American Airlines 11 nach Los Angeles, gekauft im Internet auf eine Sun-Trust-Visa-Debit-Karte am 26. August auf eine gemeinsame Postfach-Adresse in Hollywood, Florida, abgerechnet über zwei verschiedene Visa-Kreditkarten. *Überprüfe vor der Reise deine Waffe, denn du wirst sie zur Ausführung deiner Tat brauchen.*

Die Kämpfer Ahmed und Hamsa al-Ghamdi checken aus im „Days Hotel“, Soldiers Field Road 1234, Boston-Brighton. Sie bezahlen an der Rezeption den Pornofilm, den sie am Vorabend abgerufen haben. Ihre L.A.-Tickets für United Airlines 175 haben sie gekauft am 29. August, One-Way-Trips zu je 1760 Dollar. Sie gaben ein gemeinsames Postfach in Delray Beach, Florida, an. *Jeder sollte bereit sein, seinen Teil zu übernehmen, und deine Tat wird durch Gottes Willen befürwortet.*

Der Kämpfer Satam al-Sukami tritt hinaus auf die Charles Street am Rande des Theaterviertels von Boston-Downtown, in seinem Rücken die schmiedeeisernen Feuerwehrtreppen und roten Markisen an der alten Backsteinfassade des „Milner-Hotels“. Er wird auf dem American-11-Flug sein, das Ticket wurde bezahlt. *Du kommst nicht zur Erde zurück und pflanzt die Angst in die Herzen der Ungläubigen.*

Auch der Pilot Shehhi, er hat eben noch mit Ziad Jarrah telefoniert, und seine Kämpfer Fajis Ahmed und Mohald al-Scheri verlassen das Milner-Hotel, sie haben kaum Gepäck. Scheri und Ahmed buchten One-Way-Tickets nach Los Angeles am 27. August, United Airlines 175, First Class, Kosten pro Ticket 4464,50 Dollar, als Kontaktadresse gaben sie ein Postfach in Delray Beach, Florida, an. Pilot Shehhi hat für seinen Flugschein am 28. August 1600 Dollar bar bezahlt an einem Ticketschalter der United Airlines am Flughafen in Miami. Nun ist der Tag gekommen. *Du wirst am Ende der Sieger sein.*

Boston, Flughafen, 6.50 Uhr

Attas und Umaris Flugzeug aus Portland setzt in Boston trotz verspäteten Starts pünktlich auf. Die Propellermaschine fährt zu den kleinen Nummern am Terminal B, sie entlädt die Passagiere, „Thank you for flying US Airways“. Die Leute rupfen ihre Taschen aus den Gepäckfächern, auch Atta und Umari, sie haben keine Zeit zu verlieren. Das Gate für den Anschlussflug liegt am anderen Ende des Gebäudes, nur jetzt keine Panne. *Das Ende steht bevor, und das Himmelsversprechen ist zum Greifen nah.*

Atta und sein Kämpfer marschieren rasch durch den Terminal B, vorbei an der noch geschlossenen Legal-Sea-Foods-Filiale, an der blauen Neonschrift von „Auntie Anne’s Pretzels“, vorbei am Hudson News Zeitungskiosk. In der Tasche ihre Tickets, Business Class, American Airlines 11, gebucht via Internet am 28. August, verrechnet auf Attas drei Tage zuvor eröffnetem Vielfliegerkonto Nummer 6H26L04. Der Flug startet täglich um 7.45 Uhr, Ankunft in Los Angeles 10.59 Uhr, Flugzeit

6 Stunden, 14 Minuten, falls nichts dazwischen kommt. Attas Mobiltelefon klingelt. Er wird angerufen aus einer Telefonzelle im Terminal C. Dort wird United Airlines starten. Die Verschwörer treffen die letzten Absprachen.

Es ist 7.25 Uhr, als Atta und Umari Gate 26 erreichen. Mancher Zeuge glaubt, er hätte sie rennen sehen. Aber sie sind nicht zu spät. Das Einsteigen hat noch gar nicht begonnen, zehn Minuten später erst, zehn Minuten vor dem Start, werden die Passagiere gerufen. Man nimmt das Flugzeug in den USA wie anderswo den Bus.

Aber Attas zweite Tasche, in Portland nach Los Angeles aufgegeben, bleibt auf der Strecke. Die Entlader bringen sie nicht so schnell aus der Beech 1900, als dass sie es in die Boeing 767 noch schaffen würde. So fährt um diese Stunde irgendwo auf dem Rollfeld des Bostoner Flughafens Mohammed Attas Testament spazieren, dazu eine kleine Fibel für islamistische Selbstmordattentäter, die nach der Tat viel verraten wird über die Gedanken der Täter. *Erinnere dich an dein Gepäck, die Kleidung, das Messer – und an die Dinge, die du brauchst.*

Atta und Umari nähern sich am Gate ihrer zweiten Sicherheitskontrolle an diesem Tag. Die Metalldetektoren schlagen nicht an. Auf den Röntgenbildern ihrer Taschen ist nichts zu sehen, was Sicherheitsleute beunruhigt. Aber sogar Messer mit mehr als zehn Zentimeter langen Klingen wären nach den damaligen US-Vorschriften erlaubt und würden als unbedenklich gelten. Atta und Umari sind durch. „Thank you, Sir." Die Sache läuft. „Thank you, Sir. Have a good flight."

Gate 26. Sie sitzen noch für einen Moment, drei, vier Minuten. Stewardessen in der blau-roten Uniform der American Airlines sortieren Papiere und prüfen Computerlisten. Flug 11 ist für sie ein F9C19Y53-Job, das heißt, es gibt 9 Passagiere in der First Class, 19 haben Business bezahlt und 53 Economy. In den Listen der Stewardessen steht neben Mohammed Attas Namen: 8D. Abd al-Asis al-Umari: 8G. Wail al-Scheri: 2A. Walid al-Scheri: 2B. Satam al-Sukami: 10B. Die Verschwörer müssen sich schon am Gate gesehen haben. Das Quintett ist komplett. Die Sache läuft.

Zur gleichen Zeit spielt sich die gleiche Szene ab im Terminal C. Dort schart sich unmerklich die zweite Mörderbande um ihren Piloten Shehhi. Sie werden United Airlines 175 übernehmen, spärlich besetzt an diesem Morgen mit 11 Crew-Mitgliedern, 56 Passagieren und 5 Entführern, eine Boeing 767-222, Baujahr 1983, 66 647 Flugstunden. *Gebe nicht den Anschein, verwirrt zu sein, sondern sei stark und glücklich mit geöffnetem Herzen und Zuversicht, denn du tust Arbeit, die Gott gefällig ist.*

Gottgefällige Arbeiter machen sich ans Werk. Nicht nur in Boston, auch in der Betonlandschaft Newarks, New Yorks Großflughafen, und am Dulles Airport von Washington D. C. mischen sich Verschwörer des 11. September unters Volk der Geschäftsreisenden und Ferienflieger. Die Welt wird viel lernen an diesem Morgen, sie ahnt nichts davon. Aber sie wird bald von Flugnummern hören, von United Airlines 93 und Pennsylvania, von American Airlines 77 und dem Pentagon. Von Absturz, Einsturz, Untergang.

Boston, 11. September, 7.30 Uhr

Am Gate 26 scharren die Fluggäste von American 11, 81 Menschen, mit Taschen, Tüten, Zeitungen. Sie führen letzte Telefonate, blättern in Zeitungen, nippen aus Pappbechern ihren „Latte Decaf Fat-free". Thelma Cuccinello, 71, Großmutter von zehn Enkeln in Wilmot, New Hampshire, ist mit dem Bus nach Boston gekommen, ihre Tochter Cheryl brachte sie am frühen Morgen zum Bahnhof, sie will in Kalifornien eine Schwester besuchen.

Berry Berenson wird an Bord sein, 53, die Witwe von Anthony Perkins, sie war zu Besuch an der Ostküste und fliegt nach Hause. Jeffrey Coombs geht für Compaq auf Reisen nach Los Angeles, ein gepackter Tag liegt vor ihm, hinter ihm schon der Abschied von seiner Frau Christie und den Kindern Meagan, 10, Julia, 7, Matt, 12.

Mary Wahlstrom, 75, und ihre Tochter Carolyn Beug, 48, warten auf den Start ihrer Heimreise. Es wartet die 30-jährige Händlerin Tara Creamer, verheiratet, Mutter von Colin, 4, und Nora, 1. Brian Dale wartet, 43, aus Warren, New Jersey. Alberto Dominguez wartet, 66, aus Sydney, Australien, Vater von vier Kindern. Robert und Jacqueline Norton warten, 82 und 60 Jahre alt, das Rentnerpaar aus Maine will Urlaub machen in Amerikas Westen.

Binde deine Schuhe sehr eng zu und trage Socken, so dass die Schuhe eng an deinen Füßen sitzen. Dann geht Mohammed Atta im Gefolge der anderen durch den Zuführschlauch in die Maschine. Er ist der „Boss". Am 9. September nennt ihn Jarrah so in einer Nachricht auf dem Handy: Boss Atta.

Es ist 7.36 Uhr. Der Flug wird verspätet starten, 14 Minuten zu spät, um 7.59 Uhr. *Wenn du im Flugzeug bist, sobald du das Flugzeug betrittst, solltest du zu Gott beten, denn jeder, der zu Gott betet, wird gewinnen, denn du tust dies für Gott.* Mohammed Atta telefoniert. Während das Flugzeug anrollt, Richtung Runway 4R/22L, wählt er, zum letzten Mal, die Nummer des Mobiltelefons von Pilot Shehhi. Sie sind verbunden für eine Minute oder zwei, vielleicht drei. Lange genug, um

Dinge zu sagen wie: Seid ihr vollzählig? Die Sache läuft. Wir sind an Bord. Allah ist groß. Das Paradies wartet.

Atta und Shehhi kennen sich lange. Verabschiedet haben sie sich am 10. voneinander, beim Frühstück im Milner Hotel, den 9. verbrachten sie noch gemeinsam in Boston. Dort wickelten sie letzte Geschäfte ab. Am Abend des 9. riefen sie das Call-Center der Western Union Bank an, tippten Ziffern ins Bedienfeld ihres Telefons und überwiesen 15 000 Dollar, vermutlich an einen Empfänger in den Vereinigten Arabischen Emiraten. Tags zuvor schon hatte Atta 7860 Dollar auf den Weg gebracht, tags darauf, am 10. September um 19.25 Uhr, überwies Shehhi noch einmal 5000 Dollar in die Vereinigten Arabischen Emirate, an Mustafa Ahmed Alhawsawi, einen Finanzschieber Bin Ladens.

Atta und Shehhi könnten sich in diesem Moment am Dienstagmorgen fast mit bloßem Auge sehen, denn auch Marwan al-Shehhi hat mit seinem Trupp schon in der Maschine Platz genommen. Sie rollt kurz vor acht Uhr in der Warteschlange hinter Attas American Airlines 11 über die Taxiways des 96 Hektar großen Flughafengeländes von Boston. United Airlines 175 wird kurz nach American 11, um 8.14 Uhr, abheben. *Wenn das Flugzeug sich bewegt, sobald es sich langsam zu bewegen beginnt, bete die Gebete der reisenden Muslime, denn du reist, um Gott zu treffen und die Reisen zu genießen.*

Attas American 11 erreicht den Beginn der Startbahn und stoppt in Erwartung der Startfreigabe vom Tower. Auf der anderen Seite von Attas Gang sitzt, mit seiner Frau Lynn, der Fernsehproduzent David Angell, 54, eine amerikanische Berühmtheit, die Leute lieben seine Komödien. Tauschen sie Blicke? Sehen sie sich an? Wird Angell das erste Opfer des 11. September sein? Umgebracht mit einem Teppichmesser, einem Taschenmesser, einem Keramikmesser, mit etwas Scharfem?

Im Cockpit geben sie vollen Schub auf die General-Electric-Turbinen, die Maschine jagt bis zum Takeoff 2300 Meter die Piste entlang Richtung Nordwest, stellt sich auf die Hinterräder bei einem Tempo von über 300 Kilometern pro Stunde und hebt ab. 7.59 Uhr. *Bete für dich und deine muslimischen Brüder um den Sieg am Ende und fürchte dich nicht, denn du wirst bald Gott treffen.*

World Trade Center, Nordturm, 8 Uhr

Fensterputzer Jan Demczur ist im Plan. 77. Etage. Er reinigt die Tür der Firma Martin Progressive LCC. Um 6.10 Uhr hat er im 48. Stock angefangen, bei der japanischen Dai-Ichi Kangyo Bank.

Am Dienstag sind auf allen drei Etagen insgesamt zwölf Türen zu reinigen und drei große Glaszwischenwände. Jan Demczur brauchte eine Stunde dafür. Kurz nach 7 Uhr fährt er zur Firma Carr Futures in den 92. Stock. Er muss hier täglich die große gläserne Eingangstür reinigen, was ihn etwa 15 Minuten kostet. Anschließend in das 93. Stockwerk, wo er bei der Brokerfirma Fred Alger Management die Eingangstür und eine Glaszwischenwand reinigt. Jan Demczur ist um 8.30 Uhr fertig mit der Firmentür von Martin Progressive LCC.

Es ist Frühstückszeit.

Er fährt mit der Rolltreppe zur 78. Etage, wo sich eine der beiden großen Fahrstuhlwechselstationen befindet. Hier tauschen die Leute, die in den oberen Stockwerken arbeiten, die Aufzüge. Zwölf große Kabinen rauschen von der Lobby im Erdgeschoss ohne Halt bis zum 78. Stock, wo man dann zwischen vielen kleineren Aufzügen in die höheren Etagen wählen kann. In jedem der beiden Hochhäuser gibt es 100 Aufzüge. Sie sind mit den anderen Versorgungssträngen, wie Wasser- und Abwasserleitungen, Klimaanlagenschächten, im Kern der Türme untergebracht, der nach dem Röhrenprinzip gebaut wurde, um möglichst viel Bürofläche zu haben. Wie in den alten Fabriken Sohos, die inzwischen Boutiquen und Lofts beherbergen, gibt es auch im World Trade Center kaum sichtbare Stützsäulen und relativ dünne Böden zwischen den Etagen. Die Versorgungskerne sind mit Gipskartonwänden verkleidet, damit jede neue Firma, die einzieht, schnellen Zugang zu allem hat. Das Gebäude wird fast zur Hälfte von den Stützen der Außenwand getragen. Es ist so viel leichter, biegsamer und effektiver als die alten New Yorker Wolkenkratzer wie das Empire State Building.

Nashua, New Hampshire, 8.13 Uhr

Im Flugkontrollzentrum für Boston, eingerichtet in einem fensterlosen Bunker 60 Kilometer nordwestlich der Stadt, drucken sie in dieser Minute den ersten „Flight Progress Strip“ für die American Airlines 11, einen Papierstreifen mit sieben Spalten und den wesentlichen Informationen, Flugzeugcode, Flughöhe, Dauer, Position. Der Controller registriert den Start der Boeing aus Boston, zeitverschoben in „Zulu“-Zeit, das ist die Universal Coordinated Time, er sieht ihre Daten auf einem hochauflösenden 27-Zoll-Sony-Bildschirm. An diesem Morgen verfolgt er insgesamt 14 Langstreckenflüge auf ihren Wegen im Luftraum über den Vereinigten Staaten.

Ab 8.15 Uhr registriert er seltsame Dinge. American Airlines 11 beschreibt über Worcester, Massachusetts, eine sanfte Nordkurve, obwohl sie sich nach Süden wenden müsste.

Um 8.20 Uhr ignoriert das Cockpit die Aufforderung der Controller, auf die Dauerflughöhe von 31 000 Fuß zu steigen.

Von 8.21 Uhr an wiederholt der zuständige Dispatcher, sein Name ist nicht bekannt, in schneller Folge und ohne Antwort zu erhalten den nervösen Funkspruch: „American 11, this is Boston Center, how do you read?“, was so viel heißt wie: Hören Sie mich? Verstehen Sie mich? Melden Sie sich! Man erwartet in Nashua jede Sekunde den Empfang des vierstelligen Notrufcodes, den Piloten im Fall eines Überfalls absetzen. Aber er bleibt aus.

Um 8.22 Uhr gibt der Transponder der Boeing, eine Art Sender des Flugzeugs, kein Signal mehr und bleibt tot. Die Flughöhe wird nun nicht mehr angezeigt, die Controller in Nashua haben nur noch das Radarbild der Maschine und verfolgen atemlos die falsche Flugroute.

American Airlines 11 fliegt um 8.23 Uhr nordwestlich über das Dreistaaten-Eck am Südzipfel der Green Mountains, wo sich die Grenzen von Massachusetts, Vermont und des Staates New York treffen, wendet sich dann auf abgeknickter Bahn dem so genannten Albany-Schenectady-Troy-Triangel zu und passiert südlich des Great Sacandaga Lake die Stadt Amsterdam an ihrem nördlichen Rand. „American 11, how do you read? This is Boston Center: How do you read?“

Fort Worth, Texas, 8.27 Uhr

In der Verkehrsleitzentrale von American Airlines hört Craig Marquis, der an diesem Morgen Dienst hat, wie der Schichtleiter der Reservierungsabteilung den Notruf einer Stewardess entgegennimmt. Sie verlangt, mit der Leitzentrale verbunden zu werden; schreiend und nach Luft ringend berichtet sie, dass zwei Flugbegleiter niedergestochen worden seien, eine weitere werde mit Sauerstoff beatmet. Einem Passagier sei der Hals durchschnitten worden, sie habe den Eindruck, der Mann sei tot. Die Entführer, sagt die Anruferin, seien ins Cockpit eingedrungen.

Marquis arbeitet seit 22 Jahren in der Leitzentrale von American Airlines. Er hat Erfahrung mit Notfällen aller Art. In Sekundenschnelle muss er Entscheidungen treffen, die seine Gesellschaft Millionen kosten können: etwa Flüge wegen eines Sturms stornieren oder entscheiden, ob eine Drohung Scherz ist oder Ernst.

Er greift sich die Besatzungsliste von American-Airlines-Flug 11 und sieht, dass Betty Ong sich tatsächlich an Bord des Flugzeugs befindet. Sie hat den Notruf von einem der Telefone gemacht, die in die Rückenlehnen eingebaut sind – über die Taste 8 war sie direkt mit der Reservierungsabteilung verbunden worden.

Die Maschine mit der Flugnummer 11 war um 7.59 Uhr in Boston gestartet.

Bei dem Flugzeug handelt es sich um eine Boeing 767-223ER, eine spezielle Variante der Baureihe 767-200, die für den Großkunden American Airlines in einigen Ausstattungsdetails modifiziert wurde. ER steht für Extended Range. Das bedeutet, dass dieser Typ mit einem Tankvolumen von 90 770 Litern vor allem für Langstrecken eingesetzt wird – eine zweistrahlige Maschine mit zwei Gängen und einer maximalen Reichweite von 12 250 Kilometern.

Die Maschine, die sich im Besitz einer Leasinggesellschaft befindet, hat die Kennzeichnung N334AA und wird von zwei General-Electric-CF6-80-A2-Turbinen angetrieben. 1987 gebaut, hatte sie bis zum 11. September knapp 59 000 Flugstunden und 11 789 Starts und Landungen hinter sich.

Marquis lässt sich die Personalakte von Betty Ong bringen und bittet sie, ihm ihre Personalnummer und ihren Spitznamen zu nennen.

Sie gibt ihm die Daten. Der Anruf ist kein blinder Alarm.

Die vier Entführer, sagt Ong, hätten Plätze in der ersten Klasse gehabt, der verletzte Passagier ebenso. Die Entführer hätten Passagiere und Crew mit einem Spray attackiert. Muskatnuss- oder Pfefferspray, vermutet heute das FBI. Ong sagt, ihre Augen würden brennen. Außerdem habe sie Schwierigkeiten zu atmen.

„Ist ein Arzt an Bord?“, will Marquis wissen. „Nein, kein Arzt“, sagt Ong. Ob die Maschine im Sinkflug sei, fragt Marquis. „Wir beginnen mit dem Sinkflug“, antwortet Ong.

Nashua, Flugkontrollzentrum, 8.28 Uhr

Die Maschine dreht scharf nach Süden ab, eine 210-Grad-Kehre, als suche der Pilot das Flusstal des Hudson. An der Mündung des Flusses liegt New York City. „American 11, how do you read?“

Von 8.29 Uhr an hören die Controller Funkfetzen aus dem Cockpit. In abgehackten Stücken ist eine Stimme mit starkem Akzent zu hören, einmal sagt sie: „Macht keine Dummheiten! Niemandem wird etwas passieren!“, ein anderes Mal: „Wir haben mehr Flugzeuge. Wir haben andere Flugzeuge. Bleibt ruhig. Wir kehren zum Flughafen zurück.“

Das ARTCC Nashua, das steht für: Air Route Traffic Control Center, zuständig für Nordwestamerika und den Luftraum zwischen dem Boden und 60 000 Fuß Höhe, alarmiert um 8.29 Uhr die amerikanische Luftfahrtbehörde Federal Aviation Administration (FAA): American Airlines 11, an Bord 92 Menschen, sei allem Anschein nach in der Gewalt von Entführern.

Bis 8.38 Uhr dringen noch Funkfetzen zur Zentrale durch, unklar, sinnlos. Danach herrscht Stille im Kontrollbunker von Nashua.

World Trade Center, Nordturm, 8.34 Uhr

Die Rushhour im World Trade Center hat begonnen – Jan Demczur fährt mit dem Lift bis zur 44. Etage, in der sich die zweite große Fahrstuhlwechselstation befindet. Hier steigen die Leute um, die zwischen 44. und 77. Etage arbeiten. Demczur stellt den Eimer mit seinen Werkzeugen neben der Fahrstuhlgruppe ab, die Aufzüge in die Stockwerke 67 bis 74 schickt. Von hier wird er gleich weiterfahren. Der nächste Putzjob ist bei der Firma Geiger & Geiger, Hyundai Securities Corporation im 78. Stockwerk. Dort gibt es eine kleine Bank in der Lobby, auf der er immer seinen Kaffee trinkt und seinen Donut isst. Demczur nimmt die Rolltreppe zur 43. Etage, in der die Cafeteria untergebracht ist. Sie ist nicht sehr voll. Er kauft sein Frühstück ein und geht zurück zum Lift. Im Fahrstuhl neben seinem Eimer stehen fünf Männer, die gerade abfahren wollen. Sie warten noch die Sekunde, die Demczur braucht, um seinen Eimer mit den Werkzeugen aufzunehmen. Dann tritt er zu den anderen Männern in den Fahrstuhl, die Kabinentür schließt.

Seit 1980 ist Jan Demczur in Amerika. In jenem Sommer lud ihn eine Tante, die einen Amerikaner geheiratet hatte, nach New York ein. Demczur bekam ein Urlaubsvisum, was ihn heute noch wundert. Der amerikanische Onkel verstand nicht, warum Demczur jemals wieder nach Hause wollte. Der Onkel war Amerikaner und ging davon aus, dass man früher oder später erschossen würde in Polen. Es war die Zeit der Streiks, die Zeit von Solidarność; keine Arbeit für Klempnerbrigaden, keine Arbeit für Demczur. Demczur blieb erst mal in New York. Er wollte ein bisschen Geld sparen und warten, bis sich der Solidarność-Rauch verzogen hatte. Er war nie in der Gewerkschaft. Er wollte nur arbeiten. Er fand einen Job bei einer Baufirma in New York. Er schlief ein halbes Jahr lang auf der Couch seiner Tante, dann suchte er sich ein eigenes Zimmer im East Village.

Irgendwann wollte er nicht mehr zurück nach Polen. Er wurde amerikanischer Staatsbürger, schickte seine beiden Töchter aber sonntags auf die ukrainische Schule, seine Eltern stammten aus der Ukraine. Er war vier- oder fünfmal mit seinen Kindern bei seinen Eltern in Polen. Sie leben auf dem Land. Es ist schön dort, sagt er. Aber seine Kinder mögen das polnische Essen nicht. Sie vermissen Computer in Słupsk. Ihnen gefällt Polen nicht, er hat ihnen ein Haus in Amerika gekauft. Es steht fast in New York. Ein kleiner Garten für die Mädchen, eigene Zimmer. Und es gibt eine Doppelgarage, auch wenn er nur ein Auto besitzt.

Die Gesichter im Lift kommen ihm an diesem Morgen vage bekannt vor, er trifft jeden Tag Hunderte Leute auf seinen Fahrstuhlfahrten. Er kann niemanden zuordnen. Am bekanntesten kommt ihm der ältere dunkelhäutige Mann mit der Brille vor, der in den 69. Stock will. Der Alte hat zwei Becher in der Hand und zwei Tüten. Auch die anderen kehren vom Frühstück zurück. Nur ein bulliger Mann kommt offenbar direkt von draußen, er trägt einen Laptop, sein Anzug sieht teuer aus.

Der Fahrstuhl fährt los, noch befindet sich Jan Demczur in seinem Plan.

Nashua, Flugkontrollzentrum, 8.38 Uhr

Die Boeing zieht als stummer Punkt über den Radarschirm. Wer sitzt am Steuer der Boeing? Drückt der Kapitän, John Ogonowski, ein 52-jähriger Vietnam-Veteran und Kürbisfarmer mit eigenen Feldern in Massachusetts, drückt er bis 8.38 Uhr in schnellem Rhythmus die Mikrofontaste am Steuerrad, um der Zentrale Zeichen zu geben? Wird er erst um 8.38 Uhr aus dem Pilotensessel gezwungen, bis dahin irregeführt durch die Drohung, das Ganze sei eine Flugzeugentführung alten Schlages, erpresst werde eine Landung in New York?

Oder wird Ogonowski bereits um 8.28 Uhr vom Steuer entfernt, als die Boeing sich plötzlich und scharf nach Süden wendet, um längs des Hudson gen New York City zu rasen? Drückt ein Attentäter die Mikrofontaste im Irrglauben, er wende sich an die Passagiere? „Macht keine Dummheiten“, „Niemandem wird etwas passieren“, „Wir kehren zum Flughafen zurück“ – das kann an die Piloten gerichtet sein, aber klingt es nicht auch wie eine Beschwichtigung von Fluggästen?

Von 8.40 Uhr an sitzt John Ogonowski nicht mehr am Steuerrad. Aus einer Höhe von 900 Fuß kommend, brüllt die Boeing 767 über die Häuserspitzen in die Straßen Manhattans hinunter, es ist der fürchterliche Klang einer todbringenden Waffe. In dieser Minute, da längst alles zu spät ist, kommt die offizielle Telefonkette an ihr Ende. Atemlos informiert die Luftfahrtbehörde FAA die Luftabwehrbehörde Norad (North American Aerospace Defense Command) über die Entführung des Fluges American 11.

Um 8.41 Uhr beantwortet die United Airlines 175 – ebenfalls besetzt mit fünf Terroristen auf dem Sprung, ohne dass die Crew dies bereits wüsste – eine Nachfrage des Kontrollzentrums nach der entführten American Airlines 11.

Flugkapitän Victor Saracini, 51 Jahre alt, ein früherer Navy-Soldat, meldet zwei Minuten ehe seine eigene Maschine von Marwan al-Shehhi und seinen Kämpfern gekapert wird, das Folgende: Ja, sie hätten etwas aufgeschnappt von der American 11. Kurz nach dem Start sei eine seltsame Übertragung hereingekommen, „als hätte jemand das Mikrofon genommen und gesagt: Alle in den Sitzen bleiben".

Bald fällt auch der Transponder dieser Boeing 767 aus. Die mutmaßliche Entführung von United Airlines 175 wird gemeldet um 8.43 Uhr. Zeitgleich starten auf der Otis Air National Guard Base in Falmouth, Cape Cod, zwei F-15-Abfangjäger. Ein Routineschritt im Katastrophenplan.

An Bord von American Airlines 11, 8.42 Uhr

Die von Mohammed Attas Trupp gekaperte Boeing rast die Halbinsel von Manhattan hinunter, als Madeline Sweeney, Stewardess seit 12 Jahren, 35 Jahre alt, wohnhaft in Acton, Massachusetts, von Bord aus bei der American-Airlines-Bodenkontrolle anruft. Sie hat ein Telefon in der Hand, ein mobiles oder ein Airphone, das sie aus der Rückenlehne eines Sitzes genommen haben könnte, sie erreicht einen der Manager, Michael Woodward.

Sie berichtet ihm, im Auge des Orkans, ruhig und gefasst, was der Fall ist. Sie sagt, „dieses Flugzeug ist entführt", und: Zwei ihrer Kollegen lägen von den Terroristen erstochen im Gang. *Schlag sehr hart ins Genick, in dem Wissen, dass der Himmel auf dich wartet.* Einem Gast der Business- Class hätten sie die Kehle aufgeschnitten, „er scheint tot zu sein". *Töte und denke nicht an den Besitz derjenigen, die du töten wirst.*

World Trade Center, Nordturm, 8.43 Uhr

Chuck Allen sitzt an seinem Schreibtisch im 83. Stock und schaut kurz auf den Hudson herunter. In der Ferne, dicht über der George-Washington-Brücke sieht er einen kleinen Punkt. Ein Flugzeug. Es fällt ihm auf, weil er an dieser Stelle noch nie eine Maschine gesehen hat. Sie fliegt niedrig, vermutlich ist sie im Landeanflug auf Newark. Er dreht sich wieder zu seinem Bildschirm und bedient sein Outlook-Programm weiter.

Vor einigen Jahren hat Allen die Pilotenprüfung abgelegt. Er weiß genau, wie es klingt, wenn der Pilot die Gashebel nach vorn schiebt, um der Turbine maximale Schubkraft zu geben. „Man kann ein Flugzeug allein mit Schubkraftveränderung steuern. Bei vollem Schub hebt sich die Nase des Jets." Es ist genau dieses Geräusch, das Chuck Allen jetzt in seinem Rücken hört.

Allen ist EDV-Chef bei Lava Trading. Um 7.15 Uhr hat er die Computer von Lava Trading angeschaltet. Er ist verantwortlich dafür, dass die Datenströme von den Börsen aufbereitet werden und in Echtzeit zu den Kunden fließen, den großen Wall-Street-Firmen. Seit einiger Zeit ist er dabei, einen Daten-Sicherungsplan für den Notfall zu entwickeln. „Falls mal ein Flugzeug in den Turm fliegt", hat er seinem Chef gesagt. Und gleich hinzugefügt, dass die Chancen für diesen Fall gleich null wären.

An Bord von American Airlines 11, 8.44 Uhr

Im Telefongespräch mit der Bodenkontrolle von American Airlines erwähnt die Stewardess Madeline Sweeney noch die Sitzplatznummer eines Terroristen, als das Gespräch fast vorüber ist. Woodward fragt, wo die entführte Maschine sei? Und erhält als Antwort: „Ich sehe Wasser und Gebäude … Oh, mein Gott, oh, mein Gott!"

Im Cockpit sitzt der Pilot Mohammed Atta, in den schmalen Fenstern werden die Doppeltürme auf der Zungenspitze Manhattans in Sekundensplittern groß und riesig, als würde man ein Zoomobjektiv zu sich heranreißen. *Das Letzte, was zu tun ist, ist stets die Erinnerung an Gott, und die letzten Worte sollten sein, dass es keinen Gott außer Allah gibt und dass Mohammed sein Prophet ist.*

Allah ist groß.

Mohammed ist sein Prophet.

Du wirst bemerken, dass das Flugzeug anhalten und dann erneut fliegen wird. Dies ist die Stunde, in der du Gott treffen wirst.

Engel rufen deinen Namen.

Boston, 8.44 Uhr

Im Krisenzentrum von American Airlines ist die Führungscrew der Gesellschaft versammelt. Flug 11 wird auf dem Bildschirm, der die Position aller fliegenden Maschinen anzeigt, isoliert. Alle Augen verfolgen, wie der kleine Punkt sich bewegt. Die Linie von Flug 11 ist etwas verwackelt nach der Wende über Albany, hat sich dann aber wieder beruhigt.

Um 8.45 Uhr hört der Radarpunkt auf dem Schirm plötzlich auf sich zu bewegen. Für einen kurzen Moment scheint Flug 11 über New York stillzustehen. Dann verschwindet das Flugzeug vom Schirm.

World Trade Center, Nordturm, 91. Stock, 8.45 Uhr

George Sleigh, 63, Architekt beim American Bureau of Shipping, sitzt an seinem Schreibtisch und sieht das riesige Flugzeug im Anflug auf seinen Turm. „Die Räder waren ausgefahren, und ich konnte die Leute im Cockpit sehen. Die Maschine schlug ein paar Stockwerke über uns ein. Es gab eine grauenvolle Explosion."

World Trade Center, Nordturm, 83. Stock, 8.45 Uhr

Chuck Allen hört in seinem Rücken ein dumpfes, saugendes, unerträglich lautes Geräusch. Als ob zwei Hochgeschwindigkeitszüge dicht aneinander vorbeifahren. Aus der Bürobox nebenan ruft Liz Porter, Allens Programmiererin: „Was zur Hölle ist das?"

Mit einer Geschwindigkeit von bis zu 630 Stundenkilometern ist American Airlines Flug 11, 92 Menschen an Bord, in den Nordturm des World Trade Center gekracht.

Chuck schreit: „Da muss ein Hubschrauber eingeschlagen sein." Vor dem Fenster fallen Trümmer. Papier schwebt durch die Luft. An den Scheiben fließt draußen eine Flüssigkeit herunter. Und der Turm kippt. Er lehnt sich auf die Seite.

Allen weiß, dass ein Hochhaus nachgeben muss. Er weiß, dass seine Etage bei Orkanböen um etwa fünf Meter in jede Richtung schwanken kann. Aber das hier ist kein Schwanken mehr. Das ist eine massive Neigung.

Im ganzen Turm schreien Menschen auf, klammern sich an Stühle, Schreibtische. Möbel verrutschen. Stifte und Aktenordner fallen zu Boden. Telefongespräche enden mitten im Satz. Die Bildschirme von Computern werden schwarz.

Die Boeing 767 ist, aus nördlicher Richtung kommend, auf der Nordseite des Turms gegen das Gebäude geprallt, etwa in Höhe des 96. Stocks. Die Maschine trifft den Turm in seiner Mitte, die Flügel beinahe waagerecht.

Aus der West- und der Ostfassade des Turms wächst ein Feuerball, ebenso wie aus dem Einschlagloch in der Nordfassade. Auch die Südseite wird erheblich zerstört: Trümmerteile schießen aus den Löchern.

Beim Aufprall durchschlägt die Boeing 767 mit ihrer Spannweite von

47,6 Metern etwa 35 Außenpfeiler – mehr als die Hälfte. Wegen ihres geringen Abstands und ihrer festen Verbindungen untereinander übernehmen die verbleibenden Stützen der Außenwand die zusätzliche Last mit auf – und verhindern damit den sofortigen Einsturz.

Dass die Stützen so dicht standen, hatte der Turm einer Schwäche seines Erbauers zu verdanken: Minoru Yamasaki, der Architekt des World Trade Center, litt unter Höhenangst. Die Vorstellung, 400 Meter über den Straßen von Manhattan zu stehen und zwischen sich und dem Abgrund lediglich eine Glasscheibe zu wissen, ängstigte ihn. Yamasaki war der Meinung, Hochhäuser dieser Ausmaße sollten an der Außenwand etwas Massives haben, damit sich die Menschen, die dort oben arbeiten oder wohnen sollten, sicher fühlten.

Da zwischen den Außenstützen und dem Kern des Turms keine tragenden Säulen oder Trennwände sind, pflügt das Flugzeug nahezu ohne Widerstand durch die Büroräume.

Nach ungefähr 0,6 Sekunden kommen die Reste der Boeing, die Turbinen etwa, im Kern des Turms zum Stehen, wo sie fast die Hälfte der Stützpfeiler zerschlagen oder entscheidend beschädigen. Trümmerteile durchschlagen auch die Treppenhäuser im Gebäudekern, kappen Fahrstuhlseile und versetzen ganze Treppenabschnitte; für die Menschen, die sich zu diesem Zeitpunkt oberhalb der Einschlagstelle befinden, wird der Turm zur tödlichen Falle.

Aufprall und Explosion zerreißen die Aluminiumflügel und den Rumpf des Flugzeugs in Teile so groß wie eine Männerfaust.

World Trade Center, Nordturm, 83. Stock

Der Horizont steht schräg im Fensterrahmen von Chuck Allens Büro. Es knirscht und quietscht in den Wänden. Die Spannung zerrt an den Bolzen, und auch bei heftigstem Sturm hat er dieses Geräusch noch nicht gehört. Schließlich kommt der Turm zurück. Die fast 300 000 Tonnen schwingen viermal, fünfmal. Dann ist es ruhig. Völlig ruhig. Kein Feueralarm, keine Ansagen. Nichts. Chuck versucht, seine Frau anzurufen. Er hört das Freizeichen, aber bekommt keine Verbindung. Seine Frau ist Palästinenserin, geboren im Gaza-Streifen.

Sie haben sich in Kuweit kennen gelernt. Sabah Hassounah, die bekannte palästinensische Journalistin von „Al-Seyassah“, und Chuck Allen, ein Computerfachmann aus Minnesota, der den Ruf hatte, durch keinen Systemabsturz aus der Ruhe zu geraten. Allen war Bill Gates' Mann für den Nahen Osten.

Einmal hat er seine Frau in den 83. Stock genommen. Sabah ist verliebt in die Skyline New Yorks. Diese Türme, hat sie gesagt, seien wie der menschliche Geist. Ohne Grenzen und immer nah dem Himmel. Sabah Hassounah hat Gorbatschow und Cindy Crawford interviewt. Sie liest jeden Tag die arabischen Zeitungen und empfängt al-Dschasira, den arabischen Nachrichtensender.

Der Nahe Osten ist nicht allzu weit entfernt von ihrem Haus in New York. Sabah kennt auch die arabischen Führer, viele persönlich. Sie kennt auch jene dubiose Organisation al-Qaida, glaubt, dass der ägyptische Arzt Aiman al-Sawahiri das eigentliche Hirn der Gruppe ist und Bin Laden nur der Frontmann.

Als Chuck seine Frau anruft, ist Sabah noch in der Elternversammlung ihrer Schule, die um acht Uhr begonnen hat. Er schaut aus dem Fenster und überlegt, was er jetzt tun soll. Draußen auf dem Flur ist Feuer, dünner Rauch dringt durch die Türritzen. Eine Feuerübung hat es nie gegeben.

Die Boeing 767 war betankt für einen Transkontinental-Flug von Boston nach Los Angeles, sie hatte beim Einschlag noch rund 34 000 Liter Kerosin an Bord, das meiste davon in den Flügeltanks.

Beim Aufprall werden die Aluminiumtanks zerfetzt. Der Treibstoff schießt mit Fluggeschwindigkeit heraus, in der Luft werden die Tropfen zerstäubt. In Bruchteilen von Sekunden bildet sich so ein zündfähiges Gemisch.

Dieses Gemisch explodiert sofort: entzündet durch die enorme Reibungshitze, durch den Funkenflug der Stahlteile, durch heiße Triebwerksteile, vor allem aber durch Kurzschlüsse in der Elektrik des Nordturms.

Die Druckwelle der Explosion schießt zwischen den Stützen hindurch, lässt diese aber an ihrem Platz. Die Wucht der Explosion ist so groß, dass Flugzeugteile aus der anderen Seite des Turms geschleudert werden; auf einer Straße in unmittelbarer Nähe des World Trade Center stehen Passanten nach dem Einschlag ratlos um einen enormen Zylinder verbogenen Metalls – es dauert eine Weile, bis sie begreifen, dass es sich um das Triebwerk eines Flugzeugs handelt.

Das Kerosin verbrennt bei dieser Explosion nicht vollständig. Beträchtliche Mengen schießen aus den geplatzten Tanks und ergießen sich in die darunter liegenden Geschosse – eine Kerosin-Gischt, die mit mehreren hundert Stundenkilometern Treppenhäuser, Büroräume und Fahrstuhlschächte mit einem Film aus Treibstoff überzieht. Gardinen, Polster und Teppiche saugen den Kraftstoff auf und wirken wie Dochte.

Für die Menschen, die sich in diesem Moment in den unmittelbar betroffenen Etagen aufhalten, kommt der Tod in Sekundenbruchteilen: Sie verdampfen einfach in der Feuersbrunst.

World Trade Center, Nordturm, Büro der Firma „Cantor Fitzgerald"

In den Stockwerken 101 bis 105 sitzt die Firma „Cantor Fitzgerald", die unter anderem mit festverzinslichen Wertpapieren handelt, vor allem Staatsanleihen. Mit solchen Papieren finanzieren Regierungen in aller Welt ihre Haushaltsdefizite.

Cantor Fitzgerald hat in seiner Geschichte zweimal elektronische Verfahren entwickelt, die Anbieter und Nachfrager in diesem Markt näher zusammenführen, zuletzt Ende der neunziger Jahre.

So sicherte sich die Firma große Marktanteile, machte aber einen Teil der eigenen Händler arbeitslos. Die Stimmung war daher zuletzt schlecht. Viele bangten um ihre Jobs. Cantor Fitzgerald beschäftigte vor dem 11. September weltweit 2100 Leute, davon waren 1000 im World Trade Center tätig.

Viele Angestellte sterben sofort in der Explosion. Andere ersticken, andere werden mit in die Tiefe gerissen, als das Gebäude später kollabiert, denn kein Fluchtweg bleibt frei. Von den rund 700 Leuten, die sich um 8.46 Uhr in den Büros von Cantor Fitzgerald aufhalten, überlebt niemand, ein Drittel des Unternehmens wird ausgelöscht. Keine andere Firma hat so hohe Verluste.

Michael Wittenstein, einer der Händler von Cantor Fitzgerald, wird bei einem Gespräch mit einem Kunden unterbrochen, als die Maschine einschlägt. Kurz darauf ruft er zurück und entschuldigt sich: „Wir evakuieren", sagt er, „ich glaube, es war eine Explosion im Boiler-Raum." Auch Wittenstein schafft es nicht.

Als das Flugzeug einschlägt, steht eine Mitarbeiterin von Cantor Fitzgerald im Aufzug im 78. Stock. Es ist Virginia DiChiara, 44, die gerade in ihr Büro im 101. Stock fahren will. Sie ist Revisorin, eine energische, tatkräftige Frau mit einer kraftvollen Stimme. Ihre Haare sind lang. Heute kommt sie später als üblich, weil ihre beiden Hunde, Remy und Sidney, wegen des schönen Wetters länger im Garten toben wollten.

Die Abfahrt des Aufzugs hat sich verzögert, weil sich noch in letzter Sekunde ein Mann in die Kabine gequetscht hat. Die Türen des Aufzugs gehen wieder auf, schließen sich dann langsam. Als der Spalt noch 40 Zentimeter breit ist, schwankt plötzlich der Turm. Sofort geht das Licht in der Kabine aus, die Tür regt sich nicht mehr. An der Decke sind zwei Kabel gerissen, sie schlagen heftig hin und her, Funken sprühend. Alle schreien, auch DiChiara.

Durch den Spalt in der Tür sieht DiChiara ein blaues irisierendes

Licht. Es ist brennendes Kerosin, das durch den Schacht des Fahrstuhls heruntertropft. Der Mann, der vor ihr steht, zwängt sich durch den Spalt und verschwindet in der Skylobby. DiChiara überlegt. Eine Sekunde, zwei Sekunden, drei Sekunden. Das Kerosin tropft stärker. Sie nimmt die Hände vors Gesicht und drückt mit den Ellbogen gegen die Türen. So kommt sie hinaus.

Sie spürt, wie das Kerosin auf ihre Schultern tropft. Ihr Haar steht in Flammen, ihre Bluse. Sie löscht das Haar mit den Händen, wälzt sich dann auf dem Boden, bis kein Feuer mehr an ihrem Körper brennt. Sie kriecht zur Wand, setzt sich hin.

Sie sieht, dass ihre Hände und Arme völlig verbrannt sind. Sie spürt, dass auch Gesicht und Rücken verbrannt sind. Sie hat keine Schmerzen. Sie ist allein in der Skylobby und weiß nicht, was sie tun soll. Sie sieht, dass Marmor von den Wänden gebrochen ist. Große Stücke liegen auf dem Boden. Überall ist Rauch.

Dann sieht sie einen Mann mit einem Aktenkoffer durch die Skylobby gehen.

Sie kennt ihn, auch er arbeitet bei Cantor Fitzgerald im 101. Stock. Sie ruft. Der Mann kommt zu ihr.

Virginia?, sagt er.

Ich glaube, ich bin ein bisschen verbrannt, sagt sie.

Er will ihr helfen, weiß aber nicht, wie. Er klopft an eine der Türen im 78. Stock. Ein Mann öffnet. Sie holen Virginia und gießen Wasser über ihre Brandwunden. Sie fällt in Ohnmacht.

Sie hat Glück gehabt, trotz allem.

Lass den Hunden ihren Spaß, dachte Virginia DiChiara am Morgen um halb acht. Es war herrliches Wetter, und ihre beiden Golden Retriever, Remy und Sydney, tobten weiter durch den Garten, obwohl DiChiara nach ihnen gerufen hatte. Eigentlich musste sie jetzt los, um rechtzeitig im Büro zu sein. Aber sie ließ die Hunde noch ein bisschen spielen und trank einen zweiten Kaffee. So retteten Remy und Sydney ihr das Leben, nicht aber die Gesundheit.

Nach dem zweiten Kaffee rief DiChiara noch einmal nach den Hunden, diesmal mit mehr Nachdruck, und sie gehorchten. Um 7.45 Uhr verließ DiChiara ihr Haus in Bloomfield, New Jersey. Sie stieg in ihren weißen Geländewagen, Marke Ford, und steuerte den Bahnhof in Harrison an.

Sie ist 44, allein stehend. Bei Cantor Fitzgerald leitet sie die New York Audit Group, die New Yorker Revisionsabteilung. Sie muss kontrollieren, ob alle Geschäfte sauber ablaufen.

Als sie in ihrem Ford saß, hatte sie ein gutes Gefühl. Sie mag ihren Job und nennt sich selbst einen Workaholic. Sie mag auch die Firma, bei der sie seit gut zwei Jahren arbeitet. Das Klima bei Cantor Fitzgerald findet sie familiär. Als Revisorin kam sie viel rum in der Firma, und sie kannte fast jeden der tausend Mitarbeiter im World Trade Center mindestens vom Sehen her.

Vorher war sie bei großen Investment-Häusern, „Salomon Brothers“ und „Banker's Trust“. Dort gab es diese familiäre Atmosphäre nicht, sagt sie. Sie musste oft 15 Stunden arbeiten, es wurde sehr viel Druck gemacht. Cantor Fitzgerald „ist mehr easy going“.

In Harrison parkte DiChiara ihren Ford am Bahnhof und stieg in den PATH-Zug nach Manhattan. Es war so voll, dass sie stehen musste. Sie traf eine Frau, die ebenfalls bei Cantor Fitzgerald arbeitete. Deren Sohn hatte gerade das College abgeschlossen, und die beiden Frauen redeten darüber, welche Aussichten er nun hatte, einen guten Job zu bekommen.

Um kurz nach halb neun kam der Zug im Bahnhof unter dem World Trade Center an. DiChiara und ihre Kollegin fuhren mit den Rolltreppen zum Main Level, wo sie die Eingangskontrolle passierten. Zusammen betraten sie den Express-Aufzug, der sie zum 78. Stock brachte. Dort stiegen sie um in den Aufzug, mit dem sie bis zum 101. Stock fahren wollten. Fünf Leute waren in der Kabine. Nur der Mann, der zu spät kam, und DiChiara schafften es hinaus.

Als sie wieder bei Bewusstsein ist, sagt ihr Kollege: Virginia, es gibt zwei Optionen. Wir können hier warten, bis jemand kommt und uns rettet. Wir können nach unten laufen, wenn du dir das zutraust.

Sie weiß, dass niemand in den 78. Stock kommen würde, um sie zu holen.

Lass uns gehen, sagt sie.

Sie sieht, wie sich ihre Haut in großen Stücken von den Armen und Händen löst. Sie sieht, wie große Blasen aufquellen. Sie kann es nicht ertragen, dass sie berührt wird. Allein steht sie auf und folgt ihrem Kollegen und einem Unbekannten zurück in die Skylobby. Noch immer Rauch.

Der Fahrstuhl, in dem sie war, ist verschwunden. „Ein großes, schwarzes Loch“, sagt DiChiara. Sie hat nicht gesehen, dass nach ihr jemand den Aufzug verlassen hat. Vier Leute waren noch drin.

Die beiden Männer führen sie ins Treppenhaus. Dort ist es heiß, eng. Nur zwei Leute können nebeneinander gehen. Graue Wände, an jeder Seite ein Handlauf. Es riecht nach Kerosin, nach Feuer. Die Männer und Frauen, die aus den oberen Stockwerken kommen, sind ruhig, keine Panik.

DiChiara und ihre Begleiter reihen sich ein und steigen zügig ab. Die beiden Männer gehen voraus, damit sie DiChiara auffangen können, wenn sie fällt. Sie muss vorsichtig sein, weil sie sich wegen der Verbrennungen nicht am Handlauf abstützen kann. Die Leute machen Platz, damit sie vorbeikann. Sie gucken entsetzt. Eine Frau schreit auf, als sie DiChiaras Gesicht sieht.

Machen Sie sich keine Sorgen, ich werde bald wieder okay sein, sagt sie.

DiChiara möchte nicht, dass jemand ihretwegen in Panik gerät. Eine Panik im Treppenhaus würde ihr den Abstieg noch schwerer machen.

Sie ist sehr besorgt wegen ihres Gesichts. Sie sieht, wie schlimm es um ihre Hände steht, und sie hat Angst, dass ihr Gesicht genauso schwer verbrannt ist. Sie fragt ihren Kollegen.

Virginia, sagt er, dein Gesicht ist längst nicht so schlimm verbrannt wie deine Hände.

Aber sie trifft immer noch auf Leute, die sie entsetzt anstarren. Bis zum 28. Stock geht der Abstieg zügig voran. Dann stockt es, weil Feuerwehrmänner den Flüchtenden entgegenkommen.

Sind Sie okay?, fragt ein Feuerwehrmann DiChiara.

Ich bin okay, sagt sie.

Im 21. Stock bleibt sie stehen, weil ihr jemand Wasser reicht. Sie gießt es sich über die Arme, trinkt. Sie würde sich so gern hinsetzen, aber sie hat Angst, dass sie dann nicht mehr hochkommt. „Ich bin ein Mensch, der immer funktionieren will", sagt DiChiara von sich. Sie geht weiter. Sie denkt an nichts.

Jedenfalls kann sie sich nicht daran erinnern, dass sie an etwas gedacht hat. Im Rückblick sagt sie, dass sie wahrscheinlich an ihren Bruder gedacht habe. Es gab nämlich schon einmal ein großes Feuer in ihrem Leben.

Da war sie sechs und ihr Bruder neun. Der Bruder spielte mit Streichhölzern, und plötzlich stand er in Flammen, und sein Zimmer stand ebenfalls in Flammen. Die kleine Virginia rannte nach unten, um ihre Eltern zu alarmieren. Der Vater rannte nach oben und holte seinen Jungen, dessen Haut da schon zu 90 Prozent verbrannt war. Er starb.

Nordturm, 80. Stock

Als Quentin Orza vom 80. Stock des Nordturms hinuntersteigt, sieht er bald einen Mann, dessen Haare und Augenbrauen weggesengt sind. Er trägt ein blaues Polohemd, und darunter schauen Arme und Hände hervor, die bis zu den Fingerspitzen verbrannt sind. Die Hände bluten. Das Gesicht ist dick mit Staub bedeckt. Orza kann nicht erkennen, ob der Mann schwarz oder weiß ist.

Der Mann hat sich im 78. Stock an den Aufzügen verbrannt. Gut möglich, dass er derjenige ist, der vor Virginia DiChiara die Kabine verlassen hat. Orza spricht ihn an und begleitet ihn hinunter.

Für Orza hat das den Vorteil, dass ihn alle anderen passieren lassen und er schnell nach unten kommt. Entschuldigen Sie, ich habe hier ein Brandopfer, sagt er immer wieder.

Orza ist Vizepräsident der Versicherungsgesellschaft „RLI“, und seine Kunden sind vor allem Unternehmer und Manager in gehobenen Positionen. Sie versichern sich bei Orza gegen Kidnapping oder Diebstahl durch Mitarbeiter. Orza ist ein Redner, ein Mann, der einen in wenigen Minuten von allem Möglichen überzeugen kann. Sein ganzes Gehabe ist schnell, er presst möglichst viel in eine Zeiteinheit. Tempo, Durchsetzungskraft – so hat Orza Erfolg im Versicherungsgeschäft, und so sichert er auch sein Überleben nach dem Anschlag. Außerdem hat er gute Schuhe an. „Ich war schneller als die anderen“, sagt Orza.

Es ist so heiß in dem Treppenhaus, dass sich Orza bald sein Sakko auszieht und die Krawatte lockert. Sein Hemd ist durchgeschwitzt. Er trägt zwei Aktenkoffer, seinen und den des Mannes mit den Brandwunden. Für ihn ist das ganze jetzt „wie ein athletisches Ereignis“, und er ist fit. Andere müssen das Treppenhaus verlassen und sich in den Fluren ausruhen. Orza sieht sie dort liegen und um Atem ringen. Er zieht weiter, Tempo, Tempo.

In der Sky-Lobby im 44. Stock übergibt er den verbrannten Mann an die Nothelfer, die sich dort um die Verletzten kümmern. Die beiden haben nicht miteinander gesprochen. Orza eilt weiter.

Er hatte gerade eine E-Mail an eine Kollegin in Philadelphia abgeschickt, als das Flugzeug in den Nordturm knallte. Das Gebäude, sagt er, habe sich sechs, sieben Meter zu einer Seite geneigt, und er dachte, jetzt kippt es um, aber es kippte zurück und dann zur anderen Seite. So ging es hin und her, der Turm „zitterte wie eine Stimmgabel“. Er sah Glas am Fenster vorbeifallen und „Tonnen von Zeugs“.

Eine Bombe, dachte Orza, eine Bombe wie die von ’93, als islamistische Terroristen schon einmal versucht hatten, das World Trade Center zu zerstören. Es war ihm aber auch egal, was es war. Er wollte raus.

Er sprang auf und rief zwei Kollegen zu: Schnell raus hier. Er eilte zur Tür, dann noch einmal zurück, weil er seinen Aktenkoffer vergessen hatte.

Als er die Suite von RLI verließ, wendete er sich nach links, weil er bei Feuerübungen gelernt hatte, dass dort die nächste Fluchttreppe ist. Aber jetzt sah er, dass links die Decke des Flurs brannte. Teile waren heruntergefallen. Er guckte sich um, sah rechts ein „Exit“-Zeichen, stürmte nach rechts und schaffte es unbeschadet bis ins Treppenhaus. Hier trennte er sich von seinen Kollegen. Ich seh euch unten, sagte Orza.

Kaum jemand ist so schnell unten wie er. Vom 9. Stock an muss er das Tempo etwas zurücknehmen, weil die Stufen nass sind. Die Sprinkler auf den Fluren hier unten versprühen Löschwasser, das ins Treppenhaus läuft. Es ist glitschig, Orza klammert sich ans Geländer. „Vom 5. Stock an bin ich fast geflogen“, sagt er, „man konnte die Luft von draußen riechen.“

Nordturm, 83. Stock

Chuck Allens Programmiererin Liz Porter steht in ihrem Büro. Sie hat die Tür zum Flur zugemacht. Einen Augenblick lang denkt sie: Im schlimmsten Fall schlage ich die Scheibe ein, da draußen ist zumindest Sauerstoff, dann lebe ich noch ein paar Sekunden länger. Sie denkt: besser springen als verbrennen. Dann schreit jemand, er habe einen Treppenaufgang gefunden. Dort sei es sicher, nur der Lift brenne.

Chuck Allen, der EDV-Chef von Lava Trading, denkt: Wahrscheinlich lassen die mich heute Nachmittag nicht mehr ins Büro. Ich nehme besser meine Autoschlüssel mit. Er geht noch einmal in sein Büro und holt die Umhängetasche mit den Schlüsseln. Laptop und 1800 Dollar, die er vorhin am Automaten gezogen hat, um den Elektriker zu bezahlen, lässt er liegen. Vor dem Fenster fallen immer noch Gebäudeteile hinunter.

Um neun Uhr ist die Elternversammlung zu Ende. Sabah Hassounah-Allen plaudert noch mit anderen Eltern, als Christina, eine Deutsche, angelaufen kommt: Ihr Mann habe ihr gerade gesagt, ein Flugzeug sei ins World Trade Center geflogen. „Oh mein Gott“, sagt Sabah. „Dort arbeitet mein Mann.“ Sie rennt zum Auto und wählt auf dem Mobiltelefon Chucks Büronummer. Keine Antwort. Auch das Handy ihres Mannes ist tot. Sie spürt, wie ihr Herz anfängt zu rasen. Christina fragt, auf welchem Stock Chuck arbeite. „Ganz oben. Im 83.“

Das Handy klingelt. Es ist ein New Yorker Bekannter, der wissen will, ob alles in Ordnung sei. Er sagt, es sähe schlimm aus auf dem Turm. Sabah Hassounah-Allen fühlt, wie die Welt um sie herum kleiner und kleiner wird. Sie setzt sich ins Auto. Sie fährt langsam, um keinen Unfall zu machen. Sie zittert zu stark. „Bitte noch nicht, bitte noch nicht, bitte noch nicht.“ Sie ist sicher, dass es Chucks Büro getroffen hat. „Allah“, betet sie, „lass ihn nicht lange leiden.“

Chuck Allen hat Autobomben im Nahen Osten erlebt. Er war in Israel, als der Irak Scuds auf das Land feuerte. Sabah und er wohnten gleich hinter der amerikanischen Botschaft in Beirut, als diese 1983 in die Luft flog. Als letzter Mitarbeiter von Lava Trading verlässt Chuck Allen gegen 9.05 Uhr den 83. Stock des Nordturms. Es kommt ihm nicht in den Sinn nachzusehen, ob in den anderen Büros noch Leute sitzen. So weiß er nicht, dass die Mitarbeiter von „General Telecommunications" auf der gleichen Etage noch in ihren Kastenbüros sitzen und auf die Rettungsdienste warten.

Der östliche Aufgang ist voll mit Leuten. Die Luft ist noch relativ gut. Die vier Leute von Lava Trading bleiben zusammen. Alle haben ihre Handys in der Hand und versuchen, aus dem Turm herauszutelefonieren. Chuck hat in seinem Büro den Ruf, etwas verschroben zu sein. Er ist nicht nur Hobbypilot, er ist auch Hobbyfunker. In seiner Umhängetasche hat er ein Zwei-Meter-Band-Funkgerät.

Allen sendet den Hilferuf „Mayday" auf verschiedenen Frequenzen. Als er schließlich Kontakt bekommt, wird er aus der Leitung geworfen: „Jeder Funkverkehr ist gesperrt, um die Frequenzen für die Notrufe freizuhalten. Gehen Sie aus der Frequenz heraus." Die denken, er sei ein Wichtigtuer. Aus den Gesprächsfetzen reimt er sich zusammen, dass eine Maschine von American Airlines die Türme getroffen hätte. Er versteht das nicht: „Okay, Flugzeuge können abstürzen. Wieso ausgerechnet in die Türme? Der Pilot hatte den ganzen Hudson, um runterzugehen."

Die Feuerschutztür im 77. Stock ist verschlossen. Die Gruppe muss die Treppe wieder hochsteigen und einmal quer durch den Turm laufen, um ein anderes Treppenhaus zu finden. Es ist voller Rauch und riecht Ekel erregend nach Kerosin. Es brennt in den Augen. Allen denkt zum ersten Mal, dass sie es nicht alle schaffen werden.

Es geht jetzt unendlich langsam voran, Schritt für Schritt. Ein blonder, untersetzter Mann hat aus irgendeinem Grund die September-Ausgabe von „Esquire" in der Hand. Auf dem Titel sitzen Tom Hanks und Steven Spielberg in Prada-Anzügen. Der Mann mit der „Esquire" heißt Michael Wright, Chefbuchhalter von „Network Plus" im 81. Stock. Er saß auf dem Klo und las die Tom-Hanks-Geschichte, als das Flugzeug kam. Als er die Toilettentür wieder öffnete, war dort, wo der Flur war, ein drei Stock tiefer Riss.

Allen ist nicht sonderlich religiös. Im Nahen Osten hat er gelernt, Fatalist zu sein. Wenn die Zeit kommt, kommt sie. Sein Kollege Keith beginnt nervös zu werden. Dann reißen ihm die Nerven. „Ich bekomme keine Luft mehr, ich halte das nicht aus", schreit er und drängelt sich an den anderen vorbei.

Auf dem 25. Stock kommen ihnen die ersten Feuerwehrleute entgegen. Total erschöpft vom Treppensteigen. Sie sagen: „Gehen Sie weiter. Es wird besser. Unten ist alles sicher." Aber sie haben Angst. Man sieht es in ihren Gesichtern.

Als Allen und die anderen den 20. Stock erreicht haben, wird die Luft besser. Es gibt immer noch keinen Feueralarm und keine Durchsage. Chuck Allen schafft es um 9.40 Uhr, seine Frau Sabah anzurufen. Sie hat gerade ihr Handy in der Hand, um einen Arzt anzurufen. Sie fürchtet, hysterisch zu werden. Sie ist sich sicher, dass es Chucks Büro getroffen hat. „Allah", betet sie, „lass ihn nicht lange leiden." Dann klingelt es, und auf dem Display erscheint Chucks Nummer. Er sagt: „Wir sind noch im Gebäude. Aber wir sind gleich draußen." Er muss schreien. Im Hintergrund sind Rufe zu hören und aufgeregte Stimmen.

Nordturm, 106. Stock

Oberhalb des 96. Stockwerks hat niemand eine Chance. Alle drei Treppenaufgänge sind zerstört.

Das Restaurant „Windows on the World" liegt im 106. und 107. Stock. Es ist eine der besten Adressen in Lower Manhattan. Wer hier morgens seine Eggs and Bacon frühstücken will, muss Clubmitglied sein. An guten Tagen kann man 50 Meilen weit sehen. Das Riesenrad auf Coney Island und den Tower vom John F. Kennedy-Airport. Jetzt sieht man nur noch Rauch.

Jan Maciejewski ruft seine Frau Mary aus der Küche an. Er ist aus Polen. Tagsüber installiert Maciejewski Software, abends arbeitet er im Windows. Nur heute hat er sich ausnahmsweise noch für die Frühschicht eingetragen. Er braucht das Geld, um seiner Frau Mary eine Kreuzfahrt zu spendieren. Vorhin hat er es ihr erzählt.

Jetzt wirkt er ruhig am Telefon. Seine Frau sagt ihm, er solle sich ein feuchtes Handtuch vors Gesicht halten. Dann hört Mary die Angst in der Stimme ihres Mannes. Sie muss das Gespräch abbrechen. Auch ihr Gebäude wird evakuiert. Sie arbeitet in der Water Street, nur wenige Blocks von den Türmen entfernt. „I love you, Jan." – „I love you, too. Geh jetzt."

Als Windows 1976 eröffnete, war die Stadt beinahe bankrott. Seit zwei Jahren ist es das umsatzstärkste Restaurant der USA. „Windows" steht für die Renaissance von Downtown Manhattan, und wer hier arbeitet, macht nicht nur seinen Job.

Die 79 Serviermädchen, Köche, Putzleute, Gemüseputzer und Weinkellner kommen aus fast 30 verschiedenen Ländern. Die Empfangschefin heißt Doris Eng und teilt sich ihr Zimmer mit ihrer nur chinesisch sprechenden Mutter.

Die 63-jährige Toilettenfrau Lucille kommt aus Barbados. Sie hat von ihrer Chefin gesagt bekommen, heute einmal später zu kommen: „Kurier dich aus", hat sie gesagt. „Es reicht, wenn du um neun Uhr kommst." Aber Lucille ist wie immer eine halbe Stunde zu früh erschienen und war am Abend noch beim Friseur.

Auf der Männertoilette nebenan arbeitet Victor Kwarkye. Er ist aus Ghana und noch so neu in New York, dass er sich aus lauter Höflichkeit vor jedem verbeugt, den er nicht kennt.

Die Empfangschefin Doris Eng verbringt die letzten Minuten ihres Lebens damit, bei der Feuerwehrzentrale des WTC anzurufen, insgesamt sechsmal. Jedes Mal fragt sie: „Was sollen wir tun?" Sie bekommt keine Antwort. Alle Treppen zwischen Windows und der Welt sind abgebrochen.

Bis gerade eben noch hat in der Küche Hochbetrieb geherrscht. Die Köche putzten das Gemüse, schnitten Möhren Sellerie und Kartoffeln fürs Irish Stew, die Hummer sind vorbereitet worden und die Suppenfonds angesetzt. Michael Lomonaco, der Küchenchef, hat sich verspätet. Er wollte noch zum Optiker in der Lobby des World Trade Center, um sich seine Brille richten zu lassen. Das Menü für Dienstag-Mittag sah vor: Barbecue-Rippchen, gebratene Hühnerschlegel, Pasta.

Im Bankettsaal auf dem 106. Stock sollte um neun Uhr die Konferenz der britischen Finanzverlagsgruppe „Risk Waters" beginnen. Die 87 Topmanager haben sich gerade in die Anwesenheitsliste eingetragen. Manche sind für diesen Tag aus Kanada und England herübergeflogen. Windows hat zusätzliche Kellner für das Bankett eingeplant. Einer ist Mohammed Chowdhury, ein Muslim aus Bangladesch. Er wollte heute arbeiten, um morgen frei nehmen zu können. Seine Frau erwartet für den 12. September ihr Baby.

Am Eingang zum Bankettsaal hat Khami Singh gestanden, die indische Empfangsdame. Sie ist doppelt froh gewesen. Die Konferenzvorbereitung hat geklappt, und heute Morgen ist ihr jüngerer Bruder, Roshan Singh, ins Windows gekommen, um beim Installieren der Audiovision zu helfen. Die Geschwister wohnen zusammen in Queens. Gestern abend haben sie ihre Mutter angerufen und gesagt, dass sie am 11. September endlich einmal zusammen arbeiten würden. Im Zimmer ihrer Mutter steht ein gerahmtes Foto, das Khami mit Hillary Clinton zeigt, aufgenommen im Bankettsaal von Windows on the World. Sie hat ihre beiden Kinder allein durchgebracht. Sie ist sehr stolz auf die beiden.

In diesen Minuten wird ein Mann fotografiert, wie er kopfüber aus dem 106. Stock springt. Es ist Norberto Hernandez, Patissier aus dem Windows on the World und Vater von drei Töchtern, Großvater zweier Enkel. Er hält die Augen geschlossen, ganz ruhig und sieht aus, als schlafe er schon.

206 Menschen sterben in den nächsten Minuten im „Windows on the World", dem erfolgreichsten Restaurant Amerikas. Keiner der 79 Angestellten der Morgenschicht überlebt diesen Tag.

Nordturm, 67. Stock

American Airlines 11 mit Mohammed Atta im Cockpit war 30 Stockwerke über Jan Demczurs Fahrstuhl eingeschlagen, sie zerstörte einen Großteil der Fenster, die Demczur an diesem Morgen geputzt hat, und tötete alle 69 Mitarbeiter der Firma Fred Alger im 93. Stock, wo er zwischen 7.35 und 7.55 Uhr geputzt hatte, und alle Mitarbeiter der Firma Carr Futures im 92. Stock, die er dort vor anderthalb Stunden traf. Die sechs Männer werden hin und her geschleudert, der Fahrstuhl schwingt, bleibt einen Moment stehen, schwingt noch mal, dann beginnt er nach unten zu rutschen. Die Kabine bietet Platz für zwölf Personen, sie sind sechs. Die Männer rappeln sich auf.

Der schwarze alte Mann neben der Tür ruft: „Drückt den Stop-Knopf! Drückt den beschissenen Stop-Knopf!" Als niemand reagiert, drückt er ihn selbst. Der Fahrstuhl bleibt stehen, die anderen sehen den alten Mann an. Es ist ruhig.

Al Smith arbeitet seit fünf Jahren auf der Poststelle der Port Authority, der die beiden Türme gehören. Die Port Authority ist eine Behörde, die Angelegenheiten zwischen den Staaten New York und New Jersey regelt. Sie kümmert sich um Brücken, Tunnel, Fähren, die beide Staaten miteinander verbinden. 2000 der 8000 Mitarbeiter der Port Authority arbeiten im World Trade Center. Smith ist 61 Jahre alt und wohnt in einem kleinen Apartment direkt neben der Subway-Trasse in Bushwick, Brooklyn. Er ist ledig, er hat in den verschiedensten Jobs gearbeitet, er saß in den Sechzigern mal anderthalb Jahre lang wegen Diebstahls im Gefängnis. Dort hat ihm jemand mit der Rasierklinge den Hals aufgeschnitten, eine beachtliche Narbe ist übrig geblieben. Er ist ruhig geworden mit den Jahren, er macht Plastiken aus Holz und Pappe, die er auf Flohmärkten verkauft, und würde gern davon leben können. Er sieht jünger aus als 61, er ist der Dünnste im Lift.

Al Smith hat für seine behinderte Kollegin Janet aus der Poststelle und für sich Frühstück geholt wie jeden Morgen. Er macht das immer auf dem Weg zur Arbeit. Zuerst geht er in die Cafeteria, dann in die Poststelle. Er ist heute zehn Minuten zu spät, weil er eine Subway verpasst hat.

Es ist 8.48 Uhr, es ist immer noch ruhig, es riecht verbrannt. Jan Demczur drückt den Notruf-Knopf. Sie warten. Nach einer halben Minute meldet sich eine Männerstimme. Sie ist entspannt, obwohl überall im Haus Notrufe aus Fahrstühlen eingehen. Die Notrufzentrale befindet sich im 3. Untergeschoss des Nordturms. Die Stimme sagt, dass es Probleme im 91. Stockwerk gebe. Eine Explosion oder so was. Dann verstummt sie. Demczur drückt noch mal auf den Knopf, dann auch George S. Phönix III., ein Ingenieur der Port Authority aus dem 74. Stock. Er ist seit 8 Uhr im Gebäude und trägt in der linken Hand ein kleines Papptablett mit Kaffee, Milch und einem Donut. Niemand meldet sich. Nach weiteren zwei Minuten dringt Rauch in die Kabine ein. Es ist schwarzer Rauch, wie er beim Verbrennen von Flugzeugbenzin entsteht. Es wird warm.

„Wir müssen hier raus", ruft Phönix.

Der untersetzte Mann im guten Anzug zieht ein Handy aus der Jackentasche, aber er bekommt keine Verbindung. Auch Phönix versucht es. Jan Demczur besitzt kein Handy. Er wüsste auch nicht, wen er jetzt anrufen sollte. Er versucht, die Fahrstuhltür zu öffnen, der untersetzte Mann im guten Anzug hilft ihm. Er heißt John Paczkowski und ist der stellvertretende Direktor der Port Authority. Ein hohes Tier. Paczkowski zieht links, Demczur rechts. Es ist eine der Fahrstuhltüren, die in der Mitte schließen, zum Glück. Sie bekommen sie auf. Sie sehen auf eine graue Wand. Colin Richardson, ein weiterer Mann im Fahrstuhl, stöhnt leise. Die Tür schnappt wieder zu. Paczkowski und Demczur ziehen sie noch mal auf. Sie klemmen den Stiel von Jan Demczurs Schrubber dazwischen. Wieder sehen sie die Wand. Sie stecken irgendwo zwischen dem 44. und dem 74. Stock. Es gibt keine Ausstiege hier. Es gibt nur den Schacht. Die blanke Wand.

Demczur streicht mit der Hand über die graue Fläche. Es sieht aus wie Gipskarton. Paczkowski tritt gegen die Wand, aber sie gibt nicht nach. Auch Phönix versucht es. Nichts. Der Rauch wird schlimmer. Phönix taucht eine seiner Papierservietten aus der Cafeteria in seine Milch und hält sie sich vor das Gesicht. Auch Al Smith, Colin Richardson und der sechste Mann, Shivam Iver, machen das.

„Hat jemand ein Messer?", fragt Paczkowski. Sie untersuchen ihre Taschen, sie haben nur Kugelschreiber. Demczur holt seinen Schrubber aus dem Eimer. Er entfernt den Wischgummi vom oberen Stück und zieht den Griff ab. Sie haben jetzt zwei Werkzeuge. Jan Demczur hackt mit dem etwa 40 Zentimeter langen, dünnen Oberteil auf die Wand ein, den kurzen, dreieckigen Griff gibt er John Paczkowski. Seit dem Einschlag sind etwa acht Minuten vergangen, sie kratzen Risse in die Wand. Es ist Gipskarton, kein Beton.

Die beiden Männer mit den polnischen Namen haben die Leitung der Aktion übernommen. Richardson und Shivam Iver scheinen angeschlagen, sie schweigen, manchmal stöhnen sie leise. Al Smith redet auf die beiden Arbeiter ein, ermuntert sie. George Phönix ist 36 und damit der jüngste Mann im Aufzug, er will was machen, weiß aber nicht, was. Er klettert auf das Geländer und versucht, die Decke aufzustoßen, wie er es in vielen Filmen gesehen hat. Aber die Decke gibt nicht nach. Es gibt keine Fugen oder so etwas, sie scheint fest mit den Kabinenwänden verschweißt zu sein. Phönix hämmert minutenlang mit den Fäusten auf die Decke ein.

Richardson sagt: „Hören Sie auf, hören Sie endlich auf."

Phönix hämmert weiter. Demczur und Paczkowski arbeiten verbissen.

Nach weiteren fünf Minuten haben die beiden Männer etwa drei Zentimeter tiefe Kerben in die Wand gekratzt. George Phönix, der Ingenieur, schlägt vor, längere Kratzer zu machen, um die Gipsfläche zu destabilisieren. Sie folgen seinem Rat. Bald sind die Kerben sechs Zentimeter tief, es sind offenbar mehrere Platten, die durch den Stahlrahmen zusammengehalten werden.

Richardson wirft Al Smith vor, den Stop-Knopf gedrückt zu haben. Auch Shivam Iver hat daran gedacht.

Smith schweigt.

„Es ist müßig, darüber zu reden", sagt der stellvertretende Direktor der Port Authority. Er schwitzt. Er ist froh, dass sie eine Aufgabe haben, auf die sie sich konzentrieren können. Irgendetwas, das vorwärts geht. Es hält sie zusammen.

Paczkowski wechselt sich mit Phönix ab. Jan Demczur aber lässt seinen Stab nicht los. Er hat wieder einen Plan, er kann arbeiten. Er kratzt und kratzt, seine Hand schwillt an und beginnt zu bluten. Als sie die dritte Schicht erreichen, rutscht ihm das Metallstück aus der Hand, es fällt genau in die Lücke zwischen Tür und Schacht. Jetzt haben sie nur noch ein Werkzeug. Richardson flucht leise.

Um 9.20 Uhr ist das Loch in der Wand zehn Zentimeter groß, die Luft wird etwas besser. Phönix klammert sich am Geländer an der Rückwand fest und tritt mit dem Rücken zum Loch wie ein Pferd gegen die Mauer. Sie splittert. Auch der bullige Paczkowski und Demczur treten jetzt, die Ränder geben nach, das Loch wird schnell größer. Hinter der Wand befindet sich in etwa 15 Zentimeter Abstand eine zweite. Aber sie ist viel dünner. Phönix tritt sie beim ersten Versuch durch. Die Luft wird jetzt deutlich besser.

In den folgenden Augenblicken merken sie, dass auf der anderen Seite ein Raum ist. Um 9.30 Uhr ist das Loch so groß, dass sich Al Smith hindurchzwängen kann.

Smith kommt in der Herrentoilette der 50. Etage an. Er fällt auf die Kacheln, die Luft ist gut, es ist hell. Er ruft in das Loch, dass er Hilfe holt.

„Ich komme gleich zurück", ruft der alte Mann, während er über die Fliesen davonläuft. Die Männer im Fahrstuhl glauben nicht daran oder wollen es nicht darauf ankommen lassen. Sie arbeiten weiter am Loch. Paczkowski ist etwa doppelt so breit wie Smith, er war früher bei den Marines.

Smith läuft über den bereits leeren Flur. Als er an den Fahrstühlen vorbeikommt, öffnet sich eine der Türen. Smith steht vor dem offenen Fahrstuhl. Er weiß, dass er da nicht einsteigen darf. Eigentlich nicht. Er steigt ein und fährt zur Fahrstuhlwechselstation in die 44. Etage. Dorthin, wo sie vor 40 Minuten losgefahren waren. Es klappt. Als die Tür aufgeht, ist er in einer anderen Welt. In der Katastrophenwelt. Feuerwehrleute und Polizisten rennen durcheinander. Al Smith hält einen der Feuerwehrmänner fest und erklärt ihm sein Problem. Sie steigen wieder in einen Fahrstuhl und fahren hoch in die 50. Etage. Es ist inzwischen 9.35 Uhr. Als sie im Badezimmer ankommen, klettert gerade der letzte Mann, John Paczkowski, aus dem Loch. Die Männer umarmen sich kurz.

Sie sagen sich zum ersten Mal an diesem Tag ihren Namen. Jan Demczur spricht seinen Vornamen nicht mehr polnisch aus, sondern sagt Dschaen. Die anderen fünf denken, dass er John heißt. Jan Demczur notiert auf dem kleinen Stück Karton, auf dem sein Tagesplan steht, vier Telefonnummern. Es ist 9.40 Uhr, George Phönix erreicht über sein Handy zum ersten Mal seine Frau.

Sie laufen alle in das nächste Treppenhaus, das völlig verlassen ist. Jetzt denkt auch Jan Demczur an seine Frau. Sie arbeitet sechs Straßen weiter, sie ist Buchhalterin. Er hat sie vor 15 Jahren kennen gelernt, in einer ukrainischen Kirche. Sie stammt aus der Ukraine. Sie ist eine gute Frau, immer noch. Er hat keinen Fehler mit ihr gemacht, so würde er es ausdrücken. Er überlegt einen Moment, ob er George Phönix um dessen Handy bitten soll, aber eigentlich kann er mit seiner Frau auch später noch reden. Bis zum 44. Stock sind die sechs Männer zusammen, dann verlieren sie sich im Chaos.

Die Männer aus dem Fahrstuhl waren eine Stunde lang zusammen, jetzt ist wieder jeder für sich selbst verantwortlich. Sie sind in verschiedenen Treppenhäusern, sie vergessen sich, es gibt so viele neue Nachrichten. Die Leute, die sie treffen, kommen meist aus höheren Stockwerken. Demczur hört zum ersten Mal, dass ein Flugzeug ihren Turm getroffen hat.

2

„Schauen Sie, Sie haben keine Falten mehr“

Flug United Airlines 175, der Anschlag auf den Südturm und der Überlebenskampf in beiden Türmen

New York, World Trade Center, Südturm, 8.12 Uhr

Steve Miller ist vier Minuten zu spät. Er holt den Sicherheitsausweis aus seiner braunen Ledertasche und zieht ihn durch das Lesegerät der Metallschleuse in der Lobby des Südturms. Die Trader der „Fuji Bank“ beginnen ihren Tag um 8.20 Uhr, und Miller muss ihre Computer vorher überprüfen. Fängt ja gut an, der Tag. Außerdem drücken seine neuen braunen Schuhe. Seine Frau hat ihn zu diesen Dingern überredet, weil sie findet, er sehe darin mehr wie ein Cowboy aus.

8.20 Uhr, 80. Stock, alle Computer funktionieren, und Miller kann endlich diese verdammten Schuhe ausziehen. Er geht einen Meter zum Fenster und blickt zur Brooklyn Bridge. Die Luft ist so klar heute Morgen, dass er sogar sein Apartment in Brooklyn sehen kann.

Miller hat Religion, Geschichte und Literaturwissenschaften studiert, er hat zwei Jahre lang bei einem Indianerstamm gelebt, er sammelt alte Bücher – und von all dem will hier oben in der Bank niemand etwas wissen. Aber Miller kennt sich mit Computern aus, und deshalb ist er einer der wichtigsten Menschen auf dem Flur. Wenn die Monitore nicht funktionieren, verlieren die Trader der Fuji Bank Millionen im Minutentakt. Vor kurzem hat sich die Bank mit anderen zur „Mizuho Holdings“ zusammengeschlossen, aber die Angestellten sagen lieber immer noch Fuji Bank.

Bis zu sechs Bildschirme hat ein guter Trader auf seinem Tisch aufgebaut, um weltweit gesammelte Informationen in Geld zu verwandeln. Aus dem Wissen über den Verfall des Stahlpreises in Indonesien, die Zinssteigerung in Russland und einer drohenden Rezession in Brasilien verdienen sie an einem guten Vormittag einen Jeep Cherokee, den sie abends ihrer Frau als kleine Aufmerksamkeit mitbringen.

Aber Miller ist kein Trader, er ist nur eine Art gut bezahlter Hausmeister. Den ganzen Tag brüllen die Trader in ihre Telefone und lassen ihre Hosenträger schnalzen, aber wenn einer ihrer Monitore abstürzt, dann brüllen sie nur noch: „Smiller“. So beginnt Millers Internet-Adresse.

Es scheint wieder so ein Tag zu werden, an dem gar nichts passiert. Ein paar Trader werden vorbeikommen, aus dem Fenster aufs Wasser starren und über Segelboote fachsimpeln, die sie sich zulegen wollen.

An Bord von United Airlines 175, 8.37 Uhr

Die Skyline Manhattans strahlt noch im spätsommerlichen Morgenlicht, als besorgte Fragen der Flugleitzentrale die Cockpits über Neuengland erreichen. Wo ist American Airlines 11? Sieht jemand die Maschine? Der

Pilot meldet sich nicht mehr. Noch weiß die Flugleitzentrale nicht, dass die Maschine entführt wurde und seit gut 20 Minuten auf Abwegen fliegt, inzwischen südwärts, Richtung New York City. Es ist der 11. September, 8.37 Uhr, *Good morning, America,* die Welt glaubt an einen normalen Dienstag, noch acht Minuten lang.

Im Cockpit der United Airlines 175 hören die Piloten die Bitte eines Fluglotsen, nach der verstummten American 11 Ausschau zu halten. Um 8.38 Uhr meldet Flugkapitän Victor Saracini, 51 Jahre alt, ein Navy-Veteran: „Ja, wir haben ihn im Blick ... scheint ungefähr 20 ... äh ... 29 000, 28 000 Fuß hoch zu sein." Seine eigene Boeing kreuzt in diesem Moment das Tal des Hudson in westlicher Richtung, sie schauen nach links, nach Süden, als sie American 11 sehen.

Weiter hinten an Bord von United Airlines 175 freut sich Ruth McCourt, 45, über die Vorfreude ihrer vierjährigen Tochter Juliana. Mit 54 anderen Passagieren fliegen die beiden von Boston nach Los Angeles, ein Ausflug. Dem Mädchen ist ein Besuch in Disneyland versprochen, klein sitzt „Miss J" im großen Flugzeugsitz, nervös vor der Begegnung mit Mickey, Goofy und Uncle „Dagobert" Scrooge.

In Kalifornien wollen sie Paige Farley-Hackel treffen, Ruth McCourts beste Freundin. Sechs Jahre kennen sich die Frauen, sie teilen die Liebe zum Lesen, zum Kochen und Reisen, zum Leben. Paige Farley-Hackel, 46, hat ihren Platz auf American Airlines 11 gebucht, weil sie ihn mit ihren Vielfliegermeilen hat abgelten können. An einem normalen Dienstag hätte diese Entscheidung nichts bedeutet. Aber am 11. September folgt aus ihr, dass Paige Farley-Hackel nun in einem entführten Flugzeug sitzt, dass sie in 8 Minuten ins World Trade Center krachen wird und dass sie 18 Minuten früher als ihre beste Freundin Ruth McCourt sterben wird.

World Trade Center, Südturm, 80. Stock, 8.39 Uhr

Smiller schaut sich um. Eigentlich ziemlich heruntergekommen, das World Trade Center. Dafür, dass die Trader hier Millionen verdienen, sieht es sogar erbärmlich aus. Es riecht nach Staub, kaltem Kaffee und altem Essen, was daran liegt, dass mittags so gut wie niemand die Etage verlässt – der Fahrstuhl braucht zur Rushhour eine Ewigkeit. Die Millionäre sitzen an ihren Tischen und essen aus Kartons Big Macs und Pommes Frites. Wenn ein Computer kaputt ist, muss sich Smiller durch den Abfall aus alten Plastikgabeln, Pommes und Pappkartons wühlen, bis er die richtigen Kabel findet. Eklig. Und warum entscheidet sich eine der reichsten Banken der Welt ausgerechnet für einen schlammgrünen Teppichboden? Vielleicht, weil man darauf den Dreck nicht sieht. Hier müsste mal einer richtig putzen und nicht nur die Papierkörbe ausleeren, abends.

Smiller lässt sich die Zumutungen seines Jobs gut bezahlen. 120 000 Dollar verdient er im Jahr, und als „Bonus" bekommt er Zeit geschenkt, viel Zeit. Rund 70 Prozent des Tages laufen die Computer wie ein gut geöltes Karussell. Um Smiller kümmert sich niemand. Smiller hat dann Zeit, die Dinge zu tun, die ihn wirklich interessieren: im Internet bei Ebay nach alten Büchern suchen; darüber nachdenken, ob er seiner Frau heute Abend lieber Basilikum und Tomaten oder Paprikagemüse mitbringt; und natürlich, das Wichtigste, an seiner Zeitschrift arbeiten. „Good Bye" heißt Smillers Magazin, und es besteht ausschließlich aus Nachrufen auf die Toten dieser Welt. Ein leerer Sarg ziert die Titelseite. Smiller schreibt über Tote wie den Punk-Rocker Joey Ramone oder diese Kuh aus Thailand, die von einem Kickboxer totgekickt wurde, weil sie nach ihm getreten hatte – und er schreibt auch, dass sich der Kickboxer danach sexuell an dem toten Tier verging und nun für ein Jahr ins Gefängnis muss. Smiller ist das Minus zum Plus der Trader. Er ist so etwas wie ein globalisierter Totengräber.

Alles ganz lustig, aber oft fragt sich Smiller, was sein eigenes Leben wirklich wert ist. Während der Jahre, die er gut bezahlt in diesem schlammgrünen Tollhaus verbracht hat, denkt er manchmal darüber nach, ob es nicht besser sei, Bibliothekar zu werden, irgendwo auf dem Land. Außerdem wäre er gern 30 Kilo leichter.

An Bord von United Airlines 175, 8.40 Uhr

Um 8.40 Uhr gibt der Controller, der in Chicago sitzt, Flugkapitän Saracini die Anweisung: „United 175, ändern Sie Ihren Kurs. 30 Grad rechts. Ich will Sie weghaben aus diesem Verkehr da." Saracini meldet noch, um 8.41 Uhr, man habe verdächtige Funksprüche von American Airlines 11 gehört, gleich nach dem Start in Boston, „als hätte jemand das Mikrofon genommen und gesagt: Alle in den Sitzen bleiben!" Dies sind seine letzten überlieferten Worte. Um 8.43 Uhr reißt auch der Funkkontakt mit United 175 für immer ab.

Die Piloten, die Crew, die Passagiere und auch Ruth McCourt und ihre Tochter sind in den Händen von Entführern. Ein paar Lidschläge zuvor müssen die Terroristen aufgesprungen sein aus ihren Sitzen, vorn, First und Business Class: Marwan al-Shehhi 6C, Hamsa und Ahmed al-Ghamdi 9C und D, Fajis Ahmed und Mohald al-Scheri 2A und B, sie treiben Passagiere und Crew in die hinteren Reihen. Mindestens eine

Stewardess bringen sie mit einem Messer um. Mindestens einer der Entführer verschwindet im Cockpit: Marwan al-Shehhi, der Student aus den Vereinigten Arabischen Emiraten, der am Goethe-Institut in Bonn die deutsche Sprache gelernt hat und in Florida das Fliegen.

World Trade Center, Südturm, 80. Stock, 8.44 Uhr

Smillers Laune bekommt noch mal einen richtigen Schub, als er im Internet einen Artikel liest über reiche Amerikanerinnen, die es sich in den Kopf gesetzt haben, den Mount Everest zu bezwingen. Meistens schaffen sie es trotz der 70 000 Dollar Expeditionskosten nicht und verlieben sich stattdessen in einen der Scherpas, der sie eigentlich nur auf den Gipfel tragen sollte. Manche heiraten den Scherpa, weil er so natürlich und liebenswürdig ist, und bringen ihn mit zurück nach Amerika. Dass ihre reichen Freunde zu Hause sie ansehen, als hätten sie den Verstand verloren, können diese Frauen überhaupt nicht verstehen. Es ist 8.45 Uhr. Ein ruhiger Tag. Wenn nicht ein Computer abstürzt, kann Smiller wieder ein paar Tote bestatten.

Auf einmal ist ihm so, als zittere sein Tisch. Gleichzeitig zischt eine Windböe an seinem Fenster vorbei. „Merkwürdig“, denkt Smiller, „ein Gewitter an solch einem Tag?“ Oder ist es nur die vollautomatische Fensterputzmaschine, die alle drei Monate vorbeikommt?

Smiller geht zum Fenster, gucken, was passiert ist. Er blickt auf Zehntausende Papiere, die durch die Luft segeln. Wie bei einer Parade der New York Yankees, nachdem sie die World Series im Baseball gewonnen haben. Aber woher kommen diese weißen Zettel? Seit wann werfen die Yankees Papierstapel vom Dach des World Trade Center?

Zehn Sekunden später rennt Mr. Keigi, einer der japanischen Chefs der Bank, an Smillers Tisch vorbei. Mr. Keigi ist sehr aufgeregt. Er fuchtelt mit den Armen und ruft: „Macht, dass ihr alle rauskommt, eine Bombe, eine Bombe im Nordturm des World Trade Center.“

Waren die Chefs der Bank nicht immer davon ausgegangen, dass beim nächsten Anschlag auf New York eine Atombombe im Hafen hochgehen würde, gestohlen aus russischen Beständen? Na gut, denkt Smiller, zieht sich seine Schuhe an und macht sich auf den Weg. 80 Stockwerke mit diesen schrecklichen, neuen Cowboy-Schuhen.

Er rennt ins Treppenhaus, rast drei Stockwerke hinunter und fängt an, furchtbar zu schwitzen. So geht es nicht. Er blickt sich um. Der Ernst der anderen macht ihm Angst. Diese Ruhe, diese „Jetzt nur keine Panik“-Panik, die fast so schlimm ist wie richtige Panik.

Otis-Militär-Basis, Cape Cod, 8.52 Uhr

Zwei F-15-Jagdmaschinen der amerikanischen Luftwaffe starten von der Otis-Basis auf Cape Cod und nehmen die Verfolgung der entführten Maschinen auf.

Ihre Maschinen sind 24 Jahre alt, immerhin bestückt mit wärme- und radargeleiteten Raketen. Sie haben das erste entführte Passagierflugzeug verfehlt, sie kommen auch zu spät für das zweite. Amerika hat nicht wirklich damit gerechnet, aus der Luft angegriffen zu werden: Am Tag, als die Zivilflugzeuge wie Kriegswaffen vom Himmel stürzen, sind zur Verteidigung der Vereinigten Staaten, 9,8 Millionen Quadratkilometer groß, nur 14 Kampfjets jederzeit startbereit.

Seit die Terroristen United Airlines 175 in der Gewalt haben, jagt die Boeing mit 500 Meilen pro Stunde über den Südostzipfel des Staates New York, kurvt hinein nach New Jersey, fliegt über Newton, dann in sehr großem Schwung südlich, dann östlich, dann nördlich, sie beschreibt einen weiten Halbkreis auf Manhattan zu, unter ihr New Brunswick, Staten Island und die Bucht von Upper New York.

An Bord von United Airlines 175, 8.54 Uhr

Ruth McCourt kann nicht ahnen, dass in diesen Minuten am Fuße des von American Airlines 11 getroffenen Nordturms ihr Bruder durch die Lobby des Marriott Hotels läuft, ihr Bruder Ron Clifford, ein Geschäftsmann aus New Jersey. Sie weiß nicht, dass eben eine Frau aus dem Nordturm mit schweren Verbrennungen in seine Arme taumelt. Aber Ruth McCourt beginnt wohl zu ahnen, dass sie selbst sterben wird in diesem Flugzeug. Dass ihre Tochter sterben wird. Dass sie alle sterben werden.

Mit ihr, nah am Heck der Boeing, sind drei Deutsche zum Tode verurteilt, die ganze Chefetage der baden-württembergischen Software-Firma BCT. Heinrich Kimming, der Vorstandsvorsitzende, Klaus Bothe, der Entwicklungsleiter, Wolfgang Menzel, der Personalchef.

In ihren Reihen, im milchigen Licht der Kabine, hat Brian Sweeney, ein 38-jähriger Unternehmensberater aus Barnstable, Cape Cod, das Mobiltelefon in der Hand und spricht seiner Frau Julie die letzte Botschaft auf den Anrufbeantworter.

„Hi Jules, ich sitze in einem Flugzeug, das entführt wird, und es sieht nicht gut aus. Ich wollte dir sagen, dass ich dich liebe und dass ich hoffe, dich wiederzusehen.“ Und ruhig, wie ohne Angst, sagt er noch: „Falls wir uns nicht wiedersehen, bitte, genieße dein Leben und mach aus deinem Leben das Beste.“

Chicago, Einsatzzentrale von United Airlines, 8.56 Uhr

In der Einsatzzentrale der Fluggesellschaft, in unmittelbarer Nähe des O’Hare International Airport, sieht der dortige Diensthabende auf CNN, dass das World Trade Center in Flammen steht. Bill Roy, der Chef der Einsatzzentrale, rollt auf seinem Stuhl heran, schaut auf den Fernsehschirm und sagt: „Sieht aus, als wäre es eine kleine Maschine gewesen. Vielleicht ist sie abgekommen von der Flugroute nach La Guardia?“

Als von der Federal Aviation Administration, der US-Flugbehörde FAA, die Information kommt, dass es sich um eine Passagiermaschine der American Airlines gehandelt hat, sagt gleich darauf einer der United-Leute: „Chef, wir haben zu einer unserer Maschinen den Kontakt verloren.“

Und aus dem Wartungszentrum von United kommt die Information, ein Mechaniker habe zufällig über Funk die Worte einer Stewardess von United Airlines 175 aufgeschnappt: „O mein Gott, die Cockpit-Besatzung ist getötet worden, eine Stewardess wurde erstochen. Wir sind entführt worden.“ Dann war die Leitung tot.

Die Männer in der Einsatzzentrale hören die Nachricht von der Entführung eines ihrer Flugzeuge mit ungläubigem Staunen. „Das kann nicht sein“, sagt einer. „Wir haben die Information, dass die entführte Maschine von American Airlines war.“

Der Dispatcher, der in der Einsatzzentrale von United den Flug nach Los Angeles betreut, versucht, das Cockpit der United 175 über Funk und über die automatische Datenübermittlung Datalink zu erreichen. Er erhält keine Antwort.

Ungefähr zu diesem Zeitpunkt teilt die FAA der Einsatzzentrale von American Airlines mit, dass eine weitere Maschine der Fluglinie, Flug 77 von Washington-Dulles nach Los Angeles, den Transponder ausgeschaltet und eine Wende geflogen habe. Es ist die Maschine, die später aufs Pentagon stürzen wird.

Vermutlich ist dies der Augenblick, in dem den Männern im Krisenzentrum klar wird, dass sie es an diesem Morgen nicht mit nur einer Entführung und nicht nur mit gewöhnlichen Entführungen zu tun haben.

World Trade Center, Südturm, 8.59 Uhr

Kurz vor neun ist United Airlines 175, aus Südosten kommend, im Sinkflug auf Manhattan, in den Sitzreihen Ruth McCourt und ihre Tochter Juliana. Am Steuer mutmaßlich Marwan al-Shehhi, der Araber, der in Deutschland zum Gotteskrieger und in Florida zum Gottesflieger wurde, das Gesichtsfeld aufs Ziel verengt, die Welt wischt vorbei unter dem Bauch der Boeing, die ihre Spitze senkt und aus dem Himmel in den Südturm stürzt.

Gott ist groß.
Mohammed ist sein Prophet.
Engel rufen deinen Namen.

Südturm, im Treppenhaus, 9.00 Uhr

Smiller ist irgendwo in den fünfziger Stockwerken, als er eine Durchsage hört. „Das Feuer", sagt die Lautsprecherstimme, „ist nur im Tower One. Wenn Sie wollen, können Sie an Ihre Plätze zurückkehren und weiterarbeiten." What the fuck, Smiller sucht einen Fahrstuhl und springt hinein. Etwa zehn Leute stehen neben ihm auf dem Weg nach oben. Smiller ist es zu eng. Er schwitzt. What the fuck, er springt heraus, geht zurück zum Treppenhaus. Mr. Keigi und drei andere von Smillers Chefs kehren in den 80. Stock zurück. Der Südturm wird zu ihrem Grab.

Zwei Minuten später verlässt Smiller das Treppenhaus wieder. Ein Stau. Er geht wieder raus, sucht ein Telefon, er will seiner Frau sagen, dass er evakuiert werde, es ihm aber gut gehe. Er hört, dass Leute vom anderen Turm hinunterstürzen. Das ist fucked up, denkt er, das möchte ich mir nicht ansehen. Er senkt den Blick, und es gibt einen lauten Knall.

World Trade Center, Südturm, 9.03 Uhr

Die Boeing 767 der United Airlines bohrt sich an der südöstlichen Ecke in den Turm und explodiert an der gegenüberliegenden Seite. Es ist wahrscheinlich, dass die Wucht des Einschlags mindestens vier Stockwerke zerstört, vielleicht sogar sechs; ein riesiger Feuerball schießt an zwei Stellen aus dem Turm hervor.

Auf den Bildern, die ein Amateurfilmer in diesen Sekunden vom Battery Park an der Südspitze Manhattans aus macht, ist zu erkennen, dass das Flugzeug sich in einer starken Kurvenlage befand, als es in den Südturm einschlug. Offenbar hätten die Entführer ihr Ziel um ein Haar verfehlt, sie mussten die Maschine im letzten Augenblick noch herumreißen.

Die Boeing 767 hat zwei Pratt & Whitney JT9D-7R4D-Triebwerke; zum Zeitpunkt des Aufpralls wiegt sie etwa 112 Tonnen. Die Wucht, mit der sich die Boeing in den Turm bohrt, ist gewaltig, doch der Einschlag allein hätte den Turm vermutlich nicht zum Einsturz gebracht. Der Turm ist 63,7 Meter tief; es dauert ungefähr 0,6 Sekunden, bis die Maschine oder das, was von ihr noch übrig ist, zum Stehen kommt. Der mächtige Schlag, so rechnen Experten, hat eine Kraft von 32 600 Kilonewton. Ausgelegt ist das Gebäude für viel mehr: Würde ein Hurrikan gegen die Breitseite tosen, läge die Kraft bei 58 400 Kilonewton.

Die Türme des World Trade Center bestehen, von oben gesehen, aus zwei viereckigen Röhren: einer nahezu quadratischen Außenröhre und einem rechteckigen Kern in der Mitte. Dieser Gebäudekern enthält die acht Fahrstuhlschächte und die drei Treppenhäuser.

Betankt mit etwa 36 000 Liter Kerosin für den Flug von Boston nach Los Angeles, schlägt Flug 175 mit einer Resttreibstoffmenge von wahrscheinlich 31 000 Litern in den Turm ein.

Anders als beim Eindringen in den Nordturm wird die Maschine, die durch den Südturm pflügt, auf ihrem Weg durch das Gebäude nicht vom gesamten rechteckigen Kern des Turms, sondern nur von einer Ecke aufgehalten. Die Boeing 767 zertrümmert viele Stützen oder drückt sie weg, sie zerstört die Trockenbauwände des Gehäuses fast völlig, die für die Stahlstützen als Feuerschutz dienen.

Mindestens ein Treppenhaus im Kern bleibt allerdings intakt – der Grund dafür, dass im Südturm Menschen aus den Stockwerken über der Einschlagstelle überleben.

Südturm, 61. Stock, 9.03 Uhr

Der Boden wackelt wie bei einem Erdbeben. Smiller, der Computergeist der Fuji Bank, wirft sich auf den Teppich, die Hände schützend über dem Kopf. Steht nach zwei Sekunden wieder auf. What the fuck. Er geht ins Treppenhaus zurück. Die Leute stehen immer noch. Smiller muss aufs Klo. Schön sauber, denkt er und setzt sich.

Südturm, 81. Stock, 9.03 Uhr

20 Stockwerke höher, da, wo Smiller vor 20 Minuten noch seelenruhig gesessen und an schöne Tote und neue Nachrufe gedacht hatte, musste

sich Smillers Kollege Stanley Praimnath unter seinen Metallschreibtisch werfen, um von der United Airlines 175 nicht erwischt zu werden. Praimnath, der Computerexperte der Kreditabteilung, hatte sein Büro nach dem ersten Crash schon verlassen und war von einem Sicherheitsbeamten wieder hinaufgeschickt worden. Die ganze Abteilung war wieder mit dem Expressaufzug auf ihre Etagen gefahren.

Praimnath hatte eine Kollegin aus Chicago beruhigt, nein, der Brand sei im Nachbarturm, und dabei aus dem Fenster geschaut, auf die in der Hudson-Bucht. „Hier ist alles in Ordnung", hat er noch gesagt. Dann sah er nur noch große, rote Buchstaben, ein U, ein A, und einen grauen Flugzeugrumpf, der genau auf ihn zuraste, besser: auf ihn hätte zurasen müssen, wenn sich für Stanley Praimnath die Welt jetzt nicht in Zeitlupe bewegt hätte. Das Gebrüll der Turbinen ist das schrecklichste Geräusch seines Lebens. Er dachte: „O Herr, übernimm du das. Ich schaffe das nicht." Er sah noch, wie sich der rechte Flügel der Maschine kurz vor dem Aufprall ein wenig hob, und warf sich unter den Tisch. Auf dem Schreibtisch liegt seine Bibel.

Durch die kurze Drehung vor dem Aufprall ist die Boeing 767 oberhalb von Praimnaths Büro eingeschlagen. Stanley liegt zusammengekauert unter seinem Schreibtisch. In seinen Ohren das Geräusch von zerfetzendem Stahl. Aber er hat keinen Knall gehört. Die Decke ist eingebrochen, ein Teil des Bodens verschwunden, er selbst von Schutt bedeckt, aber unverletzt. Er wartet auf die Explosion. Er weint und betet: „O Herr, ich habe noch so viel zu tun, bitte lass mich meine Familie wiedersehen, bitte, Herr, hilf mir hier raus."

Stanley Praimnath ist sehr gläubig, und der glücklichste Moment seiner Woche ist am Sonntag , wenn er in der „Bethel Assembly of God" in Elmont, Long Island, die Bibelschule halten darf. Jeden Morgen unter der Dusche betet er: „Herr, bedecke mich und meine Lieben mit deinem wertvollen Blut." Seit sein Vater starb, hat der 45-Jährige eine Hotline zu Gott, wie er sagt: „Ich rufe ihn, und er antwortet."

Die Explosion bleibt aus. Als Praimnath sich aus den Trümmern befreien kann und endlich wieder steht, sieht er am Ende des Gangs, in einem Türrahmen, keine zehn Meter entfernt, das Ende eines Flugzeugflügels. Es brennt mit kleiner Flamme. Elektroleitungen hängen herunter, Funken sprühen, es ist dunkel vor Staub, als hätte jemand einen offenen Zementsack in die Luft geworfen, und es stinkt.

Praimnath kriecht auf dem Bauch aus dem Loans-Department dorthin, wo einmal die Lounge war. Dann hinüber zum Kommunikationsraum, in dem auch die Tür zu Treppenaufgang A sein müsste. „O Herr, hilf mir, schick mir Hilfe“, betet er. Aber die Ausgänge sind verschüttet. Dann sieht er an einem Deckenrest den Widerschein einer Taschenlampe. Er fängt an, gegen die Wand zu schlagen und brüllt: „Bitte lasst mich nicht sterben, wartet auf mich, ich bin's, Stan von der Kreditabteilung.“

Südturm, 84. Stock, 9.04 Uhr

Die United Airlines 175, auf dem Weg nach Los Angeles, ist nur zwei, drei Stockwerke unterhalb der Räume von „Eurobrokers“ eingeschlagen, aber auf der gegenüberliegenden Seite. Als Brian Clark wieder auf die Beine kommt, ist von seinem Büro nichts mehr übrig. Es ist wie eine trockene Explosion gewesen. Zunächst keine Flammen, kein Rauch, nur völlige Zerstörung der Trennwände, der Deckenverkleidung, der Computerterminals. Und es ist plötzlich dunkel. Clark, der Vizepräsident von Eurobrokers, ist Fire Marshal, Brandschutzbeauftragter seiner Firma. Deswegen hat er eine Taschenlampe in seinem Büro. Vor einer Viertelstunde, als das Flugzeug gegenüber in den Nordturm krachte, war der 54-Jährige an seinem Schreibtisch sitzen geblieben. Kein Grund, auch im Südturm in Panik zu geraten. Er hatte das Bild von 1945 vor Augen, als ein B-25-Bomber der Airforce im Nebel gegen das Empire State Building geflogen war.

Ein schlimmer Unfall, gewiss, aber kein Grund, auch im Südturm den Kopf zu verlieren. Eine Kollegin stürzt in sein Büro, außer sich und in Tränen, und sagt: „Brian, da sterben Leute!“, sie hätte Menschen springen sehen. Dann geht sie auf die Toilette. Brian Clark wird sie nicht wiedersehen. Um 9.03 Uhr befinden sich rund sechzig Mitarbeiter von Eurobrokers auf dem 84. Stock des Südturms.

Clark nimmt seine Taschenlampe und findet, zusammen mit fünf Mitarbeitern, die Tür zum Treppenhaus A. Es ist heiß, staubig und riecht nach Rauch. Sie schaffen es, drei Treppen hinunterzugehen. Durch einen Riss im Treppenhaus sieht Clark den Schein von Flammen im Inneren der Etage. Im 81. Stockwerk kommt ihnen eine dicke Frau entgegen, begleitet von einem hageren Mann. Die Frau keucht. Sie sagt, es sei sicherer, aufs Dach zu steigen und auf einen Hubschrauber zu warten.

Es kommt zu einem lautstarken Streit. Clark hat das Gefühl, es sei besser, sich auf den Weg nach unten zu machen. Dann hört er, wie jemand gegen eine Wand schlägt. Er hört eine Stimme: „Hilfe, Hilfe. Ich bekomme keine Luft mehr.“ Clark entschließt sich, die Gruppe allein zu lassen und nachzusehen.

Sein Kollege Ron DiFrancesco rennt allein die Treppe hinunter, die anderen lassen sich von der dicken Frau überzeugen und helfen ihr die Treppe hinauf zum Dach. Das Letzte, was Clark jemals von seinen Leuten hört: „Wir schaffen das. Alles wird gut werden."

Er geht den Hilfeschreien nach und sieht zwischen den Trümmern eine relativ unversehrte Gipskartonwand, in die eine Öffnung geschlagen ist. Aus dem Spalt streckt sich eine Hand. Es ist die Hand von Stanley Praimnath, dem Computerexperten der Fuji Bank, dem Laienprediger, dem Mann mit der Hotline zu Gott. „Wer bist du? Glaubst du an Jesus Christus?", sagt die Stimme hinter der Wand. „Wer hat dich geschickt? Du bist mein Schutzengel."

Praimnath wird später nicht mehr wissen, weshalb er diese ganzen Fragen gestellt hat. Er weiß nur noch, dass er überzeugt davon war, jetzt sterben zu müssen.

Dann bricht ein Deckenteil herunter und treibt Praimnath einen Nagel in seine andere Hand. Es bleibt keine Zeit für theologische Erörterungen. Clark antwortet: „Ich heiße Brian. Ich gehe jeden Sonntag in die Kirche. Aber wenn du dich retten willst, versuche bitte, über die Wand zu steigen."

„Lass uns zusammen beten", antwortet Praimnath.

Und so kommt es, dass Stanley Praimnath und Brian Clark sich im 81. Stockwerk des brennenden Südturms auf die Knie hocken und gemeinsam beten, zwischen den Trümmern der Kreditabteilung von Fuji, getrennt durch eine Gipskartonwand.

Anschließend erweitern sie zusammen das Loch in der Wand, und Praimnath schafft es, sich hindurchzuzwängen. Vor Erschöpfung und Angst weint er, sein Oberhemd ist verschwunden, sein T-Shirt sieht aus, als hätte er es aus dem Schredder geholt. Vor ihm steht ein Broker mit elegantem, aber stark verstaubtem Anzug. Sie umarmen sich, Clark sagt: „Wenn wir hier rauskommen, sind wir Brüder fürs Leben."

Südturm, Treppenhaus

Es waren die Generatoren, denkt Sean Mooney immer wieder, während er durch das Treppenhaus des Südturms absteigt. Es gibt hier riesige Generatoren, denkt er, und wenn die riesigen Generatoren angeworfen werden, dann wackelt natürlich der Turm. Und die riesigen Generatoren braucht man natürlich, weil der Strom wegen des Unglücks im anderen Turm ausgefallen ist.

So beruhigt er sich. So dämmt er die aufsteigende Angst ein. Als das

Flugzeug einschlug, war Mooney im 38. Stock des Treppenhauses. Er presste sich gegen die Wand, umklammerte das Geländer, um nicht zu fallen. Platzangst, Todesangst. Aber nur für den Bruchteil von Sekunden. Ruhig, ganz ruhig. Ein paar Frauen schreien, weinen.

Mooney fallen sofort die riesigen Generatoren ein. So war es. So muss es gewesen sein. Sie sind angesprungen, und deshalb hat der Turm gewackelt. Mooney beruhigt die weinenden Frauen. Nur die Generatoren, nur die Generatoren.

Er kennt sich aus mit Katastrophen. Als dieser Tag begann, hatte er nichts anderes im Kopf als Katastrophen. Mooney arbeitet bei „Guy Carpenter", einer Firma, die Rück-Versicherungen vermakelt. Wenn eine Versicherung ihre Risiken versichern will, braucht sie eine Rück-Versicherung. Eines der Hauptgeschäfte dieser Branche sind Katastrophen.

Mooney, 56, war zum Beispiel mit dem Hurrikan „Andrew" in Florida befasst, mit dem Northridge-Erdbeben in Kalifornien und mit dem Attentat von Oklahoma City, wo der Rechtsradikale Timothy McVeigh ein Bürohaus in die Luft gejagt hat. In all diesen Fällen mussten die Versicherungen viel Geld an ihre einzelnen Kunden bezahlen. Dieses Geld holen sie sich zum größten Teil bei den Rück-Versicherungen wieder.

An diesem Morgen musste sich Mooney mit Versicherungen gegen Erdbeben in Taiwan befassen. Er sah gerade seine E-Mails durch, als er einen Knall hörte und das World Trade Center Schauplatz einer Katastrophe wurde. Ein Hubschrauber ist im Nachbarturm eingeschlagen, dachte er, vielleicht ein kleines Flugzeug, jedenfalls ein Unfall.

Jedenfalls ist deshalb bestimmt der Strom im Südturm ausgefallen. Also haben sie die riesigen Generatoren eingeschaltet. Logisch, absolut logisch. „Ich habe sofort begonnen, das Vorgefallene zu intellektualisieren", sagt Mooney.

Anderen gelingt das nicht. Ein Mann fällt in Panik und stürmt los, schiebt die anderen zur Seite, nur raus hier. Es sind doch nur die riesigen Generatoren, denkt Mooney. Außerdem hat das doch alles eine positive Seite. Denn jetzt, nachdem die riesigen Generatoren angesprungen sind, geht alles viel schneller. Die Leute beeilen sich, aus dem Turm zu kommen, dank der riesigen Generatoren.

Eine Frau betet laut. Mooney ist ganz ruhig. „Ich glaube, ich fand Erleichterung darin, mich nach John-Wayne-Art zu geben, cool, ruhig, gerade angesichts von Gefahr." Jemand fängt an, laut die Etagen zu zählen, die noch abzusteigen sind. Andere fallen ein.

Noch 31 Etagen.

Noch 30 Etagen.

Wie eine Litanei klingt das, eine heilige Prozession auf der Suche nach Errettung.

Noch 26 Etagen.

Noch 22 Etagen.

Noch 3 Etagen.

Noch 1 Etage.

Mooney verlässt das Treppenhaus auf dem Main-Level. Er geht zu einem öffentlichen Telefon, hebt ab und wählt. Er will seiner Frau von den riesigen Generatoren erzählen, oder vielleicht, gestattet er sich nun zu denken, war es doch eher eine Bombe, ähnlich wie 1993.

Legen Sie wieder auf und verlassen Sie das Gebäude, sagt ihm ein Polizist.

Ich muss aber meine Frau anrufen.

Legen Sie auf oder ich lege für Sie auf, sagt der Polizist.

Mooney legt auf und verlässt das World Trade Center auf der Ostseite. Er geht über die Church Street, dreht sich um und sieht beide Türme brennen. Jemand sagt ihm, zwei Flugzeuge seien eingeschlagen, Terroristen. Er ist ziemlich froh, dass er das nicht schon im Treppenhaus gewusst hat.

Südturm, 44. Stock

Anthony DeBlase, Trader bei Eurobrokers, hat es nicht so gemacht wie sein Chef Brian Clark, der den verschütteten Stanley Praimnath gefunden hatte. DeBlase ist nicht am Schreibtisch geblieben, als die Boeing 767 um 8.45 Uhr in den Nachbarturm knallte, er hat sich an den Abstieg gemacht. Denn da drüben, da, wo es jetzt brennt, arbeitet sein Bruder Jimmy DeBlase.

Es brennt ziemlich weit oben im Nordturm. Anthony zählt die Stockwerke. Dann ruft er bei „Cantor Fitzgerald" an, wo Jimmy arbeitet. Keine Antwort.

Seit dem Anschlag 1993 ist Anthony DeBlase die Angst nicht mehr losgeworden, der Turm könnte einmal umkippen. Als Kinder hatten er und Jimmy sich einmal ausgerechnet, bis wohin der Turm wohl fallen würde, wenn ihn jemand umhackte. Mindestens bis nach Chinatown, stellten sie sich damals vor.

„Das kann nur ein kleines Flugzeug gewesen sein. Wird schon wieder in Ordnung kommen", sagt Peter Ortale vom Nebentisch. Er hat im Mai erst geheiratet. „Wenn es wieder okay ist, bin ich in 20 Minuten wieder da", sagt DeBlase und geht zum Fahrstuhl. Ortale bleibt, zusammen mit den 60 anderen Kollegen von Eurobrokers. Bis auf zwei, den Vizepräsidenten Brian Clark und Ron DiFrancesco, wird keiner von ihnen den Tag überleben.

Kaum hat Anthony das Büro verlassen, ruft seine Mutter an, Anita DeBlase. Die 61-Jährige sitzt als Helferin in einem Wahlbüro in der Lower East Side; heute sind die Vorwahlen für die Bürgermeisterwahl. Ein Kollege, vermutlich ist es Peter Ortale, nimmt den Hörer auf und sagt, Anthony sei schon gegangen. Anita DeBlase atmet auf.

Sie ist froh, dass ihr jüngster Sohn Richard seinen Job bei Cantor Fitzgerald vor zwei Jahren hingeworfen hat, um ins Modegeschäft einzusteigen. Er hatte sein Büro ganz oben, jenseits des 100. Stockwerks. Sie geht auf die Straße und sieht die Rauchfahne am Turm, zwei Kilometer entfernt. Sie bekreuzigt sich: „Gott, hilf diesen Menschen."

Erst als ihr Mann gegen neun Uhr ins Wahlbüro kommt, eine Pall Mall im Mund, und sagt: „Jimmy-Boy ist da drinnen" – erst da fällt ihr ein, dass ihr ältester Sohn vor kurzem bei Cantor als Wertpapierhändler angefangen hat. Sofort macht sie sich auf den Weg zu den Türmen. Sie war erst 16, als sie Jimmy bekam.

Anthony DeBlases ursprünglicher Name ist eigentlich DiBlasi, aber seine Großmutter hielt es für besser, als Einwanderin aus Italien ihren Kindern und Enkeln nicht auch noch einen italienischen Namen mit auf den Weg zu geben. Nicht im südlichen Manhattan, wo Anthony und seine beiden Brüder Jimmy und Richard aufgewachsen sind, wo er den größten Teil seines Lebens verbracht hat und wo Jimmy heute sterben wird.

Als Jugendliche hatten sich die drei Brüder geschworen, jeden umzubringen, der einen von ihnen töten würde. Viele der Freunde von damals sitzen im Gefängnis oder haben gute Chancen, es noch dorthin zu schaffen. Die drei DeBlase-Brüder nicht. Sie haben Karriere gemacht, einer breitschultriger als der andere, und weil sie ehrgeiziger sind als ihr Vater, das Einwandererkind aus Italien, der Limousinenfahrer, der immer viel zu müde war am Steuer, als dass er es hätte weit bringen können.

Jimmy, Anthony und Richard, der Jüngste. Von dem ausgebeulten Kopfsteinpflaster und den Lagerhäusern der Lower Westside haben sie sich durchgeschlagen bis ganz nach oben, hinauf auf einen jener Türme, die seit 1971 über ihren Köpfen emporragten. Und jeden Morgen, wenn Anthony DeBlase um 6.45 Uhr aus dem Bett kriecht, ist für ihn der Weg zu seinem Arbeitsplatz bei Eurobrokers – zu Fuß die Greenwich Street hinunter zum Südturm des World Trade Center und dann mit dem Expresslift bis ganz nach oben – die Kurzfassung seines ganzen Lebens.

Anthony DeBlase ist sich immer sicher gewesen, dass Jimmy sie alle überleben würde. Bei Jimmy ist immer alles in Ordnung gewesen. Er ist das genaue Gegenteil seines Vaters, der den Tag rauchend auf der goldenen Velourscouch verbringt und Bücher liest mit Titeln wie „Wie man in 30 Tagen 10 000 Dollar machen kann". Jimmy ist 1,83 Meter groß und 133 Kilo schwer. Footballtrainer. Drei Söhne und ein Haus in Manalapan in New Jersey. Chef der Familie. Er gehörte zu den Leuten, die auf Partys in tomatenroten Dinnerjackets Karaoke singen. Platzend vor Selbstbewusstsein. Nicht immer leicht zu ertragen.

Jetzt treibt Anthony DeBlase die Sorge um seinen Bruder die Treppen hinunter. Im 66. Stockwerk stauen sich die Leute. Anthony DeBlase fängt an, nervös zu werden. Hinter einer Tür findet er einen Lastenaufzug, der bis zum 11. Stock fährt. Anthony hört noch die Ansage: „Alles ist sicher. Sie können wieder zurückgehen." Dann, keine 20 Sekunden, nachdem er zusammen mit zehn anderen den Lift im Südturm verlassen hat, gibt es eine Explosion im Fahrstuhlschacht. Nun hat es auch seinen Turm erwischt, das zweite Flugzeug ist in den Südturm gestürzt.

Im 40. Stock trifft Anthony DeBlase einen neunjährigen Jungen namens Michael, der seine Mutter verloren hat. „Müssen wir sterben?", fragt der Junge. „Klar, aber nicht heute", sagt DeBlase und fängt an, Witze über die dicke Frau vor ihnen zu machen: „Seen her butt?" Er will den Jungen aufheitern. Vor allem aber sich selbst.

Später wird Anthony DeBlase erfahren, dass Jimmy DeBlase zu diesem Zeitpunkt seine Frau Marion angerufen und gesagt hat: „Ein Flugzeug hat den Turm getroffen. Wir müssen alle raus."

Nordturm, 101. bis 105. Stock

Die Büros der Finanzfirma Cantor Fitzgerald, bei der Jimmy DeBlase arbeitet, liegen im 101. bis 105. Stock des Nachbarturms. Die American Airlines 11 war in die Etagen direkt darunter gerast. An diesem Morgen um 8.45 Uhr saßen 677 der rund 1000 Angestellten an ihren Schreibtischen.

Sie alle sterben.

Weil die Explosion sie in Stücke riss. Weil sie verbrennen. Weil sie ersticken. Oder weil sie aus Verzweiflung aus dem Fenster springen.

Es stirbt Deanna L. Galante, 32, Sekretärin, die in sechs Wochen in Mutterschaftsurlaub gehen wollte.

Es stirbt James J. Kelly, 39, Hypothekenhändler, der an manchem Sonntagmorgen früh aufstand, um seinen vier Töchtern Waffeln zu backen und Milkshakes zu servieren.

Es stirbt Laurence Michael Polatsch, 32, Aktienhändler, ein Schwerenöter, einer, der sogar einmal Julia Roberts am Zeitungskiosk ansprach und zu einem Abendessen einlud – und beinahe erhört worden wäre.

Es sterben die Schwestern Lisa und Samantha Egan, 31 und 24, aus der Personalabteilung, die in den Tod gingen, wie sie ihr Leben lebten – gemeinsam.

Es stirbt Ward Haynes, 35, Broker, der am Wochenende zuvor zum ersten Mal seinen neuen Porsche ausprobierte.

Es stirbt Edward Mazzella, 62, Vizepräsident der Abteilung für Aktienverkauf, drei Tage bevor er in Rente hätte gehen sollen.

Es stirbt Jonathan Connors, 55, ebenfalls Vizepräsident, der in einer roten Schachtel Andenken an jenen Tag im Jahr 1993 aufbewahrt hat, als das World Trade Center zum ersten Mal angegriffen wurde: das rußverschmierte Hemd, ein U-Bahn-Ticket und den Kaschmirschal, den er damals als Atemschutz benutzt hatte.

Es stirbt Jacquelyn Sanchez, 23, Sekretärin, die noch ein letztes Mal bei der Mutter anrief, um sich von ihrem elf Monate alten Sohn zu verabschieden.

Es stirbt Joshua Rosenblum, 28, Assistant-Broker, der am 15. September seine Cantor-Kollegin Gina Hawryluk heiraten wollte – sie hat sich heute freigenommen, um den großen Tag vorzubereiten.

Es stirbt Jude Safi, 24, Broker, der alle Songs von Elvis und Sinatra auswendig konnte.

Es stirbt Troy Nilsen, 33, Computerspezialist, dessen autistischer Sohn Scott auch drei Monate nach dem Anschlag immer noch nach Daddy sucht.

Es sterben Kaleen Pezzuti und Matthew Grzymalski, 28 und 34, die sich im 105. Stock des World Trade Center kennen und lieben gelernt hatten.

Es stirbt Zuhtu Ibis, 25, Computerspezialist, geboren in der Türkei, der mit 18 in die USA ging und sich hocharbeitete in den 103. Stock des World Trade Center.

Es stirbt Fred Gabler, 30, Broker, der im Oktober Vater hätte werden sollen.

Es stirbt Jude Moussa, 35, ein Fonds-Händler, der seine Heimat Libanon vor 16 Jahren verließ, weil er genug hatte von den Bomben der Terroristen.

Alle 677 Menschen, die an diesem Morgen in den Büros von Cantor Fitzgerald arbeiteten, sind tot. Auch Jimmy DeBlase.

Nordturm, 89. Stock

Cantor Fitzgerald ist eine der wenigen wirklich großen Firmen auf den insgesamt 220 Etagen des World Trade Center. In den beiden schillernden, fast arrogant wirkenden Türmen gibt es auch viele kleine Firmen, die man dort nicht vermuten würde.

Wenn es so etwas wie ein typisches Stockwerk gibt im World Trade Center, dann ist es die 89. Etage im Nordturm. Das Downtown-Büro des amerikanischen Versicherungskonzerns „MetLife" ist dort untergebracht, außerdem eine kleinere Versicherung, eine PR-Agentur, eine Speditionsfirma und zwei Anwaltskanzleien, fast ein Viertel der Bürofläche steht leer.

In der kleinen Spedition „Mutual International Forwarding" sitzt an diesem Morgen Rafael Kava. Der 80-Jährige verliert nicht die Nerven, als ein paar Etagen über seinem Kopf die Welt explodiert ist. Das Haus bäumt sich auf, es wirft ihn vom Stuhl, die Fenster ploppen aus ihren Rahmen, und von den Decken fließt Feuer. Kava steht langsam auf, nimmt seinen Hut – so ein kleiner Hut, wie ihn die alten Männer beim Boule tragen – und seine Aktentasche, dann verlässt er ohne Eile das Büro seiner kleinen Speditionsfirma in der 89. Etage des Nordturms.

Es ist schwer, ihn zu überraschen.

Rafael Kava ist 80 Jahre alt, seine Familie musste oft fliehen. Solange er denken kann eigentlich. Kavas Vater war ein Jude aus Wien, der später als italienischer Beamter in Alexandria gearbeitet hat, dort wurde 1921 Rafael Kava geboren. Er blieb bis 1956 in Ägypten, dann lebte er in Frankreich und in Mailand. Er war Drucker in kleinen Betrieben. 1976 ging Kava nach New York, wo sein Neffe Albert Cohen eine internationale Spedition gegründet hatte; Albert war 1968 aus Ägypten in die USA geflohen. Die Spedition ist ein Familienunternehmen, in dem auch Cohens Frau, sein Sohn und dessen Frau arbeiten.

Rafael Kava lebt mit seiner Schwester auf Staten Island. Er kann nicht richtig schlafen, wacht früh auf, weswegen er früher als die anderen rüber nach Manhattan fährt. Er ist immer der Erste im 89. Stock. Um 6.30 Uhr setzt er sich an den kleinen Schreibtisch neben der Eingangstür und beginnt, an seiner elektrischen Schreibmaschine Listen zu tippen. Er will sich nicht mehr an einen Computer gewöhnen, er gewöhnt sich auch nicht mehr an die englische Sprache. Er spricht Italienisch, Arabisch, Spanisch und Französisch fließend, Englisch jedoch kaum. Niemand will ihn dazu zwingen. Kava ist so etwas wie die Seele der Speditionsfirma.

Der Flur ist mit schwarzem Qualm gefüllt. Kava steht erst einmal da, er versucht, sich zu orientieren. Er überlegt, wo er hinlaufen soll, wen er kennt. Seit 20 Jahren ist er auf diesem Flur, aber er kennt eigentlich niemanden, nur den kahlköpfigen Walter von der Versicherungsfirma nebenan, und natürlich Theresa, die nette Sekretärin von „Cosmos-Services“, mit der er spanisch sprechen kann. Und dann gibt es noch diese schwarze Dame, die bei den Rechtsanwälten arbeitet, auf der anderen Seite. Er kennt ihren Namen nicht. Kava steht neben der Tür, macht zwei, drei Schritte ins Dunkle, dorthin, wo er Walter und Theresa vermutet, dann geht er wieder zurück. Er versucht die andere Richtung zu den Rechtsanwälten, er sieht nichts, geht wieder zurück. Die Luft wird immer schlechter. Er hört Frauen schreien, gar nicht so weit weg. Er wartet vor der Firma seines Neffen, er will nicht vergessen, wo er ist.

Er ruft nach Hilfe, leise, nicht aufgeregt.

Mutual International Forwarding befindet sich an der Nordseite des Nordturms. Hier schlug das Flugzeug ein, sieben Etagen über dem Büro. Die Spedition hat etwas mehr als 100 Quadratmeter im 89. Stock gemietet, das ist die kleinste gemietete Fläche auf dieser Etage. Aber dafür ist Mutual International Forwarding die Firma, die am längsten hier ist. Die Spedition zog, zwei Jahre bevor das World Trade Center feierlich eröffnet wurde, im Nordturm ein. Damals gab es die 89. Etage noch gar nicht richtig. Sie waren die ersten Mieter im 19. Stock, oben wurde noch gebaut. Seit 1981 sind sie im 89. Stock. Für Albert Cohen und seinen Onkel Kava bedeutet das World Trade Center viel, es war ein Zeichen, angekommen zu sein, nach all der Flucht. Sie waren in New York, und sie saßen im World Trade Center.

Für kleine Firmen ist wichtig, dass „World Trade Center“ auf ihrem Briefkopf steht. Das drückt Teilhabe an der Macht aus, Finanzkraft, Internationalität. So glänzte das World Trade Center mehr durch die Verpackung als durch den Inhalt. Die beiden riesigen Türme waren das Wahrzeichen der geballten Macht des Geldes.

Gedacht war das World Trade Center, in dem zuletzt gut 35 000 Menschen arbeiteten, nicht als Finanzplatz, sondern als Zentrum für den Seehandel. Die ersten Mieter, Anfang der siebziger Jahre, waren Speditionen wie die von Cohen und Kava, Schiffsversicherer und Handelsanwälte.

Als Anfang der achtziger Jahre die Immobilienpreise in Downtown stark anzogen, konnten sich viele der maritimen Unternehmen die Mieten nicht mehr leisten. Statt der Spediteure, die in Jeans und ohne Krawatte gearbeitet hatten, strömten nun die Broker mit dunklen Anzügen und Button-down-Hemden ins World Trade Center. Die größten Mieter waren zuletzt Morgan Stanley, Fuji Bank oder Cantor Fitzgerald, die alle

Finanzdienstleistungen anbieten. Ganze Etagen hatten auch Versicherungsfirmen gemietet, zum Beispiel „Aon, Marsh & McLennan“ oder „Guy Carpenter“.

Walter Pilipiaks Firma ist mittelgroß, 14 Leute auf 260 Quadratmetern an der Nordseite des Turms, im 89. Stock. Direkt in der Mitte. Rechts von ihm liegt die Spedition Rafael Kavas, links von ihm eine Werbeagentur. Pilipiak ist 48 Jahre alt, er ist ein bulliger, kahlköpfiger Mann, der früher Eishockey gespielt hat. Er ist in Brooklyn groß geworden, was man hört, und verkauft seit 30 Jahren Versicherungen. Er hat sich auf die Versicherung von Schiffen und Häfen in Japan spezialisiert. Seit drei Jahren ist er Chef von Cosmos, einer Tochter von „Itocha“, der drittgrößten Handelsfirma der Welt.

Pilipiak kennt kaum jemanden auf der Etage mit Namen, aber als Versicherungsmann grüßt er jeden, den er trifft. Auch den chinesischen Anwalt Mister Lin, der an diesem Morgen mit ihm im Aufzug von der 77. in die 89. Etage nach oben fährt. Lin ist 31 Jahre alt, er arbeitet zusammen mit einer Sekretärin in seiner Kanzlei auf der Westseite des Gebäudes. Mister Lin grüßt nicht zurück. Nie, sagt Pilipiak. Er sieht wie der junge Chinese in seinem Büro verschwindet, das gleich neben dem Fahrstuhl liegt.

Als Pilipiak die Stahltür zu seinem Büro aufschließt, schlägt American Airlines 11 ein, er wird mit seiner Tür ins Büro geschleudert, in dem seine vier Mitarbeiter Theresa Moya, Okane Ito, Harold Martin und Yoshi Movi sitzen. Der erfahrene Eishockeyspieler Pilipiak dreht sich im Fliegen und schlägt mit der Schulter gegen eine Wand aus Gipskarton. Dann bewegt sich das Haus. Pilipiak hat Angst, weil er nicht weiß, ob das Kippen aufhören wird. Nach einer Ewigkeit stoppt der Schwung, dann schiebt sich der Turm schreiend zurück. Pilipiak hört den Stahl krachen und brechen. Er springt auf, seine Mitarbeiter sehen ihn an, er ist der Chef. Durch die offene Tür sickert schwarzer Qualm in den Raum. Pilipiak rennt hinaus. Der schmale Flur zum Fahrstuhl, von wo er eben kam, ist mit dickem Rauch gefüllt, es riecht nach Benzin. So wie es riecht, wenn man an einem warmen Sommertag seinen Wagen voll tankt, denkt Pilipiak. Nur eben hundertmal stärker. Pilipiak geht ein paar Schritte, er hört Frauen schreien, und dann sieht er Rafael Kava.

Der alte Mann steht mit seiner Tasche und dem Hut im Flur, als würde er auf einen Zug warten. Der Hut erinnert Pilipiak an seinen Schwiegervater, der stammt aus Italien und hat immer solche Hüte getragen. Pilipiaks Wurzeln liegen in Weißrussland.

„Kommen Sie“, ruft er Kava zu. Er bringt ihn in sein Büro und schließt die Tür. Die Luft hier drin ist eigentlich ganz gut, vor allem wenn man vom Flur kommt. Kein Fenster ist zerstört, was komisch ist, weil das Flugzeug direkt über ihnen einschlug und nebenan, bei Kava, alle Fenster heraussprangen. Pilipiak setzt Kava auf einen der freien Bürostühle. Die Sekretärin Theresa Moya bringt dem alten Mann etwas Wasser. Sie kennt ihn seit langem. Pilipiak fragt sich, wo all seine anderen Untergebenen heute sind. Normalerweise sollten hier 20 Mann arbeiten. Er stopft sein Jackett in den Schlitz unter der Tür und ruft seine Frau an, die drei Straßen weiter nördlich am Broadway arbeitet. Sie ist nicht da. Er ruft einen ihrer Kollegen an und sagt ihm, dass er ausrichten soll, er sei am Leben.

In dem Moment hämmert jemand von draußen an die Tür. Pilipiak öffnet. Eine blonde, etwa 50-jährige Frau mit rußverschmiertem Gesicht steht da. Sie zeigt den Flur runter nach Osten. Dort wo die Medienfirma ist.

Die Frau heißt Lynn Simpson. Sie ist Direktorin der PR-Agentur „Strategic Communications“ an der Nordostseite des Büros. Zu diesem Zeitpunkt gibt es das Büro nicht mehr.

„Strategic Communications“ begleitet den Auftritt großer Finanzunternehmen, Werbung, Prospekte, die Firma richtet Feiern aus und Kongresse. Sie hat etwa 600 Quadratmeter an der Nordostseite des Turms gemietet. An diesem Morgen sind fünf Mitarbeiter des 24-köpfigen Unternehmens im Büro. Die Rezeptionistin Sabrina Tirao sitzt am Empfangstisch und wartet auf Anrufe. Der Grafikdesigner Evan Frosch und die Projektkoordinatorin Frances Ledesma sind in der kleinen Bibliothek des Büros, um Material für die Imagekampagne zu sondieren, die „Strategic Communications“ in dieser Woche für ein großes New Yorker Bankhaus beginnt. Aus diesem Grund diskutiert auch Direktorin Lynn Simpson seit acht Uhr mit ihrem Art-Director Thomas Haddad.

Thomas Haddad sieht keinen Schatten, als das Flugzeug kommt, er hört kein Anfluggeräusch. Alles passiert gleichzeitig in seinem Kopf. Der Anflug und der Aufprall, die Bilder und der Ton. Es ist hell und laut, alles auf einmal. Vielleicht ist es eher lauter als hell, es ist unfassbar laut, und Haddad glaubt, zwei lange Funken zu sehen, zwei Schweife in seinem Rücken. Dann wird er zu Boden geworfen wie alle anderen.

Als sie wieder hochgucken, ist die Hälfte ihres Büros verschwunden. Die Explosion hat die Suite von „Strategic Communications“ in zwei Teile gespalten. Die fünf Leute leben nur, weil sie im rechten, westlichen Teil ihrer Büros standen. Die östliche Hälfte brennt. Die Decke ist geplatzt, die Fenster sind explodiert.

Lynn Simpson liegt in der Mitte des Konferenzraums, sie ist etwa einen Meter geflogen, sie blutet im Gesicht. Sie schaut sich um zu Haddad, der vor dem blanken Himmel steht. Zwei seiner drei Fenster sind rausgefallen. Im Konferenzraum brennt ein kleines Feuer, es tropft von der Decke und sammelt sich als brennende Pfütze auf dem Versammlungstisch. Dahinter war Lynn Simpsons Büro, es ist rausgehackt worden. Sie rennt hinaus auf den Flur. Sie stolpert durch die Dunkelheit, sie hört Schreie, dann geht sie zurück, verläuft sich, plötzlich öffnet sich eine Tür, ein Lichtschein fällt in den Flur, die Tür schließt sich wieder. Es ist der Moment, in dem Walter Pilipiak sein Jackett unter die Tür stopft. Sie geht zur Tür, schlägt dagegen, Pilipiak macht auf, sie kennt den Mann nicht, die Luft wird besser. Sie atmet drei-, viermal und rennt zurück, um ihre Leute hierherzuholen.

Sie trifft sie schon auf dem Flur. Sie halten sich an den Händen fest wie Kinder, das Büro hinter ihnen steht in Flammen. Lynn Simpson sieht, wie der Konferenztisch im Feuer verschwindet.

Dann gehen sie alle in das Büro von Cosmos. Sie sehen die meisten Leute in dem Versicherungsbüro zum ersten Mal. Die PR-Agentur ist seit sechs Jahren hier oben, aber sie haben keinen Kontakt zu den anderen Mietern, sagt die Direktorin Lynn Simpson.

Sie sind jetzt zu elft in dem Versicherungsbüro. Fünf Cosmos-Leute, fünf von „Strategic Communications“ und Rafael Kava, der seinen Hut im Schoß hat. Das Büro scheint der letzte Raum auf der Etage zu sein, in dem man noch atmen kann. Die Cosmos-Suite ist so was wie eine Insel.

Niemand kann sich vorstellen, dass dort draußen auf ihrem Flur noch weitere Menschen überlebt haben. Sie telefonieren. Haddad ruft seine Frau an und sagt, dass er nicht weiß, ob er sie jemals wiedersieht. Frances Ledesma schärft ihrem Freund ein, dass sie eine Lebensversicherung hat, immer wieder. Bis vor fünf Minuten haben sie mit den meisten Menschen im Raum nicht ein Wort gewechselt, nun regeln sie in ihrer Anwesenheit ihr Leben. Nur Kava schweigt.

Pilipiak holt ein Radio aus seinem Büro und stellt es in die Mitte des Großraums. Die Moderatoren reden über ein Flugzeug, das ins World Trade Center geflogen ist. Sie machen Witze über besoffene Piloten, es ist eine dieser aufgeregten witzigen Morgensendungen. Art-Director Thomas Haddad hält es nicht aus, er schaltet auf einen Nachrichtensender um, als United Airlines 175 den anderen, den Südturm trifft. Sie hören einen dumpfen Aufprall. Sie sehen nichts, das Gebäude schwingt noch einmal, aber lange nicht so stark wie beim ersten Mal. Der Moderator klingt verzweifelt. „Wir werden angegriffen“, schreit er. Der Himmel vor dem

Fenster ist immer noch blau. Sie sehen einen Helikopter der Polizei direkt vor ihnen in der Luft stehen, er scheint in ihre Fenster zu schauen. Dann dreht er ab, so als könne er hier auch nichts tun.

Nordturm, 86. Stock

Drei Etagen tiefer sind James Gartenberg und seine Sekretärin Patricia Puma in den Trümmern ihres Büros eingeschlossen. Er arbeitet für „Julien J. Studley Inc.", eine Immobilienfirma, und sucht Büroflächen für große Unternehmen. Die Firma will die Zweigstelle im November schließen. Gartenberg hätte ins Hauptbüro nach Midtown wechseln können oder in die Zweigstelle New Jersey, aber er hätte sich damit nicht verbessert. Er ist jetzt 36 und hatte schon seit längerem ein Angebot von „Colliers", einer New Yorker Konkurrenzfirma. Der 11. September ist sein letzter Arbeitstag bei Julien J. Studley Inc. und im World Trade Center.

Gartenberg und Puma können die Tür zum Treppenhaus nicht öffnen. Die Sekretärin nimmt das Telefon von ihrem Schreibtisch. Es funktioniert. Sie ruft die Notrufnummer 911 an. Sie bekommt keinen Anschluss. Sie ruft zu Hause an, obwohl sie weiß, dass ihr Mann gerade die Kinder in die Schule bringt. Sie haben drei kleine Kinder, das jüngste ist 16 Monate alt. Es ist niemand da. Gartenberg rennt an ihr vorbei nach draußen. Er wirkt kopflos. Als er zurückkommt, sagt er, er könne die Tür zum Treppenhaus nicht öffnen. Sie sei von Schutt versperrt. Überall sei Feuer. Sie seien eingesperrt.

Patricia Puma versucht es noch mal zu Hause. Ihr Mann ist zurück. Er sitzt mit der einjährigen Tochter neben dem Telefon. Patricia Puma ist erst ruhig, beginnt dann aber im Gespräch hysterisch zu werden, als begreife sie erst jetzt, was passiert ist. Die 33-Jährige weint und schreit. Sie erklärt ihrem Mann, was sie gesehen hat. Sie sagt, dass Feuerbälle aus den Fahrstuhltüren schlugen, dass eine Wand eingestürzt ist.

Als die Maschine in den Turm schoss, kam Puma von der Toilette, die Explosion traf sie auf dem Flur. Ein Feuerball zerstörte die Toiletten im 86. Stock komplett. Dort, wo sie sich eben noch im Spiegel ansah, ist nur noch ein schwarzes Loch. Der Turm schwankte, die Stahlkonstruktion kreischte. Patricia Puma wurde zu Boden geworfen, stand auf, rannte dann weiter zwischen den schwankenden Wänden auf ihr Büro zu. Hinter ihr stürzte etwas zusammen, es sah aus wie eine Wand. Zwei Sekunden langsamer, und sie wäre von dem Geröll begraben worden, sagt sie am Telefon.

„Ich liebe dich. Bleib ruhig. Ich rufe die Polizei an", sagt Kevin Puma.

Sie legt auf, Gartenbergs Telefon klingelt.

Es ist Adam Goldman, ein Studienfreund von Gartenberg. Goldman lebt in Chicago, er hat im Fernsehen gehört, dass ein Flugzeug in den Nordturm geflogen ist.

„Adam, es ist ein Feuer hier auf unserer Etage", schreit Gartenberg. „Ich bin eingeschlossen, ich komm nicht raus."

Goldman erzählt seinem Freund, dass ein Flugzeug eingeschlagen ist.

„Es sieht hier im Fernsehen aus, als würde der Rauch nach oben ziehen", sagt er. „Also geh besser runter."

„Wir kommen nicht raus", sagt Gartenberg.

„Bleib ruhig", sagt Goldman.

„Ich kann nicht ruhig bleiben, verdammt noch mal, Adam. Ich hab Angst. Bitte, hol mich hier raus."

Gartenberg legt auf und ruft in dem New Yorker Hauptquartier seiner Firma in Midtown an. Die Rezeptionistin weiß nichts von dem Unfall, sie hat keine Ahnung, wen sie mit dem aufgeregten Mann verbinden soll. Sie stellt ihn zur Personalchefin durch. Die heißt Margaret Luberda und ist erst seit ein paar Monaten in der Firma. Sie kennt Gartenberg nicht persönlich, aber sie hat gehört, dass er die Firma verlassen will. Sie weiß auch nichts von dem Unglück, sie sitzt in einem fensterlosen Büro im fünften Stock eines Hochhauses in der 52. Straße.

„Margaret, wir sind eingesperrt", ruft Gartenberg.

„Was ist los?", fragt Margaret Luberda ruhig.

Im selben Augenblick reißt eine Kollegin die Tür auf und erzählt Luberda, was passiert ist. Es ist 8.52 Uhr, alle denken an ein kleines Flugzeug oder einen Touristenhubschrauber.

„Wo sind Sie?", fragt Luberda.

„In der Empfangshalle, das Glas ist völlig rausgesprungen. Alles weg." Gartenberg sieht Brooklyn, so schön wie vorhin. Der Himmel ist blau, er sieht Teile herunterfallen, von oben, aber keinen Rauch. Die gläsernen Wände, die die Empfangshalle ihrer Firma von den Maklerbüros trennten, gibt es nicht mehr. Aus der Suite 8617 ist ein Großraumbüro geworden.

„Dann geht zum Notausgang", sagt Luberda am Telefon zu Gartenberg.

„Können wir nicht."

„Warum nicht?"

„Es liegt zu viel Schutt vor der Tür. Ich komm nicht durch."

„Versuchen Sie es noch mal."

„Wir kommen nicht durch. Es ist zu schwer."

Luberda stellt Gartenberg auf die Standleitung und ruft 911 an. Die Polizei stellt sie zur Feuerwehr durch. Sie erzählt einem Mann, dass zwei Beschäftigte ihrer Firma in der Suite 8617 des World Trade Center 1 eingesperrt sind. Der Feuerwehrmann wirkt ruhig, Vertrauen erweckend. Hilfe ist unterwegs, sagt er. Luberda entspannt sich. Sie kehrt zu Gartenbergs Leitung zurück.

„Sie holen euch raus, Jim“, sagt sie zu Gartenberg.

Er ist beruhigt, bekommt einen Anruf von einem anderen Freund aus New Jersey, Adam Rosen, auch ein Mitstudent. Gartenberg hat viele Studienfreunde. Er ist der Chef der ehemaligen Studenten der Universität Michigan.

Patricia Puma telefoniert mit ihrem Kollegen George Martin. Sie sagt ihm, dass die Notausgänge versperrt sind. Er beruhigt sie.

James Gartenbergs Ehefrau Jill kommt um 8.55 Uhr in ihrem Büro in der Upper East Side an. Sie läuft etwa zehn Minuten von ihrem Apartment zu ihrem Büro, sie ist im dritten Monat schwanger und Mutter einer zweijährigen Tochter. Sie ist Logopädin für Kinder. Sie hat eine Nachricht auf dem Anrufbeantworter. Sie wurde um 8.46 Uhr aufgesprochen und stammt von ihrem Mann.

„Jill, es ist Feuer auf unserer Etage. Ich liebe dich, Jill. Sag allen, dass ich dich liebe. Ich weiß nicht, ob ich rauskomme, Jill. Ich liebe dich so sehr“, ruft er.

Noch nie hat sie ihn so verzweifelt gehört. Es passt alles nicht. Der schöne Spaziergang durch die Upper East Side und diese panische Stimme. Jill Gartenberg steht in ihrem Büro und starrt vor sich hin. Dann klingelt ihr Telefon. Es ist ihr Mann. Er ist jetzt deutlich ruhiger.

Er erzählt ihr, dass Hilfe unterwegs ist. Er bittet sie, zu seiner Mutter zu gehen, die unweit von Jill Gartenbergs Office wohnt. Jill ist verwirrt. Sie weiß nicht, wie ernst das alles ist. Ihre Tochter Nicole ist mit dem Babysitter zu Hause, eigentlich würde sie lieber dorthin zurückgehen. Aber sie verspricht ihrem Mann, zu seiner Mutter zu gehen. Als Gartenberg auflegt, schlägt das zweite Flugzeug in den Südturm ein. Jill Gartenberg tritt auf die Straße und sieht den Qualm, der sich am unteren Ende der Insel ausbreitet.

Es ist jetzt 9.05 Uhr. Beide Türme brennen. Sie fängt an zu schreien und zu weinen. Sie glaubt nicht, dass irgendjemand von dort oben fliehen kann. Sie war nur einmal im Büro ihres Mannes, sie weiß, dass es sehr hoch ist. Jim Gartenberg hat keinen Wert auf die Aussicht gelegt, er hat sich oft bei ihr beschwert, wie lange die Fahrt mit den Fahrstühlen dauert. Er hatte keine Zeit zu verschwenden, er hat jeden Tag 14 Stunden gearbeitet, oft auch 16. Nur an den Wochenenden war er zu Hause.

Inzwischen spricht Patricia Puma, Gartenbergs Sekretärin, zum zweiten Mal mit ihrem Mann. Kevin Puma arbeitet bei den New Yorker Verkehrsbetrieben. Er macht Nachtschichten, um seine Kinder an den Tagen, an denen seine Frau arbeitet, zur Schule bringen zu können. Er ist erst an diesem Morgen von seiner Schicht zurückgekehrt. Er hat den Fernseher eingeschaltet und den Ton abgedreht.

Er sieht den Feuerball aus dem zweiten Turm schlagen. Immer wieder. Das Fernsehen wiederholt den Einschlag, Kevin Puma und seine Frau wiederholen das Gespräch, das sie schon zweimal führten. Patricia Puma erzählt ihm noch mal, wie sie auf der Toilette war und alles zusammenstürzte. Er sagt ihr wieder, sie solle fliehen. Sie sagt, dass Gartenberg die Notausgänge kontrolliert habe. Sie seien blockiert. Er fleht sie an, es zu probieren. Er findet nicht gut, dass sie lediglich warten. Die Bilder sehen so gefährlich aus.

In dem Moment sieht Kevin Puma den Namen von James Gartenberg neben den beiden Türmen eingeblendet. Er dreht den Ton lauter. Im Hintergrund hört er seine Frau aus dem Fernsehgerät auf ihn einreden. Sie sind im Fernsehen.

„Ihr seid im Fernsehen", sagt er zu seiner Frau.

Jim Gartenberg gibt ein Live-Telefoninterview für ABC. Die Frau seines Kollegen Robert Goodmann hat beim Fernsehsender ABC angerufen und Gartenbergs Telefonnummer durchgegeben. Sie sagt später, sie wollte möglichst viele Rettungskräfte auf seine Situation aufmerksam machen.

Gartenberg wirkt ruhig, als ihn die Moderatoren befragen. Er beschreibt die Luft und den blockierten Eingang. Er sagt, es gehe ihm gut. Den Umständen entsprechend gut. Zweimal nennt er seine Lage: „Wir sind im 86. Stock, wir sehen auf den East River." Er sagt, dass die Rettungskräfte auf dem Weg zu ihnen seien. Gartenberg scheint sicher zu sein, bald rauszukommen. Am Ende werfen ihn die Moderatoren aus der Leitung, weil sie die Nachricht bringen, dass die Brücken gesperrt sind.

Gartenberg wechselt wieder zu Margaret Luberda, die an der Standleitung in ihrem Midtown-Büro wartet. Kollegen haben ihr erzählt, dass Gartenberg im Fernsehen tapfer wirkte, sehr gefasst. Sie gratuliert ihm zum Fernsehauftritt.

„Ich wollte denen nicht sagen, wie schlimm es wirklich war, Margaret", sagt Gartenberg. „Ich wollte die anderen Familien nicht beunruhigen."

„Wie ist die Luft?", fragt sie.

„Es wird schlimmer. Soll ich einen Stuhl durchs Fenster werfen?"

„Lassen Sie mich das mit dem Fire Department klären", sagt Luberda. Sie beauftragt einen Kollegen damit, bleibt mit Gartenberg im Gespräch.

„Ist der Boden heiß?", fragt sie.

„Nein.“

„Kommt Rauch aus dem Fußboden?“

„Nein, nur von draußen aus dem Treppenhaus.“

Auf der anderen Leitung ist jetzt die Feuerwehr. Er soll auf keinen Fall die Fenster einwerfen, sagen sie. Luberda gibt ihnen noch mal Gartenbergs genaue Lage an. Nordturm, 86. Stock, Suite 8617. Dann kehrt sie zurück in Gartenbergs Leitung.

„Sie wissen jetzt genau, wo ihr seid.“

Nordturm, 89. Stock

Drei Etagen über Gartenberg und seiner Sekretärin Puma bindet sich Pilipiak ein Eishockey-T-Shirt, das als Glücksbringer an seiner Wand hängt, um den Kopf und rennt aus seinem Büro. Die Luft ist besser. Er läuft durch den schmalen Flur auf die Fahrstühle zu. Es riecht nicht mehr nach Benzin, sondern nach Betonstaub. Pilipiak läuft nach rechts, wo die Damentoiletten waren, sie sind zerstört, die Räume dahinter, die Büros von „Broad U.S.A. Inc.“, sehen nicht aus, als könnte dort jemand überlebt haben. Aber Broad ist vor einem Monat ausgezogen.

Alles ist schwarz. Er kann die Tür zum Treppenhaus A gar nicht sehen. Er läuft nach links zum Treppenhaus B, das gegenüber der Herrentoilette liegt. Der Flur sieht hier besser aus. Auch diese Tür lässt sich nicht öffnen, irgendwie scheint sie verriegelt. Vielleicht ein Brandschutzmechanismus, oder jemand hat sie abgeschlossen. Pilipiak geht ein paar Schritte in Richtung des Büros, in dem Mister Lin, der Rechtsanwalt, der nie grüßte, heute Morgen verschwunden ist. Es ist ein Geröllberg. Kein Eingang mehr, nichts. Lin muss tot sein, sie haben nie ein Wort miteinander gewechselt. Walter Pilipiak erinnert sich, dass der Mann beim Pinkeln immer die Krawatte über die Schulter warf.

Als Pilipiak zurück zu den anderen gehen will, sieht er einen Mann. Der Mann trägt einen altmodischen Zweireiher, rote Schuhe und kommt von Westen auf ihn zu. Er sagt, dass er Bob Sibirium heißt und bei MetLife arbeitet. Offensichtlich haben auch andere überlebt. Sie sind nicht die einzigen. Pilipiak lacht glücklich. Er hat den Mann noch nie gesehen. Er gibt Sibirium einen kräftigen Eishockeyspieler-Händedruck. Auch Sibirium verkauft seit 30 Jahren Versicherungen.

Sie zerren zusammen an der Tür, aber sie lässt sich nicht öffnen.

MetLife hat etwa 1000 Quadratmeter im Südwesten gemietet. Sie schauen von hier auf den Südturm und den Hudson River. Offenbar hat das Flugzeug im Süden weit mehr Schaden angerichtet als im Norden.

Der südöstliche Teil brennt, der Kern mit den Fahrstühlen und Toiletten sieht aus, als wäre er rausgebombt worden. Man kann vom Norden durch die Damentoiletten in den Süden schauen.

An diesem Morgen sind nur 13 der etwa 50 Mitarbeiter aus dem Downtown Office von MetLife im Nordturm. Die anderen sind zu Kunden unterwegs. Sibirium ist einer der Abteilungsleiter. Er ist heute Morgen mit seinem 82er Mercedes Cabrio zur Arbeit gekommen, weil das Wetter so schön ist. Das Auto steht jetzt unten im Kellergeschoss 2, im gelb markierten Bereich, in dem die Abteilungsleiter von MetLife ihre Autos parken.

Später wird Sibirium kurz an den Wagen denken, den er liebt wie einen Sohn. Der Parkplatz war leer, das Büro ist eigentlich nur am Montagmorgen richtig voll, Vertreter sind selten im Büro. Sibirium wollte sich heute mit seiner 77-jährigen Assistentin Carmilla über eine bevorstehende Reise zu einem Großkunden nach Spanien beraten. Die alte Frau wurde kurz bewusstlos, als das Flugzeug einschlug, kam aber schnell wieder zu sich. Auch bei ihnen fielen die Deckenfliesen wie Schuppen herab. Sibirium sah draußen vor den Fenstern einen Feuerball aus dem Haus schießen. Dann schwankte das Haus. Ein paar Mauern stürzten ein, das Licht ging aus.

Das MetLife-Büro ist in zwei Räume unterteilt. Im größeren Teil befinden sich elf Leute, im kleineren sind zwei Mitarbeiter von MetLife. Die Luft im Großraumbüro wird schnell schlechter. Die Leute sind ruhig, sie verlassen ihren Raum und gehen zwischen den Fahrstühlen hindurch nach Norden, wo die Kanzlei von Drinker, Biddle & Reath ist. Dort ist das Licht besser und auch die Luft. In der Mitte des Flurs, auf der Höhe der Fahrstühle, brennt ein Feuer, aber man kann ihm bequem ausweichen. Es fällt niemandem auf, dass die beiden Kollegen aus dem anderen MetLife-Büro nicht dabei sind.

Drinker, Biddle & Reath ist eine große Kanzlei, die rund 1000 Quadratmeter gemietet hat. Aber an diesem Morgen ist kein einziger Anwalt hier, nur die Rezeptionistin Diane Davout. Sie wohnt in Bensonhurst, Brooklyn, und arbeitet seit zehn Jahren bei der Kanzlei. Sie ist mit Theresa Moya von Cosmos befreundet und auch mit Rafael Kava, der ja auch immer früh kommt und eigentlich Sekretärinnenarbeit macht. Es sind die einfachen Leute, die jetzt da sind. Diane Davout mag Rafael Kava, die Rechtsanwälte mag sie nicht so. Sie wundert sich nicht, dass noch keiner von den elf Anwälten ihrer Kanzlei hier ist, obwohl das Büro um 8.30 Uhr öffnet. Das müsste ihr mal passieren.

Als das Flugzeug einschlägt, wird auch sie umgeworfen, sie weiß nicht genau, was sie machen soll. Sie zieht ihre hochhackigen Schuhe wieder aus und schlüpft in ihre Sneakers. Sie geht erst einmal durch alle Büros. Sieben Fensterscheiben fehlen. Dann wartet sie.

Nach zehn Minuten kommen Leute mit schwarzen Gesichtern in ihre Empfangshalle gerannt, die Leute von MetLife, angeführt von Sibirium. Diane kennt alle Gesichter auf der Etage. Sie macht ein paar Anrufe. Ihr Freund ist nicht zu Hause, sie ruft ihre Freundin Joanne im Rathaus von Brooklyn an und sagt ihr, sie solle den Fernseher anmachen. Dann wartet sie wieder. Sie überlegt, ob sie nicht besser wegrennen soll. Sie hat ja die Turnschuhe an. Aber weil niemand rennt, bleibt auch sie erst mal sitzen. Sibirium, der Typ mit den roten Schuhen, geht immer mal raus auf den Flur, um nach den Treppen zu sehen, wie er sagt.

Eine halbe Stunde nach dem Einschlag der American Airlines 11 kommt Sibirium mit einem hoch aufgeschossenen Mann zurück, der eine lange Stabtaschenlampe und einen Schutzhelm trägt. Er sagt, dass er von der Port Authority sei. Sie sollen ihm folgen. Diane Davout läuft ihm sofort nach, der Mann sieht aus, als könne man ihm vertrauen, kein Rechtsanwalt, kein Versicherungsvertreter. Er bringt sie zum Treppenhaus B gegenüber der Männertoilette. Dort wartet ein kleiner Mann, auch der trägt Schutzhelm und Lampe. Die beiden Männer sind hochgekommen von der 88. Etage, auf der sie eingesperrt waren. Sie haben die Tür mit einer Axt eingeschlagen. Jetzt ist der Weg frei für die Eingeschlossenen aus dem 89. Stock.

Die elf Mitarbeiter von MetLife und Diane Davout betreten das Treppenhaus, der große Mann mit dem Helm geht weiter durch den Flur, um den Rest zu holen.

Walter Pilipiak und die anderen, Pilipiaks Mitarbeiter, die fünf Überlebenden aus der PR-Agentur und Rafael Kava warten; einige telefonieren, Yoshi Movi surft im Internet, verschickt Mails, als die Tür aufgeht.

„Raus hier! Schnell“, ruft der Mann mit dem Helm. Theresa Moya hat den 80-jährigen Rafael Kava im Arm. An der offenen Tür hilft der andere Mann von der Port Authority den letzten der 23 Überlebenden durch die Tür ins Treppenhaus, zum Schluss Pilipiak. Der sieht den beiden Rettern hinterher, sie gehen nach oben, um weiteren Menschen zu helfen, wie sie sagen. Sie haben nur die Axt dabei.

Die 89. Etage ist geräumt. Fast. Im kleinen MetLife-Büro sind zwei Angestellte von Trümmern eingeschlossen. Keiner hört sie, sie telefonieren um ihr Leben, sie reden mit ihren Angehörigen, bis der Südturm einstürzt und die Verbindung abreißt. Von Mr. Lin, dem Rechtsanwalt, der nie grüßte, gibt es kein Lebenszeichen mehr.

Nordturm, 86. Stock

Drei Stockwerke unter der 89. Etage sitzen Gartenberg und seine Sekretärin immer noch fest, auch sie kommen nicht aus ihrem Büro heraus. Gartenbergs Freund Goldman ruft wieder aus Chicago an.

„Der Rauch wird schlimmer, Adam", sagt Gartenberg.

Goldman beschließt, ihm nichts vom zweiten Flugzeug zu erzählen.

Die Gespräche werden kürzer, es ist alles gesagt.

Margaret Luberda will mit Patricia Puma sprechen.

„Wie geht es Ihnen?", fragt Luberda. „Können Sie atmen?"

„Schwer", sagt Puma.

„Haben Sie Wasser?"

„Ja."

„Tauchen Sie Ihre Jacken ins Wasser, und atmen Sie durch", sagt Luberda.

Gartenberg ruft, dass Schutt auf sie runterfalle. Die Decke löse sich auf.

„Suchen Sie irgendwo Schutz", sagt Luberda.

„Wir kriechen unter den Empfangstisch", sagt Gartenberg.

Die beiden kriechen unter den Tisch, sie schleppen die Telefone mit sich.

Gartenberg redet mit seiner Mutter und seiner Frau. Sie sitzen im Haus der Mutter. Sie wissen nicht, was draußen passiert. Jill Gartenberg wollte den Fernseher anschalten, aber ihre Schwiegermutter hat es verboten. Jill Gartenberg findet, dass ihr Mann plötzlich sehr ruhig wirkt. Sie weiß nicht, was sie ihm sagen soll. Die Schwiegermutter sitzt neben ihr. Sie sagt nur: „Bleib am Boden." Er sagt ihr, dass es nicht einfach ist. Sie wollen dem Rauch ausweichen, der unter der Tür ins Büro quillt, aber sie wollen auch den Feuerwehrleuten zurufen, wenn die kommen. Sie müssen ja jetzt jeden Moment da sein.

Patricia Puma telefoniert wieder mit ihrem Mann. Er sagt ihr noch mal, dass sie rausgehen soll, aber das scheint sie gar nicht mehr zu erreichen. Er denkt, dass sie sich zu sehr auf Gartenberg verlässt.

„Versuch es doch wenigstens. Bitte!", ruft er.

Sie sagt, dass er sich gut um die Kinder kümmern soll. Sie hustet. Er sagt, dass er sie liebe. Dass Hilfe komme.

Gartenberg bekommt wieder einen Anruf von Goldman aus Chicago.

„Ich liebe dich", sagt Gartenberg. „du bist mein bester Freund. Ich weiß nicht, ob ich jemals rauskomme. Bitte kümmere dich um meine Familie."

Goldman versucht ihm Mut zu machen, Gartenberg weint.

Er ruft noch mal bei seiner Frau an.

„Ich liebe dich", sagt Gartenberg.

Er geht noch mal auf die Standleitung zu Margaret Luberda.

„Es wird jetzt wirklich sehr stickig“, sagt er. Dann bricht die Leitung zusammen.

Es ist 9.45 Uhr. Luberda schaut auf ihr Display, sie waren genau 58 Minuten lang verbunden.

Patricia Puma erreicht ihren Mann noch einmal. Er versucht nicht mehr, sie zu irgendetwas zu überreden. Der letzte Satz, den sie sagt, ist: „Ich leg auf. James Gartenberg sagt, wir müssen Sauerstoff sparen.“

Eine Stunde lang haben ihnen die Telefone eingeredet, dass die Situation beherrschbar sei. Das ist vorbei.

Rosen, Goldman und Luberda versuchen immer wieder, in der 86. Etage des Nordturms anzurufen. Sie schaffen es nicht mehr. Jill Gartenberg zieht sich in ein Zimmer im Haus ihrer Schwiegermutter zurück und schließt die Tür. Kevin Puma sieht die qualmenden Türme auf dem stummen Bildschirm in seinem Wohnzimmer.

Nordturm, im Treppenhaus

Pilipiak geht nach unten, an der Etage von James Gartenberg und Patricia Puma vorbei, den Stimmen hinterher. Er dreht sich ein paar Mal um, aber es ist niemand mehr hinter ihm. Auf dem Weg nach unten begegnet den Flüchtlingen aus dem 89. Stock kaum noch jemand von oben. Pilipiak schließt zu den anderen auf. Lynn Simpson, die Direktorin der PR-Agentur, sagt, dass sich in den Treppenhäusern die Menschen ihre Stockwerke zurufen. Sie hört keine 89 mehr und auch keine Nummer, die höher ist. Bis zur 78. Etage gibt es keine Probleme, sie laufen ruhig die Treppen runter. In der 78. müssen sie das Treppenhaus wechseln, die Etage ist stockdunkel. Pilipiak führt die Leute mit dem Licht aus seinem Handy durch die Dunkelheit. Daran erinnern sich noch alle. Wie der Mann mit dem Eishockeyshirt um den Kopf sie im Licht seines Funktelefons über den Flur führt. In diesem Moment, als sie das Treppenhaus wechseln, sind die Bewohner der 89. Etage sich so nahe wie nie zuvor und nie wieder danach. Die 23 Überlebenden der 89. Etage halten sich aneinander fest. Einige sehen sich in diesen Minuten zum ersten und letzten Mal.

Sie treffen auf zwei Männer, die vor zwei Treppen diskutieren, welche der richtige Weg nach unten ist. Die Überlebenden aus dem 89. Stock trennen sich, es gibt wieder Alternativen. Sie verlieren sich für immer aus den Augen, die 89. Etage ist zerstört, sie haben keinen gemeinsamen Platz mehr, an dem sie sich wiedersehen könnten.

Rafael Kava, der alte Mann, ist so etwas wie ein Symbol dieser kurzen

Annäherung, an ihn erinnern sich alle. Auch die Leute von der Südwestseite, die ihn nur ganz kurz gesehen haben, reden später vom alten Mann mit dem Hut. Die meisten glauben sogar, ihm geholfen zu haben. Merkwürdigerweise denken alle, er sei tot. Er kann es nicht geschafft haben.

Rafael Kava aber geht an der Hand von Theresa Moya die Treppen hinunter. Er ist wieder auf der Flucht.

FAA Kontrollzentren Cleveland und Chicago, 9.28 Uhr

Der Tag eines Fluglotsen kann hart sein. Regen und Schnee, Wetterstürze, der dichte Verkehr über Amerikas Landmasse, die gedrängten Start- und Landepläne verlangen viel. Nie aber war ein Tag wie dieser. Alarmstufe rot in allen 22 Kontrollzentren der Luftfahrtbehörde FAA von Küste zu Küste. Keine einzige Entführung in den USA während des letzten Jahrzehnts und dann, innerhalb von einer Stunde, vier.

Die letzte Entführung des Tages beginnt mit seltsamen Geräuschen, beschlossen vom bellenden Ruf einer aufgeschreckten, akzentfreien Stimme aus dem Cockpit von United Airlines 93, sie sagt: „Hey, raus hier!"

Einen Atemzug früher war aus der Kabine ein kleiner Klingelton zu hören, ein „Pling", ein „Bing", Signal für eine ankommende Textnachricht im Cockpit, eine Art E-Mail, für die Piloten auf einem Display zu sehen, grün auf schwarzem Grund.

Ein Controller in Chicago, er musste eben schon die Entführung der United 175 melden, hat die Nachricht an alle geschickt, sie lautet: „Beware, cockpit intrusion", was so viel heißt wie: „Achtung, Cockpits, Eindringlinge!", Vorsicht, Gefahr! Diese Meldung bestätigt die Cockpit-Crew der United 93 noch. Sie tippt nur ein Wort: „Confirmed", Bestätigt.

Einen Atemzug später ist das Flugzeug entführt.

Ein Lotse in Cleveland hört aus dem Cockpit eine neue, unbekannte Stimme mit starkem Akzent. Sie gehört nicht dem Kapitän und auch nicht dem Ersten Offizier. Sie sagt: „Es ist eine Bombe an Bord. Hier spricht der Kapitän. Bleiben Sie in Ihren Sitzen! Bleiben Sie ruhig! Wir werden ihre Forderungen erfüllen. Wir kehren zum Flughafen zurück."

Cockpit der United Airlines 93, 9.35 Uhr

United Airlines 93, eine Boeing 757-222, gestartet in Newark um 8.42 Uhr, zieht durch den Himmel nahe Cleveland, Ohio. Ziad Jarrah hat das Mikrofon, der Libanese, der in Deutschland zum Fanatiker wurde und in Florida zum Flieger. Jarrah ist der Pilot und Chef, der Cockpit-Voice-

Recorder beweist es, 30 Minuten lang nimmt das Gerät auf, seit 9.30 Uhr. Das Band beweist auch, dass Jarrah über weite Strecken nicht allein ist im Cockpit der Boeing. Man kann ihn sprechen hören mit einem Komplizen, auf Arabisch. Man kann sie sagen hören, dass sie das Flugzeug abstürzen lassen, falls die Passagiere ihnen das Kommando entwinden. Man kann sie beten hören, Jarrah und den anderen. Bete für dich und deine muslimischen Brüder um den Sieg am Ende, und fürchte dich nicht, denn du wirst bald Gott treffen. So steht es in der Fibel der Attentäter. Jarrah erfüllt sie Punkt für Punkt. Er betet nach Plan. Der Tod schaut ihn an.

Am Vortag noch hat Jarrah, Rädelsführer Nummer vier neben Atta, Shehhi und Hanjour, seinen Abschiedsbrief an die geliebte Aysel in die Post gegeben, an die Freundin daheim in Deutschland. Am Tag der Tat, am Tatort selbst, im Flugzeug, hat er gegen neun Uhr noch einmal Aysels Nummer in Bochum gewählt. Wirkte er, wie in den Wochen davor, immer noch „völlig normal"?

Über Cleveland, Ohio, zieht Ziad Jarrah die United 93 auf über 40 000 Fuß, lässt sie in eine Linkskurve fallen, südwärts, und vollführt eine Kehre nach Osten, Richtung Washington. Geht es ums Weiße Haus? Ums Kapitol? Steuern die Verschwörer Camp David an? Sucht Jarrah die Maschine des US-Präsidenten, Air Force One?

Nordturm, im Treppenhaus, 78. Stock

Auf den Weg hinunter zur Erde haben sich Mike Hingson und David Frank erst gemacht, nachdem sie den Hauptschalter des P 3000, ihrer Großrechenanlage, gesucht und nicht gefunden hatten. Sie arbeiten bei der Firma „Quantum/ATL" und verkaufen an Unternehmen Datensicherungssysteme für den Katastrophenfall. An diesem Morgen war eine Verkaufspräsentation geplant.

Hingson hat nichts gesehen von der Explosion acht Stockwerke weiter oben, er ist blind, aber den dröhnenden Knall hat er gehört und das Schwingen des Gebäudes gespürt. Dann sank alles nach unten. Ein Meter, schätzte Mike Hingson. Erdbeben? Nein, denkt er, kein Erdbeben. Ich bin aus Kalifornien, ich weiß, was ein Erdbeben ist. Außerdem riecht es hier nach Kerosin. David Frank denkt: Eine Gasleitung ist explodiert. Aber Quatsch, hier oben gibt es keine Gasleitungen. Außerdem war es dafür zu heftig.

Ein Anschlag? Den Gedanken verwirft er sofort wieder. „Es macht keinen Sinn, so weit oben eine Bombe zu legen", denkt er. Es muss eine Benzinexplosion sein.

Mike Hingson hört dauernd „wir müssen hier raus, wir müssen hier raus“, und er findet, dass er seinen Freund beruhigen müsse. Er glaubt, dass David sich mehr aufregt als er selbst, weil David sehen kann, was passiert. Er hingegen, Mike, habe es gelernt, sich auf das wirklich Wichtige zu konzentrieren. Und gelernt, mit Gefahren umzugehen. Schließlich ist er jeden Tag in Gefahr, sobald er sich auf die Straße begibt, ohne etwas zu sehen. Außerdem ist da Roselle, seine Blindenhündin, ein Golden Retriever, und wenn Roselle jetzt gut arbeiten soll, darf sie nicht nervös werden. Nervös wird sie, wenn ihr Herr nervös wird. Also: Ruhig, Mike. Ruhig, David. Ruhig, Roselle.

Die Leute, die sie im Treppenhaus treffen, halten Tücher vor den Mund gepresst. 1993, beim ersten Anschlag auf das World Trade Center, hatte sich gezeigt, dass die Treppenhäuser zu dunkel und die Lüftungsanlagen überfordert waren; viele Menschen verbrachten damals Stunden in den Fahrstühlen oder in den überfüllten Treppenhäusern. Wenig später wurde ein neues Alarmsystem installiert. Die Treppenhäuser wurden mit einer batteriegetriebenen Notbeleuchtung versehen und die Wände mit Leuchtfarbe gestrichen. Sicherheitskräfte kontrollierten regelmäßig die Fluchtwege.

Diese Sicherheitsmaßnahmen bieten allerdings nur bei einem Normbrand Schutz. Eine Evakuierung über die Treppenhäuser ist nur dann möglich, wenn das Feuer zwei bis drei Stunden braucht, bis es sich durch die Rigips-Platten der Treppenhäuser gefressen hat.

Frank fällt auf, dass die dunkelgrün verzierte Leiste, die in die Wand neben den Aufzügen eingelassen ist, Beulen und Bruchstellen zeigt. Das Gebäude ist offenbar in seiner Struktur schwer beschädigt. Er denkt, dass hier für sehr lange Zeit wohl niemand mehr hochgelassen wird.

Die ersten 20 Stockwerke gehen einfach. Vor ihnen ist niemand. Frank läuft vorweg, hinter ihm Mike Hingson und Roselle. Roselle arbeitet gut. Aber sie hechelt sehr, das ist der Durst. Ab und zu werden die beiden überholt. Wo die anderen Kollegen sind, wissen sie nicht.

Frank ist Buddhist, er glaubt, dass hinter jedem Geschehen ein verborgener Sinn steckt. Jetzt hat er den Eindruck, „da will uns jemand etwas sagen“. Er weiß nicht, was für eine Botschaft das sein könnte. Seine Auseinandersetzung mit dem Buddhismus hat ihn Bescheidenheit gelehrt, er kann sich vorstellen, warum andere Menschen Amerika nicht mögen. Das alles sind nur Gedankenfetzen. Aber wenn das hier eine Botschaft sein soll, denkt er, dann müssen wir zuhören.

Sein blinder Freund Hingson streift im Vorbeigehen jede Tür, an der er vorbeikommt: Ist sie heiß? Lässt sie sich öffnen? Keine fühlt sich warm an. Aber nur etwa jede dritte Tür geht auf.

Etwas unterhalb der 70. Etage wird es voll im Treppenhaus. Ein Stau. Hunderte von Köpfen unter ihnen auf der Treppe. Jemand sieht den Blinden und bittet die Leute, vor ihm Platz zu machen für die beiden und den Hund. Niemand beschwert sich. Alle rücken zur Seite.

Nett von den Leuten, aber Hingson will das eigentlich nicht. Er will ja gerade keine Sonderbehandlung. Er will beweisen, dass auch ein Blinder zurechtkommt im Leben, und im Job sowieso. Er hat einen sprechenden Computer und macht seinen Job als Bereichsleiter für ATL. Aber was soll man machen, man kann ja nicht mit den Leuten streiten in so einer Situation. Auch wenn es Nachteile bringt, dass die Leute ihn links vorbeilassen: Dann kann er Roselle nicht nutzen, sie muss ja immer links von ihm gehen.

Etwa im 40. Stock hören sie Rufe von hinten: „Geht zur Seite! Brandopfer kommen!" Frank macht Platz. Auf der Treppe über ihm kann er sie zum ersten Mal sehen: eine Frau, Ende 20, Anfang 30. Er spürt wieder diese Klarheit im Kopf, nimmt sich vor, ganz genau hinzusehen: Sie läuft wie ein Zombie. Die Augen stur geradeaus, ausdruckslos. Ihre Kleidung ist zur Hälfte weggebrannt. Von ihren Armen, ihrem Nacken und dem Gesicht fällt Haut herab. Das Haar, von dem er vermutet, dass es einmal blond war, erinnert ihn an festgebackenen, grauen Schleim. Die Frau steht unter Schock, aber sie läuft. Frank denkt darüber nach, dass der Schock doch eine ziemlich gute Sache ist.

Bald kommt das nächste Brandopfer, und es ist bizarr: Sie hat etwa das gleiche Alter, die gleiche Größe, das gleiche Haar. Sie ist genauso verbrannt, ausdruckslos und geschockt.

Unterhalb des 40. Stocks wird der Kerosingeruch stärker, das Kerosin kriecht in die Lungen, legt sich auf alle Geschmacksnerven, benebelt den Kopf. Von unten werden kleine Wasserflaschen gereicht, das schafft ein wenig Linderung, auch für Roselle. Erst dreieinhalb Jahre ist sie alt, erst neuneinhalb Monate ist sie bei Hingson im Dienst, aber sie ist gut. Sie nimmt die Kurven so, dass Hingson gut folgen kann, und stoppt, wo sie muss. Sie ist verlässlich. Sie kann sich konzentrieren.

Nordturm, im Treppenhaus, 61. Stock

Niemand darf Manu Dhingra berühren. Sonst wird er wahnsinnig vor Schmerz. Ein Kollege geht vor ihm, einer hinter ihm, so steigen sie das Treppenhaus hinunter, schon seit dem 83. Stock. Dort hat Dhingra das Unglück genau in dem Moment erwischt, als er den Aufzug verließ, im 83. Stock des Nordturms, um 8.45 Uhr. Sein Körper ist verschmort. Es war kein Feuer, das ihn verzehrte, sondern ein ungeheurer Hitzestoß, der sein Gesicht getroffen hat, die Arme, den ganzen Rumpf. Hinter ihm verglühte der Aufzug, den er gerade verlassen hatte. Es waren noch Menschen drin.

Lass mich schnell sterben, betet Manu Dhingra, mach, dass es schnell vorbei ist. Eigentlich hat er ja immer geglaubt, dass er ein Glückspilz sei. An Unfällen schrammte er vorbei, nie hat es ihn erwischt, und er hat es ja auch ziemlich weit gebracht im Leben: Als Kind kam er mit seiner Familie aus Indien. Jetzt ist er 27, hat studiert und handelt mit Optionen für „Andover Brokerage“, eine Daytrading-Firma, hat ein Büro im World Trade Center mit netten Kollegen und Tischtennisplatte und Blick auf ganz New York.

Ergib dich, du bist der Schwächere, lass es sein, denkt er jetzt. Einen Moment lang denkt er das, einen sehr friedlichen Moment lang. Aber dann kommt ihm seine Mutter in den Sinn und dass das nicht geht, sie um den Sohn trauern zu lassen, er schleppt sich weiter. „Niemand wird dich retten hier oben“, sagt einer der beiden Kollegen. „Du musst gehen. Kannst du?“

Natürlich kann er nicht, aber er muss.

Er will nicht, dass jemand seinetwegen hier oben bleibt. Er will es versuchen. Er rechnet nicht damit, dass er die 83 Stockwerke schaffen wird. Er hofft, dass unterwegs jemand kommt und hilft.

Manu Dhingra sieht nicht viel, die Augen sind fast zu.

„Wie weit ist es noch?“

„Wir sind gleich da.“

„Wie weit noch?“

„Nicht mehr weit.“

„Wo sind wir?“

„Im 10. Stock.“

In Wahrheit sind sie erst im 61., aber die Lügen helfen. Er darf sich nicht setzen, das dulden die Freunde nicht. Ab und zu gibt es Wasser. Dann kriegt er die Augen ein bisschen auf, sieht den Schrecken im Blick fremder Leute. „Wie sehe ich aus?“, fragt er. „Prima siehst du aus. In einer Woche bist du wieder okay.“

Lauter normal aussehende, gesunde Leute laufen im Treppenhaus, er denkt: Warum ich? Habe ich was falsch gemacht? Werde ich bestraft?

Die Schmerzen kennt er schon, die sein Leben jetzt wochenlang bestimmen werden, aber er weiß noch nicht, wie er aussehen wird, wenn alles vorbei ist. Weiß nicht, dass die Ärzte sagen werden, doch, er habe Glück gehabt, sein Gesicht vor allem sei sauber geschält. Wie nach einem Peeling, wird es heißen, „schauen Sie, Sie haben keine Falten mehr“.

Jetzt sieht er nur, wie ihm die Haut in Fetzen vom Körper fällt. Sieht das Entsetzen bei jedem, der ihn anblickt, muss durchhalten, hält durch, bis er den ersten Sanitäter sieht. Dann fällt er in Ohnmacht.

An Bord der United Airlines 93, etwa 9.45 Uhr

In der Kabine halten abwechselnd die Kämpfer Ahmed al-Hasnawi, Said al-Ghamdi und Ahmed al-Nami die 37 Passagiere und fünf Flugbegleiter, aufgeteilt in zwei Gruppen, in Schach. Vorn, First Class, der Vorhang ist zugezogen, wird ein Dutzend Leute festgehalten, hinten, Economy, fast am Heck, der Rest.

Das Regime der Terroristen ist nicht streng. Sie erlauben ihren Opfern ausdrücklich zu telefonieren, ja, sie fordern sie auf, ihre Angehörigen zu verständigen. Unbeobachtet kocht die Stewardess Sandy Bradshaw, 38, in der Bordküche Wasser auf, um es womöglich als Waffe einzusetzen. Sie erzählt das ihrem Mann am Telefon. Die Opfer, viele, telefonieren.

Viermal telefoniert Thomas („Tom") Burnett, 38, Manager einer Medizintechnikfirma. Er ist auf dem Weg nach Hause, nach San Ramon, Kalifornien. Beim ersten Anruf um 9.40 Uhr sagt er seiner Frau Deena, die zu Hause in der Küche steht und im Fernsehen die brennenden Türme von New York sieht: „Nein, ich bin nicht okay. Ich sitze in einem entführten Flugzeug. Sie haben einen Mann erstochen und haben eine Bombe. Ruf die Behörden an." Dann hängt er auf.

Beim zweiten Anruf sagt Tom Burnett: Sie sind im Cockpit. Und er fragt seine Frau: Das mit dem World Trade Center, war das eine Passagiermaschine? Und als sie antwortet, sie wisse es nicht, sagt er: Okay. Und hängt auf.

Beim dritten Anruf will Tom Burnett wieder nur die Neuigkeiten wissen, er pumpt, so sagt es seine Frau später, die Informationen ab. Sie erzählt vom Pentagon. Burnett hängt auf.

Beim vierten Anruf sagt er: „Okay, wir haben hier eine Gruppe zusammen, und wir werden etwas unternehmen." Seine Frau ruft dazwischen: Nein. Sie lernt an diesem Morgen, was Angst ist, nein, schreit sie, bleib sitzen, tu nichts. Aber er sagt: „Wenn sie diese Maschine zum Absturz bringen, müssen wir etwas tun." Dann hängt er auf. Für immer.

Nordturm, im Treppenhaus, 40. Stock

David Frank sagt die Stockwerke an. Im 40. sind er und sein blinder Freund, als die ersten Feuerwehrleute sich nach oben arbeiten, und Frank wundert sich darüber, welche Mengen an Ausrüstung sie mitschleppen: Äxte, Hacken, Schaufeln, feuerfeste Anzüge, Sauerstoffflaschen. Mehr als 30 Kilogramm, schätzt er. Sie wirken erschöpft. Im Treppenhaus bricht Beifall aus.

Fast jeder Feuerwehrmann schaut auf den Blinden, den Hund und seinen Freund und fragen, ob alles okay sei. Immer die gleiche Unterhaltung:

„Sind Sie in Ordnung?"

Hingson: „Mir geht es gut, danke."

An Frank gerichtet: „Und Sie sind bei ihm?"

Frank: „Ja, ich begleite ihn, wir sind okay, danke."

Etwa um 9.35 Uhr erreichen sie den zweiten Stock. Der Boden ist nass und rutschig, aber das Nasse riecht nicht nach Kerosin. Roselle schlürft gierig, es ist Wasser. Dann gehen sie die letzte Treppe hinab. Frank betrachtet das Chaos: Trümmerteile, Wandstücke, Deckenverkleidung liegt herum. Überall Wasser.

Unten stehen Polizisten und WTC-Angestellte: „Weitergehen, weitergehen." Sie nehmen den Ostausgang, der in ein Einkaufszentrum führt. Noch einmal einige Stufen nach oben, dann wieder herunter, durch einen schmalen, dunklen Gang. Am Ende ein Licht: der Himmel.

An Bord der United Airlines 93, 9.59 Uhr

In der Maschine beten in diesem Moment mindestens drei Männer das Vaterunser. Todd Beamer betet, 32 Jahre, Geschäftsmann aus New Jersey. Seit 9.47 Uhr, er konnte seine Familie nicht mehr erreichen, spricht er mit Lisa Jefferson, einer Vorgesetzten bei der Telefongesellschaft GTE. Er hat der fremden Stimme von seinen Kindern erzählt, von David, drei Jahre alt, von Andrew, ein Jahr. Hat Lisa Jefferson gebeten, seine Frau anzurufen mit letzten Grüßen und einem Liebesschwur.

Beamer hat auch von einem Plan der Passagiere erzählt, gegen die Terroristen aufzustehen. Und dass vorn im Gang Kapitän und Co-Pilot auf dem Boden lägen, mindestens verletzt, vielleicht tot. Und nun, es ist fast 9.58 Uhr, bestellt er sein Haus. „Vater unser im Himmel, geheiligt werde Dein Name ..."

Nach dem Gebet, Lisa Jefferson hat den Text im Chor mit Beamer gesprochen, ist er nicht mehr am Apparat, aber das Telefon noch auf Empfang. Sie hört jemanden sagen: „Seid ihr so weit, Jungs?", und dann: „Let's roll."

Was in den folgenden sieben Minuten geschieht, ist nicht bekannt. Die

Telefone, nicht aufgelegt, übertragen abwechselnd Phasen der Stille, gefolgt von schrillen Schreien, dann Windgeräusche. Dann Stille.

Von 10.01 Uhr an verzeichnet der Voice-Recorder aus dem Cockpit Flüche und Schreie auf Englisch und Arabisch, Geräusche eines Kampfes, Tumult.

Der Pilot Ziad Jarrah ist auf diesen Kampf gut vorbereitet. In einem Fitnesscenter in Miami hat er sich alles beibringen lassen für den Nahkampf.

Er besuchte das Studio das erste Mal am 1. Mai 2001, das letzte Mal am 7. September, vier Tage vor dem Attentat. In diesen vier Monaten trainierte er 96-mal. Sein Trainer ist Bert Rodriguez, Meister in verschiedenen asiatischen Kampfkünsten, Ausbilder der Beamten der US-Drogenpolizei DEA.

Während der ersten Unterrichtsstunde im Ring prüft Rodriguez seinen neuen Schüler. Er hält Jarrah eine Faust vors Gesicht. Die Faust steckt in einem blauen Boxhandschuh. Jarrah weiß nicht so recht, was er mit dem Ding vor seinem Gesicht anfangen soll. Er tänzelt ein Stück zur Seite, hebt die Arme höher und fragt sich, wie er an dem blauen Ballon vorbeikommt. Rodriguez sagt, man soll beim Kämpfen nicht denken, und drückt Jarrah die Faust ins Gesicht. Jarrah hört auf zu denken und lächelt verlegen. Rodriguez sagt, lächeln passt nicht zum Kämpfen. Diesmal drückt er seine Faust nicht in Jarrahs Gesicht. Er schlägt. Jarrah lächelt nicht mehr, er versucht, Rodriguez' Faust zur Seite zu schlagen. „So ist es richtig", sagt Rodriguez und schlägt Jarrah mit der anderen Faust ins Gesicht. Jarrah verliert die Kontrolle und prallt von Rodriguez' erhobenen Fäusten ab. Rodriguez schlägt noch einmal zu. Jarrah geht zu Boden. Rodriguez sagt: „Ich liebe es zu kämpfen. Man erfährt so schön schnell, was der andere für ein Mensch ist."

Rodriguez lehrt Jarrah, dass es nur zwei Arten von Schlägen gibt. Gerade und kreisförmige. Es gibt auch nur zwei Arten Tritte. Gerade und kreisförmige.

Und mit Fäusten, Ellbogen, Knien und Füßen soll Jarrah immer auf dieselben Punkte am Körper zielen. Auf die Augen, die Nase, den Kehlkopf, die Leber, die Hoden und auf alle Gelenke. Unter anderem.

Rodriguez sagt, dass es Punkte am Körper gebe, die besonders schmerzempfindlich seien. Über dem Ellbogen sei so ein Punkt. Wenn man ihn findet und mit nur einer Fingerkuppe drückt, könne man einen Gegner in die Knie zwingen. Und es sei ökonomisch, mit einem Schlagring, einer Klinge zu versuchen, diesen Ort zu treffen.

Rodriguez erklärt Jarrah, dass es sinnvoll sei, im Kampf ein Messer zur Hand zu haben: „Es ist immer gut, den Gegner bluten zu lassen", sagt Rodriguez mit seiner sanften Stimme. „Versuche ihn so zu schneiden, dass er die Wunde sieht. Wenn du die Wahl hast, schneide in die Innenseite der Arme, sie sind weicher als die Außenseiten, unter der Haut pulst viel Blut.“

Wird man von einer Gruppe attackiert, sei es ratsam, den Größten und Furchteinflößendsten niederzumachen, lehrt Rodriguez, das schrecke die anderen ab. Auch in dieser Situation sei es hilfreich, offene Wunden zu schaffen oder Gelenke so zu brechen, dass der Knochen aus dem Fleisch rage. Dann prügeln sich die beiden eine Weile, Jarrah versucht, das Gehörte in Schläge und Tritte zu verwandeln, und Rodriguez schlägt ihn wieder zu Boden.

Im Laufe der Zeit machte Jarrah Fortschritte. Gegen Ende der 20 Unterrichtsstunden schreckte es ihn kaum noch, wenn Rodriguez mit einem Baseballschläger auf ihn zustürzte. Und unentwegt stellte Jarrah Fragen – Rodriguez hatte bisweilen das Gefühl, als müsse Jarrah sein Knowhow weitergeben an eigene Schüler.

Seinen letzten Kampf verliert Jarrah. United Airlines 93 stürzt kurz nach zehn Uhr ab. Das Flugzeug sinkt schnell, Augenzeugen sehen es flattern, nach links und rechts, kippen, wackeln, dann fräst es einen langen, zehn Meter tiefen Graben in die Äcker bei Shanksville im Westen Pennsylvanias, und alles, das Flugzeug, die Menschen, zerplatzt in Stücke und Trümmer, keines größer als ein Telefonbuch.

Wird United Airlines 93, als einzige der vier fliegenden Bomben, von Militärjägern abgeschossen? Trifft eine Lenkrakete die Boeing? Es werden Teile gefunden, acht Kilometer vom Ort des Aufschlags entfernt. Ein namenloser Passagier, der aus der Bordtoilette den Notruf 911 wählte, schrie einem Telefondienstler kurz vor dem Ende ins Ohr, er höre eine Explosion, er sehe weißen Rauch. Es ist die einzige Äußerung dieser Art. Die Behörden Amerikas verneinen einen Abschuss.

Und die Bombendrohung der Attentäter, von den Opfern mehrfach erwähnt? Leeres Gefuchtel? Oder zündeten sie doch einen Sprengsatz an Bord? Zündeten sie ihn, als die Passagiere sich aufmachten, diesen Alptraum zu beenden?

Um 10.06 Uhr ist der Himmel über Amerika leer. Der Flugverkehr weitgehend eingestellt. Das Land schockstarr.

Nordturm, im Treppenhaus, 4. Stock

Jan Demczur, der polnische Fensterputzer des World Trade Center, gerät kurz nach zehn Uhr in einen Stau im Treppenhaus. Er ist im vierten

Stock des Nordturms, seit über einer Stunde steigt er nach unten. Als das Flugzeug einschlug, war er mit sechs anderen Männern in einem Aufzug. Der Aufzug sackte ab, blieb im 50. Stock stecken. Mit Hilfe von Demczurs Reinigungswerkzeugen kratzten sich die Männer durch die Wand des Fahrstuhlschachts auf den Flur.

Als Demczur im 4. Stockwerk ankommt, fordert ihn eine Polizistin auf, zurückzugehen. „Die Treppe ist hier zu Ende“, schreit sie. Die Leute gehen langsam nach oben. Als sie im sechsten Stock sind, ruft dieselbe Polizistin „Ach Scheiß, probieren wir es“, und läuft wieder nach unten. Demczur folgt ihr. Die dritte Etage ist schwarz vor Rauch. Die Treppe ist zu Ende. Sie fassen sich an und gehen durch einen Flur. Demczur sieht Umkleideschränke. Irgendwo hier hängt seine Krawatte. Er verliert die Orientierung, sie betreten ein anderes Treppenhaus, es ist halb verschüttet. Sie kriechen und erreichen einen großen Raum, der mit verbogenem Stahl, Schutt gefüllt ist. Demczur denkt, dass sie zu weit sind, irgendwo im Keller. Aber andererseits ist da Tageslicht, und dann erkennt er die Stechuhr. Er sieht die Stechuhr, durch die er heute Morgen seine Karte zog. Sie ist verbeult, sie sieht nicht aus, als würde sie jemals wieder funktionieren.

Jan Demczur begreift hier, erst hier zum ersten Mal, dass sein Plan ernsthaft gefährdet ist. Sein ganzes Leben war bisher ein Plan, der Tag, der Monat, das Jahr; sein Leben war aufgeteilt in Flächen, in Glasflächen, die er reinigen musste. Das war sein Plan.

Jetzt ist er im Erdgeschoss, er verlässt das Haus in Richtung Westen. Es ist 10.20 Uhr. Er setzt sich neben einen Rettungswagen auf dem West Side Highway, jemand gibt ihm Sauerstoff. Er denkt kurz an Cami, den Mann, der die Maschine auf dem Dach bediente. Dann sieht er Teile vom Nordturm fallen. Er legt die Maske weg und verschwindet, ohne dass die Pfleger es bemerken. Es gibt keinen Plan mehr.

Plaza vor dem World Trade Center

Nach einem langwierigen Abstieg erreicht Chuck Allens Gruppe die Plaza des Nordturms. Allen, EDV-Chef bei „Lava Trading“, hat eine Gruppe von Kollegen vom 83. Stock das Treppenhaus hinuntergeführt. Er liebt die Plaza, mit der Skulptur, der „Großen Kugelkaryatide“ in der Mitte, den Bänken, dem Brunnen. Er geht durch die Glastür, und nichts mehr erinnert ihn an die Plaza von heute Morgen. Der Innenhof ist voll großer Trümmerteile. Und er sieht Menschen. „Schau da nicht hin“, sagt er zu Liz Porter, seiner Programmiererin, und hält ihr die Augen zu. „Wohin?“, sagt sie und schiebt seine Hand beiseite. Es sind vielleicht 20, 30, 40 Tote. Schwer zu zählen. Es sind nur Teile von Menschen.

Sie sehen einen Torso mit einem Gurt um die Hüfte, einen zweiten, dritten, vierten. Alle haben denselben breiten, schwarzen Gurt angelegt. Es dauert einen Moment, bis Allen begreift, dass es sich um Passagiere handelt. Hier liegen die Passagiere. Zerstörte Menschen, zerfetzte Körper, die vor kurzem noch auf das Zeichen des Flugkapitäns ihren Gurt geschlossen hatten. Es ist kein Blut zu sehen. Es liegt noch kein Staub über den Trümmern. Alles ist klar und deutlich zu sehen. Polizisten stehen herum. „Sehen Sie nicht hin“, sagen sie. „Gehen Sie weiter zu den Rolltreppen. Machen Sie Ihr Handy aus!“ Alle sehen hin. Alle versuchen, ihr Handy zu benutzen.

In der Mall, dem unterirdischen Einkaufszentrum, steht das Wasser knöchelhoch. Die Sprinkler sind an. Die Drehtüren sind verkantet und zerbrochen. Allen geht an „Border's Bookstore“ vorbei, hinaus auf die Church Street. Ein Polizist sagt: „Wir glauben, das war Absicht.“

Allen ruft seine Frau Sabah an. Er fragt: „Was ist eigentlich passiert?“ Dann geht er Richtung Norden. Irgendwo, schon nahe Midtown, möchte er sich die Telefonnummer eines anderen Überlebenden notieren. Er fragt einen Pakistaner, der neben seinem Obststand wartet, nach einem Stift. Chuck Allen hat lange in islamischen Ländern gelebt. Er ist sich sicher, in fremden Gesichtern lesen zu können. Er ahnt, was jetzt passieren wird. Aber er möchte es wissen: „Ist das nicht entsetzlich?“, fragt er den Obstmann. Der Mann dreht den Kopf zur Seite. Er sagt nichts. Allen denkt: Er kann nicht sagen, dass er Sympathien hat für das, was da geschehen ist. Aber er hat sie.

Nordturm, Ausgang

Virginia DiChiara, deren Haut zu 30 Prozent verbrannt ist, verlässt das World Trade Center durch den Nordeingang. Sie war im 78. Stock, als das Flugzeug einschlug. Sie stand in einem Aufzug, dessen Tür sich gerade schloss. Brennendes Kerosin verbrannte ihr Gesicht, ihre Arme und Hände, ihren Rücken. Mit Mühe schafft sie es ins Erdgeschoss. Sie wird zur Church Street geführt, wo Krankenwagen aufgereiht sind. Ein paar Leute sitzen auf dem Bordstein, Verletzte. DiChiara sieht eine Menge Blut und weiß, dass sie da unmöglich sitzen kann. Sie kann kein Blut sehen und hat Angst, in Ohnmacht zu fallen. Ein Nothelfer führt sie in einen Krankenwagen. Der Kollege, der sie nach unten begleitet hat, ist noch bei ihr.

Sie verlangt nach Wasser, bekommt aber nur wenig. Sie weiß nicht, warum man sie nicht in ein Krankenhaus bringt. Langsam fühlt sie den Schmerz. Sie guckt auf ihre Hände: rot, keine Haut. Sie wartet und wartet. Ihr Kollege ruft DiChiaras Eltern an und sagt ihnen, ihre Tochter sei okay.

Nach einer halben Stunde wird sie ins St. Vincent's Krankenhaus im Greenwich Village gefahren. Im Krankenhaus ist alles vorbereitet für einen Ansturm von Verletzten. Auf dem Hof warten Dutzende Ärzte und Pfleger. Lange Reihen von Tragen stehen bereit. Aber außer Virginia DiChiara kommt kaum jemand.

Südturm, Lobby

Irgendwann ist Steve Miller, von seinen Fuji-Kollegen „Smiller" gerufen, wenn ihr Computer nicht funktionierte, am Ende der Stufen. Die neuen Cowboystiefel quälen seine Füße. Eine Armee von Angestellten strömt aus den Türen ins Freie. Erst draußen sieht er die Verwüstung, die Metallstücke, das Glas, das verkohlte Fleisch. Er läuft nach Hause, Richtung Brooklyn. Als er zurückschaut, nach oben, sieht er, dass dort, wo sein Büro war, nur noch schwarzer Rauch ist. Das Flugzeug hat genau auf seiner Etage eingeschlagen.

Als Smiller über die Brücke nach Brooklyn geht, versucht er, nicht an seine Schuhe zu denken, und auch den anderen Horror will er vergessen. Smiller beschließt, sein Leben zu ändern. Er will Bibliothekar werden, auf dem Land. Smiller muss an ein altes chinesisches Sprichwort denken. „Mögest du in aufregenden Zeiten leben", heißt es. Das wünschen Chinesen den Leuten, die sie hassen.

Südturm, Plaza

Um 9.50 Uhr erreichen Brian Clark, der Broker, und Stanley Praimnath, der Laienprediger, den Plaza-Level des World Trade Center. Eine Mondlandschaft. Nur noch Feuerwehrleute, Sanitäter und Polizisten laufen herum. „Besser, wenn ihr jetzt rennt", schreit einer und sagt, sie sollten nicht nach oben schauen. Von oben fallen jetzt immer häufiger Gebäudeteile herunter. Sie stellen sich unter die Sprinkler. „Let's go", sagt Clark, die beiden Männer rennen Hand in Hand über den brennenden Freiplatz auf die Church Street.

„War zone", denkt Clark. Nach zwei Blöcken sind sie am Gitter des Friedhofs der Trinity-Church. Ein Geistlicher sagt, die Kirche sei geöffnet, sie sollten hereinkommen. Völlig außer Atem hält sich Praimnath am Zaun fest. Er hat Angst, der ganze Turm könnte zusammenstürzen. „No way. Das ist eine Stahlstruktur", sagt Clark, er sei Ingenieur.

Südturm, Plaza

Als Anthony DeBlase endlich unten auf der Plaza ankommt, sieht er die Körper. Er sieht einen Mann, dem der Kopf von einem fallenden Körperteil abgeschlagen wird. Er sieht einen Kopf, der geplatzt ist wie eine Melone. Er sieht ein brennendes Bein. Er sieht Dinge, von denen er gehofft hatte, dass es sie in seiner Welt nicht geben würde.

Er muss nur noch heulen. Er rennt nach Westen und weint noch, als er in Seaport ankommt. Dann erst ruft er seinen Bruder an. Das Telefon ist tot. Er ruft seinen Vater und seine Kinder an und sagt ihnen, er sei okay. Dann geht er weiter nach Norden, mit den anderen. Eine Frau kommt dem Strom entgegen, sie läuft auf ihn zu und umarmt ihn. Anita, seine Mutter. „Jimmy", sagt sie, „wir müssen Jimmy finden." Anthony schaut nach oben, wo der Himmel voll Staub und Rauch ist, und sagt: „Gott, gib mir meinen Bruder zurück. Was sollst du mit ihm? Er wird an dir herummäkeln und dich zurechtweisen. Er wird dich um den Verstand bringen." Jimmy ist so. Jimmy war so.

Irgendwann an diesem unendlich langen Morgen fängt Anita DeBlase an zu denken: „Ist er erschlagen worden? Ist er gesprungen?" Sie möchte sich vorstellen können, dass ihr Sohn einen schnellen Tod hatte. Vielleicht ist er vorher durch den Rauch ohnmächtig geworden. Vielleicht war er schon erstickt, als der Turm zusammenbrach.

Anita DeBlase wird am nächsten Tag eine Zahnbürste und eine Haarbürste von Jimmy zur Stadtverwaltung bringen und selbst eine Speichelprobe abgeben. Für den DNA-Test. „Es kann nicht sein", sagt sie sich, „dass gar nichts mehr von ihm übrig ist. Er kann sich nicht in Luft aufgelöst haben."

Einige Wochen später werden die ersten acht der gefundenen Leichenteile mit Hilfe des DNA-Tests identifiziert. Unter den Namen ist auch James DeBlase, genannt Jimmy, 45 Jahre und aufgewachsen in Soho, im Schatten der Zwillingstürme.

3

„Sagt meiner Frau, dass ich sie liebe“

Die Schlacht der Feuerwehrleute in den Türmen des World Trade Center, der Angriff auf das Pentagon, und warum Präsident George W. Bush durch die USA irrte

Manhattan, Battery Park City, 6 Uhr

Dan hasst das Summen des Weckers. Und weil seine Frau Jean die Abneigung ihres Mannes kennt, ist sie jeden Morgen schneller als der Wecker und küsst ihn wach. Seit anderthalb Jahren sind die Potters verheiratet, und selten hat ein Wecker sie im Schlaf erwischt.

Dan ist Feuerwehrmann, Jean arbeitet im 81. Stock des Nordturms in den Büros der „Bank of America", als Assistentin des Tradingchefs. Dan und Jean haben sich über eine Anzeige in der „New York Post" kennen gelernt. Damals stand Dan vor den Trümmern seines Lebens: Er war Anfang 40 und seine Familie kaputt, sein 18-jähriger Sohn war zu ihm gezogen in sein kleines Apartment, weil er es bei seiner Mutter nicht mehr ausgehalten hatte. Aber Dan hat noch eine andere Familie: die New Yorker Feuerwehr.

Dan Potter ist Feuerwehrmann seit 23 Jahren. Er hat sich nie beschwert, aber er merkte, wie ihm die Schufterei in Manhattan auf die Knochen ging. „In Manhattan", sagt er, „musst du jung sein." 45 Kilogramm Ausrüstung die Treppen hochschleppen, manchmal bis in den 50. Stock – nur weil wieder einmal ein Sprinkler aus Versehen losgegangen ist. „Dann", sagt Potter, „fühlt man sich wie eine Katze, die ihren eigenen Schwanz jagt."

Schlimmer als ein blinder Alarm ist nur ein echter Alarm. In Sekundenschnelle verwandeln sich die Hochhäuser in riesige, lodernde Öfen oder in rauchschwarze Labyrinthe, aus denen man sich wieder heraustasten muss. Man muss die eigene Stadt und ihre Bewohner verdammt gern haben, um diese Arbeit auszuhalten. Potter ist so ein Typ.

Nur: Er ist inzwischen 44, und deshalb hat er beschlossen, sich einen bequemeren Posten zu suchen. Als, wie er es nennt, „Ghetto-Feuerwehrmann in der Bronx". Für einen Feuerwehrmann sind die Bronx und das Ghetto so etwas wie das Paradies: Es brennt oft, die Häuser sind nur selten höher als vier Stockwerke, und das Beste: Man muss nicht oft hinein ins Haus. Man parkt den Truck auf der Straße und hält mit dem Schlauch voll drauf. „Ein wunderbarer Job", sagt Dan Potter. Auch wenn er dafür wieder zur Schule gehen muss.

Deswegen verlässt er am 11. September seine Wohnung in Zivil: Jeans, blaues Polohemd, Penny-Loafers. Vor ein paar Wochen hat er eine Ausbildung auf Staten Island angefangen, am Ende der Lernerei wird er Lieutenant sein – und ein Feuerwehrmann im Ghetto.

Manhattan, Feuerwachen, 8.47 Uhr

Um 8.47 klingeln in den Feuerstationen nahe dem World Trade Center die Alarmstufen Nummer 1 und Nummer 2; Alarme, die gegeben werden, wenn zum Beispiel ein Papierkorb Feuer fängt.

Auch in der Alarmzentrale in Brooklyn geht ein Notruf ein: BLDG EXPLOSION lautet er, GEBÄUDE-EXPLOSION; das Ereignis bekommt die laufende Nummer 0727.

8:48:03 Uhr: „Anrufer meldet Explosion an der Spitze des WTC", tippen die Leute in der Notrufanlage in ihren Computer.

8:48:07 Uhr: „Flugzeug flog in die Spitze von Gebäude", sagt eine Anruferin.

Um 8.50 Uhr wird der dritte Alarm gegeben. Er ist für Unfälle reserviert, von der Größenordnung eines Etagenbrands in einem Wolkenkratzer.

Um 8.50 Uhr und 12 Sekunden haben zumindest die Dispatcher in der Notrufzentrale eine Ahnung davon erhalten, dass es sich bei Ereignis 0727 um eine Katastrophe erheblichen Ausmaßes handelt: „Männlicher Anrufer gibt an: Flugzeug ins World Trade Center geflogen – möglicherweise Passagierflugzeug."

8:50:22 Uhr: „Weiblicher Anrufer meldet, WTC ist explodiert."

8:52:53 Uhr: „Weiblicher Anrufer meldet, großes Loch in rechter Seite."

8:53:28 Uhr: „Männlicher Anrufer meldet, dass jemand vom Gebäude fällt."

Um 8.55 Uhr geht ein so genannter 10-60-Alarm raus, er signalisiert eine größere Katastrophe.

Um 8.59 Uhr klingelt Alarm Nummer 5, das Maximale, was im New Yorker Notstandsprotokoll vorgesehen ist.

Der Einschlag der Boeing 767 überrascht die Feuerwehreinheiten New Yorks beim Schichtwechsel: Überall in der Stadt kommen die Männer der Tagschicht zur Übergabe in die Zentralen. Sie stehen beieinander, trinken Kaffee; Mechaniker reinigen auf dem Hof die Ausrüstung. Nachdem der Alarm ausgelöst ist, rasen innerhalb von 30 Minuten über hundert Feuerwehren Richtung World Trade Center. Viele glauben, eine Sportmaschine sei in den Turm geflogen.

Im Hinterkopf haben sie vermutlich jenen Unfall vom 28. Juli 1945, als ein amerikanischer B-25-Bomber, zwölf Tonnen schwer, kurz vor zehn Uhr morgens bei dichtem Nebel ins Empire State Building krachte, in den 78. und 79. Stock, in 280 Meter Höhe. Das Flugzeug war über 300 Stundenkilometer schnell; es riss ein 5,5 mal 6 Meter weites Loch in die Fassade. Die B-25 hatte 3000 Liter Benzin an Bord. Damals konnten die Feuerwehrmänner mit Aufzügen bis in den 60. Stock fahren. Binnen 35 Minuten war das Feuer gelöscht.

Diese Löschaktion gehört seither zum Ausbildungsplan aller New Yorker Wehrmänner in Führungspositionen. Allerdings hat die Katastrophe vom 11. September eine ganz andere Dimension: Die Boeing 767 wiegt über 120 Tonnen und hat rund 34 000 Liter Kerosin an Bord.

Nun brennt ein Feuer, das bald 1200 Grad Celsius erreicht. Durch den Aufprall ist die dünne Schutzschicht auf den Stahlträgern der getroffenen Stockwerkdecken abgeplatzt. Schutzlos sind sie der enormen Hitze ausgeliefert.

Der Gebäudekern selbst gilt als brandsichere Zone mit Fluchttreppen und Hydranten. Feuerfeste Türen, Sprinkleranlagen und Feuerbarrieren zwischen den Etagen sollen einen Brand so lange eindämmen, bis die Feuerwehrleute zur Stelle sind. Statik und Brandschutz waren darauf ausgelegt, dass das World Trade Center einem Feuer mindestens drei Stunden standhält – genug Zeit, um die Türme komplett zu evakuieren.

Mit der Möglichkeit, dass ein Flugzeug mehrere Tonnen Kerosin ins Gebäude schießt, hat niemand gerechnet.

Genährt wird das Feuer durch Unmengen von Papier in den Büros. Zudem arbeitet mutmaßlich keines der Löschsysteme: Die Köpfe der Sprinkler sind durch Flugzeugtrümmer abrasiert, die Wasserleitungen im Gebäudekern zerstört.

Staten Island, Ausbildungszentrum der Feuerwehr

Dan Potter sitzt an den 60 Fragen eines Testes, als das Handy seines Tischnachbarn klingelt. Dan ärgert sich für einen kurzen Moment, dann ruft sein Nachbar: „Ein Flugzeug ist in das World Trade Center geflogen." Dan rennt zu einem Fenster. Es stimmt. Dichter, schwarzer Qualm quillt aus dem Nordturm. Ich muss meine Frau anrufen, denkt er und sucht ein Kartentelefon; er wählt ihre Nummer im Büro, im 81. Stockwerk des World Trade Center. Klingeln. Dann hört er ihre Stimme. „Dies ist Jean Potter. Ich bin nicht an meinem Tisch. Hinterlassen Sie bitte eine Nachricht." Er sagt: „Bist du da? Bitte nimm ab, bitte." Nichts. Potter rennt zu seinem Auto und gibt Gas, 70,75 Meilen pro Stunde, Überholspur, in der einen Hand das Lenkrad, in der anderen seine Feuerwehrmarke. Er könnte sich die Marke sparen. Die Straßen sind frei.

World Trade Center, Nordturm, 81. Stock, Büro der Bank of America

Jean Potter ist eine von den Frauen, die unter Amerikas Männern als Trophäe gelten. Rote Haare, die fallen wie in einem Shampoo-Werbespot, eine Figur wie die Schaufensterpuppen auf der Fifth Avenue und dann diese großen, blauen Augen, die strahlen vor Anerkennung und Respekt für den, der ihr Herz erobert hat. Jean hätte auch einen Anwalt oder einen Arzt heiraten können. Aber sie wollte nicht. Jean Potter wollte keinen Egomanen mit einem steilen Karriereplan; sie wollte einen Mann, auf den sie sich verlassen kann; einen, der sie beschützt vor den Unwägbarkeiten des Lebens; einen, der sie nicht wegwirft, wenn nach fünf Jahren eine jüngere Trophäe an der Glastür seines Büros vorbeispaziert.

Dan hatte sich die Sache mit der Bekanntschaftsanzeige lange überlegt. Feuerwehrleute lernen ihre Mädchen in einer Bar kennen oder als Lebensretter in einem brennenden Haus oder auf den Hochzeiten, Taufen und Barbecues anderer Feuerwehrleute. Die Schwester, Cousine, Schwägerin eines Kollegen, okay, aber niemals über eine Anzeige. Anzeigen sind etwas für Buchhalter, für schüchterne Typen, die wehrlos wie Laub durchs Leben geblasen werden. Das Problem ist nur, dass Dan Potter auch so ein schüchterner Typ ist.

Jean rief als Erste auf die Annonce an. Die beiden verabredeten sich in einem Grillrestaurant im Greenwich Village, sie trafen sich ein paarmal, und irgendwann stellten sie fest, dass sie verliebt waren. Nicht auf so eine Art und Weise verliebt, wie es junge Leute sind, wenn sie die Nächte durchtanzen in „Jimmy's Bronx Café" oder sonst einem angesagten Laden, eher auf eine stille, anrührende Weise.

Um ihren Hals trägt Jean seitdem eine Silberkette, in der die Nummer 10617 einmodelliert ist; ein Weihnachtsgeschenk von Dan. Es ist die Nummer, die auf seiner Feuerwehrmarke steht. Sie sind mehr als ein Paar, sie sind ein Team, das keinen Wecker braucht, um morgens aufzuwachen in Jeans Apartment am Südende von Manhattan, in Battery Park City. Von ihrem Bett aus hat Jean jeden Morgen als Erstes die beiden Türme gesehen.

Jean hat das World Trade Center nie besonders gemocht, und am 11. September ist es nicht anders. Sie hasst diesen Fahrstuhl, der sie in wenigen Sekunden vom Erdgeschoss in den 78. Stock katapultiert, wo sie umsteigen muss in einen kleinen Fahrstuhl, der sie weiterträgt zu ihrem Ziel, dem 81. Stock, ihrem Büro in der Bank of America. Und sie fühlt auch keinen Thrill, wenn sie hinunterschaut auf die Brooklyn- und die Manhattan-Bridge. Es beunruhigt sie, wenn sie auf einmal von oben auf vorbeifliegende Hubschrauber blickt statt von unten. Am 11. September trägt sie einen lavendelfarbenen Hosenanzug, dazu schwarze Schuhe mit flachen Absätzen.

Highway 278, Richtung Manhattan

Auf der Verazzano-Brücke, die Staten Island mit Brooklyn verbindet, beginnt Dan die Stockwerke zu zählen. Hat das Flugzeug unterhalb von Jean eingeschlagen oder darüber? Ihr Telefon geht noch. Mittendrin war sie nicht. Er fährt 75 Meilen pro Stunde und zählt, verzählt sich, fängt wieder von vorn an. Es ist eine Folter. Er, Dan, der seine Frau ein Leben lang beschützen wollte, ist auf einer Schulung, während sie möglicherweise verbrennt. Er zählt wieder und denkt daran, was er Jean immer für den Ernstfall gepredigt hat: „Wenn du unter dem Feuer bist, Jean, nimm die Treppe nach unten, niemals den Fahrstuhl. Wenn du drüber bist, nimm die Treppe nach oben. Und warte auf dem Dach, bis der Hubschrauber kommt.“ Dan Potter zählt wieder. Das Ergebnis: Seine Frau ist über dem Feuer. Gott sei Dank. Dan Potter jagt über die Verazzano-Brücke. Er glaubt, dass seine Frau auf dem Dach des Nordturms des World Trade Center auf einen Hubschrauber wartet.

Notrufzentrale der Feuerwehr

8:56:44 Uhr: „Männlicher Anrufer meldet, er befinde sich im 87. Stock. Sagt, vier Personen seien bei ihm. Es brenne.“

8:56:57 Uhr: „Ein weiblicher Anrufer vom 47. Stock meldet: Gebäude wackelt, sie riecht Gas.“

8:57:26 Uhr: „Menschen schreien im Hintergrund – Anrufer erklärt, er könne nicht atmen – Rauch kommt durch die Tür – Stockwerk 103 – er sei gefangen.“

8:59:17 Uhr: „Männlicher Anrufer: Das 86. Stockwerk bricht zusammen.“

World Trade Center, am Fuße des Nordturms

Feuerwehrmann John Ottrando ist einer der Ersten, der seinen Laster vor dem Nordturm, an der Ecke Vesey und West Street parkt. Ottrando ist der Fahrer eines Fünf-Mann-Teams, der „Engine 24“. Sie kommen aus der Feuerstation „Greenwich Village“, Ecke Houston Street und 6th Avenue.

Ottrando, 44, ist Italoamerikaner und lebt auf Staten Island. Als die ersten Alarme gegeben wurden, stand Ottrando in der Garage und schwärmte von den New York Giants. Um neun Uhr sollte seine Tagesschicht beginnen. Sein Kumpel Louie Arena hat heute seinen kaputten Rasenmäher mitgebracht. Alle rechneten mit einem ruhigen Tag. Einem Tag, an dem man in einer Feuerwehrstation Rasenmäher repariert.

Ottrandos Feuerwache Greenwich Village ist zuständig für das World Trade Center, und sie können das Ding nicht sonderlich leiden. Dauernd ist irgendwas: ein kaputter Sprinkler, ein Nikotin-Abhängiger, der glaubt, er könnte auf dem Klo im 104. Stock eine qualmen. Immer sind die Männer von Greenwich Village losgerast, Blaulicht an, 45 Kilogramm Ausrüstung auf dem Buckel. Und immer sind sie ein wenig sauer wieder zurückgekehrt. Das World Trade Center nervt. Und deshalb ist es kein Wunder, dass John Ottrando nicht einmal nach oben auf die glitzernde Fassade schaute, als er um 8.53 Uhr mit seinem Laster auf die 6th Avenue hinausschoss.

Als er aussteigt, sieht er das Riesenloch, den dicken, schwarzen Qualm. „Holy shit“, ruft Ottrando. Eine „Engine“ ist darauf spezialisiert, in die brennenden Gebäude hineinzugehen und zu löschen. Zu einer Engine gehören: der Mann, der den Schlauch hält, aus dem pro Minute 500 Gallonen Wasser spritzen. 500 Gallonen Wasser können die Wucht eines gedopten Wildpferds haben, und deshalb hilft direkt hinter dem Spritzenmann ein „Back-up-Mann“, der den Wasserdruck kontrolliert. Ein so genannter Control-Mann berechnet die Anzahl und Länge der Schläuche. Der „Officer“ dirigiert das Gesamtgeschehen, und unten auf der Straße bleibt der Fahrer, bei der Engine 24 ist es John Ottrando, und bedient die Pumpen.

Zu jeder Engine gehört eine „Ladder“, ein zweiter Feuerwehrwagen. Dessen Männer sollen nicht löschen, sondern Türen und Fenster aufbrechen, den Rauch bekämpfen und sich um die Opfer kümmern.

Ottrando folgt den vier Mann von Engine 24 und den acht Mann von „Ladder 5“ in die Lobby des Nordturms, er steigt über Marmorstücke und Eisenträger, er sieht Menschen, die aus den Treppenaufgängen dringen, er sieht Rauch aus den Fahrstuhlschächten blasen.

John Ottrando weiß nichts von einem Linienjet; er weiß nichts von rund 34 000 Litern Kerosin; er weiß nicht, dass der Flieger, als er sich durch den Tower bohrte, Stahlseile der Aufzüge gekappt hat und die Kabinen ungebremst nach unten rasten. Aber er sieht Menschen, die in diesen Fahrstühlen gestanden haben müssen. Sie liegen verkohlt auf dem Marmorfußboden. Nichts als verbranntes Fleisch, Haare, Kleider, Haut, von den Flammen versengt, aus den stürzenden Kabinen geschleudert. Ottrando rennt zurück zu seinem Laster, um Tücher zu holen, mit denen er die Leichen bedecken will. Seine Kumpel schlagen mit ihren Äxten Fenster ein, damit der Rauch abzieht. Dann machen sie sich auf den Weg, Richtung 90. Stock, Ottrando bleibt unten bei den Schläuchen. Ladder 5 nimmt das Treppenhaus C, Engine 24 verschwindet in Aufgang B. Zur Engine gehört Marcel Claes, er ist der Back-up-Mann für den Schlauch.

Claes, Sohn belgischer Einwanderer, ehemaliger Krankenpfleger, Vater von drei Kindern, ist seit elf Jahren bei der FDNY. Er sollte eigentlich längst zu Hause sein, weil er Nachtschicht hatte, aber er hat sich geweigert zu gehen. Sein größtes Feuer war der Brand eines leeren Hotels namens „St. George" vor sechs Jahren. Zehn Stockwerke krachten damals ineinander, kein Mensch kam ums Leben.

Angst ist etwas, was sich ein Feuerwehrmann abtrainiert hat, und deshalb steigt Claes die Treppen empor, Stufe um Stufe. Es ist sein Job, in den 90. Stock zu klettern, um zu helfen. Nach einem Dutzend Stockwerken ringt Claes um Luft. Er muss pausieren. Er trägt außer seinen schweren Stiefeln, Helm und Schutzanzug eine 15 Kilogramm schwere Sauerstoff-Flasche und einen 13 Kilogramm schweren Schlauch. Ein dicht geschlossener Zug von Angestellten kommt ihm entgegen. Manche klopfen ihm auf die Schulter, manche beglückwünschen ihn, manche segnen ihn. Claes sieht verbrannte Hände, Gesichter, blutige Köpfe. Er geht weiter.

Nordturm, 60. Stock

Jean Potters Beine sind zu dieser Zeit schon müde, aber sie nehmen Stufe um Stufe. Die Prozession der Flüchtenden versucht, Disziplin zu wahren. Niemand rechnet damit, dass der Tower zusammenstürzen könnte. Die Leute haben es eilig, aber sie drängeln nicht.

Als um 8.45 Uhr der Turm wackelte, roch es sofort wie an einer Tankstelle. Jean Potter war wirr, für den Bruchteil einer Sekunde. Dann wurde sie von einer Hand gepackt. Es war ihr Tischnachbar Ben. „Wir gehen zur Treppe", sagt er. „Jetzt." Jean ist Feuerbeauftragte ihres Stockwerks. Sie haben diese Situationen oft geübt, und eigentlich müsste sie jetzt unten beim Sicherheitsdienst anrufen, fragen, was zu tun ist. Sie lässt es bleiben.

Jean hat keine Ahnung, was passiert ist, sie ist sich nur sicher, dass es sich um eine Katastrophe handelt. Jean schaut auf die Stufen und betet. Zwei Dinge trösten sie bei ihrem Marsch in die Tiefe. Erstens: Ihr Mann ist nicht in seiner Feuerwache in der Liberty Street gegenüber dem World Trade Center. Zweitens: Sie trägt schwarze Schuhe mit flachen Absätzen.

Ein paar Leute reden von einem Flugzeug, das in den Tower geflogen ist. Andere von Terroristen. Jean interessiert das alles nicht. Sie weiß nur, dass sie alle Energie braucht, um nach unten zu kommen. Noch 60 Stockwerke.

Am Fuße des Nordturms

Unten vor dem World Trade Center bückt sich Feuerwehrmann Ottrando nach dem Schlauch, den er anschließen soll. Und während er auf dem Boden kauert, sieht er, wie ein gigantischer Feuerball vom Himmel fällt. Es ist 9.03 Uhr. United Airlines 175, im Cockpit Marwan al-Shehhi, hat den Südturm durchschlagen. Es ist heiß. Ottrando zieht seine Jacke aus. Er muss diesen verdammten Schlauch vom Hydranten zum Feuerwagen und von da aus in den Nordturm legen. Zwar soll es eigentlich auch im World Trade Center auf jeder Etage Wasseranschlüsse geben, aber was ist schon sicher an einem Tag wie heute.

Immer größere Teile aus Eisen und Glas krachen auf die Straße. Manche Teile, die herunterfallen, bewegen sich. Es dauert ein wenig, bis Ottrando realisiert, dass es Menschen sind. Er will nicht hinschauen, aber er muss, um nicht von ihnen erschlagen zu werden. Sie fallen in rasender Geschwindigkeit, die Krawatten der Männer scheinen senkrecht in der Luft zu stehen.

Notrufzentrale der Feuerwehr

9:03:11 Uhr: „Männlicher Anrufer. Möchte wissen, wie er aus dem Gebäude kommen kann."

9:04:14 Uhr: „Männlicher Anrufer: Menschen eingeschlossen auf dem 104. Stock im hinteren Raum, 35 bis 40 Menschen."

9:04:24 Uhr: „Männlicher Anrufer: eingeschlossen auf dem 22. Stock – Loch im Flur – Rauch kommt rein – kann nicht atmen – Männlicher Anrufer erklärt, er wird Fenster einschlagen."

9:04:50 Uhr: „Männlicher Anrufer vom 103. Stock: kommt nicht raus – Feuer auf dem Flur – Leuten wird übel."

9:05:03 Uhr: „Ein Hubschrauber der Polizei meldet sich: Air Sea Nr. 14 – Leute fallen aus dem Gebäude."

9:06:41 Uhr: „Air Sea Nr. 14 – nicht in der Lage, auf dem Dach zu landen."

World Trade Center, Marriott Hotel, Zimmer 331, 9.05 Uhr

Eigentlich hat Alex Hajek einen festen Schlaf, aber irgendein Geräusch war eben. Die Sonne scheint auf sein Bett, er öffnet die Gardinen. Vor seinem Fenster schneit es weiße Blätter aus Papier. Armer Kioskverkäufer, denkt Alex, als er auf den Platz vor dem Hotel guckt, dem fliegen jetzt die Zeitungen um die Ohren. Vielleicht die Ausläufer des Hurrikan „Aaron", vor dem sie gestern im Fernsehen gewarnt hatten. Alex nimmt die Frühstückskarte, macht ein Kreuz bei Scrambled Eggs und eins bei Sausages.

Die Nacht war kurz, der Radiomoderator aus Nürnberg war gestern mit einer Quizgewinnerin aus Deutschland im Madison Square Garden gewesen, Tanja hatte eine Drei-Tage-Reise zu Michael Jacksons Jubiläumsshow gewonnen. Elisabeth Taylor war da, hielt mit Jackson Händchen in der VIP-Loge, Missy Elliott sang, Whitney Houston und 20 000 Fans. Michael trat mit seinen vier Brüdern auf, das erste Mal seit 20 Jahren. Es war 2.30 Uhr, als Hajek und Tanja mit der Stretchlimousine zurück ins Hotel fuhren. Aus dem Eisfach im Auto genehmigte sich Alex einen Whisky, Tanja, die Glückliche, trank Cola.

Nun am Morgen, vorm Frühstück auf dem Zimmer, schaltet Hajek den Fernseher ein, CNN im Bett. Alex versteht: plane, crashed, World Trade Center. Moment mal, denkt er, da bin doch ich, und schaut an sich herunter, barfuß, Unterhose, T-Shirt. Dann hämmert ein Mann gegen seine Tür. „Get out, hurry up", brüllt der. Alex schnappt nach seinem Boss-Anzug von gestern, den schwarzen Lackschuhen. Feueralarm wie in der Schule, denkt er, nachher packe ich den Rest. Fahrstühle mag er nicht, seit er als Kind in einem stecken geblieben ist. Im Treppenhaus läuft er 19 Stockwerke bis in die Lobby. Die halb bekleideten Hotelgäste rufen durcheinander, in vielen fremde Sprachen. „Let's go, come on", brüllen die Sicherheitskräfte und öffnen die Türen. Alex bleibt ruhig, drängeln bringt nichts. Als ihm ein brennender Stahlträger vor die Füße knallt, rennt er los. Kopflos, blind, allein. Zum Wasser, denkt er, da ist Sicherheit. Im Battery Park, an der Südspitze von Manhattan, da, wo Jean und Dan Potter ihr Apartment haben, dreht er sich zum ersten Mal um. Die Türme brennen. Wo ist Tanja?

Tanja steht auf der Straße vor dem World Trade Center, um sie herum flüchten die Menschen. Die Deutsche fragt, was sie machen soll, keiner hört zu. Um 8.40 Uhr hatte sie vor dem Fahrstuhl zur Aussichtsplattform gestanden, aber der Expresslift fährt erst ab 9.30 Uhr. Nun brennt es da, wo sie eigentlich stehen wollte, um die Aussicht auf die Hauptstadt der Welt zu genießen. Sie läuft Richtung Fifth Avenue, wo sie gestern shoppen waren, Planet Hollywood, Times Square, was Touristen so machen in der Stadt ihrer Träume. Vor einer Kirche in der Barclay Street, einen Block nördlich der Türme, steht Pashi Abbasi, feiner Anzug, Aktenkoffer, dunkle Augen, schwarzes Haar. Er war auf dem Weg zum Nordturm, seinem Arbeitsplatz. „Allah hat dich geschickt, ich werde mich um dich kümmern", sagt er auf Englisch mit einem leichtem Akzent. Abbasi, Anfang 50, erzählt von seiner Tochter und davon, dass er ihr wünscht, niemals allein auf einem fremden Kontinent zu sein. Tanja blickt zu den brennenden Türmen, sie hat Angst, ohnmächtig zu werden. Abbasi zieht sie in die Subway. Abbasi ist Pakistaner. Er wird Tanja retten.

Notrufzentrale der Feuerwehr

9:07:40 Uhr: „Anruf von Stockwerk 103, Zimmer 130 – ungefähr 30 Menschen – viel Rauch – Weiblicher Anrufer ist schwanger."

9:07:51 Uhr: „Zweites Flugzeug in den zweiten Turm eingeschlagen ... Unbekanntes Ausmaß an Schäden."

9:08:02 Uhr: „Weiblicher Anrufer, schreiend."

9:08:15 Uhr: „Weiblicher Anrufer meldet, dass das WTC brennt – sie sagt, die Feuerwehr muss das Feuer löschen."

9:08:22 Uhr: „Fahrstuhl im 104. Stockwerk stecken geblieben – Menschen im Fahrstuhl."

9:09:14 Uhr: „Männlicher Anrufer aus dem zweiten Turm meldet, dass Menschen aus einem großen Loch an der Seite springen – vermutlich fängt sie niemand auf."

9:09:43 Uhr: „Im Stock 104 – Männlicher Anrufer meldet, seine Frau ist im Stock 91 – Treppen sind alle blockiert – sagt, dass er sich Sorgen um seine Frau macht."

9:11:30 Uhr: „Weiblicher Anrufer meldet, vermutlich Frau im Rollstuhl im 68. Stock, vermutlich allein."

9:12:18 Uhr: „Männlicher Anrufer meldet, im 106. Stock etwa 100 Menschen im Raum – brauchen Anweisungen, wie sie am Leben bleiben können."

In der Lobby des Nordturms, 9.12 Uhr

Immer mehr Feuerwehreinheiten sind in den letzten 15 Minuten am World Trade Center eingetroffen. In der Lobby des Nordturms hat Deputy Assistant Chief Peter Hayden die Kommandozentrale eingerichtet. Hayden geht, wie die gesamte Führung der FDNY, davon aus, dass der Brand nicht gelöscht werden kann. Er und seine Kollegen hoffen, dass sich das Feuer in den oberen Stockwerken auszehrt. Diese, so fürchten sie, könnten möglicherweise nach ein paar Stunden zusammenfallen. Wichtigstes Ziel ist es jetzt, die Leute, die in den abgeschnittenen Stockwerken gefangen sind, zu befreien. Dazu die Menschen, die stecken blieben in den 99 Fahrstühlen. Von Hayden bekommen alle Feuerwehrleute ihre Einsatzbefehle für den Nordturm. Ottrando und Claes, die Männer von Engine 24, und auch Rick Picciotto, der Feuerwehrchef der Upper West Side. Ihn hatte es nicht mehr in seinem Hauptquartier gehalten, als er die zweite Maschine in den Südturm krachen sah.

Rick Picciotto ist seit 28 Jahren bei der Feuerwehr, er hat ein warmes Lachen, eine große Zahnlücke, und er ist fit. Jeden Tag fährt er 30 Meilen mit dem Fahrrad oder schwitzt eine Stunde auf einem Stairmaster, einem Fitnessgerät, das er sich in die Feuerwache gestellt hat. Seine Eltern waren nicht reich, aber Picciotto ist smart, und der Weg durch die Hierarchie der FDNY war für ihn ein Spaziergang. In seinem Geldbeutel trägt er Bilder seines Sohnes und seiner Tochter, fotografiert am Tag ihres College-Abschlusses.

Picciotto sieht die Verwüstung in der Lobby, er sieht die Verbrannten, er sieht, wie die Stahlstreben auf den Vorplatz krachen, aber er drückt das Grauen von sich weg, als halte er eine Fernbedienung in der Hand. Er ist hier, um zu helfen, nicht um zu zittern. Er muss zu den Leuten, die eingeschlossen sind, dann weiter in den 90. Stock. Dank seiner Stairmaster-Kondition müsste er in einer guten halben Stunde oben sein. Eine Stunde Stairmaster sind 220 Stock. Zwei Türme des World Trade Center.

Südturm, 103. Stock

Am anderen Ende der Türme, im 103. Stock, hat Clyde Ebanks gesehen, wie die Boeing 767 der American Airlines in den Nachbarturm raste. Ebanks, Versicherungsbroker und Senior Vice President bei „Aon Risk Services“, saß in einem Meeting, mit dem Rücken zum Fenster, und sah, wie die Gesichter seiner Kollegen erstarrten.

Er hörte seinen Chef noch sagen: „Seht euch das an …“ Als Ebanks sich umdrehte, verschwand gerade ein viel zu großer, viel zu naher Flugzeugflügel hinter dem Turm. Er sah eine Explosion und spürte die Hitze durch die Scheiben hindurch.

Seit Clyde Ebanks im Sears Tower in Chicago gearbeitet hat, weiß er, wie man sich bei Bränden verhalten muss. Man geht ein paar Stock tiefer zu den Sammelpunkten und wartet ab, was die Sicherheitsleute durchgeben. Also geht er mit seiner Gruppe hinunter zum 78. Stock, zur Skylobby. Da stehen viele Leute und warten auf den Lift. Er geht zurück zum Treppenhaus, das völlig leer ist.

Ebanks lebt davon, mit Risiken umzugehen, er hat die Feinheiten seines Jobs bei einer älteren Kollegin gelernt. Sie ist der Fels für ihn. Jetzt läuft sie hinter ihm. Im 73. Stock will sie stehen bleiben, um ein wenig Atem zu holen. „Bitte, komm“, sagt Ebanks. „Keiner weiß, ob das hier ein Unfall war oder Absicht. So please ...“ Sie verspricht, gleich nachzukommen. Ebanks wird sie nie wiedersehen.

Ebanks war mit seiner Gruppe auf der Höhe des 70. Stockwerks, als die zweite Maschine in den Südturm einschlug. Der Turm bog sich, die Deckenverkleidung kam herunter. Es war wie in alten Erdbeben-Filmen, wenn der Kameramann die Kamera hin- und herrüttelt.

Jetzt ist es hektischer im Treppenhaus. Jemand ruft: „Move, move!“ Die Leute gehen etwas schneller als vorher. Keiner weiß, was passiert ist. Irgendein Brand wahrscheinlich. Einer wimmert: „Wir werden sterben, wir werden sterben.“ Er wird angeschrien, still zu sein. Nicht denken jetzt, nur die Füße bewegen.

Notrufzentrale der Feuerwehr

9:14:52 Uhr: „Weiblicher Anrufer meldet sich aus dem 100. Stock – kann nicht sprechen.“

9:15:34 Uhr: „Mehrere Leute springen aus den Fenstern vom WTC.“

9:17:20 Uhr: „Männlicher Anrufer erklärt, er kommt nicht raus.“

9:17:39 Uhr: „Männlicher Anrufer meldet aus dem 105. Stock ... Treppen stürzen ein.“

9:21:31 Uhr: „Weiblicher Anrufer meldet, sie sind im Treppenhaus C im 82. Stock; Türen sind abgeschlossen. Anruferin erklärt, sie brauchen jemanden, der die Türen öffnet.“

9:23:05 Uhr: „Männlicher Anrufer erklärt, er ist auf dem 84. Stock Tower Nummer 2, kann nicht atmen – Anruf bricht ab.“

9:24:54 Uhr: „Männlicher Anrufer meldet, Treppenhaus im 105. Stock bricht zusammen.“

Nordturm, Lobby, 9.24 Uhr

Deputy Assistant Chief Hayden hört über Funk, ein drittes Flugzeug nähere sich dem WTC. Er gibt seinen Leuten Befehl zu evakuieren. Ebenfalls über Funk. Die Geräte funktionieren nicht. Niemand hört ihn. Er bleibt in der Lobby.

9:25:28 Uhr: „Männlicher Anrufer erklärt, er sei eingeschlossen im 105. Stock. Die Türen sind heiß."

9:36:33 Uhr: „Weibliche Anruferin meldet, sie sind im Fahrstuhl eingeschlossen ... Erklärt, sie sterben."

9:39:40 Uhr: „Weiblicher Anrufer erklärt, der Fußboden sei sehr heiß – keine Türen – gibt an, sie wird sterben – noch am Telefon – möchte Mutter anrufen."

9:40:45 Uhr: „Männlicher Anrufer meldet, Menschen werden ohnmächtig."

9:42:04 Uhr: „Menschen springen immer noch vom Turm."

Das mehr als 1000 Grad heiße Feuer treibt die Menschen zum Sprung in den Tod. Und es macht den Turm weich. Anders als bei Hochhäusern früherer Generationen besteht der Feuerschutz der Stahlträger des World Trade Center nicht aus Beton und Mauerwerk, sondern aus einem drei Millimeter dünnen, aufgespritzten Spezialputz: Die Metallträger sind von der Baufirma „Tishman Realty and Construction Company" mit dem Baumaterial Vermiculit ummantelt worden, ein Produkt, das zuvor an so genannten Normbränden erprobt worden war.

Durch die enorme Druckwelle der Explosion platzen in den Sekunden des Einschlags die Feuerisolierungen in der näheren Umgebung der Einschlagstelle ab. Die Stahlträger sind damit dem Kerosinbrand schutzlos ausgeliefert.

Ursprünglich sollte Asbest für den Feuerschutz der Stahlteile verwendet werden. Als Ende der sechziger Jahre in den Vereinigten Staaten eine Diskussion darüber entbrannte, ob Asbest Krebs errege, stoppten die Erbauer seine Verwendung – ungefähr zu dem Zeitpunkt, als das 40. Stockwerk des Nordturms erreicht war, der zuerst gebaut wurde.

Ursprünglich hatte die Port Authority für den Feuerschutz eine Mischung vorgesehen, die rund 20 Prozent Asbest enthalten sollte. Diese Isolierschicht sollte verhindern, dass die Temperatur der Stahlteile im Fall eines Feuers auf über 1100 Grad Fahrenheit steigt – einer Temperatur, bei der Stahl 50 Prozent seiner Stärke verliert und anfängt, sich zu verformen.

Südturm, 43. Stock, im Treppenhaus

Neben Bob Pottorff steht ein Sicherheitsmann mit seinem Megafon und verlangt: „Bleiben Sie ruhig! Seien Sie ein Amerikaner! Bleiben Sie ruhig!" Und Nicht-Amerikaner, überlegt Bob, dürfen die in Panik verfallen?

Lauter Amerikaner um ihn herum offenbar, alle ruhig, alle sehr still. Das also ist New York. Bob Pottorff lebt in Olympia im Staat Washington und ist zum ersten Mal in der Stadt. Im Büro von Morgan Stanley im 61. Stock hat der Anlageberater zusammen mit 310 Kollegen aus Alaska, Florida und sonst wo an einer Schulung teilgenommen, bis 8.45 Uhr, und seither ist Pottorff auf dem Weg zur Erde, und im Kopf hat er dauernd diese fixe Idee: „Meine Sporttasche! Ich will meine Sporttasche! Die ist noch im 61. Stock!"

Es ist sonderbar, wie im Kopf in solchen Momenten bei allem Schrecken Platz für das Absurde bleibt. Die dicke Frau, die hinfällt und nicht mehr hochkommt, sie hat ihren Schuh verloren, Bob schiebt ihn ihr auf den Fuß, sie klammert sich an den riesigen Taschen fest, die sie mit sich herumträgt. Lassen wir sie doch da, sagt Bob; die Frau sagt: Nein! Geben Sie mir ein paar, ist sein zweiter Vorschlag; die Frau sagt: Nein! Und schleppt das Zeug noch 40 Stockwerke weit, bis zur Straße.

Oder das Bein, das allein vorbeikommt. Man darf offenbar nicht zu sehr schwitzen, wenn man eine Prothese trägt, sonst kommt alles ins Rutschen, das ist einem Mann auf der Treppe passiert: Pottorff geht ein paar Schritte vor dem Prothesenträger, und plötzlich ist das Bein schneller als der Mann. Natürlich lacht man da nicht. Man hilft dem Mann, das Bein wieder fest zu kriegen.

Das also ist jetzt New York. Man kommt raus aus einer Shopping Mall unterhalb des World Trade Center, und draußen Trümmer und Polizei und Feuerwehrleute und Papier, überall Akten, die einmal wichtig und geheim gewesen sind. Überlebende bücken sich danach und stecken welche ein, als Souvenir.

Auf den Straßen stehen Autos herum, niemand hupt, aus den Radios bläst es Sätze heran, in denen immer wieder das Wort „Flugzeug" fällt: Flugzeug aufs Pentagon, Flugzeug zerschellt in Pennsylvania, auch den Sears Tower in Chicago habe es erwischt, wird erzählt, aber das bestätigt sich dann nicht. Militärjets heulen über Manhattan. Wenn einer heranjagt, ducken sich die Leute wie im Krieg.

Bob Pottorff ruft seine Frau an, zu Hause in Olympia, Washington. „Ich bin's, Bob. Ich habe meine Sporttasche verloren." Sie weiß alles aus dem Fernsehen. Wir wissen nicht, ob Daddy lebt, hat sie zu ihrem sechsjährigen Sohn gesagt. „Ich gehe nicht zur Beerdigung", hat Nikolas geantwortet.

Sarasota, Florida, 9.30 Uhr

Bei einem ersten Auftritt vor Fernsehkameras spricht Präsident George W. Bush, sichtlich bewegt, von einer „nationalen Tragödie“. Bei dem Angriff handele es sich „offensichtlich um einen terroristischen Akt“. Das kurze Statement, kaum eine Minute lang, wird aus einem Raum der Grundschule „Emma E. Booker“ übertragen, wo der Präsident seit neun Uhr eine Schulklasse besucht. Er war mitten in der Begrüßung, als ihm sein Berater Karl Rove die Nachricht zuflüsterte, ein Flugzeug sei in den Nordturm des World Trade Center geflogen.

Bush ließ sich sofort mit dem Weißen Haus verbinden. In einem kurzen Telefonat wurde er von Condoleezza Rice, seiner Sicherheitsberaterin, über das Unglück unterrichtet. Er beriet sich daraufhin mit seinem Stabschef Andrew H. Card Jr. und entschloss sich dann, mit seinem Programm fortzufahren. Also ging er ins Klassenzimmer und übte mit den Siebenjährigen Lesen – die Schüler, die zwei Stunden lang auf den Präsidenten gewartet hatten, freuten sich darauf, die Geschichte einer Ziege vorzutragen, die sie für diesen Tag einstudiert hatten.

Während Bush im Klassenzimmer den Kindern zuhörte, erfuhren seine Berater draußen, dass auch der zweite Turm getroffen war. Sie schalteten sofort den Fernseher ein.

Stabschef Andy Card flüsterte Bush die Nachricht ins rechte Ohr, soeben sei ein zweites Flugzeug ins WTC geflogen: „America's under attack.“ Bush wurde sichtlich blass. Dennoch setzte er für sechs weitere Minuten seinen Besuch fort, lobte und hörte zu. Dann erst stand er auf. „Dies ist ein schwieriger Augenblick für Amerika“, sagte Bush, bevor er aufbrach.

Er rief zuerst Vizepräsident Dick Cheney in Washington an und danach den FBI-Chef Robert Mueller. Dann drehte er sich zu seinen Begleitern um und sagte: „Wir befinden uns im Krieg.“

Auf einem gelben Notizblock entwarf er mit einem schwarzen Filzstift den Text für die kurze Erklärung vor den Fernsehkameras. Bush kündigt an, umgehend nach Washington zurückkehren zu wollen.

Flugkontrollstelle Washington-Dulles, 9.33 Uhr

Auf dem Flughafen, von dem American Airlines 77 eine gute Stunde zuvor gestartet war, registrieren die Lotsen ein nicht identifiziertes Signal auf dem Radarschirm, schnell ostwärts unterwegs, auf Washington zu, auf die Flugverbotszone über Weißem Haus, Washington Monument und Kapitol.

Hinweise, dass American Airlines 77 außer Kontrolle sei, hatte es schon seit neun Uhr gegeben. Unmittelbar nach dem ersten Einschlag im World Trade Center hatte ein Controller vergeblich versucht, das Cockpit der Boeing zu erreichen. Doch American 77, verspätet um 8.20 Uhr in Washington-Dulles gestartet, blieb stumm, immer verzweifelter angerufen von einer Kontrollstelle in Indianapolis: „American 77, Indy, radio check, how do you read?"

Der Transponder von American 77, wie bei den anderen drei entführten Maschinen: abgeschaltet. Das Cockpit: stumm. Ihre Position: ungewiss. Die US-Luftabwehrbehörde Norad alarmiert um 9.24 Uhr die Langley Airbase in Hampton, Virginia. Um 9.30 Uhr heben dort zwei F-16-Jäger ab. Sie sollen American 77 stellen.

An Bord von American Airlines 77 führt Barbara Olson, 45, Fernsehkommentatorin, eine Ikone der Konservativen, das letzte Gespräch mit ihrem Mann Theodore. Sie erzählt, dass Besatzung und Passagiere zum Heck der Maschine getrieben worden seien. Sie fragt, was sie dem Piloten sagen solle. Sitzt er neben ihr? Haben ihn die Entführer aus dem Cockpit getrieben und zu den Passagieren gepackt?

Nordturm, 24. Stock

Jean Potter ist bei ihrem Marsch vom 81. Stock abwärts in den zwanziger Stockwerken angekommen. Sie betet. Und sie preist ihre schwarzen Schuhe und deren flache Absätze. Feuerwehrleute kommen ihr entgegen. Einige erkennt sie. Es sind Kumpel ihres Mannes. Jean Potter weiß nicht, ob sie sich freuen oder traurig sein soll. Im sechsten Stock fällt Tageslicht ins Treppenhaus. Geschafft. Aber plötzlich steht alles. Um sie herum drücken Tausende von Menschen. Sie fühlt sich eingeklemmt. Jean Potter tut das Verbotene: Sie schreit ihre Hysterie heraus. „Let's go." Nichts bewegt sich. Es ist kurz nach halb zehn.

Manhattan, West Street

Als Dan Potter zur gleichen Zeit seinen silbernen Pick-up-Truck in der West Street abstellt, hat er das Gefühl, es wäre acht Uhr abends. Die Straßen liegen in tiefem Schatten, weil die Sonne durch schwarzen Qualm verdunkelt wird. Dan rennt über die Straße zu seiner Feuerwache an der Liberty Street, dort hängt sein Schutzanzug. Er muss seine Frau von diesem Dach holen, und das geht nicht in Penny-Loafers. In Dans Feuerwache steht ein Krankenwagen, drum herum ein paar Sanitäter, am Boden liegt ein Japaner mit einem gebrochenen Bein. Dan Potter zieht seinen Schutzanzug an und sieht rechts neben sich ein Gesicht, das er kennt. Es gehört einem alten Freund von ihm, Pete Bielfield aus der Bronx. Dan sagt: „Hey Pete, wie geht's?"

Pete zieht seine Hose hoch und antwortet: „Dan, wir gehen jetzt in die brennenden Türme, was sonst?" Dan setzt seinen Helm auf, will mit Pete los, als ihm einfällt, dass er noch Axt und Brecheisen braucht. Pete sagt: „Ich gehe schon mal." Dan wird ihn nicht wiedersehen.

Washington, White House, 9.38 Uhr

Um 9.38 Uhr, nach einer kunstvollen Spirale abwärts, donnert die Boeing 757, American 77, im Tiefstflug über das Pflaster von Washington D. C., rasiert Bäume und Laternen, schlägt in die Westseite des Pentagon ein und quillt auf als schwarzgeäderter Feuerball. An Bord des Flugzeugs sterben fünf Entführer um den Anführer Hani Hanjour, sechs Crew-Mitglieder, 53 Passagiere. Im Pentagon sterben 125 Menschen.

Die Abfangjäger von der Langley Airbase sind zwölf Flugminuten oder 105 Meilen entfernt. Sie kreisen von nun an über Nordamerikas Hauptstadt.

In Washington ging man vorübergehend davon aus, dass American-Flug 77 auf das Weiße Haus zurase; Vizepräsident Cheney, Condoleezza Rice und andere Mitglieder der Regierungsmannschaft wurden eilig nach unten in das Presidential Emergency Operations Center gebracht, einen schlauchförmigen Bunker, gebaut, um auch die Explosion einer Atombombe zu überstehen.

Gegen 9.40 Uhr, als auch der entführte United-Flug 93 offenbar Kurs auf Washington nimmt, gibt Bush – auf Cheneys Empfehlung hin – den Befehl, dass die Luftwaffe ein Passagierflugzeug, das sich der Hauptstadt nähere, notfalls abschießen solle.

Um 9:45 Uhr erfährt Bush, der sich inzwischen an Bord der Air Force One befindet, dass ein Flugzeug ins Pentagon gestürzt ist. Er erkundigt sich, ob seine Frau und seine Töchter in Sicherheit sind.

Derweil ist United Airlines 93, die vierte Maschine, die an diesem Morgen entführt worden ist, am Steuer der Terrorist Ziad Jarrah, noch in der Luft. Bald werden sich die Passagiere erheben und einen letzten aussichtslosen Kampf führen. Um 10.10 Uhr geht die Maschine nieder, an Bord 4 Entführer, 7 Crew-Mitglieder, 34 Passagiere.

New York, World Trade Center, Nordturm, 10. Stock

„Bleiben Sie ruhig“, sagt eine Stimme aus dem Lautsprecher. „Bleiben Sie drinnen. Drinnen ist es jetzt sicherer als draußen.“ Mark Oettinger tritt ans Fenster. Er sieht drei Menschenkörper fallen, direkt vor sich auf das Gras. „Wir gehen“, sagt er zu seinen fünf Kollegen. „Wir nehmen den Weg durch den Keller vom Südturm.“ Er kennt sich aus im World Trade Center. Das macht ihn stolz.

Mark Oettinger ist Zimmermann. Er baut Möbel und verlegt Paneele, im Dakota Building hat er schon gearbeitet, in großen Häusern am Times Square und oft schon im World Trade Center. Er mag Holz, und er mag alte Steine.

Am 11. September hat er im 10. Stock des Nordturms zu tun. Für die Bank of America sollen er und seine fünf Kollegen das Stockwerk renovieren.

Jetzt, in der Stunde der Katastrophe, spürt Oettinger Angst, natürlich tut er das, aber noch etwas anderes. So ein Prickeln: Man braucht ihn. Er ist jung, erst 35, und stark und durchtrainiert; es ist gefährlich hier, und er weiß Bescheid. Er kennt Gefahren und Bomben und Explosionen, er war schließlich nicht immer Zimmermann, sondern früher mal bei der Armee. Allerdings hat er nie einen richtigen Krieg erlebt, immer nur Manöver. Das hier ist echt.

Alle, denkt er, sind auf ihn angewiesen. Nicht nur die Kollegen, die Bankleute auch. Er muss die Sache in den Griff kriegen. Die Frauen vor allem, er muss den Frauen helfen. Er treibt die Leute nach unten, zehn Stockwerke weit, das ist nicht so schwierig, seine Schützlinge sind relativ ruhig. Aber dann sind sie unten in der Lobby, und da liegt eine Gestalt halb in Glasscherben, Blut überall. Sie ist tot.

Trümmer liegen herum. Und noch mehr Körper. Sie sind von sehr weit oben herausgeschleudert durch die Explosion, und sie sehen nicht so aus wie die Toten im Fernsehen. Wenn im Fernsehen jemand vom Dach gestürzt ist, dann liegt er einfach da auf der Straße, mit ein bisschen Blut. Die hier sehen anders aus. Wie explodiert, überlegt er. Wie beim Aufprall explodiert.

Es riecht dumpf, ein bisschen nach Ammoniak, ein unangenehmer Geschmack bleibt im Mund. Es ist dieser Geruch aus dem Krankenhaus, den sie immer wegputzen wollen und nicht können. Es riecht nach Tod.

Er glaubt, dass er Leute kennen muss, die da tot am Boden liegen. Er hat für viele Firmen im Gebäude gearbeitet. Es kann gut sein, dass jemand dabei ist, mit dem er gestern oder vorgestern noch gesprochen hat. Er kennt doch viele Leute, die Leute kennen ihn, oft haut ihm jemand auf die Schulter, hey, erinnern Sie sich? Sie haben mein Büro renoviert. Er denkt an Chris, Pat, Brian, an Leute aus seiner Firma, die hatten an diesem Tag Jobs irgendwo weiter oben im Turm. Nicht daran denken. Weitermachen.

Es ist schwierig, die Frauen an diesem Blutbad vorbeizuführen. Sie bleiben stehen. „Schaut nicht nach unten, nicht zur Seite", sagt er. „Schaut auf das Schild dort, da steht Ausgang, draußen ist schönes Wetter, geht raus." Er schickt sie Richtung Cortland Street. Er geht wieder zurück, steigt weiter nach oben, am 10. Stock vorbei, schaut nach mehr Frauen, bringt sie raus.

Wasser muss her. Im Fernsehen sieht man immer, dass sich die Leute nasse Tücher übers Gesicht legen, wenn es irgendwo brennt. Also braucht er Handtücher. Es gibt nur Papierrollen, aber die reißt er in Stücke, feuchtet sie an und reicht sie den Ladys, denen die Luft wegbleibt: „Atmen Sie da durch. Aber nicht dauernd. Sonst ist es gleich wieder trocken." Er muss etwa im 17. Stock sein, nein, im 18., da findet er noch ein paar Verängstigte. „Kommen Sie. Ich bringe Sie raus."

Er verlässt das Treppenhaus mit vier Frauen. „Gehen Sie doch", hört er von den Männern der Feuerwehr. „Das übernehmen jetzt wir." Er kann nicht weg. Wie manisch treibt er sich in der Lobby herum, sucht Menschen zum Retten, führt Menschen zum Ausgang, sperrt dauernd die Ohren auf: Weint irgendwo jemand? Da muss ich hin.

Endlich verlässt er den Nordturm. In einem Park macht er eine kleine Pause. Keine Vögel. Keine Menschen. Er setzt sich auf eine Treppe und heult.

Nordturm, 44. Stock, im Treppenhaus

Macht euch keine Sorgen, hört Jan Khan die Feuerwehrleute sagen, das Feuer ist weit über euch. Er schmiegt sich an die Wand, um sie vorbeizulassen. Ihre schwere Ausrüstung, die Geräte, die sie mitschleppen, machen die Feuerwehrleute breit. Sie schwitzen, sie keuchen. „Ich sehe immer noch ihre Gesichter, wie sie da raufgehen", sagt Khan.

Auch Khan schwitzt. Das Treppenhaus ist eng, heiß, und er hat schon 37 Stockwerke in den Beinen. Bei ihm sind Larissa und Chris, seine Kollegen vom New York Metropolitan Transportation Council, einer Behörde, die sich vor allem um die Verkehrswege kümmert.

Jan Khan hat schwarze Haare, einen schwarzen Bart, ein volles Gesicht. Er stammt aus dem damaligen British Guyana, in Südamerika, war

1992 in die USA eingewandert. Er ist ein ruhiger, bedächtiger Mann, der keine großen Worte macht. Er ist als Muslim auf die Welt gekommen, hat aber selbst keinen Draht zur Religion.

Sein Büro im World Trade Center liegt im 82. Stock. Als es um 8.45 Uhr knallte, war sein erster Gedanke: eine Rakete. Der zweite Gedanke: nur raus hier. Er nahm seine Tasche, weil sein Handy dort drin ist. Er rannte zur Tür, 15 Meter. Ein Dutzend Leute waren schon dort, aber sie gingen nicht hinaus. Der Flur war dunkel, dicker, schwarzer Rauch. Khan hörte wieder Schreie. Er stand da mit seinen Kollegen. Wie sollen sie bei diesem Rauch das Treppenhaus finden?

Sein Kollege Tony sagte: Ich gehe. Er tastete sich nach draußen, wurde sofort vom Rauch verschluckt. Die anderen guckten sich an, schwiegen. Ich will nach Hause, dachte Khan, ich muss nach Hause, meine Familie ist zu Hause, da gehöre ich hin. Äußerlich war er ruhig. Dann Tonys Stimme: Ich hab die Treppe gefunden, kommt her, folgt meiner Stimme.

Hier, hier, hier, hier, kommt, kommt, kommt, rief Tony. Khan tastete sich vor, war nach wenigen Schritten im Treppenhaus und begann den Abstieg.

Seitdem die Feuerwehrleute im Treppenhaus sind, gibt es immer wieder Staus. Manchmal steht Khan zwei, drei Minuten lang auf einer Stufe. Er redet beruhigend auf seine Kollegin Larissa ein. Ihr Mann arbeitet im Südturm, und sie weiß, dass auch dort ein Flugzeug eingeschlagen ist. Sie weint. Khan sagt, es gehe ihrem Mann bestimmt gut. Ich will nach Hause, denkt er, nach Hause, nach Hause.

Er holt sein Handy aus der Aktentasche und will seine Frau anrufen, kommt aber nicht durch. Er sieht Risse in der Wand des Treppenhauses.

Ab der 10. Etage geht es zügiger voran. Die Luft wird besser. Dann der Ausgang, Khan verlässt das Treppenhaus.

Ich komme nach Hause, denkt er, bald bin ich da.

Notrufzentrale der Feuerwehr

9:47:15 Uhr: „Weiblicher Anrufer aus dem 105. Stock von Tower 2 meldet, dass das Stockwerk unter ihr zusammenbricht."

9:47:23 Uhr: „Mann winkt mit Jacke – Mann sprang gerade."

9:49:21 Uhr: „20 Menschen auf dem Dach winken – sie sind am Leben – bitte schickt Hilfe."

9:54:36 Uhr: „Männlicher Anrufer hört Menschen weinen."

9:55:28 Uhr: „2 World Trade Center – 106. Stock und 105. Stock brechen ein."

Nordturm, im Untergeschoss

Khan ist jetzt auf dem Concourse Level, das die beiden Türme unterirdisch miteinander verbindet. Hier ist das Einkaufszentrum des World Trade Center. Von der Decke versprühen die Sprinkler Wasser. Khan ist sofort klitschnass. Er watet durch den See am Boden, geht durch eine Drehtür, vorbei an dem Laden von „Banana Republic". Chris und Larissa sind bei ihm.

Plötzlich, als Khan gerade die Coffee Station passiert, hört er ein lautes Krachen, „das Geräusch einer gigantischen Explosion, als würde hinter uns etwas zusammenstürzen". Khan fährt herum, sieht, wie sich die Drehtür, durch die er gerade gegangen ist, von oben nach unten zusammenfaltet wie ein Akkordeon. Das Gleiche passiert mit den Aufzugtüren. Er sieht Türen und Fenster von den Geschäften aus den Rahmen platzen und auf sich zufliegen. Dann fährt ein heftiger Wind durch das Einkaufszentrum, „wie ein Hurrikan".

Wir werden jetzt sterben, sagt Khan zu Chris und Larissa und greift nach ihren Händen. Der Wind drückt Khan und Larissa auf die Knie, ins Wasser, ins Glas. Chris umklammert eine Säule.

Der Wind packt Khan und seine Kollegin und fegt sie über den Boden. An einem Haufen Schutt bleiben sie liegen. Ich will, ich kann nicht sterben, denkt Khan, ich muss nach Hause, nach Hause, nach Hause.

Plötzlich ist Ruhe, alle Geräusche, alle Winde hören auf. Khan hat seine Brille verloren. Aber dass er überhaupt nichts mehr sieht, dass um ihn alles dunkel, alles schwarz ist, macht ihm große Sorgen. Khan denkt, dass er blind geworden ist. Außerdem kann er kaum atmen. Er hat das Gefühl, die Luft bestehe aus Feststoffen. Er weiß nicht, dass soeben der Südturm eingestürzt ist.

Larissa?, fragt er.

Ich bin okay, sagt Larissa.

Chris, ruft Khan.

Ich bin okay, ruft Chris, der noch immer die Säule umklammert.

Ich kann nichts mehr sehen, ruft Khan.

Ich auch nicht, ruft Chris.

Ich auch nicht, sagt Larissa.

Khan weiß jetzt, dass er nicht blind ist. Es ist der Staub, der alles so schwarz macht.

Hier, hier, hier, hier, ruft Chris, und Larissa und Khan tasten sich zu ihm vor. Aus dem Dunkeln erheben sich noch andere Stimmen. Bald sind zehn, zwölf Leute versammelt.

Khan hat Angst, „zum ersten Mal in meinem Leben“. Ich werde doch sterben, denkt er. Und dann: Nein, ich geh nach Hause, ich muss nach Hause, da ist meine Familie.

Feuerwache in der Liberty Street

Dan Potter ist noch in der Feuerwache, ein paar hundert Meter vom World Trade Center entfernt, da hört er ein Geräusch, als käme ein Güterzug direkt auf ihn zugefahren. Er sieht einen Mann mit ausgebreiteten Armen im vorderen Teil der Feuerwache stehen, er hört ihn rufen: „Holy shit, da kommt es.“ Wie von einem finsteren Wirbelsturm gepeitscht, fliegen Glas, Staub und Eisen in die Feuerwache. Ein mieser Sturm, und er scheint kein Ende zu nehmen. Dan glaubt zu ersticken. „Es ist“, sagt er, „als würde jemand deinen Körper mit schwarzer Watte ausstopfen.“

Am Fuße des Nordturms, 10.01 Uhr

Seine Frau Jean hat den Abstieg im Treppenhaus hinter sich, ist durch die Lobby des Nordturms hinaus ins Freie gelaufen, von den Sprinklern durchnässt wie ein Schwamm, als es hinter ihr dröhnt. Sie blickt sich um und sieht den Südturm, 110 Stockwerke, einen knappen halben Kilometer Eisen und Glas, auf sich zufallen. Leute schreien. Die schwarze Wolke kommt, Jean gibt auf. Eine Stunde lang ist sie gelaufen, aber jetzt ist Ende. Weglaufen hat keinen Sinn mehr. Der schwarze Koloss wird sie begraben.

Ein Polizist greift nach ihr, zerrt sie in einen U-Bahn-Schacht. Der Koloss hinter ihnen her. Sie steigen tiefer, als ob sie in ihr eigenes Grab hinunterstiegen. Gott sei Dank, denkt sie, ist Dan auf seiner Schulung in Staten Island. Ich muss ihn anrufen. Er wird denken, ich sei tot.

Nordturm, 35. Stock

Picciotto, der Feuerwehrchef der Upper West Side, hält inne im Treppenhaus des Nordturms, weil er ein Geräusch hört, das auch nach 28 Jahren als Feuerwehrmann neu für ihn ist. „Als ob ein Sattelschlepper durch dein Wohnzimmer fährt“, wird Marcel Claes, der Back-up-Mann der Engine 24, es später beschreiben. Picciotto glaubt, ein Fahrstuhl habe sich losgerissen, rase den Schacht hinunter. 15 Sekunden dauert es. Dann nichts. Nur Stille. Wie nach einem Erdbeben. „Ohrenbetäubende Stille“, sagt Picciotto.

Seine Feuerwehrleute sehen ihn an. „Was war das?" Picciotto ruft in sein Funkgerät. Keine Antwort, nur Rauschen auf dem Kanal der Einsatzleitung.

Ein paar Sekunden später erfährt Picciotto aus einem anderen Kanal, dass der Turm zusammengestürzt ist. Picciotto hält sein Funkgerät in der Hand und brüllt immer wieder hinein: „Welcher Turm? Welcher Turm? Welcher Turm?" Keine Antwort, er fängt an zu schreien. „Der Fernsehturm auf dem Nordtower, ein Wasserturm, welcher Turm?" Die Erwiderung rauscht, aber sie ist deutlich. „Der gesamte Südturm."

Picciotto kann es nicht fassen. Niemand kann es fassen, nicht auf der 35. Etage, nicht draußen, wo John Ottrando, der Fahrer von Engine 24, ebenso um sein Leben läuft wie Hunderte seiner Kollegen vom FDNY, von der NYPD und der Port Authority Police. Ottrando hechtet hinter einen Jeep, wird von einer Wolke aus Eisen, Glas, Staub, Beton und menschlichem Fleisch zugeschüttet. Aber er überlebt. Von den Feuerwehrleuten, die in den Treppenhäusern des Südturms nach oben streben, sterben alle.

Niemand in der FDNY hat damit gerechnet, dass die beiden monumentalen Türme ganz zusammensinken könnten. Schon gar nicht in dieser Geschwindigkeit – weniger als eine Stunde nach der Attacke.

Der Südturm, als Zweiter getroffen, fällt als Erster: Da der Punkt des Einschlags niedriger war, drückte eine größere Last auf die verbliebenen und zum Teil geschädigten Stützen in den getroffenen Stockwerken. Experten halten es zudem für möglich, dass im Südturm der Gebäudekern mehr beschädigt wurde als im Nordturm.

Stahlpfeiler tragen ihre Last nur, wenn sie seitlichen Halt bekommen. Die Stützen im Kern der Türme bezogen ihren Halt ebenso wie die Außenpfeiler ausschließlich durch die Geschossdecken. Diese bestanden aus Stahlstäben mit wenig mehr als einem Zoll Querschnitt und trugen eine Stahlplatte, die mit vier bis fünf Zoll Stahlbeton bedeckt war.

Als diese Verbindungen brachen und die erste Geschossdecke abstürzte und ein oder zwei andere mitriss, hatten die eng stehenden Stahlstützen in der Aluminiumfassade keinen seitlichen Halt mehr – unter der Last der Stockwerke darüber knickten sie ein.

Nach einer anderen Theorie heizte sich der leichte Stahl der Querträger als Erstes auf. In den 20 bis 30 Minuten nach dem Einschlag begannen die Geschossdecken sich zwischen den Innen- und Außenstützen durchzubiegen.

Ohne den Halt der Querverbindungen und durch die Hitze weich geworden, biegen sich die Außenstützen unter dem Gewicht der Geschosse oberhalb der Einschlagstelle, schätzungsweise 45 000 Tonnen beim Nordturm, etwa 110 000 Tonnen beim Südturm, nach außen oder knicken wie Streichhölzer ein. In dem Augenblick, in dem die Außenpfeiler, selbst durch das Feuer geschwächt, keine Stütze mehr durch die Querstreben hatten, war der Turm verloren: Die gesamte Gebäudespitze krachte auf das Stockwerk, der vertikale Schlag setzte sich, wie bei einer Dominoreihe, nach unten fort.

Die oberen Stockwerke schlagen mit einer geschätzten Geschwindigkeit von beinahe 200 Stundenkilometern auf dem Boden auf – annähernd Fallgeschwindigkeit. 15 Sekunden dauert es, bis das gesamte Gebäude unten ist.

Damit hat sich die Aufgabenstellung der Feuerwehr fundamental geändert. Das FDNY ist ein Verein, der hochriskant arbeitet – aber dann muss es eine Chance geben. Wenigstens eine kleine. Hier gibt es keine. Das FDNY ist kein Club von lebensmüden Selbstmördern, und auch Picciotto ist kein Selbstmörder. Jetzt aus dem 35. Stock in den 92. Stock zu gelangen – das wäre Suizid.

New Yorker Feuerwehrleute sind eine Klasse für sich, eine Bruderschaft mit eigenen Gesetzen, einem eigenen Ehrenkodex, einer eigenen Geschichte. Irische und italienische Einwanderer, denen sonst niemand einen Job geben wollte in der neuen Welt, widmeten ihr Leben dem Kampf gegen das Feuer. Es war ihre Chance, Teil des amerikanischen Traums zu werden, eine Heimat zu finden im Land „der Freien und der Tapferen“. Es war ihre Chance, als Arbeiter zu Helden zu werden.

Die Häuser in New York sind höher als im Rest der Welt, die Treppenhäuser sind endlose Schläuche, und wer sich täglich in diese brennenden Fallen wagt, der wird geliebt. Sogar in einer harten und schnellen Stadt wie New York. Schon deshalb werden Feuerwehrleute in dieser Metropole mit dem Titel „New Yorks Bravest“ geadelt.

Omas winken ihnen zu, wenn sie vorbeifahren; Wall-Street-Banker salutieren mit roten Wangen; Kinder in der Vorschule lernen ihre Lieder, hübsche Mädchen drängeln sich nach einem Date mit ihnen; Homosexuelle tanzen in Discotheken mit Feuerwehrhelmen auf dem Tisch. Kein übles Sozialprestige für eine Berufsgruppe, deren Einstiegsgehalt bei 29 973 Dollar im Jahr liegt.

An Bord von Air Force One, 10.05 Uhr

Nachdem die Air Force One um 9.55 Uhr in Sarasota gestartet und in großer Höhe nordwärts geflogen ist, sehen die Männer an Bord nun im Fernsehen, was in New York, was in Amerika passiert. Bush spricht am

Telefon mit Verteidigungsminister Rumsfeld und mit Sicherheitsberaterin Rice. Zu Cheney sagt er: „Wir werden uns um die Sache kümmern. Dafür kriegen wir unser Geld. Jemand wird dafür bezahlen."

Zu diesem Zeitpunkt wissen die Passagiere der Air Force One nicht, wohin der Flug gehen würde. Im Weißen Haus war ein Anruf eingegangen, dass die Präsidentenmaschine Ziel eines Anschlags sei („Air Force One is next"). Der Anrufer war offenbar vertraut mit Details, die die Reisegewohnheiten des Präsidenten betreffen; der Mann benutzte Geheimwörter, unter anderem den Code-Namen für die Präsidentenmaschine. Die Sicherheitsbeamten stuften die Drohung als „glaubwürdig" ein.

Auch an Bord der Air Force One ist die Nachrichtenlage verwirrend: Berichte über eine Autobombe vor dem Pentagon oder dem Außenministerium; eine rätselhafte Maschine der Korean Airlines, die über dem Pazifik hereinkomme; eine gekidnappte Maschine in Amsterdam.

Feuerwache Liberty Street

Kurz nach zehn Uhr hebt sich der Rauch in Dans Feuerwehrstation. Von seiner Ecke ganz hinten sieht er, dass der Rest des Gebäudes eingestürzt ist. Keiner der anderen Feuerwehrleute ist zu sehen. Dan Potter beschließt, sich zur Kommandozentrale West Street durchzuschlagen, die am Nordende des World Trade Center liegt. Auf dem Weg: Schutt, brennende Autos und Feuerwehrwagen, keine Menschen. Es scheint, als wäre Dan Potter der einzige Überlebende in New Yorks Straßen. Weil es Trümmer und Menschen vom Himmel regnet, beschließt Dan Potter, sich durch die intakten Gebäude durchzuschlagen.

Er geht durch die entvölkerten Räume einer Filiale der Deutschen Bank, in einem leeren Kindergarten hängen Zeichnungen von Vierjährigen an der Wand. Er bleibt der einzige Überlebende von New York.

Aus einem Fenster blickt er nach oben. Er sieht kein World Trade Center mehr, nur blauen Himmel. Holy shit, denkt Potter, der Südturm ist weg. Dann blickt er nach Norden. Okay, der steht noch. Dort oben wartet Jean auf dem Dach. Dan, du musst sie da runterholen. Der Helikopter kommt nicht mehr.

Church Street

Lieber oben sterben als unten. Jean Potter dreht um und verlässt den U-Bahn-Schacht wieder, in den sie der Polizist gezogen hat, als der Südturm einstürzte. Oben wird die Wolke ein wenig heller. Stille. Als sie die Straße entlanggeht, rufen ihr weißgetünchte Gestalten zu, sie solle ein Taschentuch vor den Mund halten. Die Wolke sei giftig. Jean Potter, nass, voller Staub, kann nur Umrisse erkennen. Aber sie geht, wie ein Roboter. Geht die Straße Richtung Norden, auf der Suche nach einem Platz des Friedens in diesem Inferno. Andere Leute würden in solchen Minuten nach einer Kirche Ausschau halten, Jean Potter fahndet nach einer Feuerwache. Vielleicht kann ihr einer von Dans Kumpel erklären, warum die Welt ausgerechnet an einem sonnigen Dienstag im September untergeht.

Nordturm, Lobby

Die verschüttete Gruppe um den Stadtplaner Jan Khan debattiert, wie man hier rauskommt. Sie stehen da und reden. „Wir hatten zu viel Angst, um uns zu bewegen", sagt Khan. Vor allem fürchten sie Löcher im Boden, durch die sie in die Bahntunnel fallen könnten.

Aber sie können nicht hier bleiben. Sie sehen nichts, aber sie hören das Ächzen und Knirschen des Gebäudes. Lasst uns eine Menschenkette bilden, sagt jemand, und alle stimmen zu. Chris geht voraus, dahinter Larissa, dann Khan, dann eine Frau. Sie klammern sich aneinander, Chris erfühlt den Weg mit den Füßen. Das Gebäude knirscht.

Sie wissen, dass eine U-Bahn-Station ganz in der Nähe ist. Dort tasten sie sich hin, sehen dann aber, dass von der Station nichts übrig ist. Im Schneckentempo ziehen sie weiter durch die Dunkelheit, eine Karawane der Angst. 20 Minuten sind sie unterwegs, als sie aus großer Entfernung eine Stimme hören: Ist da jemand?

Ja, rufen Khan und die anderen, wer ruft da?

Ich bin Feuerwehrmann. Können Sie das Licht meiner Taschenlampe sehen?

Nein, aber rufen Sie weiter, wir folgen Ihrer Stimme.

Hier, hier, hier, hier, hier, hier.

Bald sieht Khan den Schein einer Taschenlampe, dann einen Feuerwehrmann.

Der Mann führt die Gruppe zu anderen Feuerwehrleuten. Die schlagen vor, die Leute durch den Bahnhof hinauszuschicken. No fucking way, sagt der Mann, der die Gruppe gefunden hat, auf gar keinen Fall. Er führt sie weiter, bis sie plötzlich einen Lichtschein sehen. Er wird größer und stärker, und dann stehen Khan und die anderen auf der Vesey Street, nördlich des World Trade Center.

Nicht nach oben gucken, nicht nach hinten gucken, schreien Polizisten, rennen Sie, los, los, los.

Khan rennt, so schnell er kann, vorbei an zerstörten Autos, an Schutt, über die Vesey Street, in die Church Street, Richtung Norden. Nach zwei Blocks bleibt er stehen und dreht sich um. Khan ist in Sicherheit, weit genug entfernt. Auch er beginnt zu weinen.

Nordturm, 35. Stock

Fast alle Zivilisten unterhalb der Einschlagstelle im 96. Stock haben den Nordturm verlassen. In den Treppenhäusern befinden sich aber noch Hunderte von Feuerwehrleuten. Höchste Zeit, die Jungs rauszubringen, denkt Picciotto, der Feuerwehrchef der Upper West Side, und greift, ohne einen Befehl von oben abzuwarten, zu seinem Megafon: „Jungs, wir evakuieren, lasst alles fallen, raus hier."

Der Back-up-Mann der Engine 24, Marcel Claes, wirft seinen Feuerwehrschlauch hin und rennt los, nach unten. Sein Sauerstoffgerät behält er, man weiß nie. Dutzende folgen ihm. Als Letzter Picciotto, der jedes Stockwerk kontrolliert. Mit seinem Megafon brüllt er stets dieselben zwei Wörter in die Flure: Raus hier.

Die Räumung läuft zügig bis zum 16. Stock. Dort stauen sich die Leute. Der Grund: Der Schutt des Südturms hat Teile der Treppenhäuser A und C des Nordturms zertrümmert. Picciotto gibt Befehl, nur noch Treppenhaus B zu benutzen.

Es geht weiter, Flur um Flur, als Picciotto im 12. Stock eine Tür öffnet und ungefähr 50 bis 70 Leute in einem Büroraum sitzen sieht. Er hält inne. Das darf doch nicht wahr sein. Was wollen die denn hier? „Los Leute, wir gehen!" Erst dann sieht er die Rollstühle und Krücken der Leute. Picciotto gibt Befehl, ihnen zu helfen. Wieder ist er der Letzte auf dem Stockwerk.

Marcel Claes erreicht die Lobby, rennt durch ein zerschlagenes Fenster ins Freie. Sekunden später hört Picciotto wieder jenes schneidende Grollen, das schauderhafte Geräusch. Picciotto ist im 5. Stock, und er hat, wenn der Nordturm genauso schnell fällt wie der Südturm, noch genau zwölf Sekunden zu leben.

Lieber Gott, denkt Picciotto, tu mir einen Gefallen und lass den Tod schnell kommen. Bitte quäl mich nicht lange. Picciotto denkt an seine Frau, an die Kinder mit den College-Hüten. Dann spricht er ein Gebet. Es ist 10.28 Uhr.

Der Nordturm stürzt ein, auf eine geradezu aberwitzig kontrollierte Weise, die an das Werk von Sprengmeistern erinnert. Von den Stockwerken, die über ihm zusammenbrechen, spürt Feuerwehrchef Picciotto zuerst den Wind, der kein Wind ist, sondern ein Hurrikan, der ihn die Stufen hinunterschleudert und es Nacht werden lässt.

Picciotto sieht nichts. Er ist sich nicht sicher, ob er tot ist oder lebendig. Ob er träumt oder denkt. Ob er eingesperrt ist im Süden Manhattans oder auf dem Weg ins Jenseits. Minuten vergehen, bis Picciotto ein Husten hört, dann noch eins. In welchem Dreckhaufen auch immer er sein mag, Picciotto tut das, was man ihm beigebracht hatte, als es noch eine Art von Zivilisation gab. Er stellt sich vor. „Hallo", sagt er ins Dunkel. „Hier ist Chief Picciotto. Ist da jemand?"

Am Fuße des Nordturms

Kurz bevor an diesem Tag zum zweiten Mal ein Güterzug auf Dan Potter zurast, trifft er einen Freund, den er seit 20 Jahren nicht gesehen hat, Fire Marshall Mel Hazel. Potter bereitet sich auf das Sterben vor. „Einmal kann man Glück haben, zweimal nicht." Es tröstet ihn, dass er sein Leben nicht allein beenden muss. Neben ihm gegen die Wand gepresst, die Hände über den Kopf gelegt, kauert sein Freund Mel Hazel. „Wenn wir schon sterben müssen", sagt sich Potter, „dann wenigstens zusammen."

Minutenlang liegen beide vom Dreck begraben, aber unverletzt. Potter versucht eine Taschenlampe anzuknipsen – vergebens, er ist zu schwach, zu zittrig. Beide kriechen wie blinde Käfer durch den Schutt, bis Potter sagt: „Mel, ich glaube, wir sind auf der Straße."

„Quatsch", antwortet Mel.

„Doch", sagt Potter und wühlt so lange im Dreck, bis etwas zum Vorschein kommt, das aussieht wie Asphalt. Er steht auf. „Meine Frau", sagt er, „sie war im 81. Stock. Sie ist aufs Dach gegangen. Ich muss sie finden." Es ist 10.52 Uhr.

Church Street

Jean Potter hat sich nicht umgedreht, als der zweite Turm fiel, mit ihrem Schreibtisch drin und ihrer Handtasche im 81. Stock. Sie ist weitermarschiert in ihrem Hosenanzug, der heute morgen noch lavendelfarben war. Es muss ausgesehen haben, als zöge ihr eigenes Gespenst durch Süd-Manhattan, eine Tote auf Urlaub. Leute reichen ihr Wasser, reichen ihr ein Handy, sie zieht weiter und stoppt erst etwa eine Meile nördlich von der Katastrophe, vor der Feuerwache der Company 6, Canal Street. Die Männer sind unten bei den Türmen. Nachschub aus Long Island versucht, die Stellung zu halten. Jean Potter geht durch das hochgezogene Tor in die Garage. „Hallo“, sagt sie, „ich bin Jean Potter, Frau eines Feuerwehrmanns, habt ihr Arbeit für mich?“

Die Jungs deuten auf ein Telefon, ohne Pause klingelt es. „Wäre schön, wenn du dich darum kümmern könntest.“ Jean Potter nimmt über eine Stunde lang Anrufe entgegen und versucht zu trösten. Mütter, Ehefrauen, Söhne, Töchter, die nach den Männern suchen, die an diesem Tag das Pech hatten, die Uniform des Fire Department of New York zu tragen. 343 Feuerwehrleute haben ihr Leben verloren.

Tot ist Peter Langone, 41, der seinen Töchtern eine Reise nach Disneyworld versprochen hatte.

Tot ist Joseph Leavy, 45, der Wolkenkratzerfan, der als einer der ersten Feuerwehrleute beim World Trade Center ankam.

Tot ist Ronnie Gies, 43, seit 25 Jahren bei der Feuerwehr, dessen Kinder ihn später auf einem Amateurvideo, das ihn beim Betreten der Türme zeigt, ein letztes Mal sehen.

Tot ist James Amato, 43, Captain, der bei seinem letzten Großeinsatz vor dem 11. September Sekunden vor der Explosion des brennenden Gebäudes seine Männer abgezogen hatte und dann nur sagte: „Gutes Timing ist alles.“

Tot ist Vincent Giammona, der am Abend des 11. September seinen 40. Geburtstag feiern wollte.

Tot ist Terence McShane, 37, der einer der wenigen ist, dessen Überreste gefunden werden.

Es stirbt fast die gesamte Führung des Fire Department von New York: Bill Feehan, der First Deputy Commissioner, Peter Ganci, der Department Chief, Terry Hatton, der 41-jährige Chef der Rescue Squad 1.

Doch so kurz nach dem Einsturz beider Türme weiß dies noch niemand. Und Jean Potter ahnt nicht, dass ihr Mann fast Nummer 344 gewesen wäre.

An Bord von Air Force One, 10.37 Uhr

Bush erfährt, dass seine Frau Laura und seine beiden Töchter in Sicherheit sind. Scherzhaft fragt er, was mit Barney, dem Hund der Familie, sei. Andy Card, sein Stabschef, witzelt, der sei inzwischen Osama Bin Laden auf den Fersen.

Um 10.41 Uhr fliegt die Air Force One Richtung Jacksonville; von dort aus soll sie von Kampfflugzeugen eskortiert werden. Vizepräsident Cheney, der im Fernsehen gerade den Einsturz des zweiten Turms verfolgt hat, drängt den Präsidenten, nicht sofort nach Washington zurückzukehren. Er schlägt vor, stattdessen zunächst zur Offutt Air Force Base nahe Omaha, Nebraska, zu fliegen; dort gebe es einen hervorragend ausgerüsteten, sicheren Kommandostand.

Boston, 10.40 Uhr

Für die Fahnder vom FBI darf der Schock über das, was sie auf den Bildschirmen gesehen haben, nur ein paar Minuten dauern. Sie müssen ran. Wer können die Täter sein, und woher stammen sie? Wer kannte wen in den Kabinen, und wer saß auf den strategisch wichtigen Plätzen in der Nähe des Cockpits?

Seit zehn Uhr kämmen die ersten Detektive die Passagierlisten durch. Sie sehen ägyptische, arabische, libanesische Namen, die ihnen nichts sagen. Atta, Mohammed? Jarrah, Ziad? Die Beamten jagen die Namen durch ihre Computer und erstellen Raster mit den Daten, die sie von den Einwanderungsbehörden erhalten. Am Mittag des 11. September steht fest, dass einige der Täter aus Deutschland kamen.

Es ist Nachmittag, als die Fahnder einen Anruf bekommen. Da sei eine Reisetasche gefunden worden, die für Flug AA 11 bestimmt war. Es ist Mohammed Attas Reisetasche.

Sie war irgendwo zwischen den Gepäckbändern des Logan Airport in Boston hängen geblieben und hatte es nicht mehr in die Boeing 767 der American Airlines geschafft. Sehr vorsichtig öffnen die FBI-Leute den Reißverschluss, finden aber keine Bombe – die Bombe war der Besitzer der Tasche persönlich.

In der Tasche sind nur Kleidung und eine Kulturtasche und zwei Schriftstücke, die der Massenmörder ins World Trade Center mitnehmen und dort mit sich und Tausenden Menschen verbrennen lassen wollte. Es sind die ersten Beweisstücke, mit Maschine geschrieben, es sind die Geständnisse eines Toten. Dokumente des Wahns. Es sind jene Dienstanweisung zum Massenmord, die den Tätern „Gottes Segen" verspricht, und ein Testament des Massenmörders Atta.

Religiöser Fanatismus? Natürlich.

Die Selbstgerechtigkeit dessen, der sicher ist, den einzig wahren Glauben zu besitzen? Auch das.

Doch erklärt das schon diese Tat, die nur durchzuführen war, weil die Täter sich selbst als Werkzeug und Waffe eingeplant hatten?

Attas Reisetasche lässt die FBI-Beamten in den Kopf des Mannes schauen, der gerade das größte Attentat in der Geschichte der Menschheit inszeniert hat. Die Detektive sehen die Welt, die Atta und seine heiligen Krieger seit 8.45 Uhr erschüttern, durch die Augen der Attentäter. Sie lesen die Papiere und sehen die westliche Welt: zerfressen von Geldgier, von Prostituierten, von Drogen, von Einsamkeit. Und sie sehen die islamische Welt, wie sie die Massenmörder sehen: die Heimat des Glaubens, die letzte Oase der Kultur, bedroht von Amerika, ausgehungert vom Westen, gedemütigt seit Jahrzehnten.

Atta kannte beide Welten, am Ende war er beseelt von dem Gedanken, der anderen Welt die Fassade zu zerschlagen. Sein Leben im Westen hatte ihn gelehrt, wie man dieses Leben angreifen kann, was man tun muss, um Milliarden Ungläubige zu Schaulustigen ihrer eigenen Angst zu machen. Wollten die Attentäter nur so viel Schrecken wie möglich verbreiten, so viel Amerikaner wie möglich umbringen?

Haben sie über den Tag ihrer Tat hinausgedacht, wollten sie die USA zum Gegenschlag provozieren, begriffen sie ihr Attentat als Beginn eines Kriegs, der irgendwann mit dem Endsieg aller Islamisten endet? Haben sie sich den amerikanischen Präsidenten vorgestellt in den Minuten und Stunden nach ihrem Terrorfeuerwerk? Haben sie in den Jahren der Vorbereitung geschwärmt vom Jubel, der in den Moscheen zu hören sein würde? Haben sie am letzten Abend gescherzt über die Toten des nächsten Tages, tausend, zweitausend, dreitausend?

In den Trümmern des Nordturms

Inmitten des teuflischen Chaos passiert etwas, das wirkt wie ein himmlischer Gegenschlag: Wenn 110 Stockwerke in Sekunden zusammenstürzen zu einem Berg aus Stahl und Beton und elf Menschen mitten im Massenmord überleben in einer Höhle aus Schutt, die der Turm in dem Augenblick erbaut, in dem er krachend alles zerstört – wie soll man das nennen?

Nachdem das Donnern des Untergangs verklungen ist, sind Stimmen zu hören in jener Höhe, wo vorher das vierte Stockwerk des Treppenhauses B war. Sie gehören Männern, die sich ins Leben zurückmelden, sie gehören den Feuerwehrleuten Mike Meldrum, Matt Komorowski, Bill Butler, Tom Falio, Sal d'Agostino und Captain John Jonas, alle Angehörige eines Löschzugs aus Chinatown, der „Ladder 6". Sie kommen aus der Wache in der Canal Street, wo Jean Potter gerade versucht, die Angehörigen dieser Männer zu beruhigen. Eine weitere Stimme gehört David Lim, Polizist der New Yorker Einheit „Port Authority". Dazu melden sich die Stimmen zweier Feuerwehrleute namens Bacon und Cross. Und dann ist da noch ein etwas hellerer Ton.

World Trade Center

United Airlines 175 kurz vor dem Einschlag in den Südturm

Videoaufnahmen vom Einschlag der United Airlines 175

Gottesflieger Die mutmaßlichen Attentäter des 11. September

American Airlines 011

Boston–Los Angeles, Boeing 767

Maschine raste um 8.45 Uhr in den Nordturm des World Trade Center

Mohammed Atta
Pilot und Anführer

geboren 1968
Nationalität: Ägypten

Abd al-Asis al-Umari
Kämpfer

geboren 1979
Nationalität: Saudi-Arabien

Wail al-Schari
Kämpfer

geboren 1973
Nationalität: Saudi-Arabien

Walid M. al-Schari
Kämpfer

geboren 1978
Nationalität: Saudi-Arabien

Satam al-Sukami
Kämpfer

geboren 1976
Nationalität: Vereinigte Arabische Emirate

United Airlines 175

Boston–Los Angeles, Boeing 767

Maschine raste um 9.03 Uhr in den Südturm des World Trade Center

Marwan al-Shehhi
Pilot und Anführer

geboren 1978
Nationalität: Vereinigte Arabische Emirate

Fajis Ahmed
Kämpfer

geboren 1977
Nationalität: Saudi-Arabien

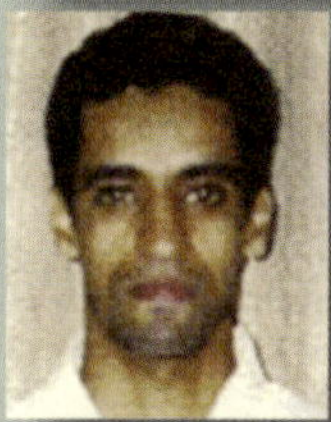

Ahmed al-Ghamdi
Kämpfer

geboren 1979
Nationalität: Saudi-Arabien

Hamsa al-Ghamdi
Kämpfer

geboren 1980
Nationalität: Saudi-Arabien

Mohald al-Scheri
Kämpfer

geboren 1979
Nationalität: Saudi-Arabien

American Airlines 077

Washington–Los Angeles, Boeing 757

Maschine stürzte um 9.43 Uhr in das Pentagon

Hani Hanjour
Pilot und Anführer

geboren 1972
Nationalität: Saudi-Arabien

Chalid al-Midhar
Logistiker

geboren 1975
Nationalität: Saudi-Arabien

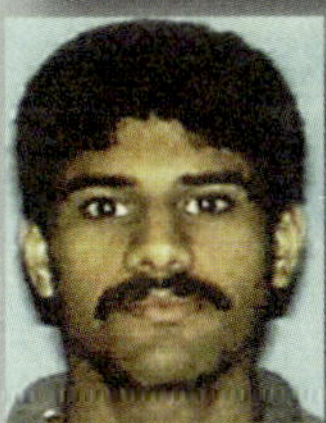

Nawaf al-Hamsi
Logistiker

geboren 1976
Nationalität: Saudi-Arabien

Madschid Mukid
Logistiker/Kämpfer

geboren 1977
Nationalität: Saudi-Arabien

Salim al-Hamsi
Kämpfer

geboren 1981
Nationalität: Saudi-Arabien

United Airlines 093

Newark–San Francisco, Boeing 757

Absturz um 10.10 Uhr bei Shanksville, Pennsylvania

Ziad Jarrah
Pilot und Anführer

geboren 1975
Nationalität: Libanon

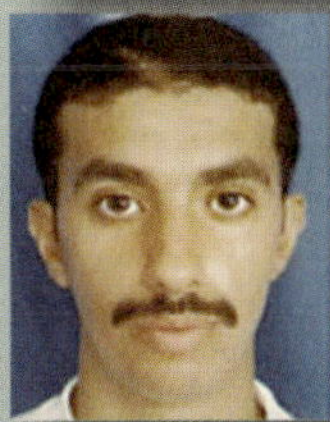

Ahmed al-Hasnawi
Kämpfer

geboren 1980
Nationalität: Saudi-Arabien

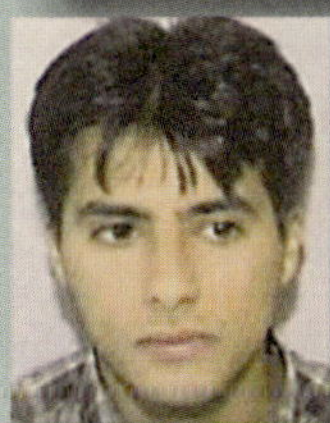

Ahmed al-Nami
Kämpfer

geboren 1977
Nationalität: Saudi-Arabien

Said al-Ghamdi
Kämpfer

geboren 1979
Nationalität: Saudi-Arabien

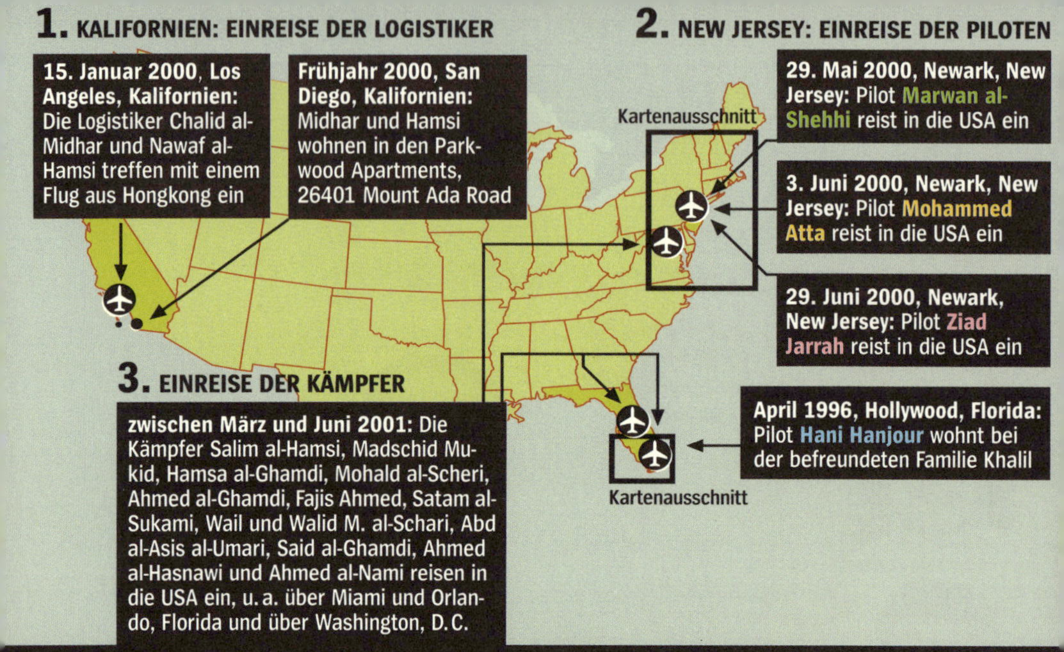
1. KALIFORNIEN: EINREISE DER LOGISTIKER
15. Januar 2000, Los Angeles, Kalifornien: Die Logistiker Chalid al-Midhar und Nawaf al-Hamsi treffen mit einem Flug aus Hongkong ein
Frühjahr 2000, San Diego, Kalifornien: Midhar und Hamsi wohnen in den Parkwood Apartments, 26401 Mount Ada Road
2. NEW JERSEY: EINREISE DER PILOTEN
Kartenausschnitt
29. Mai 2000, Newark, New Jersey: Pilot Marwan al-Shehhi reist in die USA ein
3. Juni 2000, Newark, New Jersey: Pilot Mohammed Atta reist in die USA ein
29. Juni 2000, Newark, New Jersey: Pilot Ziad Jarrah reist in die USA ein
3. EINREISE DER KÄMPFER
zwischen März und Juni 2001: Die Kämpfer Salim al-Hamsi, Madschid Mukid, Hamsa al-Ghamdi, Mohald al-Scheri, Ahmed al-Ghamdi, Fajis Ahmed, Satam al-Sukami, Wail und Walid M. al-Schari, Abd al-Asis al-Umari, Said al-Ghamdi, Ahmed al-Hasnawi und Ahmed al-Nami reisen in die USA ein, u. a. über Miami und Orlando, Florida und über Washington, D.C.
April 1996, Hollywood, Florida: Pilot Hani Hanjour wohnt bei der befreundeten Familie Khalil
Kartenausschnitt

4. FLORIDA: DAS JAHR DER PLANUNG
April bis Juli 2001, Coral Springs: Shehhi und Atta mieten das Apartment 122 im Tara Gardens Condominium, 10 001 West Atlantic Blvd.
5. Juli 2001, Delray Beach: Atta gerät erneut in eine Verkehrskontrolle
9. September 2001, Deerfield Beach: Shehhi, Wail al-Schari und die anderen Terroristen ziehen aus dem „Panther Motel" aus
August 2000, Venice: Shehhi und Atta beginnen ihren Flugunterricht in der Huffman-Flugschule
26. April 2001, Fort Lauderdale: Atta gerät in eine Verkehrskontrolle
28. April 2001, Hollywood: Jarrah mietet für einen Monat ein Zimmer im „Bimini-Motel" am North Ocean Drive
Mai bis September 2001, Dania: Jarrah nimmt Kampfsport-Unterricht im „US-1"-Fitness-Studio
Miami
Golf von Mexiko
29. Dezember 2000, Opa-Locka: Shehhi und Atta mieten für sechs Stunden einen Boeing-Flugsimulator und üben das Fliegen von Kurven
7. September 2001, Hollywood: Atta und Shehhi streiten sich mit einer Kellnerin im „Shuckum's"
50 km

Anschlag auf Amerika

Spuren der Attentäter vom
11. September in den USA

Die Terrorpiloten aus Deutschland: Mohammed Atta, Ziad Jarrah, Marwan al-Shehhi, sowie Hani Hanjour aus den USA

Explosion im Südturm nach dem Einschlag der United Airlines 175

Überlebender Praimnath

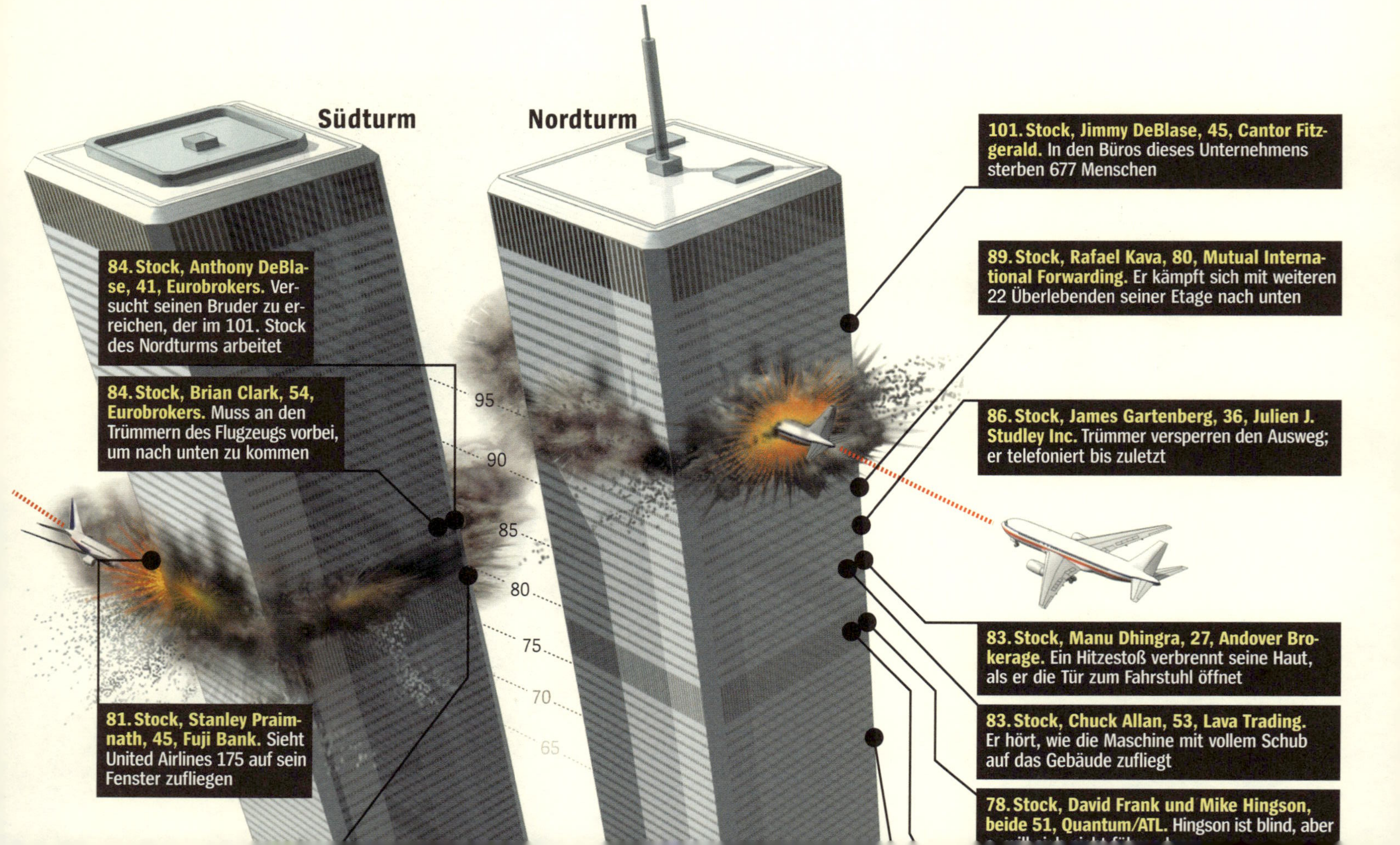
Südturm
Nordturm
101. Stock, Jimmy DeBlase, 45, Cantor Fitzgerald. In den Büros dieses Unternehmens sterben 677 Menschen
89. Stock, Rafael Kava, 80, Mutual International Forwarding. Er kämpft sich mit weiteren 22 Überlebenden seiner Etage nach unten
86. Stock, James Gartenberg, 36, Julien J. Studley Inc. Trümmer versperren den Ausweg; er telefoniert bis zuletzt
83. Stock, Manu Dhingra, 27, Andover Brokerage. Ein Hitzestoß verbrennt seine Haut, als er die Tür zum Fahrstuhl öffnet
83. Stock, Chuck Allan, 53, Lava Trading. Er hört, wie die Maschine mit vollem Schub auf das Gebäude zufliegt
78. Stock, David Frank und Mike Hingson, beide 51, Quantum/ATL. Hingson ist blind, aber
84. Stock, Anthony DeBlase, 41, Eurobrokers. Versucht seinen Bruder zu erreichen, der im 101. Stock des Nordturms arbeitet
84. Stock, Brian Clark, 54, Eurobrokers. Muss an den Trümmern des Flugzeugs vorbei, um nach unten zu kommen
81. Stock, Stanley Praimnath, 45, Fuji Bank. Sieht United Airlines 175 auf sein Fenster zufliegen
95
90
85
80
75
70
65

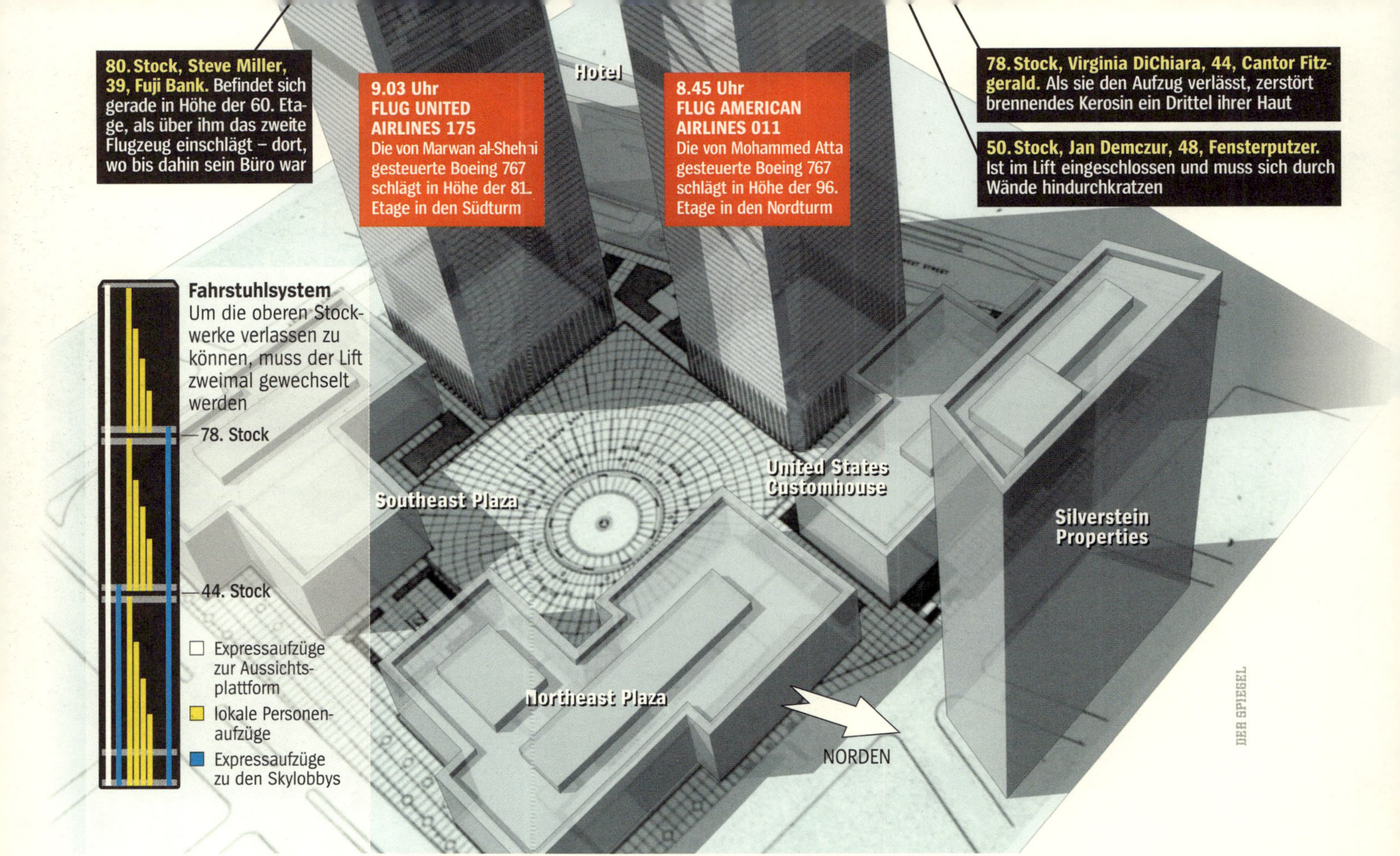
80. Stock, Steve Miller, 39, Fuji Bank. Befindet sich gerade in Höhe der 60. Etage, als über ihm das zweite Flugzeug einschlägt – dort, wo bis dahin sein Büro war
9.03 Uhr FLUG UNITED AIRLINES 175 Die von Marwan al-Shehhi gesteuerte Boeing 767 schlägt in Höhe der 81. Etage in den Südturm
Hotel
8.45 Uhr FLUG AMERICAN AIRLINES 011 Die von Mohammed Atta gesteuerte Boeing 767 schlägt in Höhe der 96. Etage in den Nordturm
78. Stock, Virginia DiChiara, 44, Cantor Fitzgerald. Als sie den Aufzug verlässt, zerstört brennendes Kerosin ein Drittel ihrer Haut
50. Stock, Jan Demczur, 48, Fensterputzer. Ist im Lift eingeschlossen und muss sich durch Wände hindurchkratzen
Fahrstuhlsystem
Um die oberen Stockwerke verlassen zu können, muss der Lift zweimal gewechselt werden
78. Stock
44. Stock
Expressaufzüge zur Aussichtsplattform
lokale Personenaufzüge
Expressaufzüge zu den Skylobbys
Southeast Plaza
United States Customhouse
Silverstein Properties
Northeast Plaza
NORDEN
DER SPIEGEL

Angestellte beim Abstieg im World Trade Center

Überlebender Demczur

Vorplatz des World Trade Center vor dem Einsturz der Türme

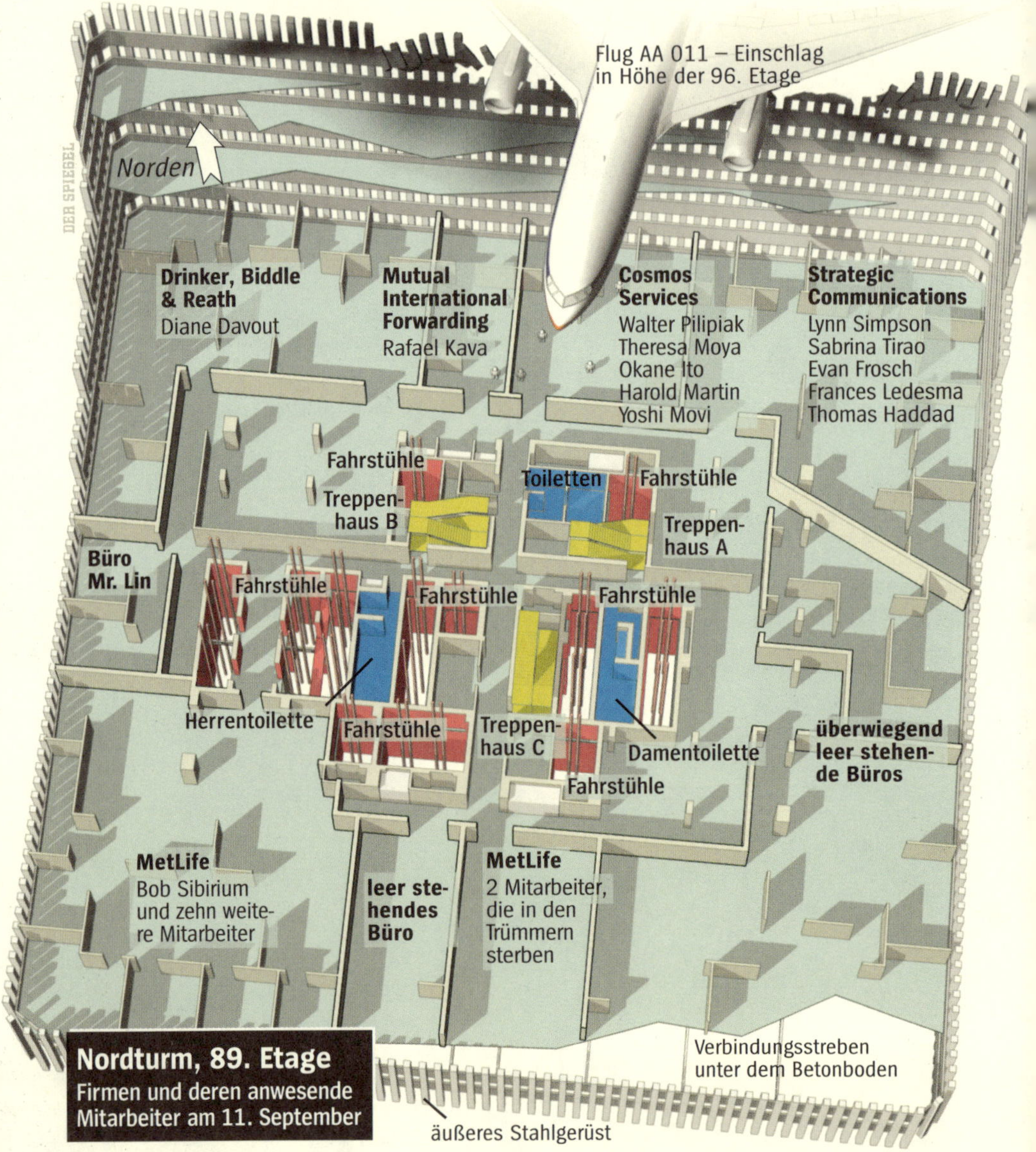

Nordturm, 89. Etage

Firmen und deren anwesende Mitarbeiter am 11. September

Überlebender Kava aus dem 89. Stock

Brennendes World
Trade Center

Feuerwehrmann Potter nach dem Einsturz der Türme

Feuerwehrmann Picciotto

Kollaps des Südturms,
flüchtender Passant

Die Routen der entführten Maschinen

Der Zeitablauf am 11. September

Flug American Airlines (AA) 011

- **07:59 Uhr, Ortszeit** – Start: Logan International Airport, Boston.
- **08:15** – Vermutlicher Zeitpunkt der Entführung.
- **08:28** – Maschine dreht scharf nach Süden.
- **08:38** – Letzte Funkfetzen aus dem Cockpit.
- **08:45** – Einschlag im Nordturm des World Trade Center (WTC), Manhattan, New York.

Flug United Airlines (UA) 175

- **08:14** – Start: Logan International Airport, Boston.
- **UA 175 wird von der Bodenkontrolle gebeten, Ausschau nach AA 011 zu halten.**
- **08:37**
- **08:42** – Die Entführer übernehmen die Maschine.
- **Um 8.43 Uhr meldet die FAA* Flug 175 als entführt.**
- **08:50** – Änderung der Route Richtung New York.
- **09:0** – Einsch[...] im Süd[...] des WT[...]

Flug AA 077

- **08:20** – Start: Dulles International Airport, Washington.
- **09:0** – Wendet um 180 Grad un[...] nimmt Kurs auf Washingt[...]

Flug UA 093

- **08:42** – Start: Newark International Airport.
- **09:** – **United warnt alle Maschin[...] der Gesellschaft vor einer möglichen Entführung. Flu[...] 093 anwortet: „verstanden[...]**

*Die US-Luftfahrtbehörde: Federal Aviation Administration

George W. Bushs Stationen am Tag des Anschlags
SEAL OF THE PRESIDENT OF THE UNITED STATES
3 14:50 Landung Offutt Air Force Base, nahe Omaha (Nebraska)
16:00 Telefonkonferenz mit den Mitgliedern des Sicherheitsrats
16:36 Abflug
Omaha
New York
400 km
4 19:00 Washington: Bush kehrt ins Weiße Haus zurück
20:30 dritte Stellungnahme
Washington D. C.
Shreveport
2
11:45 Ankunft Barksdale Air Force Base, Shreveport (Louisiana)
12:36 zweite Stellungnahme
13:37 Abflug
Sarasota
1 9:00 Uhr Ortszeit
Sarasota (Florida): Während des Besuchs einer Grundschule erhält Bush im Abstand von fünf Minuten die Nachrichten von den Flugzeugeinschlägen im World Trade Center
9:30 erste Stellungnahme
9:55 Abflug mit Air Force One

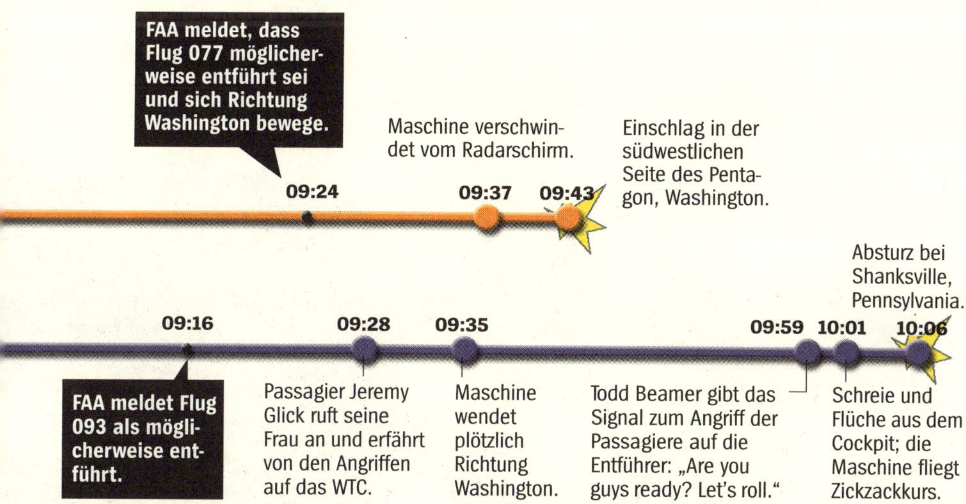
FAA meldet, dass Flug 077 möglicherweise entführt sei und sich Richtung Washington bewege.
09:24
Maschine verschwindet vom Radarschirm.
09:37
09:43
Einschlag in der südwestlichen Seite des Pentagon, Washington.
09:16
09:28
09:35
09:59
10:01
10:06
Absturz bei Shanksville, Pennsylvania.
FAA meldet Flug 093 als möglicherweise entführt.
Passagier Jeremy Glick ruft seine Frau an und erfährt von den Angriffen auf das WTC.
Maschine wendet plötzlich Richtung Washington.
Todd Beamer gibt das Signal zum Angriff der Passagiere auf die Entführer: „Are you guys ready? Let's roll."
Schreie und Flüche aus dem Cockpit; die Maschine fliegt Zickzackkurs.

Suche nach Überlebenden in den Trümmern des World Trade Center

Überlebender in der Nähe des World Trade Center und Feuerwehrleute

FDNY

Um Verstärkung bittender
Feuerwehrmann

Zerstörter World-Trade-Center-Komplex und Umgebung

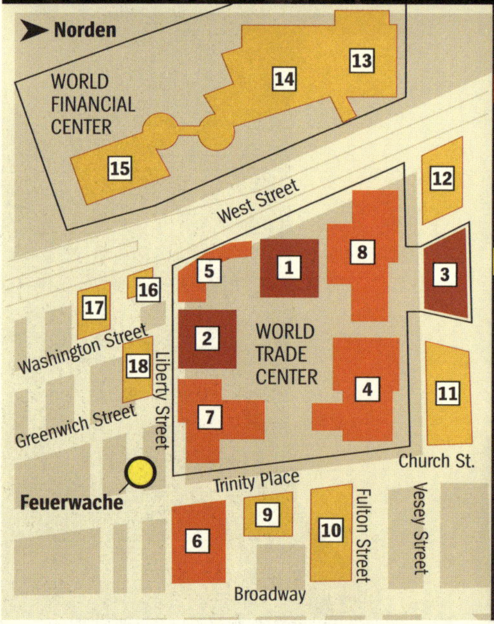

Eingestürzt

1 ▶ World Trade Center Eins (Nordturm)
2 ▶ World Trade Center Zwei (Südturm)
3 ▶ World Trade Center Sieben

Teilweise eingestürzt

4 ▶ World Trade Center Fünf
5 ▶ Marriott Hotel
6 ▶ One Liberty Plaza
7 ▶ World Trade Center Vier
8 ▶ World Trade Center Sechs

Stark beschädigt

9 ▶ East River Savings Bank
10 ▶ N. J. Kalikow and Co. Building und Hilton Millennium Hotel
11 ▶ Federal Building
12 ▶ N. Y. Telephone Building
13 ▶ World Financial Center Drei
14 ▶ World Financial Center Zwei
15 ▶ World Financial Center Eins
16 ▶ St. Nicholas Greek Church
17 ▶ 90 West Street
18 ▶ Bankers Trust

DER SPIEGEL

Die Stimme einer Frau. Die Stimme von Josephine Harris, einer Buchhalterin der Port Authority.

Josephine Harris hatte an ihrem Schreibtisch im 73. Stock gesessen, als das Flugzeug einschlug. Sie machte sich sofort auf den Weg hinunter. Das Problem war nur, dass die 59-jährige Großmutter nicht gut zu Fuß ist. Nach fast jeder Stufe musste sie stehen bleiben, weil ihre Schmerzen in den Beinen immer stärker wurden.

Sie war im 14. Stock und am Ende ihrer Kräfte, als sie endlich Hilfe fand – Captain John Jonas und seine Jungs von Ladder 6. Die stürmten gerade das Treppenhaus hinunter, vom 27. Stock, der Südturm war soeben eingekracht, und Jonas hatte Befehl gegeben zu evakuieren. „Das war's, Jungs, raus hier. Wenn der eine fällt, wird der andere auch nicht mehr lange halten."

Sie liefen die Treppe runter, dann stand da plötzlich Josephine Harris. Die Sekunden tickten im Kopf von Jonas laut wie Kirchenglocken. Schnell raus, aber nicht ohne diese Dame, selbst wenn sie so viel wiegt wie eine Waschmaschine. David Lim, ein Polizist, der sich unterwegs Jonas' Truppe angeschlossen hat, und Feuerwehrmann Bill Butler nehmen Josephine Harris in ihre Mitte, stützen sie, schleppen sie 16 Stockwerke hinunter, bis Jonas sich entschließt, seinen Männern die Arbeit zu erleichtern. In den Büros und auf den Fluren sucht er nach einem Stuhl, als Trage für die alte Dame.

Dann kracht der Nordturm zusammen.

So rasch, als hätte jemand auf die Fast-Forward-Taste eines Videorecorders gedrückt. Lim wirft sich auf Josephine, um sie zu schützen, aber Butler ist schneller, und so landen sie beide auf der Großmutter. Die Wucht des Bebens schmeißt sie wie Strohballen durch das Treppenhaus nach unten. Und Captain Jonas, 108 Kilogramm schwer, in seiner Jugend ein Footballspieler, hat sich, als der Turm zu zittern begann, mit einem Hechtsprung retten können in das stabilere Treppenhaus.

Es dauert ein wenig, bis die Überlebenden des Einsturzes überhaupt sehen können. Der Dreck frisst sich wie Pfefferspray in ihre Augen. Im Halbdunkel hören die Verschütteten das Husten und Stöhnen ihrer Begleiter. Aber niemand ist schlimm verletzt, eine ausgekugelte Schulter, gequetschte Rippen, Gehirnschütterung, mehr nicht.

Als Jonas sich im 4. Stock aufsetzt und den Dreck von den Kleidern klopft, flüstert aus seinem Funkgerät eine Stimme. Sie gehört Mike Warchola. „Mayday", sagt Warchola, „wir sind eingeklemmt im 12. Stock des Nordturms, wir sind schwer verletzt. Hilfe." Warchola ist ein guter Freund von Jonas. Heute ist sein letzter Arbeitstag vor der Pensionierung. Er gehört zur Ladder 5 aus John Ottrandos Feuerwache. Jonas steht auf, stiefelt über Schutt und brüchige Stufen nach oben, um Warchola rauszuholen. Aber im 5. Stock ist Schluss. Eisen und Geröll haben eine Wand errichtet, undurchdringbar. In den nächsten fünf Minuten funkt Warchola noch zweimal Mayday. Dann nichts mehr. Er und vier seiner Leute werden gefunden. Zwei Tage später. Sie liegen fast unversehrt im Schutt, friedlich wie Kaninchen, die sich ausruhen, und sind tot.

Drei Stufen unterhalb des 5. Stocks hat das Treppenhaus ein Loch so groß wie ein Handballtor. Jonas schaut hindurch, auch hier nur Eisen und Rauch. Ein Zufall, dass ausgerechnet die untersten Stockwerke des Treppenhauses B heil geblieben sind. Aber was, denkt Jonas, wenn sie eingehüllt sind von Tonnen von Stahl? Wie lange werden die Bergungsleute brauchen, um sich bis zu ihnen vorzubuddeln. Zwei Tage? Zwei Wochen? Wird dann noch einer atmen?

Jonas ist 44 Jahre alt, und eigentlich wollte er nach seinem College-Abschluss Ingenieur werden. Statt Karriere und eines sechsstelligen Jahresgehalts entschied er sich für das Fire Department von New York – und löscht Feuer aus Leidenschaft, seit mehr als 22 Jahren.

Auf dem Weg durch das, was vom Treppenhaus übrig geblieben ist, findet er einen schwarzen Feuerwehrstiefel, den niemand vermisst. Und ein Megafon. Es ist das Megafon von Chief Rick Picciato, der seinen Feuerwehrleuten weiter oben im 34. Stock den Befehl zur Evakuierung gegeben hat und den der Hurrikan im 5. Stock erwischte und zwei Stockwerke tiefer schleuderte, wo er jetzt auf dem Boden kauert. Es ist kurz nach halb elf Uhr, als er ein Husten hört und sich vorstellt.

Jonas und Picciotto umarmen sich und übernehmen dann gemeinsam das Kommando über die Truppe der Überlebenden. Sie rätseln, ob sie ein Haufen von Glückspilzen sind oder ein Club der Verdammten. Klar, sie leben, aber jeder denkt auch: wie lange noch? Ihre Funkgeräte melden letzte Worte von Kollegen: „Sagt meiner Frau, dass ich sie liebe“, flüstert ihr Battalion Chief Richard Prunty aus dem Lautsprecher, „ich schaffe es hier nicht mehr raus.“

Marj, Libanon, 18.30 Uhr Ortszeit

„Da ist etwas in New York passiert“, ruft Samir Jarrah. Er sitzt auf dem Sofa des Familienhauses in Marj im Bekaatal bei Beirut und sieht die einstürzenden Türme. Seine Freunde, die zu Besuch sind, kommen hinzu, sie alle trinken Tee und starren auf den Fernseher. „Das ist so furchtbar“, sagt Samir Jarrah, 61, „so schrecklich, so viele unschuldige Menschen.“

Sie sehen auch das Flugzeugwrack, die entführte und in Pennsylvania abgestürzte Maschine. Aber sie haben keine Ahnung, dass Samirs Sohn der Pilot war. Sie schalten den Fernseher aus, essen, legen sich schlafen. Samir Jarrah ist im Februar am offenen Herzen operiert worden; sie haben ihm Bypässe gelegt, und alles ist gut gegangen, aber Samir Jarrah fühlt sich an diesem Dienstag im September immer noch schwach. Er lässt es ruhig angehen in seinem Job als hoher Beamter, zuständig für Sozialversicherung. Seine beiden Geschäfte führen die Angestellten.

Er versucht nicht, Ziad anzurufen, als er die Bilder aus Amerika sieht, keiner aus der Familie versucht es. Denn Ziad ist ja in Florida, weit weg von den brennenden Türmen, Ziad ist sicher, Ziad lernt fliegen, Ziad wird Pilot.

Erst am Sonnabend, vier Tage danach, als die gesamte Familie im Haus auf dem Land ist, werden Polizisten vorbeikommen und Fragen stellen.

„Habe ich einen Terroristen großgezogen?“, fragt sich Samir Jarrah, der Vater.

Terroristen kommen doch aus Palästinenserlagern. „Die haben keine Wahl, keine Zukunft, kein Leben, die sind schon als Lebende tot. Also sterben sie und nehmen ein paar derjenigen mit, die ihr Leben so erbärmlich gemacht haben“, sagt Samir Jarrah, denn so waren Terroristen bis zum 11. September.

Aber Ziad, sein Ziad?

Ziad war fünf Jahre alt, als er mit Legosteinen sein erstes Flugzeug bastelte und verkündete: „Wenn ich groß bin, werde ich Pilot.“ Ziad war zwölf Jahre alt, als er sich in der Bibliothek Bücher lieh, „immer nur übers Fliegen, sonst gab es für ihn ja nichts“, wie der Vater sagt.

Ziad war 26 Jahre alt, als er seine erste Boeing flog, Flug United Airlines 93, die auf die Wiese bei Shanksville stürzte.

„Ziad hatte doch alles“, sagt der Vater des Terroristen. „Er war Pfadfinder, er spielte in einer Basketballmannschaft, er brachte die Familie zum Lachen, er ging mit seinen Schwestern zum Strand, und natürlich trugen die immer Bikinis“, sagt der Vater.

Die Familie Jarrah ist muslimisch, aber nicht streng. Ziad ging auf die christliche Hikmeh-Schule, eine Oase hinter hohen Betonmauern, von Muslimen und Christen besucht. „Ziad war tolerant, er hat nie Unterschiede gemacht“, sagt sein Lehrer Mohamad Osman, 43, „er sah gut aus, machte den Mädchen Komplimente, und deshalb war er immer umschwärmt.“

In Deutschland studierte er Flugzeugbau, lernte, so die Ermittler, Mohammed Atta und dessen islamistische Freunde kennen, und im Winter

1999 muss er schon seinen Märtyrertod im Kopf gehabt haben: Wenn er ein Flugzeug nicht nur reparieren könne, sagte er dem Vater, sondern auch fliegen, habe er bessere Karten im Beruf. Der Vater akzeptierte, schickte mehr Geld und hoffte, dass der Sohn bald heimkommen würde in den Libanon.

Was hat sich Jarrah versprochen vom Flug in den Tod? Um an das Paradies für Märtyrer zu glauben, war sein Glaube, so schien es, nie groß genug, solange er lebte. Was fand er an seinem Leben und dem Leben im Westen so furchtbar, dass er seines und das Leben Tausender Mitmenschen vernichten wollte, obwohl er es, so schien es, genoss? Viel mehr als Atta war Jarrah der Grenzgänger, der zwischen den beiden Kulturen nach dem Sinn des Lebens suchte und ihn schließlich in der grandiosen Zerstörungsvision einer Gruppe fand, die sich wie eine Sekte motivierte und kontrollierte. Und die sich berauschte an dem Triumphgefühl, den Westen mit westlicher Logistik zu erniedrigen und so in beiden Welten unsterblich zu werden, bestaunt von der einen, gefürchtet von der anderen.

Zwei Tage vor dem Anschlag ruft Ziad ein letztes Mal zu Hause an. Er bedankt sich für Geld. „Er lachte und machte mit allen Witze, wie immer“, sagt sein Vater.

In seinem Abschiedsbrief an seine türkische Freundin in Bochum, die er heiraten wollte, schreibt Ziad: „Ich habe gemacht, was ich machen sollte.“ Und sein trauernder Vater ist bis heute sicher: „Ich habe ihn doch nicht zum Hass erzogen. Im Gegenteil, ich habe all die richtigen Dinge getan.“

Barksdale Air Force Base, bei Shreveport, Louisiana, 12.36 Uhr

In seiner zweiten Stellungnahme, die auf der Air Force Base in Louisiana um 12.36 Uhr per Video aufgezeichnet wird, verspricht Bush, die Verantwortlichen zu jagen und zu bestrafen. „Die Freiheit selbst ist an diesem Morgen angegriffen worden von einem gesichtslosen Feigling“, sagt Bush, der einen nervösen Eindruck macht. Das Videoband sieht seltsam verwackelt und grobkörnig aus. „Es war nicht gerade eine unserer Sternstunden“, sagt später ein Mitarbeiter der Regierung.

Vor der Landung in Shreveport wurden die wenigen mitreisenden Journalisten im hinteren Teil des Flugzeugs gebeten, ihre Handys ausgeschaltet zu lassen, damit die Signale nicht die Position des Flugzeugs verraten. Außerdem sollen sie in ihren Berichten nur sagen, der Präsident befinde sich „an einem unbekannten Ort in den Vereinigten Staaten“.

Noch einmal äußert Bush den Wunsch, nach Washington zurückzukehren, aber Vizepräsident Cheney rät erneut ab: Immer noch gebe es eine Reihe von Flugzeugen in der Luft, von denen niemand wisse, ob sie nicht auch entführt seien. Auch sein Stabschef ist dagegen. „Lassen Sie uns warten, bis sich der Staub gelegt hat." Bush hadert mit dieser Einschätzung. „Ich will nicht, dass irgendein angeberischer Terrorist es schafft, den Präsidenten der Vereinigten Staaten von Washington fern zu halten. Die Leute wollen ihren Präsidenten sehen, und sie wollen ihn jetzt sehen."

Bush telefoniert mit dem New Yorker Senator Charles Schumer und mit Verteidigungsminister Donald Rumsfeld. Immer noch befürchten Sicherheitskräfte, dass die Präsidentenmaschine auch am Boden ein leichtes Ziel für einen potenziellen Angriff aus der Luft darstellen könne.

Um 13.37 Uhr verlässt Bush an Bord der Präsidentenmaschine Barksdale Air Force Base in Richtung Offutt Air Force Base in Nebraska. Dort landet die Maschine um 14.50 Uhr.

In den Trümmern des Nordturms

Die Leute um Rick Picciotto und Captain Jonas stellen sich auf eine lange Zeit in ihrem Treppenhauskerker ein. Keiner murrt, als Jonas sagt, sie sollen Taschenlampen und Funkgeräte ausschalten. Strom sparen.

Die Männer beginnen, das Treppenhaus zu erkunden. Zum Dreck, der die Augen und Lungen verstopft, kommt der Geruch von flüssigem Benzin. Ein Streichholz im Dunkel, ein Funke, es könnte das Ende sein.

Bei ihrer Suche nach einem Ausgang entdecken die Männer eine Tür im zweiten Stock. Sie öffnen. Nichts, nur Schutt.

Im dritten Stock noch eine Tür. Wieder öffnen. Wieder nur Schutt.

Im vierten Stock entdecken sie zwei Sprinklerröhren, etwas länger als drei Meter. Wenigstens haben sie nun Wasser. Drei Meter Wasser. Etwas weiter finden sie eine Toilette. Und einen Fahrstuhlschacht. Er führt nach unten. Er ist schwarz, hat kein Ende. Picciotto beschließt: zu viel Risiko. Sollte in ein paar Tagen immer noch keine Hilfe gekommen sein, können sie es hier noch mal versuchen.

Die Männer sind erschöpft, Josephine Harris schläft fast ein. David Lim, der Polizist, fahndet nach seinem Bombensuchhund. „Junge, hör auf damit", sagt Captain Jonas. „Dein verdammter Hund interessiert jetzt nicht. Rings um uns herum sterben Menschen."

Gegen zwölf Uhr spricht Jonas wieder in sein Funkgerät. „Mayday, Mayday. Hier spricht Captain Jonas von der Ladder 6. Wir sind eingesperrt im Treppenhaus B des Nordturms, auf den Stockwerken 2, 3, 4, und 5. Holt uns raus."

Jonas bekommt Antwort, eine Stimme krächzt aus seinem Funkgerät: „Nordturm? Der Nordturm steht nicht mehr!" Jonas senkt den Kopf. Bis jetzt hatten sie gehofft, nur ein Teil des Gebäudes sei eingestürzt. Wie viele tausend Kubikmeter Eisen sind über ihnen?

Es gibt niemanden, der diese Frage beantwortet. Und es gibt niemanden mehr, der diesen Einsatz leitet. Viele der ranghöchsten Kräfte sind tot, Kommandozentralen zertrümmert. Hayden versucht, das Chaos an der West Street inmitten eines Trümmerfelds zu dirigieren. Sein Büro ist das Dach eines Feuerwehrautos.

Den Eingeschlossenen bleiben nur zwei Dinge: warten, in das Funkgerät sprechen, wieder warten. Das Adrenalin baut sich ab, die Schmerzen der Verletzungen werden stärker. Es wird 13 Uhr, 14 Uhr. Nichts passiert.

Dann glaubt Captain Jonas eine Erscheinung zu haben. Es wird hell. Es ist ihm, als scheine die Sonne, und zwar direkt in seinen Schacht. Er steigt den Strahlen nach, Stufe für Stufe, und endet an jenem handballtorgroßen Loch im fünften Stock. Er sieht Eisen und Rauch. Berge der Verwüstung. Aber auch ein Stück blauen Himmel. Der Rest des Treppenhauses B ist nicht unter Trümmern begraben, sondern ragt aus ihnen heraus.

Picciotto kommt dazu. Hinter ihm drängelt Lim. „Mein Gott", seufzt Lim, „haben wir ein Glück. Chief Picciotto, wie oft, schätzen Sie, kommt so etwas vor?"

„Einmal in einer Milliarde."

Zwischen ihnen und der Freiheit liegt ein 3 Meter tiefer und 30 Meter breiter Graben, der aussieht wie ein Gletscher in der Hölle: scharfe Eisen, endlos tiefe Spalten, lodernde Feuer, kein Ende in Sicht.

Minuten später sind Leute von „Ladder 43" auf dem rauchenden Schuttberg zu erkennen.

Es verlassen das Treppenhaus: Rick Picciotto, Feuerwehrchef der Upper West Side, der sich als Erster über den gefährlichen Graben abseilen lässt, dann die Männer von Ladder 6, Mike Meldrum, Matt Komorowski, Bill Butler, Tom Falco, Sal d'Agostino, die Feuerwehrleute Bacon und Cross, der Polizist David Lim und schließlich Josephine Harris, die 59-jährige Buchhalterin. Erst dann macht sich Captain John Jonas auf den Weg.

Es ist 15 Uhr, als sich seine Männer Richtung West Street abseilen, und John Jonas denkt sich, dass dies einer der schönsten Anblicke seines Lebens ist. Alle seine Männer sind dem Tod entkommen und auch Josephine Harris.

„Wir gehen hinein, retten die Leute, machen das Feuer aus und gehen nach Hause", sagt Jonas seit 22 Jahren, wenn ihn jemand nach seinem Beruf fragt. Diesmal war das Feuer stärker. Aber Jonas und seine Männer haben eine Frau gerettet. Und sie können nach Hause gehen.

Jonas stapft zum Büro von Hayden. Sie haben sich heute Morgen das letzte Mal gesehen, um 9.03 Uhr, als das zweite Flugzeug in den Südturm einschlug und Hayden ihm den Befehl gab, mit seinen Männern in den Nordturm zu rennen. Hayden weint fast. „Jay, schön, dich zu sehen“, ruft er. Auch Jonas kann die Tränen nur mit Mühe zurückhalten: „Chief, melde mich zurück zum Dienst, es ist schön, noch unter den Lebenden sein zu dürfen.“

Dann kümmern sich die Sanitäter um Jonas' Männer. Nur Jonas entkommt ihnen. Er geht zu Fuß zurück in seine Feuerwache in der Canal Street in Chinatown.

Langsam dämmert ihm, dass er sein Leben dieser Lady verdankt. Alle Menschen in den Stockwerken über ihnen und unter ihnen sind tot. „Wir alle“, wird Jonas später sagen, „dachten, Josephine ginge viel zu langsam. Dabei hatte sie das perfekte Tempo. Gott gab uns den Mut, ihr zu helfen, und damit retteten wir uns selbst.“

Am nächsten Tag werden die Feuerwehrmänner der Buchhalterin aus dem 73. Stock, der Mutter und Großmutter, eine Feuerwehrjacke der Ladder 6 schenken, mit einem grünen Drachen drauf. Dem Wahrzeichen des Reviers aus Chinatown. Darunter haben sie einen Schriftzug sticken lassen: „Josephine – unser Schutzengel“.

Offutt Air Force Base, nahe Omaha, Nebraska, 16 Uhr

Um 16 Uhr sitzt Bush in einem unterirdischen Bunker und berät sich in einer Telekonferenz zum ersten Mal an diesem Tag mit den Mitgliedern des Nationalen Sicherheitsrats. Bush, berichtet Condoleezza Rice später, habe die Konferenz mit den Worten eröffnet, es handele sich bei der Attacke um einen Angriff auf die Freiheit, „und wir werden ihn als solchen verstehen“.

Kurz nach 16 Uhr ist das Gespräch beendet. Bush wiederholt seinen Wunsch, nach Washington zurückzukehren, noch einmal rät der Secret Service ab. Diesmal setzt Bush sich durch: Das amerikanische Volk erwarte, sagt er, dass er seine Fernsehansprache aus dem Oval Office halte und nicht aus einem Bunker. Um 16.36 Uhr hebt die Präsidentenmaschine Richtung Hauptstadt ab.

Washington, 19 Uhr

Bush kehrt ins Weiße Haus zurück. Eine Flotte von sechs Hubschraubern dröhnt am Washington Monument vorbei. Erst im letzten Augenblick löst sich Marine One aus der Gruppe und setzt auf dem Rasen vor dem Weißen Haus auf; niemand sollte wissen, in welcher Maschine sich der Präsident befindet. Als er die Rauchsäule über dem Pentagon sieht, sagt er zu einem seiner Helfer: „Das mächtigste Gebäude der Welt ist am Boden. Soeben wurden Sie Zeugen des Kriegs im 21. Jahrhundert.“

Im Bunker des Weißen Hauses versammelt Bush seine wichtigsten Mitarbeiter um sich: Vizepräsident Dick Cheney, Außenminister Colin Powell, Justizminister John Ashcroft, Sicherheitsberaterin Condoleezza Rice.

Weißes Haus, Washington, 20.30 Uhr

Im Oval Office hält Bush seine dritte und letzte öffentliche Rede an diesem Tag; sie dauert nicht einmal fünf Minuten und wird live im Fernsehen übertragen.

Zwölf Stunden nach dem Anschlag, nach einer Reise durch drei Bundesstaaten, die vielen Beobachtern vorkam wie eine Flucht, zeigt sich Bush endlich im Weißen Haus. „Niemand von uns wird diesen Tag jemals vergessen“, sagt er. Die amerikanische Regierung werde keinen Unterschied machen zwischen Terroristen und denen, die ihnen Unterschlupf gewähren. „Wir werden die Freiheit verteidigen und all das, was gut und gerecht ist in unserer Welt.“ Schätzungsweise 80 Millionen Amerikaner hören diese Worte vor ihren Fernsehern. Sie werden auch Zeuge der enormen Anspannung, unter der Bush steht – das Mikrofon überträgt einen deutlichen Stoßseufzer aus seiner Brust.

Pennsylvania, im Haus von Jean Potters Mutter, 21 Uhr

Weil ihr eigenes Apartment durch den Staub der eingestürzten Türme unbewohnbar geworden ist und ihnen vorkommt wie ein Friedhof, suchen Dan und Jean Potter Unterschlupf bei Jeans Mutter. Sie lebt in Pennsylvania, auf dem Land.

Mittags, nach dem Einsturz des Nordturms, hatte Dan Potter seinen Vater angerufen. „Dad“, schluchzte Potter, „Jean ist tot.“

„Unsinn“, sagte der Vater, „sie macht Telefondienst in der Feuerwache in der Canal Street.“

Potter rannte los, stieg ins Auto, holte sie. Der Staub klebte wie Zement an den beiden, aber als sie sich schluchzend in den Armen lagen, fiel die Angst von ihnen ab. Sie wollten raus aus der Stadt. Als sie auf dem Weg nach Pennsylvania an einer Tankstelle hielten, starrten die Leute sie an, stumm. So, als wären Dan und Jean Potter keine Überlebenden, sondern von den Toten auferstanden.

4

„Leider sind die Harburger Studenten sehr langweilig“

Die Jagd auf die Täter, das Terroristennetz in Hamburg und die Verbindungen zu Osama Bin Ladens al-Qaida

FBI, Washington D. C., 11. September, 9.20 Uhr

Das Strategic Information and Operations Center, kurz SIOC, der amerikanischen Bundespolizei liegt im vierten Stock des FBI-Hauptquartiers; 250 Ermittler sind herbeigeeilt, um nun, 17 Minuten nach dem zweiten Einschlag ins World Trade Center, die Ermittlungen aufzunehmen. Die Monitore flimmern, die Menschen schreien durcheinander, sie telefonieren.

Das FBI ist mit dem Pentagon verbunden, mit dem Außenministerium, mit Vizepräsident Richard Cheney, der unten im Bunker unter dem Weißen Haus hockt, und mit der Flugaufsichtsbehörde FAA. Die Leitungen sind abhörsicher.

Die FBI-Truppe versucht erst einmal, alle Informationen einzuholen, die sie kriegen kann, hektisch und unsortiert. Die wichtigste Information aber bekommen die Leute hier nicht: Dass um 9.43 Uhr der dritte Flug im Pentagon endet, überrascht und schockiert sie alle; die Lotsen haben nur das Weiße Haus über die wahnwitzigen Flugbewegungen informiert und nicht die Bundespolizei.

FBI-Direktor Robert Mueller ist erst seit sechs Tagen im Amt. Er soll die Firma umkrempeln und fit machen für die Zukunft; das FBI ist angeschlagen von vielen Affären und Pannen.

Und nun das.

Mueller entscheidet, dass es erst einmal wichtig sei, weitere Anschläge zu verhindern; er gibt den Befehl, jeden Verdächtigen zu verhaften – und sei der Grund noch so nichtig. „Spitting on the Sidewalk" heißt diese Taktik in Amerika, festnehmen, auch wenn jemand nur auf den Bürgersteig spuckt. Es geht darum, mögliche Terrorzellen zu zerschlagen, die weitere Angriffe auf Amerika planen könnten.

7000 Leute setzt Mueller ein. Die größte Operation in der Geschichte des FBI ist angelaufen. Sie heißt „Pentagon Twin Towers Bombing", kurz: „Penttbom".

Logan Airport, Boston, 11. September, mittags

Die Detektive waren schnell. Jetzt schon wissen sie die Namen der Terroristen, und dass einige von ihnen aus Deutschland kamen. Und sie haben auf dem Flughafen in Boston Mohammed Attas Reisetasche gefunden.

Gegen Mittag schließlich entdecken FBI-Leute auf dem Flughafenparkplatz einen weißen Mitsubishi. Ein Zeuge hat sich gemeldet und gesagt, er habe am Morgen arabische Männer vor dem Wagen gesehen, die sich gestritten hätten. Im Fahrzeug, einem Mietwagen von „National Car Rental“, liegen der Mietvertrag, arabische Flugtrainingsbücher und eine Zugangsberechtigung für geschlossene Bereiche des Logan Airport, ein so genannter Ramp Pass. In einigen Papieren stehen dieselben arabischen Namen, die auch in den Passagierlisten aufgetaucht sind, und da stehen die Namen Charles und Drucilla Voss. Die beiden haben im Sommer 2000 in Venice in Florida ein Zimmer an Mohammed Atta vermietet; dies ist der erste Hinweis, der nach Florida führt.

Bundeskanzleramt, Berlin, 11. September, 20.30 Uhr Ortszeit

Bundeskanzler Gerhard Schröder tritt vor die Presse.

Um 15.03 Uhr an diesem Nachmittag hatte sein Pressesprecher Bela Anda Schröders Büroleiterin Sigrid Krampitz angerufen: „Schalten Sie den Fernseher ein.“

Schröder führte kurze Telefongespräche mit Außenminister Joschka Fischer, Innenminister Otto Schily, Verteidigungsminister Rudolf Scharping, dem ehemaligen CDU-Vorsitzenden Wolfgang Schäuble, FDP-Fraktionschef Wolfgang Gerhardt, PDS-Fraktionschef Roland Claus, Grünen-Fraktionschef Rezzo Schlauch, CDU/CSU-Fraktionschef Friedrich Merz, der CDU-Vorsitzenden Angela Merkel, dem Chef des Kanzleramts, Frank-Walter Steinmeier, Staatsminister Hans Martin Bury, SPD-Fraktionschef Peter Struck, Ministerpräsident Edmund Stoiber, dem FDP-Vorsitzenden Guido Westerwelle und Bundestagspräsident Wolfgang Thierse.

Dann trafen sich Schröder, Scharping, Schily und Fischer mit dem Präsidenten des Bundesnachrichtendienstes, August Hanning.

Um 16.50 Uhr telefonierte Schröder mit Bundespräsident Johannes Rau, dann mit dem französischen Präsidenten Jacques Chirac, dem britischen Premierminister Tony Blair, dem russischen Präsidenten Wladimir Putin.

In der Pressekonferenz bezeichnet Schröder den Anschlag als „Angriff auf unsere Werte“ und sichert den Vereinigten Staaten von Amerika die „uneingeschränkte Solidarität“ der Bundesrepublik Deutschland zu.

Der Kanzler sieht müde aus.

Hamburg-Harburg, Marienstraße, 12. September, 22 Uhr

Beamte der Hamburger Polizei sperren die Marienstraße im Stadtteil Harburg. Männer in Zivil rasen in einer dunklen Limousine mit Blaulicht heran. Was wollen sie hier, wen suchen sie hier, 30 Stunden nach dem Angriff auf Amerika?

Die Marienstraße 54 ist ein vierstöckiger Nachkriegsbau, blassgelb getüncht, schmucklos, mit Isolierfenstern in Plastikrahmen. Am Gehsteig der Einbahnstraße parken Ford Fiestas; es gibt keinen Vorgarten, nur vergitterte Kellerfenster und hinter dem Haus eine Tanne und zwei Krabbeltunnel für Kinder.

Deutsches Kleinbürgertum eben, man kennt sich nicht, man interessiert sich nicht. Wer hier wohnt, kann bei Lotto/Feinkost Haase einkaufen und sich dann wieder vor der Welt verstecken. Klingelschilder sind herausgebrochen, eine Gegensprechanlage gibt es nicht, aber die, die hier wohnten, wünschten es nicht anders; gefunden zu werden war so ziemlich das Letzte, was sie wollten.

Wenn Mohammed Atta seinen Mietanteil an seinen Freund Said Bahaji überwies, kritzelte er stets denselben Verwendungszweck auf den Überweisungsträger: „Dar el-Ansar", was „Haus der Unterstützer" oder „Haus der Anhänger" bedeutet.

Hier, erste Etage rechts, hinter der Fußmatte mit der Aufschrift „Moin, Moin", haben sie in drei quadratischen Zimmern gewohnt, auf insgesamt 58 Quadratmetern: Atta und Bahaji, die Helfer und Massenmörder des 11. September.

Es kommt selten vor, dass eine Kopie besser ist und effektiver als das Original. Aber es kommt vor.

Das Original steht im Universitätsviertel im pakistanischen Peschawar, ganz unscheinbar in der Sayed Jalaluddin Afghani Road, wo die Reichen und die Gebildeten wohnen. Das Original heißt „Beit al-Ansar", was man mit „Haus der Unterstützer" übersetzen kann oder mit „Haus der Anhänger". Das Original ist ein weißer Bungalow mit angebautem Dach für Kraftfahrzeuge aller Art, mit eckig gestutzten Hecken und kurz geschorenem Rasen im Vorgarten. Der Mieter des Originals heißt Osama Bin Laden, der Mietvertrag ist sieben Jahre alt, und bis er sich versteckte, hat Bin Laden hier Kämpfer begrüßt, die kamen, um zu lernen für das, was ihr Meister den „Heiligen Krieg" nennt.

Die Kopie steht in Hamburg-Harburg, Marienstraße 54.

Um 22.18 Uhr an diesem 12. September hatte die Bundespolizei FBI eine Liste mit 19 Tatverdächtigen an die amerikanische Botschaft in Berlin übermittelt, und die leitete das sechsseitige Schreiben per Fax weiter an das Bundeskriminalamt (BKA). Der Anlass: „Twin Towers Bombing, Terrorist Attacks of 11. September 2001." Das Aktenzeichen: 265D-NY-280350.

Alle tauchen sie schon in diesem ersten Papier auf: Atta, Shehhi, Jarrah und die anderen. Ihre Buchungen, ihre Kreditkartenabrechnungen, ihre

Adressen in Amerika hat das FBI innerhalb eines Tages zusammengetragen. Das Schreiben endet mit den Worten: „Wir würden uns über alle Spuren und Informationen freuen, die Sie über die oben aufgeführten Verdächtigen beschaffen können. Wir sind besonders daran interessiert, mehr über die Aktivitäten und die Verbündeten von Mohammed Atta (alias Sajjid) und Marwan al-Shehhi in Deutschland zu lernen."

Von Berlin ging das Fax weiter nach Hamburg.

Darum stürmen Beamte der Hamburger Polizei nun das deutsche „Beit al-Ansar", das „Haus der Anhänger", in Hamburg-Harburg.

Viel ist nicht mehr da, lediglich ein Einbauschrank, eine weiße Einbauküche mit Dunstabzugshaube und ein Telefonanschluss im Flur. Der Schäferhund „Ando", der beste Sprengstoffschnüffler der Hamburger Polizei, sucht 20 Minuten lang, aber er schlägt nicht an, und er bleibt nirgendwo stehen. Die Beamten finden nur ein paar Zettel und Papiere im Keller, arabisch beschrieben, aber auch nach der Übersetzung nicht sehr vielsagend. Keine Menschen mehr, keine Beweise: Das Nest der Mörder ist besenrein, renoviert und frisch geweißt.

Die Durchsuchung des deutschen Hauses der Unterstützer ist der Start; nun läuft die gewaltigste Kriminalfahndung aller Zeiten an. Weltweit werden von nun an Agenten und Detektive, Psychologen und Staatsanwälte an der Aufklärung der Anschläge arbeiten. Allein in Deutschland werden in den kommenden Wochen 17 000 Hinweise eingehen, 448 Menschen und 19 Firmen werden überprüft, 39 Objekte durchsucht, 452 Bank- und 43 Kreditkartenkonten gecheckt, Berge von Akten, Computern, Videos beschlagnahmt.

Und das Bundeskriminalamt richtet die Soko USA ein, 600 Mann stark. Zuerst müsse man die Ermittlungen mit den USA „koordinieren und dann sehen, wie sich dieses Netzwerk aufgebaut hat", sagt Generalbundesanwalt Kay Nehm; eine erste wichtige Spur seien jene Gespräche, die die Terroristen von ihren Mobiltelefonen aus geführt haben.

In Hamburg fährt der damalige Innensenator Olaf Scholz den Apparat hoch: Ein Krisenstab wird gebildet, Einwohnerzentralamt und Ausländeramt werden eingeschaltet.

Es gibt ein kurzes Kompetenzgerangel: Generalbundesanwalt Nehm bittet Scholz, in der Pressekonferenz die Polizei zu loben, aber sonst wenig zu sagen. Scholz hält sich nicht daran; er redet lange über die Sicherheit in seiner Stadt, denn in Hamburg ist Wahlkampf.

Außerdem wünscht Nehm, dass das BKA die Arbeit übernimmt und die Hamburger sich zurückhalten – doch Scholz sagt, auch in der Hansestadt gebe es fähige Leute, und es sei „Gefahr im Verzug". Nehm lenkt ein; natürlich hat das BKA die Verantwortung und die Federführung, aber von nun an arbeiten die Behörden zusammen. „Das schweißt emotional zusammen, wenn man so unter Druck steht", sagt Scholz.

Kurz vor halb zwei stürmt das Mobile Einsatzkommando der Polizei ein zweites Haus in Harburg. Den zwei Gruppen schwarz vermummter Polizisten mit Maschinengewehren geht es um eine Wohnung in der ersten Etage eines dreistöckigen Eckhauses in der Bunatwiete 23. Zehn Streifenwagen rücken an, vor dem hellgrün getünchten Haus drängeln sich Schwerbewaffnete mit Kampfhelmen. Doch der Mann, den sie suchen, ist nicht mehr da.

Said Bahaji, Unterstützer der Todespiloten, hat Deutschland früh genug verlassen.

Die Beamten finden eine ziemlich verschreckte Frau, die mit einem schwarzen Tschador, dem Umhang strenggläubiger Musliminnen, bekleidet ist. Neşe Bahaji und ihr sechs Monate alter Sohn Omar müssen mitkommen. Beamte versuchen, sie mit weißen Laken vor den Fotografen zu schützen.

TU Hamburg-Harburg, 13. September, 1.30 Uhr

Kanzler Jörg Severin ist um Mitternacht eingenickt. Er schläft schlecht.

Severin hatte zusammen mit seinen Kollegen und dem Präsidenten der Technischen Universität Hamburg-Harburg, Christian Nedeß, vor dem Fernseher gestanden, sprachlos wegen der Bilder aus New York und Washington. Jörg Severin, klein und immer korrekt gekleidet in seinen feinen Anzügen, ist ein ziemlich nüchterner Verwaltungsmensch, aber er war immer offen für das, was an seiner Uni passierte. Er ist ein Mann der ersten Stunde hier, er hat die Uni mit aufgebaut. Er ist stolz auf die Internationalität seiner Uni, und er selbst ist polyglott; er macht Urlaub im Jemen und in Brasilien, fremde Kulturen interessieren ihn.

Jörg Severin träumt unruhig in dieser Nacht, und er wacht auf, als das Telefon klingelt.

Der Polizeipräsident, Justus Woydt, ist dran. „Wir müssen an Ihren Datenbestand", sagt Woydt, mehr nicht.

„Jetzt?", fragt Severin, und dann dämmert es ihm: „Mein Gott, New York?"

„Ja, jetzt, schnell", sagt der Polizeipräsident.

Eine Viertelstunde später steht Kanzler Jörg Severin vor dem Haupteingang seiner Universität; er sieht das Blaulicht jenes Polizeiwagens, mit dem eine Mitarbeiterin des Studentensekretariats gebracht wird.

Und dann stehen sie um den Computer herum, im grellen Bürolicht des Sekretariats. Die Polizisten nennen 13 Namen, 7 davon sind Treffer, denn sie tauchen im Verzeichnis der Technischen Universität auf. Noch geht es lediglich um mögliche Zeugen und Verdächtige, aber „das reichte mir schon“, sagt Severin.

Am nächsten Morgen um sieben hört er in den Nachrichten, dass zwei der Todespiloten an seiner Universität studiert haben.

Uni-Präsident Christian Nedeß steht im Badezimmer seines Hauses in Buchholz, als er die Nachrichten hört, und „mir fällt fast der Rasierapparat aus der Hand“, sagt Nedeß, denn „mit jedem Satz wurde es konkreter. Erst Hamburg, dann Harburg, dann die Marienstraße, dann die TU“. Nedeß springt in sein Auto und ruft seinen Kanzler an.

„Ist da was dran?“, fragt er.

„Ja, leider“, sagt Severin.

Nedeß will sich am Alltag festhalten und eröffnet eine Konferenz, die auf seinem Campus stattfinden soll. Seine Sekretärin holt ihn aus der Sitzung, denn der Präsident muss informieren.

Studenten und Professoren haben sich im Audimax versammelt, mehr als ein Dutzend Fernsehkameras sind auf den Präsidenten der Technischen Universität Hamburg-Harburg gerichtet. Nedeß ist ein etwas untersetzter Mann, der eine riesige Brille und gern bunte Anzüge trägt; die Studenten mögen ihn, weil er launige Vorlesungen hält und immer so verschmitzt, so spitzbübisch daherkommt.

Heute trägt Nedeß Grün, und er hat Tränen in den Augen. Wissenschaftssenatorin Krista Sager steht neben ihm und preist den „internationalen Geist der Uni“.

Normalerweise ist auch Christian Nedeß sehr stolz auf diesen Geist.

„Warum hier?“, fragt er.

Ja, warum?

Berlin, Anfang Oktober

Dass ausgerechnet Hamburg das geistige Zentrum einer solchen Attacke war, hat die traditionell zerstrittenen Sicherheitsbehörden kalt erwischt. Jahrelang galt die Linie, gegen ausländische Extremisten nicht allzu hart vorzugehen. Im Gegenzug, so das Kalkül, würden diese sich in Deutschland zurückhalten.

Dass es mit den ruhigen Zeiten vorbei sein dürfte, hat sich allerdings schon vor Monaten angedeutet. Am zweiten Weihnachtsfeiertag 2000 hatte ein Spezialeinsatzkommando in Frankfurt zwei Wohnungen gestürmt und fünf Algerier festgenommen. Eine Bombenwerkstatt wurde ausgehoben, ein Anschlag auf den Weihnachtsmarkt im französischen Straßburg „in letzter Minute“ (Innenminister Otto Schily) verhindert. Auf einem sichergestellten Amateurvideo, das die Täter nur Tage zuvor gedreht hatten, sagt eine Stimme aus dem Off zu den Bildern der umherspazierenden Touristen: „Hier sehen wir die Feinde Gottes. Ihr fahrt zur Hölle, so Gott will.“

Der Geheimdienstkoordinator im Kanzleramt, Ernst Uhrlau, und der Präsident des Bundesnachrichtendienstes, August Hanning, hatten seitdem gedrängt, die Gefahr des islamistischen Terrorismus neu zu bewerten. Eine Arbeitsgruppe der Verfassungsschutzbehörden machte sich an die Arbeit, prüfte, wie Agenten in die radikalen Zirkel geschleust werden können. Die Gefahr war erkannt, aber da war es längst zu spät.

Uhrlau hat das hart getroffen. Bevor ihn der Bundeskanzler nach Berlin holte, hatte er jahrelang das Landesamt für Verfassungsschutz in Hamburg geleitet; später wurde er Polizeipräsident der Hansestadt. Der Geheimdienstkoordinator ist schnell im Kopf, aber ziemlich langsam mit dem Mundwerk; er ist ein bedächtiger, ordentlicher Hanseat. Und heute haust Uhrlau in einem dieser ungemütlichen, schlauchartigen Büros im Berliner Kanzleramt, und die Wände dort hat er mit Erinnerungsstücken aus seiner Hamburger Zeit geschmückt. Dabei zuzusehen, wie sich seine Nachfolger an der Elbe mühten, Kamerateams aus aller Welt zu erklären, warum niemand etwas geahnt hat, das war ein schlimmes Gefühl.

Als am 11. September Attas Maschine den ersten Turm des World Trade Center traf, war im Berliner Kanzleramt gerade die wöchentliche nachrichtendienstliche Lage vorbei. Auf der Tagesordnung hatte nichts Besonderes gestanden, und beruhigt und scherzend gingen die Spitzen der Geheimdienste und die Staatssekretäre des Innen-, des Verteidigungs- und des Außenministeriums zurück in ihre Büros.

Uhrlau war gerade wieder an seinem Schreibtisch angekommen, als ihn ein Anruf erreichte: „Schalt mal den Fernseher ein.“

Ein paar hundert Meter weiter, in seinem Berliner Büro, saß BND-Präsident August Hanning mit Journalisten zusammen; er redete über Terroristen im Allgemeinen, als ihm eine Referentin einen Zettel hineinreichte. Gemeinsam mit seinen Besuchern guckte er ein paar Minuten lang ungläubig CNN, dann begannen die Telefone zu klingeln. Hanning komplimentierte die Journalisten aus seinem Büro.

Hanning, ein großer, hagerer Mann, der ständig im Dreiteiler unterwegs ist, war schon unter der Regierung Helmut Kohls im Geschäft:

Bevor er in die Pullacher Zentrale wechselte, hatte der Jurist im Kanzleramt die für die Koordinierung zuständige Abteilung geleitet.

Auch der Präsident des Bundesamts für Verfassungsschutz (BfV), Heinz Fromm, war am 11. September in Berlin unterwegs. Fromm hat eine ungewöhnliche Karriere hinter sich: Vom Direktor des hessischen Landesamts für Verfassungsschutz hatte er es bis zum Innenstaatssekretär in Hessen gebracht. Nach dem Wechsel der Landesregierung wollte er nicht, wie andere Spitzenbeamte, einfach in Pension gehen. Er wurde Leiter der Justizvollzugsanstalt in Kassel. Oft macht sich der Mann mit dem Schnauzer Gedanken über die Motive von Straftätern, und gern beginnt er seine Ausführungen mit den Worten „In meiner Zeit im Gefängnis". Für einen, der im Repressionsapparat groß geworden ist, ist so etwas ungewöhnlich. Von seinem Posten in Kassel berief ihn Innenminister Schily auf den Präsidentenstuhl in Köln.

Schon nach Tagen wussten all diese Herren, dass die Attentäter aus Hamburg nicht ihr einziges Problem sind. In ihren Panzerschränken liegen ja diese zwei Dossiers des Bundeskriminalamts, schon vor Jahren geschrieben, in denen die Staatsschützer darauf drängen, umfassende Ermittlungen gegen die al-Qaida-Organisation aufzunehmen. Immer wieder waren Spuren aufgetaucht, die zu belegen schienen, dass die Bin-Laden-Gruppe in Deutschland Fuß gefasst hatte. Keiner der Todespiloten taucht namentlich in den Papieren auf, aber dafür einige, die seit dem 11. September als Freunde, Kontaktpersonen oder Unterstützer der Hamburger Zelle gelten.

Der Generalbundesanwalt Kay Nehm hatte umfassende Ermittlungen stets abgelehnt – die Beweislage sei zu dünn, die juristischen Schwierigkeiten seien unüberwindbar, sagte er. Nehm ist ein pedantischer Jurist mit einem sehr aufgeräumten Büro und einem blassen Blick; es kann vorkommen, dass er Gesprächspartnern eine halbe Stunde lang nicht in die Augen schaut. Nehm stammt aus der Revisionsabteilung der Behörde und gilt nicht als sonderlich forscher Fahnder; an die Grenzen zu gehen, das ist nicht seine Sache.

Als der Anschlag passierte, war Nehm gerade von einem Unfall in seiner Behörde genesen. Mit dem Kick-Roller, auf dem er gern in den Gängen seines Hauses unterwegs ist, war er auf einer frisch geputzten Stelle hingeschlagen und hatte sich die Hüfte gebrochen.

Zwischen Nehm und der Bundesregierung kam es kurz nach dem 11. September zum Eklat. Die Amerikaner, die damit begonnen hatten, Unschuldige als so genannte wichtige Zeugen zu verhaften, verstanden nicht, dass das deutsche Rechtssystem solche Methoden nicht hergibt.

Die beiden unterschiedlichen Betrachtungen prallten aufeinander, als die Amerikaner die Deutschen eilig informierten, ein Stellvertreter Bin Ladens werde am Frankfurter Flughafen auftauchen. Auf welcher Grundlage man ihn denn festhalten sollte, fragte die Bundesanwaltschaft. Einen Haftbefehl habe man auch nicht, aber man könne ihn doch erst einmal einsperren, empfahlen die Kollegen in Washington. Das Problem erledigte sich, da der Mann nie erschien.

Aber als US-Präsident Bush den deutsch-syrischen Geschäftsmann Mamoun Darkazanli auf die Liste jener Personen setzte, deren Konten wegen Terrorverdachts zu sperren seien, eskalierte die Situation. Nehms Behörde erklärte, es reiche nicht für einen Anfangsverdacht. Dass Darkazanli schon in den beiden BKA-Dossiers ausdrücklich als Verdächtigter genannt wird, machte die Amerikaner zunehmend wütend. Der Ton wurde schärfer.

Darum wuchs in der Bundesregierung der Verdacht, dass Nehm nur so zurückhaltend agierte, damit er nicht eingestehen musste, dass seine früheren Entscheidungen womöglich ein Fehler waren.

Und nun bricht der Streit offen aus.

Nehm wird in die inzwischen täglich tagende Sicherheitslage im Kanzleramt einbestellt – es ist das erste Mal. Er ist kaum angekommen, da machen ihm die versammelten Geheimdienstchefs, aber auch Uhrlau und Kanzleramtschef Steinmeier schwere Vorwürfe. Es müsse endlich gehandelt werden. Nehm ist pikiert und empört, aber die Schelte erfüllt ihren Zweck. Das Verfahren wird ausgeweitet – auch auf Darkazanli.

Geleitet werden die Ermittlungen von zwei Leuten, die zu den erfahrensten Staatsschützern des Landes gehören. Walter Hemberger hat schon im Fall Bad Kleinen mitgemacht. Der Schwabe ist passionierter Marathonläufer. Seine Bürowände zieren schon nach Tagen die immer größer werdenden Grafiken, auf denen die Verbindungen der Hamburger Zelle nachgezeichnet werden.

Und die Sonderkommission beim BKA, die heutzutage in schönstem Polizeideutsch „Besondere Aufbaukommission“ heißt, leitet Manfred Klink. Der gehört seit Jahren zur Amtsleitung in Wiesbaden und ist zuständig für Staatsschutz und Personenschutz. Einer wie Klink steht normalerweise nicht mehr an vorderster Front. Aber was ist schon normal, wenn es um die Aufklärung des größten Terroranschlags aller Zeiten geht?

BKA, Meckenheim bei Bonn, 28. Oktober

Sechs Wochen sind seit dem Attentat vergangen, und ständig stoßen die Fahnder auf neue Namen und neue Verdächtige. Aber die sind nur noch Steinchen im großen Mosaik – die Ermittler wissen inzwischen sehr genau, wie der größte Terroranschlag aller Zeiten in einem tristen Teil Hamburgs inszeniert wurde. Sie haben Dutzende von Spuren gefunden und die Wege des Geldes aufgespürt; sie haben das Netzwerk des Terrors in weiten Teilen beschrieben und seine Stränge zu Osama Bin Ladens Terrororganisation al-Qaida offen gelegt.

Manchmal liefen ihnen dabei auch ziemlich bizarre Personen in die Arme.

In der Justizvollzugsanstalt Hannover saß ein 19-jähriger Iraner names Ali Z. in Abschiebehaft, und dieser Kerl hatte schon vor dem 11. September darauf gedrängt, mit dem Weißen Haus und mit dem Secret Service der Vereinigten Staaten telefonieren zu dürfen. Was er denen zu erzählen wünschte, mochte der Mann nicht verraten; nur so viel: Es werde die Weltordnung verändern, das sei gewiss.

Derart heftig bettelte der Iraner, dass ihm die Anrufe schließlich gestattet wurden. Aber im Weißen Haus legten die Telefonisten den Hörer auf, als sie hörten, der Anrufer sitze im Knast in Germany. Und beim Secret Service taten sie ihn als Wichtigtuer ab. Als er am Freitag vor dem 11. September noch einmal warnte: „Nächste Woche passiert etwas", mochte schon keiner mehr hinhören. Ein Arzt sagte, der Typ sei krank.

Am 13. September, zwei Tage nach den Anschlägen, hörte man ihm dann endlich zu. Spezialagenten vom FBI waren angereist, und auch Fahnder vom BKA saßen am Tisch, als Ali Z. seine Geschichte erzählte. Das Problem war nur: Es gab keine Geschichte. Ali Z. schwafelte von der Gefährdung des Weltfriedens und wusste sonst nichts. Er kannte die Attentäter nicht, und auch von irgendwelchen Hintergründen der Anschläge hatte er keine Ahnung.

Es melden sich viele Verrückte in diesen Wochen, und mit einer Mischung aus Abscheu und Mitleid hören sich Deutschlands Polizeibeamte deren Storys an. Dann aber gibt es auch wieder Momente, da werden die Beamten mit den müden Augen auf einmal ganz wach.

In der Wache 21 in der Mörkenstraße in Hamburg-Altona schaute Anfang Oktober gegen 18 Uhr der Kosovo-Albaner Zeljko E., 31, vorbei. Nach ihm werde gefahndet, und nun wolle er sich stellen, sagte er. Weil ihr träges EDV-System wieder mal ausgefallen war, sperrten ihn die

Beamten ein, und eine halbe Stunde später wussten sie: Zeljko E. wurde tatsächlich wegen Einbruchs gesucht.

Gegen 20 Uhr drückte der Mann in der Zelle die Klingel und verlangte, jemanden vom Staatsschutz sprechen zu dürfen. Und als dann zwei Männer vom BKA in Altona erschienen, erzählte er, er habe bei einem Geschäftsmann eingebrochen und kiloweise Schriftstücke geklaut.

Kein Geld, keinen Schmuck, nur Papier, haufenweise Papier, ganze Dokumente in arabischer Sprache.

Und weil der Dieb natürlich ein tüchtiger Dieb war, wollte er wissen, was er da geraubt hatte. Also, das erzählte er den Beamten, habe er eine Reisetasche voller Akten zu einem Kumpel geschleppt, der Arabisch sprach, und dort hätten sie ganz entsetzt festgestellt, dass die Dokumente etwas mit den Anschlägen in New York und Washington zu tun haben könnten.

Nach diesem erstaunlichen Bericht rief der Dieb von der Wache aus einen anderen Freund an und bat ihn, die Akten vorbeizubringen; wieso, meinte der Freund, die habe er doch schon vor einer Woche im Polizeipräsidium abgegeben. Dort hatte er erzählt, er komme im Auftrag einer Organisation zur Rettung des Weltfriedens.

Und nun wurden die Papiere flink kopiert und an die Staatsschutzabteilung des BKA weitergeleitet. Eineinhalb Tage dauerte es, bis die 20 Kilogramm Papier kopiert waren. Und wirklich, sie sind ein Schatz. Denn sie erzählen eine Menge über die Geschäfte des aus Syrien stammenden Kaufmanns Mamoun Darkazanli; gegen den ermittelt die Bundesanwaltschaft ja inzwischen wegen des Verdachts auf Unterstützung einer terroristischen Vereinigung.

Denn Darkazanli, der die Vorwürfe bestreitet, kennt sie fast alle: die Hamburger, die beteiligt waren an den Anschlägen und an deren Vorbereitungen, und den Finanzchef Osama Bin Ladens, Mamduh Mahmud Salim, der in den USA im Knast sitzt. Für Salims Hamburger Konto hatte Darkazanli eine Vollmacht.

Doch stimmt diese schöne Geschichte? Ein ordinärer Einbrecher klaut Akten mit Material über den größten Terroranschlag der Geschichte und liefert sie brav bei der Polizei ab, die ihn sucht? Die Fahnder glauben kein Wort. Sie rätseln, ob ihnen ein Geheimdienst auf diesem seltsamen Weg Beweismaterial in die Hände spielen wollte. Aber welcher?

Es gibt Zufälle wie diesen, und es gibt reichlich harte Arbeit für die Soko des Manfred Klink.

Und nun, Ende Oktober, sitzen die Leute vom BKA in Meckenheim bei Bonn zusammen und ziehen Bilanz.

Längst ist ihnen klar, dass der deutsche Anteil an der Attacke sich nicht nur auf drei Piloten beschränkt. Auch die Rekonstruktionen von Telefonaten und Geldtransfers haben immer wieder denselben Endpunkt: Hamburg-Harburg, jenen Stadtteil der Hanse-Metropole, den man inzwischen auch „Pearl Harburg" nennen könnte.

Als sie in den neunziger Jahren nach Hamburg kamen, waren die Killer des 11. September noch ganz normale junge Leute, Muslime natürlich und fleißige Studenten, Musterbeispiele für die Integrationsfähigkeit dieser Gesellschaft.

Aber dann wurden sie die Prototypen einer neuen Sorte von Terroristen, junge Männer, deren Potenzial irgendjemand erkannt haben muss: smarte Jungs aus gutem Hause und deshalb viel zu schade für terroristischen Kleinkram wie Autobomben.

Für diese Kerle musste es schon etwas ganz Großes sein, ein Anschlag wie dieser eben, bei dem Aufwand und Effekt in einem irrwitzigen Verhältnis stehen: 19 junge Männer töten fast 4000 Menschen. Sie geben für Wohnungen, Ausbildung, Flugscheine und Pässe ein paar hunderttausend Mark aus und verursachen über 200 Milliarden Mark Schaden. Funktionieren konnte das alles nur, weil einer wie Mohammed Atta das eigene Leben unter „Nebenkosten" buchte.

Ihre tödlichen Phantasien, das steht inzwischen fest, haben die Mörder in Hamburg entwickelt, erst zaghaft, dann hemmungslos. Und offen. Viele Leute in den Hamburger Gemeinden müssen gewusst haben, dass mitten unter ihnen eine radikale Truppe heranwuchs, die beim Tee den Hass auf Juden und Amerikaner pflegte.

Vor der Tat kam die Ausbildung. Von Hamburg führte der Weg der späteren Piloten 1999 nach Afghanistan. Atta und sein Vasall Marwan al-Shehhi, der sich dort Abu Abdallah genannt haben soll, waren nach Überzeugung der Amerikaner in einem Gästehaus von Bin Ladens Terrortruppe al-Qaida in Kandahar. Und wohl auch Ziad Jarrah; der Junge hatte ja sogar seinem Großonkel erzählt, für ihn gebe es nur den Weg des Märtyrers.

Als sie dann im Sommer 2000 in die USA aufbrachen, verwischten sie nicht alle Spuren. Aus Bücherschränken zogen die Fahnder Werke über den „Heiligen Krieg"; in Schubladen entdeckten sie 94 Kopien von Bin Ladens Aufruf zum Kampf gegen die Ungläubigen; in einer ehemaligen Wohnung Ziad Jarrahs fand sich etwas, was sich nach dem Anschlag wie eine Prophezeiung liest: „Der Morgen wird kommen. Die Sieger werden kommen. Wir schwören, wir werden euch besiegen. Die Erde wird unter euren Füßen beben."

Und in den Trümmern der in Pennsylvania abgestürzten Maschine, jener, die es als einzige nicht ins Ziel schaffte, lag ein angekokelter Zettel mit einer Hamburger Adresse.

Hamburg. Immer wieder Hamburg.

Nach den Erkenntnissen der Bundesanwaltschaft sind neben den drei Piloten nun zehn weitere Männer verdächtig, bei der Vorbereitung der Anschläge beteiligt gewesen zu sein; in allen Fällen laufen Ermittlungsverfahren. Zwei dieser Männer sollten wohl ebenfalls in den Maschinen sitzen; weil sie keine Visa erhielten, scheiterte der Plan. Zwei werden noch per Haftbefehl gesucht; die Spur eines weiteren, des Deutsch-Syrers Mohammed Haydar Zammar, verliert sich zunächst in Marokko, wohin er laut seiner Familie Ende 2001 gereist war, um sich von seiner Zweitfrau scheiden zu lassen. Mitte Juni 2002 wurde dann bekannt, dass er von Marokko an Syrien ausgewiesen und dort festgenommen wurde. Die anderen, darunter der aus Syrien stammende Mamoun Darkazanli, sind in Deutschland geblieben.

Und der Marokkaner Mounir al-Motassadeq geht ins Netz; Motassadeq hat Attas Testament unterzeichnet, besaß eine Vollmacht für das Konto des Todespiloten Shehhi und ließ sich, wie die Terroristen, mit denen er befreundet war, in einem Qaida-Camp ausbilden. Im Oktober 2002 wurde der zweifache Vater, der mit seiner hohen Stimme wirkt wie ein Junge kurz vor dem Stimmbruch, vor dem Hanseatischen Oberlandesgericht angeklagt – wegen Beihilfe zum Massenmord und Mitgliedschaft in einer Vereinigung, „deren Zwecke oder deren Tätigkeit darauf gerichtet sind, Mord und Totschlag zu begehen". Inzwischen verurteilte ihn das Gericht zu 15 Jahren Freiheitsstrafe, aber Motassadeq, der alle Vorwürfe bestreitet, will in Revision gehen.

Früher mal, auch das ist ein bizarres Ergebnis der Fahndung, soll Motassadeq in Münster-Roxel bei Hildegard und Wilhelm A. gewohnt haben, den Eltern jenes Versicherungsmaklers Heinz A., der im World Trade Center starb.

Für die deutschen Sicherheitsbehörden ist all das, was die Ermittlungen zu Tage gefördert haben, eine ziemlich bittere Erfahrung. Dass Radikale Deutschland als Unterschlupf nutzen, war bekannt. Aber es galt als eine Art Grundregel, dass sie schon nichts tun würden, um es sich nicht mit den Behörden zu verderben. Das arabische Sprichwort „In den Teller, aus dem man isst, spuckt man nicht", scheine „an Verbindlichkeit zu verlieren", sagt der Leiter der Abteilung Ausländerextremismus beim Bundesamt für Verfassungsschutz, Helmut Stachelscheid.

Zwei der jetzt Verdächtigen etwa, Darkazanli und Zammar, sind für Geheimdienste und Polizei alte Bekannte; seit Jahren stehen sie im Verdacht, möglicherweise Bin Ladens Statthalter in Hamburg zu sein. So wurden sogar Mounir al-Motassadeq und der gesuchte Said Bahaji schon 1999 vom Bundesamt für Verfassungsschutz überwacht, sie waren im geschützten Grenzfahndungsbestand ausgeschrieben, so dass jede Ein- und Ausreise dem Geheimdienst gemeldet wurde. Auch belauschen die Verfassungsschützer immer wieder Telefonate zwischen Zammar und dem späteren Todespiloten Marwan al-Shehhi. Sie sind ganz früh ganz nah dran. Doch sie können die Puzzlestücke, die auf ihrem Tisch liegen, nicht zusammensetzen.

Ein anderer, Zakariya Essabar, schrieb bei seiner Bewerbung um einen Studienplatz, dass er nach Norddeutschland wolle, „weil Hamburg als Hafen- und Handelsstadt bekannt für seine Offenheit und Toleranz“ sei. Purer Zynismus im Nachhinein – aber waren deswegen die Sicherheitsvorkehrungen zu lasch?

Im Behördenstaat Deutschland hat jeder seine Spuren hinterlassen. Einreise – bitte schön, ein Blick in die Ausländerakte. Umzug – kein Problem, mit Hilfe des Melderegisters. Universitätsaufenthalte – klar, jeder hat eine dicke Akte. Da können die Amerikaner, bei denen es nicht einmal eine Meldepflicht gibt, nur staunen.

Es ist nur eben so, dass jetzt auch all die Fehler und Schwächen der vergangenen Jahre zu Tage treten. Atta etwa war mit gleich drei Pässen registriert. Dass das keiner gemerkt hat, macht Innenminister Otto Schily noch Wochen später wütend. Und dass der nach dem 11. September weltweit gesuchte Ramzi Binalshibh, der genau ein Jahr nach den Anschlägen in Pakistan verhaftet wird, bei seiner Einreise nach Deutschland noch Ramzi Omar hieß, weiß das BKA nur dank eines Zeugen, der sich nach der Veröffentlichung des Fahndungsfotos an den Mann erinnerte.

Vieles gilt inzwischen als gesichert: Die 4 Piloten, so meinen die Ermittler, waren die Hirne – und die 15 anderen die Muskeln. Womöglich wussten die Kidnapper, die die Flugoffiziere aus den Cockpits gezerrt haben müssen und dann hinten in der Maschine die Passagiere in Schach hielten, nicht einmal, dass es nicht um eine einfache Entführung, sondern direkt in den Tod ging.

Detail um Detail haben die Fahnder zusammengetragen, aber es gibt da eine seltsame Schieflage: Die deutschen Fahnder finden eine Menge heraus und teilen es den Kollegen in Amerika und anderswo mit – aber wenig kommt zurück. Die riesigen Dollar-Überweisungen aus den Vereinigten Arabischen Emiraten? Leider sei immer noch keine Auskunft zu den Einzahlern möglich, heißt es. Die 13 Attentäter aus Saudi-Arabien? Wir bedauern, noch sind keine ausführlichen Angaben zu den Vitae verfügbar.

Diese Lücken machen die Ermittler und die Bundesregierung einigermaßen ratlos. Mauern die Amerikaner, oder wissen sie wirklich so wenig? Und wie soll man die Bedeutung der Hamburger Zelle beurteilen, wenn man wenig über die anderen Attentäter weiß?

Wichtig war sie, das immerhin wissen die Fahnder nun.

Sehr wichtig.

Immerhin fing hier alles an.

Damals, vor neun Jahren.

Hamburg, Juli 1992

Es gibt Fragen, die sich Ermittler hinterher immer stellen: Hätte das Verbrechen verhindert werden können? Hätten die Mörder enttarnt werden können – vor dem Mord?

Mohammed Atta, Kopf der Gruppe, ruhigster und stärkster der 19 Killer des 11. September, kommt als braver Student nach Deutschland. Der sanfte Junge, der in Kairo seinen Bachelor of Architectural Engineering gemacht hat, soll Deutsch lernen und seinen Magister und seinen Doktor in Deutschland machen – so will es Mohammed Atta senior, der Vater des Terroristen, Rechtsanwalt in Kairo.

Laut Ausländerakte reist Atta junior am 24. Juli 1992 zum erstenmal nach Deutschland ein. Eine Aufenthaltsgenehmigung hat er nicht, und niemand verlangt sie von ihm, denn ein Hamburger Lehrer-Ehepaar, das sich um einen Schüleraustausch zwischen Deutschland und Ägypten kümmert, hat ihn eingeladen.

Atta bewirbt sich um einen Studienplatz in Architektur an der Fachhochschule Hamburg, und als er dort keinen Platz bekommt, klagt er. Als er doch noch zugelassen wird, nimmt er seinen Einspruch zurück und tritt dann ein Studium für Stadtplanung an der Technischen Universität Hamburg-Harburg an.

Atta (Deutsch: Das Geschenk), der in Deutschland seinen vollen Namen Mohamed Mohamed al-Amir Awad al-Sajjid Atta auf Mohammed al-Amir verkürzt, kommt gut zurecht in der Fremde. An der Hochschule werden ihm seine ägyptischen Scheine angerechnet; er kann gleich mit dem Hauptstudium beginnen und begeistert seine Professoren.

Auffällig? Nur im besten Sinne. So war es auch bei Ziad Jarrah oder Marwan al-Shehhi; die meisten der jungen Männer kamen, um zu studieren. Als Muslime, natürlich, aber nicht als Kriminelle. Bei einigen anderen allerdings war auch das ein bisschen anders.

Es gab da zum Beispiel welche unter den Unterstützern in Hamburg, die mit diversen Namen hantierten und dadurch die Behörden narrten.

Ramzi Mohamed Abdullah Binalshibh, 1972 im Jemen geboren, kam am 22. September 1995 per Schiff in Hamburg an. Damals nannte er sich noch Ramzi Mohamed Abdellah Omar. Er erzählte, er sei 1973 im Sudan geboren. Und er beantragte Asyl mit der ziemlich hilflosen Geschichte, dass er in Khartum nach Studentenunruhen von der Polizei für zwei Wochen festgenommen worden sei.

Der Antrag wurde vier Monate später abgelehnt, und Binalshibh alias Omar klagte. Im Dezember 1997 wurde die Klage abgewiesen, und im Mai 1998 wurde Ramzi Omar, weil er verschwunden war, zur Fahndung ausgeschrieben. Das allerdings interessierte Ramzi Binalshibh schon nicht mehr. Denn am 3. Dezember 1997 war er mit einem gültigen Schengen-Visum erneut in die Bundesrepublik eingereist. Am 6. November 1998 zog er in die Marienstraße 54, das Haus der Unterstützer.

Es gab andere, die kamen einfach und kümmerten sich nicht um Formalitäten.

Muhammad Bin Nasser B., 1946 in Indonesien geboren, reiste im März 1972 mit einem Touristenvisum ein, das für zwei Monate gültig war. Er blieb 13 Jahre lang. Illegal. 1985 wurde er erwischt, kam in Abschiebehaft, doch dann geschah eines dieser Wunder deutscher Bürokratie: Der Mann erhielt eine Duldung, eine Aufenthaltsgenehmigung und 1991 auch noch die Arbeitserlaubnis; B. begann im Briefzentrum der Hamburger Post. Im November 2000 wurde B. deutscher Staatsbürger, den Bundespersonalausweis Nummer 1297133503 stellte die Stadt Hamburg aus. Endlich konnte B. reisen, wohin er wollte.

Dann gab es zwei, und das irritiert die Fahnder besonders, die als Musterbeispiele gelungener Integration galten. Said Bahaji, nach dem 11. September flüchtig, ist der Sohn einer deutschen Mutter und eines marokkanischen Vaters. Warum entdeckt einer wie er das Erbe seiner Vorvorfahren und zieht in den Kampf gegen den Westen?

So war es auch bei Mohammed Zammar, einem gebürtigen Syrer, der im Alter von zehn Jahren zu seinem in Deutschland lebenden Vater zog. Mit 21 Jahren wurde er eingebürgert; seine Frau und seine sechs Kinder leben in Hamburg.

Ausgerechnet dieser Zammar war wohl eine zentrale Figur: Er war ein Vorbild für viele der radikalen Muslime in Hamburg, ein Krieger, einer, der alles schon erlebt hatte, was die anderen erst erleben wollten. So wie früher Glaubensbrüder stolz von der Pilgerfahrt nach Mekka berichteten, prahlte er damit, dass er in Bosnien und Afghanistan gekämpft habe.

Und schließlich gab es da noch einen, der daheim in Ägypten wegen Mordes und zweifachen versuchten Mordes zu lebenslanger Zwangsarbeit verurteilt worden war, ehe er als Asylbewerber in Deutschland anerkannt wurde. Der Mann war Mitglied des ägyptischen „Islamischen Dschihad“ und soll Verbindungen zu „Heiligen Kriegern“ in Italien und England haben. Aber er durfte bleiben, weil ihn gerade seine radikale Vergangenheit vor der Abschiebung schützt. Heute predigt er als Imam im Westfälischen.

Bei Leuten wie ihm ist nicht ganz klar, welche Rolle sie gespielt haben. Es finden sich nur immer irgendwelche Verbindungen zur Hamburger Gruppe; ein Anhänger des Ägypters zum Beispiel telefonierte immer wieder mit Todespilot Jarrah.

Klar ist, dass sich die späteren Mörder in Deutschland gleichsam aufgeladen haben; in einigen Moscheen wurde ihnen der Strom geliefert.

Und irgendjemand, das gilt als gesicherte Erkenntnis, muss ja auch einen folgsamen Terroristen wie Mohammed Atta, den Gruppenführer der Hamburger Mörder, den Offizier des Todeskommandos, in den Selbstmord geleitet haben.

Jenen Atta, dessen Passfoto in den Wochen nach dem 11. September hunderttausendfach gedruckt wurde, weil es wie eine Fratze wirkt. Diese kalten, halb geschlossenen Augen, dieser zusammengepresste Mund, dieses stolz erhobene Gesicht – das Gesicht des Bösen, so jedenfalls wirkt dieses Foto.

Attas Vater, Mohammed Atta senior, sagt, das Bild müsse manipuliert worden sein, der ins Diabolische verzerrte Kopf auf einen fremden Hals gesetzt, „damit mein lieber Sohn wie ein Terrorist aussieht“.

So gefühllos erscheint dieses Gesicht.

Doch gibt es gefühllose Menschen?

Und wer war dieser Mohammed Atta?

Der junge Mann trägt Flanellhosen und Pullover und braune Lederjacken. Er ist klein, schmächtig, hat schwarze, kurze Haare und einen festen, ruhigen Blick. „Klassische, fast griechische Gesichtszüge“ hat sein einstiger Kommilitone Martin E. in Erinnerung.

Die Gutachter, die sich nach dem Attentat mit dem Massenmörder Atta befassen, um das zu erklären, was kaum zu erklären ist, beschreiben ihn als rational, sprachbegabt, perfektionistisch und hochintelligent, als selbstbewusst und organisatorisch geschickt. Atta muss, schreiben sie, im höchsten Maße belastbar gewesen sein, körperlich wie geistig; nur selten seien sein Fanatismus und sein Antiamerikanismus durchgebrochen. Wer so hasse und so wenig davon zeige, sagen die Fachleute, der sei nicht geistesgestört; der verfüge eher über eine geradezu bizarre Verhaltenskontrolle.

Der einstige Kumpel Martin E. beschreibt einen zurückhaltenden, ja verschlossenen Menschen: „Atta ließ mich deutlich merken, dass er sich übers Privatleben nicht unterhalten will." Frauen gegenüber fühlte sich Atta unbehaglich, sein Verhalten war schroff. Er gab ihnen nicht die Hand, wandte den Blick von ihnen ab, antwortete ihnen nur mit Ja oder Nein.

Aber es gab auch eine andere Seite Attas, es muss sie gegeben haben. „Ein kulturelles Angstgefühl, die Furcht, an den Rand gedrängt zu werden", hat Martin E. bei Atta ausgemacht. „Seine religiöse Strenge hat ihn an den Rand gebracht. Er hatte nicht die Möglichkeit, sich in westliche Tröstungen zu flüchten", sagt Volker H., ebenfalls ein einstiger Kommilitone.

Wenn man in Kairo mit Attas Vater, Mohammed Atta senior, über Mohammed Atta junior sprechen will, redet der Alte vor allem über sich selbst. Er schildert, wie er Mohammed „Respekt" und „den Drang, etwas zu erreichen", beigebracht habe, „den Glauben" auch, natürlich. Dann sagt er, sein Sohn habe „gar kein Verhältnis zu Amerika gehabt, er war doch nie dort, früher nicht und vor dem Attentat nicht". Ja, sein Sohn habe gehasst, aber nicht Amerika, sondern Osama Bin Laden, so sehr, „wie man einen Menschen nur hassen kann. Wissen Sie warum? Weil mein Sohn ein echter Ägypter mit einem geraden Charakter ist. Bin Laden hat einen Sprengstoffanschlag auf die ägyptische Botschaft in Pakistan verübt. Das war ein Schlag auf die Ehre Ägyptens".

Vater Atta glaubt: „Die Juden waren es. So etwas kann nur der Mossad."

Vater Atta glaubt: „Mein Sohn war nicht extrem, ich habe ihn ja moderat erzogen. Wenn jeder auf der Welt ein Huhn schlachten müsste, wäre er dazu nicht in der Lage."

Ein lieber, netter Massenmörder also?

„Mohammed war anders als andere, er nahm das Leben schwer, war immer ernst, wollte immer der Beste sein", sagt Mohammed Atiya, ein Mitschüler des jungen Atta.

„Mohammed war streng, mit sich und mit anderen", sagt einer seiner Professoren in Kairo.

Als Atta sich einmal verliebt, traut er sich nicht. Die Dame, eine Stadtplanerin, trägt Jeans und Blusen; das sei „nicht statthaft", sagt Atta. Er lebt, dem zufolge, was die Fahnder weltweit recherchiert haben, ein asexuelles Leben. Und aus diesem ziemlich verklemmten Streber, so urteilen die

Gutachter der Geheimdienste, die sich später mit Atta befassen, wird der „intelligenteste, motivierteste und gefährlichste“ aller Attentäter.

Als Atta 1992 nach Deutschland soll, helfen ihm ägyptische Freunde; sie kennen ein Hamburger Lehrerpaar, das Jahr für Jahr Horden von Schülern nach Kairo schleust.

Der junge Atta sei bescheiden und von scharfer Intelligenz, so preisen die Ägypter damals den Buben; er habe schon fleißig Deutsch gelernt und werde den Gastgebern keine Mühe machen. Etwas wortkarg ist dieser junge Mann dann, „nicht gerade sympathisch oder aufgeschlossen“, so erinnert sich Frau M., inzwischen pensionierte Lehrerin.

Für Atta ist die Welt, in die er zieht, eine Welt voller Hindernisse. Er fühlt sich bedrängt, weil sein Glaube in Hamburg die Ausnahme und nicht die Regel ist. Ist Atta froh, in Deutschland studieren zu können, ist er seinen Gasteltern dankbar? Davon zeigt er nichts, er guckt einfach nur geradeaus.

Und darum beginnt es für die M.s im eigenen Haus ungemütlich zu werden. Mohammed will nicht in Töpfen kochen, in denen schon einmal Schweinefleisch zubereitet wurde. Er blockiert fünfmal täglich das Bad für seine Waschungen und läuft anschließend mit hoch gereckten Armen zum Gebet in sein Zimmer – sonst könnte er ja den unreinen Haushund berühren. Er schließt die Augen, wenn seine Gastgeberin im Nachthemd ins Schlafzimmer geht, und ihre Freundinnen ignoriert er. Für ein paar Sekunden nur äußert er so etwas wie Zweifel: „Glaubst du, es fällt mir leicht, in meinem Alter noch enthaltsam zu sein?“

Danach nie wieder.

Denn Atta funktioniert, immer. Einmal lässt er sich die Nase ausschälen, weil er nachts kaum noch Luft bekommt. Er besteht darauf, dass seine Familie nichts von der Operation erfährt. Niemand soll sich Sorgen machen. Nicht um ihn.

Dann kommt der Ramadan, und in diesen Wochen darf Atta tagsüber nichts essen. Also beginnt er, nachts seine Töpfe aufzusetzen. „Da haben wir ihn hinausgebeten“, sagt das Lehrerpaar, und es könnte durchaus sein, dass Atta durch diesen Rauswurf eine neue, fatale Richtung gefunden hat.

Denn nun sucht er Anschluss, und den findet er bei arabischen Kommilitonen in Harburg. Er zieht zunächst ins Studentenwohnheim. Bett, Tisch und Schrank kommen vom Studentenwerk; nur den Schaukelstuhl kauft er sich selbst, aber der wird ihm schnell lästig, weil er keinen Platz zum Beten lässt.

Und Attas Wut auf den Westen beginnt zu lodern. Er war ja groß geworden mit dem Gefühl: „Die Amerikaner wollen die Welt beherrschen.

Irgendwann werden sie Ägypten besetzen." Das ist eine der Thesen seines Vaters. Der Junior hat erlebt, wie sich Kairo verändert, hat gesehen, dass Hotelketten und Hochhäuser entstehen, die er für Symbole des Werteverfalls hält. Atta hasst, und in Hamburg findet er Genossen des Hasses.

Kairo, August 1995

Auf einer Studienreise nach Ägypten begleiten Atta sein Kommilitone Volker H. und der deutsche Islamwissenschaftler Ralph B.; sie dürfen drei Monate bleiben, denn sie haben ein Stipendium der Carl Duisberg Gesellschaft. 2625 Mark bekommt Atta dafür, und aus Kostengründen wohnt er bei seinen Eltern.

1994 hat sich Atta um das Stipendium beworben. „Da ich in einem Entwicklungsland geboren und aufgewachsen bin, habe ich selbst mehrere Seiten der Problematik miterlebt", hat er geschrieben, und: „Sozusagen als ‚neue Generation' haben wir Studenten uns mit Fragen über die Möglichkeiten, Chancen und Gefahren befasst und das Thema Entwicklung kritisch, aber hoffnungsvoll diskutiert. Ohne bereits genau zu wissen, wie dies geschehen sollte, wollten wir doch in jedem Falle etwas für unser Land tun."

Und jetzt, daheim in Kairo, tritt Atta anders auf als in Deutschland. Er führt die Freunde durchs Land, er geht aus mit ihnen, und er scherzt. „Für ein paar Wochen, endlich mal, war er wie ein Clown", sagt Volker H.

Aber das, was Ralph B. Attas „fundamentalistische Tendenzen" nennt, ist stärker.

In ihrem Abschlussbericht schreiben die drei über Straßen „in schlechtem Zustand", über „viele Abfälle auf den Straßen und Gassen". Sie schildern Ägyptens „großen Reichtum" und meinen damit all die „islamischen Monumente", deren „Bedeutung unterschätzt" werde. Und dann taucht auch in diesem Papier Attas zentrales Thema auf: Die „new cities", dieses McÄgypten, diese „Spekulation mit Immobilien", dieser „Verfall der alten Wohnhäuser". Eine scheinbar historische Stadtmauer werde in Kairo gebaut, und dafür würden alte Gebäude abgerissen und die Bewohner umgesiedelt, aber die neue Mauer sei eben nicht die alte und deshalb „nur eine Rekonstruktion", also Nepp.

Atta verachtet so etwas.

Er verachtet viel.

Musik zum Beispiel – nichts als gottlose Ablenkung; er selbst gehe niemals tanzen oder feiern, sagt er. Stattdessen hört er Koran-Rezitationen vom Band. „Der Koran ist nicht interpretierbar, der Koran ist absolut", sagt er. Atta ist unfähig zu genießen, das haben die Psychologen, die sein Profil erstellten, herausgefunden.

Nur Süßigkeiten gönnt er sich, sonst nichts.

Hamburg, Winter 1995

Eine schizophrene Situation: Atta spricht perfekt Deutsch, er ist angekommen, so wirkt es zumindest. Bei der Firma „Plankontor" in Hamburg-Altona, wo Atta 19 Stunden pro Woche als Zeichner arbeitet und 1700 Mark im Monat verdient, hat er einen Schlüssel; er betreut das Telefon, und Kollegen, die Rückenschmerzen haben, bringt er Naturheilmittel mit. Er scheint dazuzugehören, ein moderner Wanderer zwischen den Welten, zwischenzeitlich am Ziel. Zum einen. Zum anderen muss er sich all die Jahre über fremd fühlen.

Selbst unter Glaubensbrüdern fällt er bisweilen durch Starrsinn auf. In der Kuds-Moschee am Hamburger Steindamm, in der sich die Hamburger Gruppe immer wieder trifft, gründen jüngere Besucher eine Arbeitsgruppe, und sie wollen gemeinsam ein Infoblatt herausgeben. Doch Atta mag sich in der Gruppe nicht unterordnen. Er liefert seine Texte nicht, kommt unpünktlich und verweigert dem Leiter der Gruppe die Gefolgschaft.

Und trotzdem wird die Kuds-Moschee am Steindamm zu einem Sammelpunkt; alle sind sie irgendwann hier.

Immer freitags fahren Atta und seine Freunde mit der S-Bahn von Harburg bis zum Hauptbahnhof, und zur Moschee müssen sie dann den Steindamm, Hamburgs Multikulti-Meile, entlanglaufen. Hier, im Stadtteil St. Georg, reiht sich Döner-Imbiss an Sexkino und arabischer Lebensmittelmarkt an Gebetshaus. Mehr als zehn Moscheen haben sich rund um den Steindamm angesiedelt.

Die arabische Kuds-Moschee betritt man durch eine Glastür, an der junge Araber darüber wachen, dass nur hineinkommt, wer erwünscht ist. Der Sprecher des Moscheevereins, Aziz al-Alaoui, ist ein kleiner Mann mit wütendem Blick und Vollbart; er trägt Stoffhosen und Wollpullover, keinen Kaftan.

Im Erdgeschoss des Moscheegebäudes haben sich ein asiatischer Lebensmittelladen und der „Olympic Fitness Club" eingerichtet; wer hier trainiert, will gewappnet sein für die Welt da draußen mit ihren Dealern und Junkies und Bettlern.

Im ersten Stock sind die Gebetsräume, für Frauen und Männer getrennt. Atta und seine Freunde beten rechts; ein flauschiger, blaugrüner

Teppichboden mit gelben Streifen gibt diesem Raum Wärme. Einen Stock höher können sich die Jungs aus Harburg die Haare schneiden lassen, und gleich neben dem Friseur wird Tee serviert, in einem Lebensmittelladen, in dem es Säcke mit Getreide gibt, aber auch „Hanuta“ oder Tomaten in Dosen.

Fernsehleute haben einmal in der Moschee mit verdeckter Kamera gefilmt, wie ein Prediger gegen den Westen hetzt. Es überrascht nicht, dass die Attentäter sich hier wohl fühlen. Hier wird Atta 1996 sein Testament aufsetzen, und zwei seiner Kommilitonen werden es unterzeichnen.

Denn diese Moschee ist das Zentrum jener Parallelwelt, in der die Attentäter des 11. September leben. Mitten in Hamburg.

Mohammed Atta trifft aber nicht nur auf Glaubensgenossen in der Moschee; er trifft in Deutschland auch auf viele, die sich für ihn interessieren. Keine ignoranten Ungläubigen sind das, sondern Menschen, die sich für die Bewahrung der Kultur seines Heimatlands stark machen. An der Uni begeistert er Studenten und Professoren mit seinen Erzählungen aus Kairo. Im Seminar „Planen und Bauen in Entwicklungsländern“ hält er Vorträge aus dem Stegreif, eloquent und gebildet. Atta will die islamische Identität wahren.

Anders als die anderen, die sich mit technischen Fächern beschäftigen, ist Atta immer wieder mit dem Konflikt zwischen westlicher Welt und Entwicklungsländern konfrontiert. Wolkenkratzer werden für ihn das Sinnbild der westlichen Kultur, die seine eigene verdrängt. Existierten jemals bedeutendere Hochhäuser, gewaltigere Symbole als die beiden Türme des World Trade Center von New York?

Seine Reisen in die arabische Welt verändern Atta. Von der Pilgerfahrt nach Mekka kehrt er mit einem Bart zurück; an der Uni taucht er seltener auf. Für 1998 kann sein Professor Dittmar Machule keine Leistungen mehr notieren.

Machule ist so etwas wie ein Vaterersatz für Atta. Der Professor trägt eine metallgerahmte Lesebrille, die er beim Lesen festhält; er ist ein vergeistigter, fast zarter Mann, der sich sehr vorsichtig bewegt. Nach dem 11. September wird Machule nächtelang dasitzen und reden, reden, reden, um zu verstehen, wie es geschehen konnte, wie sich sein kluger, höflicher Lieblingsstudent in „einen menschlichen Roboter verwandelte, der auf Knopfdruck explodiert“.

Das Büro des Professors liegt in der Kasernenstraße in Harburg, und oben, unterm Dach, sitzt Dittmar Machule in Raum 201, zwischen Kieferregalen, die mit Büchern, Bildbänden und Aktenordnern beladen sind; auf dem Boden stapeln sich Umzugskartons mit Studienarbeiten. An den Wänden und an der Tür hat Machule Plakate und Fotos über Tall Munbaqa angebracht, jene Ausgrabungsstätte in Syrien, wo er häufig forscht. Dieser Machule ist ein Professor, wie ihn sich Studenten wünschen. Jemand braucht ein Buch? Er verleiht es gern, und dazu verrät er noch, welches Kapitel das wichtigste ist.

Machule duzt sich mit Atta, aber der entzieht sich immer wieder. Atta erzählt von familiären Problemen daheim in Kairo und verschwindet vorläufig aus dem Blickfeld des Professors – doch in der Kuds-Moschee am Steindamm wird er häufig gesehen. Dann ist er wieder da, kommt alle zwei Wochen zu Machule, setzt sich auf den Holzstuhl unterm Fenster und bespricht ernst, noch ernster als früher, seine Diplomarbeit.

Im November 1998 zieht Atta ins „Haus der Unterstützer", die Marienstraße 54, zusammen mit Said Bahaji und Ramzi Binalshibh, jenen zwei mutmaßlichen Helfern, die heute weltweit gesucht werden. Und dann gründet Atta die Islam AG der TU Harburg. „Wenn ich nicht beten kann, kann ich auch nicht studieren", sagt er einem Asta-Vertreter, der Religion und Studium trennen will. Und damit setzt er sich durch.

Die schmale, dunkelbraune Holzbaracke mit den quadratischen, weißen Fensterrahmen liegt am Nordrand des Campus, Schwarzenbergstraße 91, hinter hohen Bäumen. In diesem Häuschen kommen die meisten Studenteninitiativen der TU Hamburg-Harburg unter; Raum Nummer 10, rechte Seite, liegt gleich neben der Evangelischen Hochschulgruppe und den Amateurfunkern: „Islam AG/Gebetsraum" steht auf dem aufgepappten Schild, und an der Tür klebt ein Bild aus Mekka.

Und drinnen? Rund zehn Quadratmeter, neben der Tür ein alter, grauer Computer auf einem Tisch, links an die Wand geschraubt Regale mit Büchern. Die arabischen Schriftzeichen sind auf den Buchdeckeln golden eingedruckt, ganz rechts der „Holy Qur'an". Sonst nichts. Hier sitzen die Attentäter und ihre Helfer, hier sind sie ungestört, hier ist einer ihrer Treffpunkte.

Noch im Winter 2001 wird im Vorlesungsverzeichnis der TU Harburg auf Seite 62 stehen: „Islamische AG, Mohamed el-Amir, el-amir@tu-harburg.de".

Es gibt bei Atta, wie bei den meisten anderen, zwei entscheidende Wendepunkte. 1995 begann seine Radikalisierung; vier Jahre später, Ende 1999, wird er zum Terroristen.

Als Atta 1999 seine Prüfung mit den Noten 1,7 und 1,0 besteht – Thema: „Khareg Bab-en-Nasr: Ein gefährdeter Altstadtteil in Aleppo. Stadtteilentwicklung in einer islamisch-orientalischen Stadt" –, weiß er schon, dass er nie als Stadtplaner arbeiten wird. „Mein Gebet und meine Opferung und mein Leben und mein Tod gehören Allah, dem Herrn der Welten“, schreibt Atta über seine Arbeit.

Atta geht auf Reisen. 1999 soll er in einer Unterkunft der Bin-Laden-Truppe Qaida in Kandahar gewohnt haben wie auch sein Vasall Shehhi. Kurz darauf melden Atta, Shehhi und Ziad Jarrah, die drei Todespiloten, ihre Pässe als verloren. Sie bekommen neue, und dadurch verschwinden die verdächtigen Stempel aus Pakistan und Afghanistan.

Es hat begonnen.

Das Netzwerk arbeitet.

Gern würde man Terroristen wie Atta und Co. krank nennen, geistesgestört, nicht normal eben.

Allesamt Psychopathen.

Es wäre bloß nicht richtig.

Für einen Psychopathen, sagen die Wissenschaftler, die sich mit dem 11. September befassen, wäre es denkbar, Menschen zu quälen, zu foltern, zu töten. Das Gleiche mit sich selbst zu machen wäre für einen Psychopathen allerdings ein grotesker Gedanke.

Die meisten der 19 Mörder und ihre Helfer waren intelligente Jungs, stabil und selbstbewusst. Was sie unterschied von Menschen, die nicht dienstags morgens um neun Uhr ins World Trade Center fliegen, nennen Fachleute einen „isolierten religiös-ideologischen Wahn“, ein verzerrtes, meist indoktriniertes Wirklichkeitsbild. Und da haben die angesetzt, die sie geschult haben.

Es war, urteilt ein psychologisches Profil der Attentäter, eine Schulung in zwölf Schritten.

Der erste Schritt war die Entwicklung einer extremen religiösen und politischen Überzeugung, der zweite die Verstärkung des Feindbildes, die Definition des Westens als böses Gebilde. Der dritte Schritt war die Beschreibung der Gegenwart als Kriegszustand. Die Selbsttötung, die der Koran verbietet, wurde so, Schritt vier, zur erwünschten militärischen Verteidigung deklariert.

Greifswald, 1996

Ziad Jarrah, der Pilot, der am 11. September im Cockpit der entführten Maschine von United Airlines sitzen wird, die bei Pittsburgh abstürzt, kommt am 3. April 1996 aus dem Libanon nach Deutschland, und erst einmal macht er in Greifswald einen Sprachkurs. Es ist der falsche Ort für einen wie Jarrah, und es ist die falsche

Zeit. Denn in Greifswald trifft er einen jener Männer, die die Richtung junger Muslime ändern können.

Abdulrahim al-M. reiste 1989 aus dem Jemen an den Ostrand Deutschlands. Der Student der Zahnmedizin, 36 Jahre alt, wollte damals noch Arzt werden, denn im Jemen „bist du als Arzt der Chef".

Als das Attentat passiert, im September 2001, studiert Abdulrahim noch immer, inzwischen im 23. Semester; Zahnarzt wird er vermutlich nie, nur zu einer Art Chef hat er es gebracht. Als so genannter Imam eines Gebetsraums leitet er ausländische Studenten an, die ihn respektvoll Abu Mohammed, Vater von Mohammed, nennen, und die zu ihm aufschauen, weil er das Leben kennt und den Koran lesen kann. Abu Mohammed ist rhetorisch geschickt, engagiert für seine Gemeinde, ein Sprachrohr.

„Mit Deutschland habe ich nichts zu tun", sagt er.

Abu Mohammed wird zum Ziel der Fahnder, weil er Kontakte zum Umfeld der Terroristen pflegt. Er mag nicht verstehen, dass dubiose Kontobewegungen mit einem mutmaßlichen Terrorhelfer auch ihn verdächtig machen. Tatsächlich halten ihn Ermittler für einen radikalen Islamisten, der im deutschen Terrornetz eine Rolle spielen könnte.

Wenn muslimische Studenten wie Ziad Jarrah hier in der ziemlich trostlosen Fremde landen, landen sie automatisch bei Abu Mohammed. Aufenthaltsgenehmigung? Abu Mohammed kennt sich aus. Wohnheimplatz? Kein Problem, Abu Mohammed macht das schon. Auto? Auch das verleiht Abu Mohammed gern.

Eiskalt und feucht bläst der Ostseewind um die Plattenbauten aus Waschbeton, in denen die Studenten wohnen. Die Mülleimer quellen über, der Wind treibt Pizzakartons und benutzte Windeln über den kümmerlichen Rasen. Wer in der Greifswalder Makarenkostraße wohnt, ist am Ende der Welt angekommen.

7600 Studenten sind in Greifswald eingeschrieben, 540 ausländische, und davon sind etwa 200 Muslime. Viele pendeln zwischen Studentenwohnheim, Gebetsraum, Studienkolleg. Deutschland auf 800 Metern.

Und sie bleiben unter sich hier, denn es gibt ein „Ausländerwohnheim", hübsch renoviert mit frischem Anstrich. Das Studentenwerk würde die Bewohner gern mischen, aber als alle Studenten einmal privat untergebracht werden mussten, weil die Heime saniert wurden, fanden alle ihren Platz – nur die Ausländer wollte in Greifswald keiner.

Der Gebetsraum, ein heruntergekommener Flachbau, liegt neben den Wohnkasernen. Früher war das mal eine Kindertagesstätte, jetzt sind die Fenster zugeklebt, und in Brocken platzt die Farbe von den Wänden.

„Ins Ghetto“ hat jemand an die Wand geschrieben, „UÇK“ und „Saufen ohne Reue“.

Kann einer wie Ziad Jarrah, verwöhnt und verunsichert, hier glücklich werden?

Hamburg, Herbst 1997

Jarrah zieht nach Hamburg und beginnt an der Fachhochschule Flugzeugbau zu studieren. Als Einziger aus der Hamburger Zelle lebt Jarrah nicht in Harburg oder in einem der heruntergekommenen Stadtteile im Hamburger Osten; er kommt bei der Familie C. in einem zweigeschossigen Einfamilienhaus im Stadtteil Hummelsbüttel unter. Im Garten wachsen Rhododendren, die Fensterläden sind aus dunkelbraun lackiertem Holz. Ein weiß getünchter Bau mit Garten wird Jarrahs Heimat, und drinnen malt seine Gastgeberin ihren Mieter mit Ölfarben.

Der Terrorist in Öl, mit sanftem Lächeln, das Gemälde wirkt absurd nach dem 11. September.

Aber damals war Jarrah ja noch anders. Aufgeweckt und fleißig, sagen die, die ihn erlebt haben. Und natürlich: unauffällig.

Im Sommer 1998 arbeitet Jarrah zusammen mit dem Marokkaner Zakariya Essabar als Werkstudent bei Volkswagen in Wolfsburg in der Lackiererei. Halle 15 b, Südseite, Dienstbeginn 14.40 Uhr oder 22.20 Uhr.

Essabar lebt seit Februar 1997 in Deutschland; am 1. September 1999 zieht er in die Marienstraße 54, und dort trifft er auf seine Vormieter: Said Bahaji, Mohammed Atta und Ramzi Omar alias Ramzi Binalshibh. Und dann noch Marwan al-Shehhi, einen lustigen Kerl, der gleich nebenan in der Wilhelmstraße wohnt.

All diese Schauplätze liegen nah beieinander, sehr nah. Das Haus der Unterstützer, Marienstraße 54, ist nur ein paar hundert Meter entfernt von der TU. Marwan al-Shehhi wohnt zunächst in einer Seitenstraße, in einem Altbau schräg gegenüber einer Kirche. Auch die Bunatwiete, in der Said Bahaji lange Zeit wohnt, liegt gleich um die Ecke. Außerdem sind die Studentenwohnheime Treffpunkte der Terroristen in Ausbildung: Atta wohnt lange am Centrumshaus, andere, etwa Motassadeq, kommen in der Schüttstraße unter, einem Studentenheim im Zentrum von Harburg.

Und dann gibt es hier noch die Moschee in der Knoopstraße. Durch ein schweres Eisentor neben einem Gemüseladen geht es hinein; in der Ecke liegen Eternitplatten, und hinten ruft der Muezzin zum Gebet. Es ist eine türkische, keine arabische Moschee, aber sie ist für Atta und Shehhi besser als nichts, wenn sie zu wenig Zeit haben, um ins Stadtzentrum zur Kuds-Moschee zu fahren.

Marwan al-Shehhi, Brillenträger mit Flaumbart, hat Geld, viel Geld für einen Studenten. Er gelangte mit einem Militärstipendium der Vereinigten Arabischen Emirate nach Deutschland; 4000 Mark im Monat kamen über die „HBSC Middle East Bank Dubai“ bei ihm an und einmal im Jahr eine Sonderzahlung von über 10 000 Mark. Shehhi, der sich manchmal auch Marwan Lekrab nannte, hatte im Frühjahr 1996 am Goethe-Institut in Bonn Deutsch gelernt; der damals 18-Jährige protzte nicht herum, sondern bezog ein kleines Zimmer.

Kein Eiferer sei er gewesen, sagt seine ehemalige Lehrerin, eher unreif und ziellos. Ein mittelmäßiger Schüler, der mit ins Kino kam und freitags mit Schlips und Sakko erschien, weil er hinterher beten ging.

Danach besuchte Shehhi ein Studienkolleg in Bonn, und dann zog er weiter nach Hamburg. Dort aber fiel er durch und verschwand im Mai 1998 für ein halbes Jahr. Nach Afghanistan? In ein Ausbildungslager Osama Bin Ladens?

Vorgeschichte: Bin Laden und die Qaida

Noch vor den rauchenden Trümmern des Pentagon gab der ehemalige Nato-Oberbefehlshaber Wesley Clark zu Protokoll: Die Organisation des saudi-arabischen Terrorchefs Osama Bin Laden sei die Einzige auf der Welt, die eine derart komplizierte Operation organisieren und finanzieren könne.

Abd al-Bari Atwan, Chef der arabischen Zeitung „al-Kuds al-Arabi“ in London, erhärtete die Spur. Bin Laden habe ihm vor drei Wochen gesagt, dass er einen Anschlag noch nie da gewesenen Ausmaßes auf die USA plane: „Unser Stich wird Amerika ins Herz treffen.“

Osama Bin Laden hat die Legenden immer genossen, die sich um seine Person entspannen; an manchen Mythen – und an seiner Dämonisierung als Feind Nummer eins des Westens – hat er bei gelegentlichen Fernsehinterviews fleißig mitgestrickt. Doch nicht alles ist geheimnisvoll an dem Leben des Mannes, der sich, mal in diesem Versteck, mal in jener Verkleidung, so gern geheimnisvoll gibt.

Er wird 1955 als 17. von 57 Kindern eines jemenitischen Vaters im saudi-arabischen Dschidda geboren; seine Mutter ist Syrerin. Sein Vater, ein schwerreicher Mann, hat als Bauunternehmer enge Kontakte zum Königshaus geknüpft und wurde dafür mit lukrativen Großaufträgen auch für den Ausbau der heiligen Stätten von Mekka und Medina belohnt. Osama wird von Kindermädchen behütet und von Privatlehrern erzogen, und seine wenigen Spielgefährten stammen aus adligem Umfeld, weshalb man den schüchternen und eigenbrötlerischen Jungen bald „den Prinzen“ ruft.

Die Erfolgsfamilie Bin Laden ist Teil des feudalen saudischen Systems, das gekennzeichnet ist von Vetternwirtschaft und Verschwendungssucht und dem anscheinend unaufhaltsamen Anstieg der Ölpreise, manifestiert durch die Macht der in der Opec zusammengeschlossenen Produzenten. Osamas Wochenendausflüge führen ihn im Straßenkreuzer des Vaters zu einem luxuriösen Zelt; dort soll er „die Natur“ kennen lernen. Ähnlich verlogen handelt auch die Mutter. In Saudi-Arabien darf sie sich weder schminken noch Auto fahren oder sich in westlicher Designerkleidung zeigen. Bei den Reisen ins Ausland streift sie dann schnell die Abaya, das Schleiergewand, ab und flaniert in Chanel.

1968 stürzt Osamas Vater in einem von einem amerikanischen Piloten gesteuerten Helikopter ab. Der 13-Jährige erbt 80 Millionen Dollar; zwei Jahre später gönnt er sich den ersten eigenen Pferderennstall. Mit 19 schreibt sich der junge Mann an der König-Abd-al-Asis-Universität von Dschidda ein; fünf Jahre später macht er sein Diplom als Ingenieur. Über Osamas Studentenzeit ist nicht viel bekannt. Das Magazin „Mideast Mirror“ will wissen, dass der Prinz bei häufigen Trips nach Beirut das süße Leben genoss, „gern dem Alkohol zusprach“ und sich schon mal „wegen attraktiver Nachtclub-Tänzerinnen auf eine Schlägerei einließ“.

Den bis dahin nicht besonders Religiösen prägt nach eigenen Aussagen das Wendejahr 1979. Da schließen Ägypten und Israel einen Friedensvertrag, der Schah von Persien wird von einer islamischen Revolution aus dem Land gejagt, und die Sowjets marschieren in Afghanistan ein. „Von Zorn erfüllt“ beschließt Bin Laden, seinem Leben einen neuen Sinn zu geben – er will den islamischen Widerstand gegen die Gottlosen organisieren. Nirgendwo scheint der so geboten und so gerecht wie in und um Kabul.

Osama Bin Laden greift vorerst nicht selbst zur Waffe. Es ist trotz der von seinem Umfeld verbreiteten Heldengeschichten zweifelhaft, ob er sich überhaupt jemals an entscheidenden Gefechten beteiligt hat. Sicher ist: Der Multimillionär sammelt Geld. Er fährt häufig zu den Treffen der Mudschahidin, wie sich die gegen Moskaus Truppen vereinten Kämpfer nennen. Und 1984 zieht er ganz in die pakistanische Stadt Peschawar, von der es nur wenige Kilometer zum legendären Khyber-Pass sind, dem Einfallstor nach Afghanistan.

Der „New Yorker"-Autorin Mary Anne Weaver kommt der elegante, groß gewachsene Bin Laden in seinem aus feinem Zwirn gearbeiteten afghanischen Shalwar-Kameez-Mantel und den handgefertigten Beal-Brother-Boots vor wie ein Möchtegern-Samariter: Er verteilt Süßigkeiten bei den Verwundeten und muntert die erschöpften Kämpfer mit Geschenken auf.

Bin Laden besitzt aber noch ein zweites Gesicht. Er lässt strategische Tunnel graben und Waffendepots anlegen. Und er schreibt Brandreden – gegen die „gottlosen" Kommunisten, aber auch gegen den „dekadenten" Westen. Bin Laden übt für seine kommende Rolle: als Führungspersönlichkeit, als Sachwalter eines die Welt von allen weltlichen Übeln und falschen Religionen reinigenden Fundamentalisten-Islam.

Dem Weißen Haus und dem amerikanischen Geheimdienst kann der Anti-Amerikanismus Bin Ladens nicht verborgen bleiben. Aber die USA scheren sich wenig darum: Washington unterstützt den afghanischen Widerstand mit rund drei Milliarden Dollar und fördert die Anwerbung islamischer Kämpfer – vor allem im arabischen Raum, aber auch bei den Muslimen in Asien, in Europa und sogar in den USA. 35 000 Militante aus 40 Ländern kommen so schließlich zusammen, die sich in Lagern an der pakistanischen Grenze an Waffen trainieren lassen – die erste multinationale muslimische Truppe, der erste Dschihad, finanziert mit Dollar-Millionen.

Einer der eifrigsten Bundesgenossen der CIA ist Scheich Abdallah Azzam, ein Palästinenser und Weggefährte des Prinzen aus Peschawar. Sein US-Hauptquartier ist das Kifah-Flüchtlingszentrum im New Yorker Stadtteil Brooklyn. Der arabische Schriftzug auf den Briefbögen der offiziell „humanitären" Organisation lässt wenig Zweifel am wahren Tätigkeitsbereich der Truppe: „Büro im Dienst der Heiligen Krieger". Tausende Freiwillige aus aller Welt werden von hier aus für den Kampf rekrutiert. Und es bleibt nicht bei dem einen Büro in New York. Die Organisation ist am Ende in 38 amerikanischen Städten mit Zweigstellen vertreten.

Auf einer Veranstaltung in Oklahoma macht Azzam 1988 klar, dass der „Heilige Krieg" mit dem Kampf gegen die Sowjets erst begonnen habe: „Brüder, es gibt keine Supermächte mehr. Was zählt, ist die Kraft des Willens, dem unser Glauben entspringt." Ein Jahr später darf er in Brooklyn unter den Augen der amerikanischen Sicherheitsbehörden die „Erste Dschihad-Weltkonferenz" abhalten. Spätestens da wird deutlich, dass auch der Westen als Ziel der Gotteskrieger in Frage kommt. „Ihr müsst den Heiligen Krieg wagen, wo immer ihr ihn führen könnt", predigt Azzam, „auch wenn ihr in Amerika seid."

Dann treffen sich in Kansas City radikale Islamisten zu einer Konferenz, an der auch hochrangige Führer der palästinensischen Hamas und der algerischen Islamischen Heilsfront teilnehmen. Und immer noch führt die CIA den inzwischen zu einem der Cheforganisatoren der Mudschahidin aufgestiegenen Bin Laden als einen unterstützungswürdigen Weggefährten.

„Machtpolitik" nennt man das wohl – es geht ja gegen die Russen, und da ist Bin Laden das Mittel zum Zweck und deshalb das kleinere Übel.

Als 1989 die Sowjets schmählich geschlagen ihren letzten Soldaten aus Afghanistan abziehen, geht auch Bin Laden zurück in die Heimat: Mission erfüllt. Doch aus dem Finanzier ist längst ein anderer Mensch geworden, ein Fanatiker mit einem selbst gestellten, weltweiten Auftrag. Bin Laden beginnt das Königshaus, das ihn bei seinen Bemühungen für die Mudschahidin mit Hunderten Millionen Dollar unterstützt hat, offen und in aller Schärfe für seine „korrupten" Praktiken zu kritisieren. Noch aber hält Prinz Turki al-Feisal, sein langjähriger Freund und Chef des saudi-arabischen Geheimdienstes Istakhbarat, die schützende Hand über ihn.

Für einige Zeit wird es ruhig um Bin Laden; er scheint sich vor allem um die Vermehrung seines Vermögens zu kümmern und gründet mehr als 60 Firmen, viele davon mit Sitz im Westen. Und er kümmert sich um Privates. Mit drei verschiedenen Ehefrauen, alle aus politisch wichtigen Familien, zeugt er zehn Kinder.

Vieles spricht dafür, dass Bin Laden in diesen Jahren nicht wirklich privatisiert, sondern seine Kontakte weiter ausbaut. Er trifft sich regelmäßig mit seinem Vertrauten, Pakistans damaligem Geheimdienstchef und grauer Eminenz, General Hamid Gul; der weiß mehr als jeder andere über kommende Entwicklungen in Afghanistan und fundamentalistische Bewegungen in der islamischen Welt. Und der General gründet eine „Wohlfahrtsorganisation" für die nach dem Kampf gegen Moskau zurückgebliebenen und entwurzelten arabischen Afghanen. Etwa 4000 dieser auf neue Aufgaben wartenden und zum Kampf bereiten Glaubenskämpfer holt er nach Saudi-Arabien, andere betreut und finanziert er in Pakistan und im Sudan.

1990 wird wieder so ein Wendejahr im Leben des Osama Bin Laden. Nach dem Einmarsch des Irak in Kuweit erlebt der Prinz zu seinem Entsetzen, dass das saudische Königshaus amerikanische Streitkräfte ins Land bittet. Als nach dem Golf-Krieg klar wird, dass die Amerikaner als permanente Schutzmacht in Saudi-Arabien bleiben und somit auch über die heiligsten islamischen Stätten Mekka und Medina wachen werden, ruft Osama Bin Laden offen zum Widerstand gegen die saudischen Machthaber auf und versucht mit Hilfe der militanten Geistlichen Scheich Safar Hawali und Salman Auda die Ungläubigen durch Fatwas, religiöse Gutachten, aus dem Land zu jagen.

1992 verbannt die Königsfamilie den Aufsässigen. Bin Laden lässt sich im Sudan nieder, mit dessen De-facto-Herrscher er eine enge Freundschaft pflegt. Hassan Turabi ist mehr als nur ein Garant für Asyl; er ist ein hochintelligenter, feuriger Islamist, der es mit dem Westen aufnehmen, den Westen in Schranken weisen will. Und der offensichtlich nichts dagegen hat, dass Bin Laden immer mehr arabische Afghanen ins Land holt und sie in geheimen Terrorlagern trainieren lässt.

1994 bemerkt die Regierung Saudi-Arabiens die aufziehende Gefahr und warnt Osama Bin Laden, schließlich entzieht sie ihm die Staatsbürgerschaft. Ein Jahr davor dürfte auch den Amerikanern etwas aufgefallen sein: Im World Trade Center in New York explodierte erstmals eine Terroristenbombe. Als Drahtzieher des Anschlags war bald der blinde ägyptische Scheich Umar Abd al-Rahman enttarnt, ein häufiger Gast in den mittelöstlichen Terroristen-Camps.

Bin Laden selbst heizt die Stimmung gegen die USA an, indem er damit prahlt, seine Leute hätten den Amerikanern in Somalia eine „erniedrigende Niederlage“ zugefügt. Mehrere US-Militärs waren während einer internationalen Hilfsmission in Mogadischu ums Leben gekommen, und die Leiche eines amerikanischen Soldaten war im Triumphzug durch die Straßen geschleift worden.

Killerkommandos gegen Bin Laden, vom saudi-arabischen Geheimdienst mit Wissen der USA losgeschickt, scheitern kläglich. Politischer Druck aus Washington zwingt die sudanesische Regierung schließlich, sich von ihrem Gast zu trennen. Diese Ausreise ist wieder so ein Fehler der Geheimdienste – konnte man die Aktivitäten des radikalen Prinzen im Sudan noch einigermaßen überwachen, so ist das in seinem alten und neuen, jedenfalls chaotischeren Zufluchtsland Afghanistan so gut wie unmöglich.

So viel ist bekannt: Im Mai 1996 landet Osama Bin Laden mit inzwischen 4 Frauen und 13 Kindern und einer Entourage von Dutzenden arabischen Afghanen in einem gecharterten Jet auf dem Flughafen der Provinzhauptstadt Jalalabad. Es zieht ihn nach Kandahar, wo der geheimnisvolle Taliban-Chef Mullah Mohammed Omar sein Hauptquartier aufgeschlagen hat. Bin Laden schließt Freundschaft mit dem in internationalen Politikfragen ziemlich unerfahrenen Führer. Er gibt Omar eine seiner Töchter zur Frau, baut ein prächtiges Haus für die Großfamilie, steckt mehrere Millionen in den Straßenbau und in die sanitären Einrichtungen der Stadt.

Nach der Niederlage der Sowjetunion hat der Westen Afghanistan vernachlässigt und dem mörderischen Treiben der ethnischen Fraktionen und lokalen Banden tatenlos zugesehen. Mit Unterstützung des pakistanischen Geheimdienstes ISI haben sich an den Koranschulen in Pakistan Studenten aus dem Volk der Paschtunen als neue starke Kraft durchgesetzt: Die „Religionsschüler", die Taliban, erobern mit ihren Versprechen, Willkür und Korruption skrupellos auszumerzen, sehr schnell sehr große Teile des Landes.

Es gibt Zeiten, da verstehen sich die Taliban und die Amerikaner richtig gut. Glyn Davies, einst Sprecher des US-Außenministeriums, sagt, die Vereinigten Staaten hätten „nichts einzuwenden" gegen die in den Taliban-Gebieten praktizierte Form der islamischen Gesetzgebung. Robin L. Raphel, Chefin der Südasien-Abteilung im State Department, lobt bei einer Uno-Sitzung die landestypisch „ursprüngliche" Bewegung, die „Stehvermögen" bewiesen habe. Und ein hoher Beamter der US-Regierung schwärmt dem Afghanistan-Kenner und Autor Richard Mackenzie vor: „Wenn man die Taliban erst mal näher kennen lernt, entdeckt man ihren wunderbaren Sinn für Humor."

Es geht eben um Öl in jenen Jahren: Die Erdöl- und Erdgasvorkommen um das Kaspische Meer mit den entsprechenden Pipelines Richtung westliche Welt könnten nach Meinung des Weißen Hauses in Krisenzeiten Ersatz oder zumindest eine wichtige Ergänzung bieten. Eine dieser Rohrleitungen soll aus dem Erdgasland Turkmenistan, an Russland und Iran vorbei, quer durch Afghanistan zu den Überseehäfen Pakistans führen – und von dort Millionen von Barrel des Treibstoffs zu den Konsumenten im Westen transportieren. Doch ohne Stabilität in und um Kabul ist ein solches Projekt chancenlos. Washington hält den Pipeline-Plan für so wichtig, dass die Regierung bereit ist, einen Pakt mit dem fundamentalistischen Teufel einzugehen: Augen zu und alle Hoffnung auf eine Pax Talibana.

Omars Leute aber verfechten von Anfang an einen rigiden Islam: keine Arbeit für Frauen, keine Schulausbildung für Mädchen, keine Unterhaltungsmusik. Sie haben keine panislamische Ideologie, und die Vorstellung, andere Länder zu talibanisieren, ist ihnen damals noch fremd.

Diese neue, aggressive Weltsicht stammt von Osama Bin Laden.

Der Prinz bringt die Taliban mit den arabischen Afghanen zusammen und gründet mit ihnen die geheime Brigade „055". Am 23. Februar

1998 veröffentlicht die von Bin Laden initiierte und von Omar abgesegnete „Welt-Islam-Front für den Dschihad gegen die Juden und die Kreuzzügler“ im afghanischen Khost ihren Aufruf zum weltweiten Terror: „Es ist die Pflicht jedes Muslims, Amerikaner und ihre Alliierten, sowohl Militärs als auch Zivilisten, wo immer auch möglich, zu töten. Dies gilt so lange, bis die Aksa-Moschee (in Jerusalem) und die Haram-Moschee (in Mekka) aus ihrem Würgegriff befreit sind und bis die amerikanischen Armeen geschlagen von allen Ländern des Islam abziehen, unfähig, einen Muslim zu bedrohen.“

Bin Laden sagt später, dass er jeden Amerikaner als Angriffsziel sehe: Steuerzahlungen machten auch den Normalbürger zum systemerhaltenden Schuldigen, also vogelfrei. Selbst wenn Muslime bei einem Angriff auf Amerikaner zu Tode kämen, lohne sich die Sache. Er sei bereit, bei einer solchen Attacke seinen eigenen Sohn zu opfern, sagt er.

Der Kriegserklärung an Amerika folgen die Taten: die Terroranschläge im August 1998 gegen die amerikanischen Botschaften von Nairobi und Daressalam mit 263 Toten, die Attacke auf den US-Zerstörer vor Aden im Oktober 2000 mit 17 Toten. Das FBI setzt auf den Kopf des Chefterroristen eine Belohnung von fünf Millionen Dollar; CIA-Direktor George Tenet nennt Osama Bin Ladens globales Terrornetz im Februar 2001 „die unmittelbarste und ernsteste Bedrohung“ für die Sicherheit der Vereinigten Staaten.

Von einer geheimen Basis in Afghanistan aus soll der Prinz schon auf verschiedenen Kanälen versuchen, sich Komponenten für eine Atombombe und eine Bio-Waffe zusammenzukaufen. Über einen befreundeten ägyptischen Fluglehrer lässt er sich einmal für 200 000 Dollar in Tucson im Bundesstaat Arizona eine ausrangierte T-39 besorgen. Erst im Jahr 2000 scheitert ein Anlauf Bin Ladens, sich auf Umwegen ein hochmodernes Unterseeboot in den USA zu besorgen.

Bin Laden macht sich selten selbst die Hände schmutzig, seinen Zellen in den einzelnen Ländern lässt er viel Spielraum: Er ist eine Art internationaler „Vorstandsvorsitzender einer Dschihad Inc. mit der Tochtergesellschaft Dschihad.com“ („Newsweek“). Er finanziert, er lässt organisieren. Hauptsache, die Ausrichtung der Terror-GmbH stimmt.

Nach Ansicht des amerikanischen Terrorismus- und Nahost-Experten David Long sind Bin Laden und seine schattenhafte Qaida-Organisation inzwischen quasi unbesiegbar geworden: „Das ist keine Terroristenorganisation im traditionellen Sinn. Es ist mehr eine Art Anlaufstelle, in der sich verschiedene Untergruppen Gelder, logistische Unterstützung, auch einmal militärische Ausbildungsmöglichkeiten beschaffen. Es ist ein Chamäleon, eine Amöbe, die ständig Farbe und Form wechselt, die aber einen Führer hat: Osama Bin Laden."

In 15 Ländern sei er aktiv, hat der Boss 1995 einmal freimütig erzählt; die USA nannte er nicht, aber neben den Nahost-Staaten auch Russland, Großbritannien und die Niederlande. Er besaß sogar einen Pass des neuen Staats Bosnien-Herzegowina, ausgestellt von der Botschaft in Wien, und rühmte sich, internationale Kämpfer ins Krisengebiet zu schmuggeln.

Einen ganz besonderen Stützpunkt hat sich der Prinz im Irak geschaffen; mehrfach traf er den Sohn Saddam Husseins und möglichen zukünftigen Präsidenten Kussai. Auch zu den islamistischen Gruppierungen Hamas und Islamischer Dschihad in den palästinensischen Autonomiegebieten bestehen Verbindungen.

Über 3000 bis 5000 Aktive in etwa 50 Ländern kann al-Qaida direkt verfügen, schätzt das britische Fachblatt „Jane's Intelligence Review". Zu den 24 terroristischen Untergruppen, die weitgehend in dem Netzwerk aufgegangen sind oder sehr intensiv mit ihm zusammenarbeiten, gehören die ägyptische Gamaa al-Islamija, die algerische GIA, die jemenitische Gruppe Dscheisch Aden, die philippinische Abu Sayyaf und die pakistanische Kaschmir-Befreiungsfront. Etwas lockerer sind die Verbindungen zu der palästinensischen Hamas und zur von Iran finanzierten Hisbollah.

Der Terrorist als zorniger Unterprivilegierter aus den Slums, das kannte die Welt. Der Terrorist als Biedermann, das kam vor. Aber der Terrorist als Herr Mustermann, Angehöriger der Mittelklasse, Intellektueller aus guter Familie mit Durchschnittsgeschmack – das ist neu und charakteristisch nur für al-Qaida.

Und wie deren Leute in Europa denken, belegen Telefonate, die die Fahnder abhören konnten. Sehr fröhlich und sehr dreist sprechen da Terroristen und ihre Helfer über Anschläge und falsche Pässe, und einmal redet ein Mann namens „Farid" mit seinem Kumpel „Khalid".

Farid: „Warst du auch bei der Ateta Operation" (das ist der Codename für ein bis dahin unbekanntes Attentat)?

Khalid: „Ja, ich war in verschiedenen Orten, es gibt keine Zone, wo ich nicht war. Es war ein wunderschöner Moment, als der Befehl vom Emir kam, weil wir davor die Struktur studiert haben und danach mit Plastik ... bum, und kurz danach krachte der Palast in Staub zusammen, und ein Feuer startete so, dass die Feinde von Gott verzehrt und verbrannt wurden."

Farid: „Und es bleibt nichts übrig."

Khalid: „Und dann kam der Befehl, die Bauernhöfe und die Apotheken zu zerstören."

Farid: „Also habt ihr das ganze Dorf zerstört?“

Khalid: „Ungefähr.“

Und wie die „Heiligen Krieger“, wie Leute wie Atta, Jarrah und Shehhi in Afghanistan ausgebildet werden, das wissen die Fahnder, seit den Amerikanern der Algerier Ahmed Ressam, Deckname Benni Antoine Norris, ins Netz ging. Der war auf einer Fähre zwischen dem kanadischen Victoria und Port Angeles unterwegs, als Zöllner in seinem Kofferraum Sprengstoffkomponenten und vier Zeitzünder fanden. Weil ihm 130 Jahre Haft drohten, packte er aus. Er gestand, dass er den Flughafen von Los Angeles in die Luft jagen wollte. Er gestand, dass er ein Schläfer Osama Bin Ladens war. Und dann erzählte er, wie das so geht in Afghanistan.

Ressam war ein halbes Jahr im Lager, 1998 war das. Mal übten dort 50 Mann, mal 100, und sie kamen aus Algerien, Jordanien, Jemen, Deutschland, der Türkei und Tschetschenien, und sie übten in kleinen, nationalen Zellen, jede auf ihrem eigenen Gelände.

Im ersten Monat lernten sie den Gebrauch von „leichten Waffen, Pistolen, einem leichten Maschinengewehr und einem schweren“.

Im zweiten Monat stand Sprengstoff auf dem Stundenplan, der Gebrauch sowie die Auswahl der richtigen Ziele: „Militärische Einrichtungen, Dinge wie Elektrizitätswerke, Gasanlagen, Flughäfen, Eisenbahnen“ oder auch „Hotels, in denen Konferenzen stattfinden“.

Im dritten Monat kam „Urban Warfare“ dran, die Kriegführung in der Stadt, Taktik und Selbstschutz also: „Trage die Kleidung der Touristen.“

Dann ging es weiter in das Lager für Fortgeschrittene, und dort wurden den Studenten des Terroristenhandwerks die Fertigung von Sprengstoff sowie das nötige Grundwissen in Elektronik vermittelt: „Wir lernten, elektrische Kreisläufe zu bauen.“ Warum? „Um Dinge in die Luft jagen zu können.“

Letzter Schultag, sehr gut, abreisen – mit 12 000 Dollar, ein paar Chemikalien und einem Merkheft wurde Ressam auf die Reise in die Welt der Ungläubigen geschickt.

BKA, Meckenheim, Anfang Dezember: Die Akte 11. September

Drei Monate nach dem Angriff auf Amerika wissen die Fahnder in den USA und in Deutschland viel über die Attentäter des 11. September. In einer Schnitzeljagd haben die 7600 Beamten die Spuren zusammengetragen, die die Terroristen hinterlassen haben.

Aber: Die 19 Täter sind tot. Für die Fahnder vom Bundeskriminalamt geht es nun vor allem darum, das deutsche Netzwerk des Terrors offen zu legen, um mögliche künftige Anschläge abwehren zu können. Darum beschlagnahmen sie bei ihren Durchsuchungen alles, was ihnen noch mehr Durchblick verschaffen könnte. Fingerabdrücke werden genommen, DNA-Spuren gesichert; Mobiltelefone, Computer, Akten stapeln sich in den Asservatenkammern der Polizei. Und in den Moscheen raunen sie sich zu: „Waren Sie auch schon bei dir?“ Der syrische Geschäftsmann Mamoun Darkazanli etwa ist Dokumente, Laptop und Mobiltelefon erst einmal los.

Die deutschen Fahnder wissen, dass jeder Erfolg, den sie haben, zugleich zum Misserfolg umgedeutet werden kann. Denn alles, was sie finden, könnte benutzt werden in dem seltsamen Spiel, das die Kollegen in Amerika spielen.

Die haben ziemlich früh mit einer Art „schwarzer Peter“ begonnen. Als die Ermittlungen dann zu Mamoun Darkazanli führten, den die CIA schon lange als Statthalter Bin Ladens in Hamburg verdächtigt, wurde der Ton geradezu eisig.

Bedrohlich für die transatlantischen Beziehungen hätte beispielsweise eine Geschichte werden können, die CIA-Beamte mit verschwörerischer Miene unter die Leute brachten: Schon ein Jahr vor den Anschlägen habe man die Verfassungsschutzbehörden in Deutschland massiv gedrängt, sich der Qaida-Verbindungen in Hamburg anzunehmen. Es ging vor allem um Darkazanli.

Und dann war Innenminister Otto Schily zu Besuch bei dem amerikanischen Justizminister John Ashcroft und stand wie versteinert da, als Ashcroft Hamburg als „zentrale Basis“ der Terroristen bezeichnete. Hamburg sei „nicht der einzige Punkt“, sagte Schily tapfer.

Wahr ist: Fehler und Schwächen hat es hier wie dort gegegeben.

In Hamburg etwa lagen tatsächlich einzelne Hinweise auf Mitglieder der späteren Terroristengruppe vor. Bahaji war gleich mehrfach wegen seiner radikal-islamischen Einstellung aufgefallen. Auch Hinweise auf die Marienstraße in Harburg gab es. Aber es gibt auch in den Behörden Personalnot, und wenn im Hamburger Landesamt für Verfassungsschutz eine einsame Auswerterin den Überblick über alle radikalen Ausländer der Stadt behalten soll, verschwinden auch die wirklich Gefährlichen schon mal im Nirwana der Festplatten. „Sehen, aber nicht erkennen“ nennen Verfassungsschützer dieses Phänomen.

Und dann, es war vier Tage nach dem Attentat, nahmen die Deutschen den Marokkaner Hassan R. fest, einen mutmaßlichen Kontaktmann einiger Terroristen, der am Hamburger Flughafen für die Firma „Ground

Stars“ Flugzeuge be- und entlud. Für einen Haftbefehl reichte es nicht, noch am selben Tag kam R. wieder frei.

Doch die Fahnder hatten bei ihren Durchsuchungen einen Stapel Videos übersehen, in denen zum „Heiligen Krieg“ aufgerufen wird; und R.s Kontakte waren wohl nicht so harmlos, auch wenn er betont, „dass ich all die Leute nur flüchtig aus der Moschee kenne“. Jetzt jedenfalls läuft ein Ermittlungsverfahren gegen ihn wegen Verdachts auf Mitgliedschaft in einer terroristischen Vereinigung.

Andererseits: Die Amerikaner sind durchaus Meister der Selbstgerechtigkeit. Es geht nicht nur um Polizeiarbeit, es geht auch um Politik. Zum erstenmal in der Geschichte der Nato gilt der Bündnisfall, und wer seine Partner so in die Pflicht nimmt, darf keine eigenen Fehler gemacht haben.

Zur Wahrheit gehört auch, dass die Amerikaner vor dem 11. September nichts über die Attentäter in Erfahrung gebracht haben, obwohl die ein ganzes Jahr in den USA zubrachten. Dabei funktionierten zum Beispiel die Trickserеien mit Dokumenten auch in Amerika prächtig.

Und am 16. August, 26 Tage vor dem Attentat, verhaftete die US-Polizei in Minnesota ja Zacarias Moussaoui, 33, wegen Verstoßes gegen die Einreisebestimmungen; sein Fluglehrer hatte den Mann aus London angeschwärzt, weil der nur Kurven und keine Starts und Landungen üben wollte.

Es gab FBI-Leute, die dringend darum baten, den Berg der bei Moussaoui beschlagnahmten Papiere und den sichergestellten Computer eilig zu untersuchen. Doch die Chefs im Hauptquartier in Washington winkten ab; da hätten sie wirklich Wichtigeres zu tun.

Und natürlich sind da Leute wie der FBI-Direktor Robert Mueller, der behauptete, Moussaoui habe „wenig, wenn überhaupt etwas“ mit den Anschlägen zu tun. Doch das war Taktik. Oder Scham. Denn allen Eingeweihten ist klar: So nah wie bei der Festnahme Moussaouis kamen die Behörden einer Enttarnung des Terrornetzes nie wieder.

Moussaoui, das zeigte sich nach dem 11. September schnell, war möglicherweise jener Mann, nach dem alle fieberhaft suchen. Dass drei Flugzeuge mit je fünf Terroristen besetzt wurden und eines nur mit vier, lässt darauf schließen, dass einer von 20 irgendwo hängen geblieben war.

Moussaoui? Weil er im Knast saß?

Oder sollte der sogar ein fünftes Team führen?

Er selbst schrieb aus dem Gefängnis an seine Mutter: „Was die amerikanische Geschichte betrifft, so mache dir keine Sorgen. Ich habe nichts gemacht, und das werde ich mit der Zeit auch beweisen, so Gott will.“

Aber der Kerl, auch das steht inzwischen fest, hatte beste Kontakte zur Hamburger Gruppe. Eine der vier deutschen Telefonnummern, die er bei sich gehabt hatte, gehörte zu jener Wohnung, in der Ramzi Binalshibh gemeldet war. Und mindestens zweimal waren von einem gewissen Anad Abdallah Sabet von den Reisebanken im Düsseldorfer und im Hamburger Hauptbahnhof Gelder für Moussaoui nach Amerika überwiesen waren: 23 571,59 Mark waren es am 1. August 2001, noch einmal 9 487,80 Mark zwei Tage später. Zuvor hatte dieser Sabet fast identische Summen aus den Emiraten erhalten.

Den Einzahler Sabet gibt es nicht, und auch seine angebliche Hamburger Adresse, Adenauerallee 12, existiert nicht. Mit den Fingerabdrücken auf den Bankbelegen fanden die Fahnder heraus, dass sich hinter dem Alias-Namen Ramzi Binalshibh verbirgt; und eben dadurch können sie Moussaoui nun dessen Kontakte zur Hamburger Zelle nachweisen.

Aïcha Moussaoui, die Mutter des mutmaßlichen 20. Mannes, erzählt in Frankreich, dass sie ihren Sohn seit 1996 nicht mehr gesprochen habe. Damals hatte sie einen Anruf auf Band: „Ich liebe dich und schicke dir einen Kuss." Früher mal habe ihr Zacarias wie alle Jungs Alkohol getrunken und Marihuana-Partys in der Garage gefeiert, aber dann war er auf einmal weg. Zacarias Moussaoui habe den militanten Islamisten angehört, das weiß sein Bruder Abd Samad.

Es dauerte lange, es dauerte sehr lange, bis die Amerikaner im Fall Moussaoui ihren Kurs änderten. Aus Frankreich wird bekannt, dass Moussaoui dort bereits 1999 gesucht wurde, wegen angeblicher Verbindungen zur Gruppe „Islamischer Dschihad", die sich zu einer Serie von Attentaten bekannt hat, welche Mitte der neunziger Jahre Paris erschütterten. Die Franzosen hatten die Amerikaner schon vor dem 11. September vor dem Mann gewarnt.

Es wird November, es wird Dezember, da stellen Staatsanwälte Moussaoui plötzlich eine Terrorismusanklage zu. Man hätte bei ihm, so schreiben sie, Boeing-Simulatorprogramme und Material über Sprühflugzeuge gefunden. Und nun soll der mutmaßliche 20. Mann in Virginia vor Gericht gestellt werden; dort droht ihm, natürlich, die Todesstrafe.

Sollen sich die deutschen Fahnder freuen über so etwas? Eher freuen sie sich darüber, dass sie selbst inzwischen ihr Bild von der Hamburger Zelle, von den drei Todespiloten und deren Unterstützern womöglich komplett haben.

Beängstigend komplett.

Komplett beängstigend.

Es ist erstaunlich, wie dreist die Terroristen in ihrer Hamburger Zeit manchmal agierten. Attas Überweisungen für das „Haus der Unterstützer", seine Widmung – natürlich hätte irgendetwas irgendwann irgendwem auffallen können. Sie müssen sich sehr sicher gefühlt haben.

Gleichzeitig pflegten sie alle ihre Legenden. Manche arbeiteten bei VW am Band, andere bei Siemens, am Hamburger Flughafen, beim Kabelkanal Premiere, und gleich acht Verdächtige waren bei der kleinen Firma „Hay Computing" in Wentorf beschäftigt, einem roten Backsteinbau vor den Toren Hamburgs. Islamisten, die aus den Emiraten mit allem unterstützt werden, was sie brauchen, packen Computer in Kisten, für 15 Mark die Stunde? Es muss ein Teil des Spiels gewesen sein.

Die meisten von ihnen hatten ja irgendwann einmal das westliche Leben führen wollen. Nun war es das falsche, jenes Leben, das es zu bekämpfen galt. Aber weil sie es beherrschten, diente es ihnen zur Tarnung.

Und diese Tarnung zu knacken ist nach dem 11. September nicht einfacher geworden für die Sonderkommission des Manfred Klink.

Denn auch nach den Anschlägen redet kaum einer der Verdächtigen, und auch viele aus ihrem Umfeld schweigen. In den Hamburger Gemeinden, in denen die Terroristen ein- und ausgingen, kommen immer wieder diese nichts sagenden Antworten: Ja, vom Sehen kenne man sich schon; nein, von einer besonders radikalen Einstellung habe man nichts, aber auch gar nichts bemerkt. Nur gute Muslime seien die Jungs gewesen.

Und wenn die Fahnder endlich etwas wissen, beginnt die nächste Runde. Warum denn der angeblich nur flüchtige Bekannte hier gewohnt habe, fragen die Fahnder einen Verdächtigen. Das sei doch nur eine Gefälligkeit unter Brüdern, antwortet der. Und der in der Schublade gefundene Pass? Den habe ein Bekannter hinterlegt, der sich illegal in Hamburg aufhalte. Die vielen Anrufe in Italien und Spanien? Alles Bekannte, deren Namen gerade entfallen sind. Und ob die am Wochenende gemieteten Autos für einen klammen Studenten nicht etwas ungewöhnlich seien? Nein, das sei für einen Ausflug einfach bequemer.

Die wenigen, die reden, legen den Schluss nahe, dass in Hamburg einige, mehr als zunächst vermutet, das Geheimnis kannten. Die Gruppe des jungen Atta saß in den Moscheen oft abseits; wer ihre Einstellung nicht teilte, hatte in diesem Kreis nichts zu suchen. Aber die Gruppe fiel auf. Spätestens 1999 hatte sie sich religiös derart aufgeputscht, dass ihr der „Heilige Krieg" gegen die Ungläubigen wie eine Pflicht erschien.

In den Hamburger Moscheen stellten sie ihren Hass zur Schau und riefen: „Die Juden sollen verbrennen, und wir werden auf ihren Gräbern tanzen."

Auch diese Sprüche konnte man im Trainingslager in Afghanistan lernen.

Marwan al-Shehhi, das war eine Routinerecherche für die Fahnder, kehrte im Januar 1999 zurück. Nach Bonn. Er hatte so seine Schwierigkeiten mit dem Studium und schaffte manche Prüfung erst im zweiten Anlauf oder gar nicht.

Bei Shehhi war vieles anders als bei den anderen. Möglich, dass mancher beim Militär der Emirate, wo Shehhi zur Grundausbildung war, von seiner Einstellung wusste. Die Emirate, das gefällt keinem der Ermittler, sind auch so ein Brennpunkt, über den man nicht viel erfährt.

Atta und Shehhi wurden Freunde in Hamburg, Genossen des Terrors. Weil sie so unterschiedlich waren? Shehhi, der Spaßvogel – und Atta, der ewig ernste Stratege? In der Wilhelmstraße zogen sie erstmals zusammen.

Damals, 1999, formte sich die Gruppe. Shehhi stieß auf Ramzi Binalshibh, den seltsam geheimnistuerischen Jemeniten, und ziemlich schnell entschied er sich gegen das eine, das muntere Leben. Und für das andere, die Vorbereitung des Massenmords.

Seine anderen, die alten Freunde vermissten Shehhi, denn zur Uni geht der nicht mehr; im Dezember 2000 wurde er exmatrikuliert.

Am 5. November 2000 meldete die Botschaft der Emirate Shehhi bei der Hamburger Polizei als vermisst. Sein großer Bruder machte sich nach Hamburg auf, um ihn zu suchen – erfolglos. Dieser Bruder erzählte auch von Marwans Eltern: von seiner ägyptischen Mutter und seinem Vater, einem islamischen Prediger aus den Emiraten, der den Sohn mit in die Moschee gehen ließ; kam Papa einmal zu spät, durfte der kleine Marwan den Gebetsruf übernehmen. Staunend hörten Shehhis einstige Freunde auch, dass ihr alter Kumpel Marwan sogar schon verheiratet war, daheim in den Emiraten.

Der fünfte Schritt in der theoretischen Schulung der Selbstmordattentäter war die Beschreibung der Tat als Ehre, als von Allah vorherbestimmt. Daraus folgt, Schritt sechs, dass die Mörder Auserwählte waren und dass der Massenmord, Schritt sieben, die einzige wirkungsvolle Aktion gegen den übermächtigen Feind sein würde.

Zweifel? Der achte Schritt, von den geistigen Führern des Kommandounternehmens immer wieder ganz besonders hervorgehoben, war, dass die Täter lernten, dass sie als Märtyrer ohne jeden Zweifel ins Paradies einziehen würden; das war der individuelle Nutzen. Und der kollektive Nutzen, Schritt neun in den Predigten für die jungen Killer: Die Heldentat würde den Gegner da treffen, wo es weh tut; eine größere Symbolik könne es nicht geben.

Der zehnte Schritt in der psychologischen Schulung der Mörder war die Dehumanisierung der Opfer. Hunderte? Tausende? Frauen, Kinder, amerikanische Muslime gar?

Sie alle durften keine Menschen mehr sein, kein Mitgefühl wert, sie waren nichts mehr als eine Teilmenge des Feindes. Osama Bin Laden selbst hat Muslime, die seinen Anschlägen zum Opfer fallen, mal als „Kollateralschäden" bezeichnet.

Und im Ruhrgebiet sitzt eine sehr junge und sehr hübsche Frau in ihrer Wohnung und versucht all das zu begreifen. Aysel, eine Türkin, studiert Medizin; sie war die Freundin eines Terroristen und hatte keine Ahnung. Sie soll den Fahndern Ziad Jarrah erklären und versteht ihn selber nicht.

Ziad Jarrah, der junge Kerl, dessen schmales, langes Gesicht so offen lachen konnte, hat den Westen nicht gehasst. Ursprünglich nicht. Er hielt die Hand seines Vermieters, der im Sterben lag. Er war verliebt, telefonierte fast täglich mit Aysel und schrieb ihr noch vor dem Höhepunkt seines anderen, mörderischen Lebens aus Amerika. Und er rief sie sogar am 11. September gegen neun Uhr amerikanischer Zeit an. Aus dem Cockpit der United Airlines 95, die 40 Minuten später bei Pittsburgh abstürzte?

Bis zuletzt muss Jarrah geschwankt haben. Er war längst Pilot, als er von Heirat und einem Kind redete, das er haben wollte. Im Sommer reiste er aus Amerika noch einmal zu Aysel – eher untypisch für einen, der mit der Welt und dem Leben abgeschlossen hat.

Es wäre nicht verwunderlich gewesen, so die Gutachter, die sich mit Jarrah befasst haben, wenn einer wie er nicht in der Verfassung gewesen wäre, den Auftrag durchzuführen. Viel zu labil, der Kerl. War es also wirklich Zufall, dass ausgerechnet Jarrahs Maschine als Einzige in eine Wiese krachte und ihr Ziel nie erreichte?

Jarrah, im Libanon geboren, trank gern Alkohol und genauso gern feierte er. „Einmal tranken wir so viel Bier, dass wir mit dem Fahrrad nicht mehr geradeaus fahren konnten", sagt sein Cousin, der noch in Greifswald lebt. Ein „frischer, junger Mann sei das gewesen, völlig europäisch", sagt seine ehemalige Vermieterin.

Wer also hat ihn umgedreht?

Die Ermittler vermuten, dass Abdulrahim al-M., jener Greifswalder Student der Zahnmedizin im 23. Semester, jener Abu Mohammed, eine entscheidende Rolle gespielt haben könnte. Jedenfalls wandelte sich Jarrah vom Disco-Gänger zum Radikal-Muslim, der fünfmal am Tag betete. Er wollte, so erzählt eine Bekannte, dass seine Freundin ein Kopftuch trug, und sogar ihre Hände sollte sie bedecken. Er bewarb sich für Biochemie, wurde zugelassen, aber da zog es ihn schon nach Hamburg, wo er sich im Wintersemester 1997 als Flugzeugbauer einschrieb.

Jarrah studierte zügig. „Er war sehr religiös, aber gleichzeitig offen. Er hat so viel investiert, Tag und Nacht mit den trockensten Formeln gearbeitet – der wollte wirklich Ingenieur werden“, sagt der Dekan der Hochschule für Angewandte Wissenschaften in Hamburg, Heinz Krisch.

Dann aber verschwand Jarrah mitten im Wintersemester 1999 von der Uni. Seinen Kommilitonen erzählte er, er wolle in Amerika weiterstudieren. Und dann tauchte Jarrah ab. Flugunterlagen belegen, dass er über Istanbul nach Pakistan reiste und von dort wohl nach Afghanistan.

Im Juni 2000 reiste er nach Amerika; in Venice in Florida besuchte er eine Flugschule. Und immer noch ging es hin und her: Jarrah legte sich ein Mobiltelefon zu, bestellte beim Pizza-Service, kaufte sich einen Sportwagen, einen roten Mitsubishi Eclipse – während er sich auf das Attentat gegen alles Gottlose, Dekadente, Westliche vorbereitete.

Vermutlich hat Ziad Jarrah immer wieder überlegt abzuspringen. Doch das Netz war dicht; es trug die Schwachen, und es hielt die Aufmüpfigen fest.

Und Mohammed Atta war der, der dieses Netz in der Hand hielt.

Der vorletzte, der elfte Schritt in der psychologischen Schulung der Terroristen war die Formation der Zelle, der Kleingruppe. Gruppendruck entsteht, Gruppenkontrolle, Gruppensolidarität.

Der zwölfte Schritt war die Wiederholung alles Gelernten. „Erinnere dich an dein Gepäck, die Kleidung, das Messer und die Dinge, die du brauchst, an dein Ausweisdokument, deinen Reisepass, deine Papiere“, steht in dem Leitfaden, jener Anleitung zum Massenmord, die in Attas Fluggepäck gefunden wurde.

Aber die Todespiloten, auch das steht für die Fahnder heute fest, waren noch keine Krieger des Dschihad, als sie nach Deutschland kamen. Erst später, da sind sich die Ermittler sicher, hatten sie ihr „Erweckungserlebnis“, und irgendjemand muss sie betreut haben in all den Jahren.

Immer noch könnte es also irgendwo jenen Mister X geben, der die 19 Terroristen gleichsam an Strippen in den Tod führte. Es könnte aber auch sein, dass es ein Geflecht von mehreren Männern gab.

Welche Rolle spielen also Leute wie Darkazanli, Binalshibh und Zammar? Wer hatte welche Aufgabe im Netz der Unterstützer?

Darkazanli könnte, glauben Fahnder, im Bin-Laden-Netzwerk eine wichtige Rolle als Mann des Geldes übernommen haben – er ist ein intelligenter, anpassungsfähiger Typ.

Der Kaufmann ist im Umgang mit diversen Kulturen vertraut und wandlungsfähig. Darkazanli, in Damaskus geboren, ist seit 1990 deutscher Staatsbürger und zugleich ein Vertrauter des Bin-Laden-Manns Mamduh Salim, der in Amerika im Knast sitzt, weil er Attentate geplant haben soll.

Jedenfalls ist dieser Darkazanli, nach eigener Auskunft seit gemeinsamen Moschee-Besuchen mit Atta und Kollegen einfach nur bekannt, ein Mann, der bei Bedarf mit Bart und Kaftan auftritt, dann wieder als westlicher Geschäftsmann, glatt rasiert, in Lederjacke und Freizeitkleidung. Er spricht perfekt Deutsch, ist kontrolliert und hat schon Ermittlungsverfahren überstanden, ohne dass etwas haften geblieben wäre; der Frankfurter Generalstaatsanwalt scheiterte etwa bei dem Versuch, Darkazanli Geldwäsche nachzuweisen. Nun läuft gegen Darkazanli, der noch immer in Hamburg ist, ein Verfahren wegen des Verdachts auf Mitgliedschaft in einer terroristischen Vereinigung.

Und Ramzi Binalshibh könnte, wie anfangs Essabar oder am Ende Moussaoui, irgendwann als weiterer Entführer eingeplant gewesen sein; er bemühte sich viermal um die Einreise in die USA, wurde viermal abgelehnt und war dann zuständig für die Geldtransfers aus Deutschland zu den Piloten in Amerika.

Binalshibh, Asylbewerber aus dem Jemen, lebte zunächst im Wohncontainer, den die Gemeinde Kummerfeld aufgestellt hatte, am Ortsrand, gleich neben der Bundesstraße. Die Behörden verpflichteten ihn zur Arbeit in der Baumschule von Ellerhoop, doch schon nach zehn Tagen flog er wieder raus; „zu schwächlich", urteilte sein Chef Volker Offen. Und als es mit dem Asyl dann nichts wurde, kam er noch einmal, diesmal mit einem Schengen-Visum, diesmal als Student. Er kam mal hier unter und mal dort. Binalshibh ist ein schlaksiger Typ und ziemlich hager. Er trug einen Vollbart und alte Klamotten, denn er war ständig klamm. Zum Studienkolleg kam er unregelmäßig, und wenn er kam, dann beschwerte er sich über die Dekolletés der Frauen, die er „eklig" nannte.

„In Mathe hatte er nur Sechsen, weil er unter der Bank immer den Koran las", sagt ein einstiger Mitschüler. Binalshibh war einer der Eiferer in der Harburger Gruppe, einer der ganz besonders Religiösen.

Und Zammar, das war nach dem Stand der Ermittlungen der Dschihad-Krieger – einer, der in Bosnien und anderswo gekämpft haben soll, 1,95 Meter groß, 140 Kilo schwer. Der Mann fürs Handwerk.

„Wer sind die größten Terroristen? Die so genannte zivilisierte Welt", sagte dieser Krieger kurz nach den Anschlägen, türkischen Tee in einer Hamburger Moschee trinkend. „Wer hat die Atombombe erfunden? Die Amerikaner“, rief er dann. Viele in der Moschee machten um ihn einen Bogen, denn der Rambo Allahs sprach nur mit Auserwählten. Zwei junge Männer, die Jeans und modische Turnschuhe trugen, ließ er Botengänge erledigen und seine Befehle ausführen.

Wenn in den vergangenen Jahren irgendwo in Europa Mudschahidin-Kämpfer verhaftet wurden, führte die Spur immer wieder zu Zammar. Viele der jungen Krieger hatten seine Hamburger Anschrift und seine Telefonnummer dabei. In Said Bahajis Wohnung fanden sich Bücher über den Dschihad – mit einer Widmung Zammars. Und die ebenfalls beschlagnahmten 94 Kopien eines Aufrufs Bin Ladens zum Kampf gegen die Ungläubigen, das gestand Zammar gern ein, hat er fotokopiert.

Er könnte ein Vorbild, ein Held für die jungen Attentäter und ihre Freunde gewesen sein. War dieser Zammar, Trauzeuge des Helfers Said Bahaji, auch eine jener Figuren, die die Hamburger für den „Heiligen Krieg“ begeisterten?

Und eben dieser Said Bahaji, der Bub aus dem Emsland? Was treibt so einen in die Arme von Bin Ladens al-Qaida? Bahaji ist für die Fahnder besonders interessant. Er saß nicht in den Todesfliegern des 11. September, er lebt, in Pakistan, Afghanistan oder sonstwo. Er könnte reden über die Hamburger Terrorzelle. Er beherrschte das Doppelleben von allen am besten. Er war damit groß geworden.

Bahaji, geboren am 15. Juli 1975 in Haselünne, wuchs im Emsland auf; bis 1984 betrieb die Familie dort die Gastwirtschaft „Zur Sonne“, mit Discothek und natürlich mit Alkoholausschank. 1984 zog die Familie nach Marokko, Said war neun und musste in der ersten Klasse wieder anfangen. „Natürlich war er fur die Marokkaner ein Ausländer und für die Deutschen auch“, sagt seine deutsche Mutter, Anneliese Bahaji.

Die Mama vermutet, dass in der marokkanischen Schule die Wurzeln für alles liegen, was kam. Im Ramadan kontrollierten die Schüler gegenseitig ihre Zungen: War sie rot, galt das als Zeichen, dass die Kleinen gegessen hatten; sie straften sich mit Verachtung.

Die alte Königsstadt Meknès liegt im Landesinneren Marokkos. Die Stadt begeistert ihre Besucher, vielleicht gerade, weil sie der Massentourismus noch nicht entdeckt hat. Kilometerlange Stadtmauern umschließen die auf einer Anhöhe gelegene alte Medina; in ihren kaum zwei Meter engen Gassen haben sich Kunsthandwerker eingerichtet, aus Süßwarenläden duftet es nach Hefeteig und Feigen. Aber auch westliche

Klamotten oder deren Imitate, Adidas-Schuhe und Levi's-Jeans, gibt es hier.

Denn in Meknès gibt es beides, Orient und Okzident. Ein McDonald's am Boulevard ist erst abends voll besetzt, es ist Ramadan.

Said Bahajis Vater stammt aus dieser Gegend; er ist Bauer und besitzt ein paar Hektar Land zehn Kilometer außerhalb von Meknès. Eine Familie von Berbern hütet seine Schafe und hilft Vater Bahaji, Oliven oder Bananen zu ernten.

Said Bahaji besuchte das Lycée Moulay-Ismail, eine Schule, die beide Seiten, Moderne wie religiöse Tradition, ebenso vereint wie die ganze Stadt. Es gibt hier Mädchen, die Sonnenbrillen tragen; und es gibt Mädchen mit Kopftuch.

Das Haus der Eltern Bahajis liegt nicht weit von der Schule. Die Mutter hat sich eingerichtet, als wäre sie in Deutschland; im Wohnzimmer stehen eine Eichen-Schrankwand und eine Couch, und im Flur hängt ein Kalender der Sparkasse.

Said teilte sich sein etwa zehn Quadratmeter großes Kinderzimmer mit seiner Schwester Maryam – zwei Betten entlang der Seitenwände, eine Sperrholz-Schrankwand mit Mickymaus-Aufklebern, ein Schreibtisch.

Anneliese Bahaji aus Haselünne ist nie angekommen in Marokko; immer wieder fliegt sie nach Deutschland. „Marokko ist nur für Touristen schön", sagt sie. Said passte sich an, doch dann, Mitte der neunziger Jahre, schickte Saids Mutter ihn und seine Schwester zum Studium wieder nach Deutschland.

Als Said, ein schwarzhaariger junger Mann mit weit zurückliegenden braunen Augen und spitzen Lippen, in Hamburg ankam und Elektrotechnik zu studieren begann, war er schon strenggläubig und doch noch ein wenig kindisch. Er fuhr einen dunklen Golf, 90 PS, und er liebte die Formel 1. „Dann ist Fieber angesagt", schrieb er auf seiner Homepage. Und mit Computern kannte er sich aus, egal „ob Spiele, Programme oder Internet. Hauptsache, ich sitze vor dem Rechner".

Bahaji war einsam. „Leider sind die Harburger Studenten sehr langweilig, wenn sie nicht betrunken sind, können sie nicht mal den Mund aufmachen", teilte er auf seiner Homepage mit. Und trinken war für ihn, natürlich, tabu.

Zunächst wohnte er im Studentenwohnheim in Harburg. Er traf Atta und den später weltweit gesuchten Ramzi Binalshibh. Dann zogen die drei in das Haus der Unterstützer, Marienstraße 54.

Bahaji kümmerte sich um die Formalitäten. Er unterschrieb den Vertrag; von seinem Konto ging die Miete ab. Die Ermittler vermuten, dass er einer der Logistiker der Terrorgruppe war.

Es war endlich eine Rolle, endlich ein Platz für einen, der sonst nirgendwo ankam. Bahaji, deutscher Staatsbürger, musste sogar zum Bund, zum Panzergrenadierbataillon 72 in Hamburg-Fischbek. Aber nach fünf Monaten schied er auch dort wieder aus. Er hatte Asthma und etliche Allergien. Das Fahndungsfoto, das nach dem 11. September 2001 um die Welt gehen wird, ist über der Stirn und am Hals abgeschnitten; auf dem Original trägt Bahaji ein Barett und die Uniform der Bundeswehr.

Den Draht in seine zweite Heimat Marokko hatte er längst verloren. Sein Vater hat den Jungen seit Jahren nicht mehr gesehen. Zur Hochzeit seines Sohnes mit der Türkin Neşe – das Brautgeld, 3000 Mark, zahlt Said Bahaji in zwei Raten – konnte der Vater nicht nach Hamburg kommen, „weil ich nicht genug Geld hatte". Immerhin bekam der Papa, ziemlich stolz, mit, dass Said inzwischen einen sechs Monate alten Sohn hatte. Und dass er sich am 3. September für ein „Praktikum" nach Pakistan verabschiedete.

Der letzte Satz auf Bahajis Homepage heißt: „O. K., isch habe fertig!"

Und dann, Ende August, waren es nur noch ein paar Wochen bis zu den Anschlägen. Es wurde gefährlich. Osama Bin Laden rief seine Getreuen und all die Unterstützer zurück nach Afghanistan.

So jedenfalls steht es in einer streng geheimen Beweismittelsammlung, die das Weiße Haus den Regierungen der Nato-Staaten vorgelegt hat, um sie von der Schuld der Qaida-Organisation zu überzeugen. Die zentral gesteuerte Flucht vor dem großen Schlag gilt den US-Geheimdiensten als ein entscheidender Beleg.

Der Befehl zum Absetzen muss Ende August, Anfang September auch die Hamburger erreicht haben: Said Bahaji bestieg am 3. September am Hamburger Flughafen den Turkish-Airlines-Flug 1056 nach Istanbul und flog von dort weiter nach Pakistan. Die Nacht verbrachte er im Embassy-Hotel in Karatschi; rund 50 Mark zahlten Bahaji und zwei Begleiter für eine Nacht in Zimmer 318. Eine letzte Spur führte nach Quetta, 60 Kilometer von der afghanischen Grenze entfernt; so weit können die Leute vom BKA Bahajis Bewegungen rekonstruieren.

Und eine letzte E-Mail erreichte seine Frau Neşe sechs Tage vor den Anschlägen. „Dank Allah geht es mir gut. Ich bin gut angekommen. Ich kann leider nicht viel anrufen, denn Telefonate sind sehr teuer", schrieb Said. Und: „Bitte grüße alle von mir in deiner Familie und meiner Familie. Alles Gute."

Dann war Schluss. Bahaji war untergetaucht. Und inzwischen scheint festzustehen, dass er sich Bin Ladens Kämpfern in Afghanistan angeschlossen hat; zwei Männer, die nach Hamburg zurückgekehrt sind, wollen ihn und den ebenfalls flüchtigen Zakariya Essabar in einem Lager bei Kabul erkannt haben. Bahaji wird in Afghanistan wie andere Bin-Laden-Getreuen um sein Leben kämpfen müssen.

Binalshibh nutzte noch einmal seinen alten Namen und buchte sich sechs Tage vor dem Anschlag als Ramzi Omar auf einen Lufthansa-Flug von Düsseldorf nach Madrid. Um 12.18 Uhr checkte er ein, den für zwei Wochen später geplanten Rückflug trat er nicht an. In seiner letzten Wohnung lag ein Brief von der GEZ; Binalshibh aber bleibt lange verschwunden – bis er am Jahrestag des 11. September in Pakistan verhaftet und US-Sicherheitskräften übergeben wird.

Essabar hingegen bleibt verschwunden. Der Marokkaner, heute 24, hatte am 12. Dezember 2000 und am 28. Januar 2001 versucht, ein Visum für die USA zu bekommen. Auch er könnte also einst als 20. Mann oder als weiterer Pilot eingeplant gewesen sein. Doch auch ihn ließen die Amerikaner nicht ins Land. Auf der Liste der meistgesuchten Personen des Bundeskriminalamts steht Essabar ganz oben. Ende August soll er zuletzt in Hamburg gesehen worden sein und dann angeblich in Kabul. Spuren? Keine.

Die Fahnder des Soko-Leiters Manfred Klink haben eine Menge zusammengetragen über die Terroristen aus Hamburg und ihren Anführer Atta, den Stadtplaner, der die Stadt aller Städte zerstören wollte. Sie haben begriffen, wie die Gruppe dachte und hasste, wie sie funktionierte und wer ihr half.

Und darum haben sie Angst bekommen.

Früher, das haben die Ermittler herausgefunden, war Europa für die Terroristen der Organisationen Osama Bin Ladens nur ein Ruheraum und eine Art Stützpunkt für die Beschaffung von Geld und nützlichen Dingen wie Sendeanlagen oder Elektroteilen. Heute ist Europa, so notieren Ermittler, ein „interessanter Aktionsraum“.

Als die Ermittler begannen, gingen sie noch davon aus, dass es sich bei den Terroristen um eine kleine, abgeschottete Zelle handelte, örtlich begrenzt und mit wenigen Unterstützern.

Auch das war früher.

Heute glauben die Fahnder an ein europaweites Netz, das in einem losen Verbund von Zellen arbeitet. Wer welcher islamistischen Organisation angehört, ist längst nicht mehr wichtig. Ihre Klammer ist nicht die Ideologie oder der Islam; die Klammer ist religiöser Wahn, verbunden mit dem Hass auf Amerika.

In Italien stießen Fahnder auf die „Varese-Gruppe“, die offenbar einen Giftgasanschlag plante. Sie war eng vernetzt mit der Frankfurter Meliani-Truppe, gegen die die Bundesanwaltschaft Anklage erhoben hat, weil sie einen Bombenanschlag in Straßburg vorbereitet haben soll.

In Spanien hoben Ermittler eine Qaida-Zelle aus und nahmen acht Leute fest. Einer von ihnen sagte in einem abgehörten Telefonat: „Im Unterricht sind wir in das Feld der Luftfahrt vorgedrungen und haben sogar dem Vogel den Hals abgeschnitten.“ Und wie immer gab es Querverbindungen: In Hamburg fand sich die Telefonnummer des in Spanien festgenommenen „Abu Dahda“ (Kampfname), den die dortigen Ermittler für den Anführer der ausgehobenen Zelle halten. Die Fahnder sind überzeugt, dass Dahda auch mit dem Deutsch-Syrer Darkazanli Kontakt hatte, ebenso wie mit Said Bahaji und Ramzi Binalshibh.

In Rotterdam wurden vier Männer verhaftet, die Anschläge auf amerikanische Einrichtungen in Paris geplant hatten.

Und in Großbritannien, Europas Hochburg der Extremisten, beginnt die Polizei erst damit, Fundamentalisten wie Abu Qutada das Leben zu erschweren, der zum Kampf gegen die Ungläubigen aufruft.

Nach Erkenntnissen der CIA gibt es weltweit sechs bis sieben Millionen radikale Muslime, die mit den Ideen Osama Bin Ladens sympathisieren, darunter 120 000, die bereit sind zum Kampf. Dass es im Fall World Trade Center einen direkten Befehl Bin Ladens gegeben habe, bezweifeln selbst die Amerikaner; Befehle des Meisters brauchte es gar nicht. Viele der Terroristen waren bei Bin Laden im Trainingslager; sie wissen, was das Ziel ist. Was werden sie tun, wenn Bin Laden stirbt?

Tausende sind nach der Ausbildung nach Europa gekommen. In jedem neuen Land, das sie aufsuchen, können sie eine neue Identität annehmen.

Unterstützer?

Haben sie. Überall.

Angst?

Haben sie nicht. „Der Himmel lächelt, mein junger Sohn“, so steht es ja in Attas Leitfaden, „denn du marschierst zum Himmel.“

600 Leute haben in Deutschland die Spuren der Terroristen verfolgt, 7000 Detektive und Agenten setzte das FBI ein. Sie alle waren an der gewaltigsten Kriminalermittlung aller Zeiten beteiligt, sie haben drei Monate lang verhört, gelesen, gefahndet, und das alles hatte vor allem einen Sinn: Sie wollten die Drahtzieher der Anschläge finden, sie wollten die Rolle Osama Bin Ladens klären. Und nun dies.

Ein lausiges Video, grobkörnig, verwackelt und zerfurcht, beinahe vermurkst durch die ständigen Hustenanfälle des Kameramanns.

Das Video, 39 Minuten lang, das das Pentagon der Welt vorführt, wurde angeblich am 29. November im afghanischen Jalalabad aufgenommen. Bin Laden trägt Turnschuhe, Turban und Tarnjacke und sitzt mit seinen Getreuen beim Essen; sie diskutieren den 11. September. Er sei „am Donnerstag vor den Anschlägen informiert worden, dass die Operation an diesem Tag stattfindet", sagt Bin Laden. Und das bedeutet, dass der Chef der Qaida vermutlich irgendwann das Killerkommando in Gang gesetzt, mit der Planung dann aber nichts mehr zu tun hatte; am Donnerstag vor den Anschlägen waren alle Flüge längst gebucht.

Bin Laden, so scheint es, war der Vordenker des 11. September, nicht aber der Einsatzleiter.

Osama Bin Laden sagt: „Wir haben berechnet, dass es drei oder vier Stockwerke sein würden, die getroffen würden. Ich war der Optimistischste von allen. Auf Grund meiner Erfahrungen dachte ich, dass das Feuer von dem Treibstoff in dem Flugzeug die Eisenstruktur des Gebäudes schmelzen würde und dass nur die Fläche, wo das Flugzeug einschlägt, und alle Stockwerke darüber einstürzen würden."

Osama Bin Laden sagt: „Die Brüder, die die Operation ausgeführt haben, wussten nur, dass sie eine Märtyreroperation haben, und wir baten jeden von ihnen darum, nach Amerika zu gehen. Aber sie wussten nichts über die Operation. Aber sie waren ausgebildet, und wir enthüllten ihnen die Operation nicht, bevor sie da waren und kurz bevor sie die Flugzeuge bestiegen. Nicht alle wussten es, Mohammed von der ägyptischen Familie hatte die Verantwortung für die Gruppe."

Mohammed, das ist Mohammed Atta.

Einmal sagt Bin Laden, „selbst die Anführer" hätten wenig gewusst, und das ist Unfug; da wirkt es wieder, als prahle er, als schmücke er sich mit dem Attentat.

Und dann sagt Osama Bin Laden: „Dieses Ereignis hat die Leute zum Nachdenken gebracht, was dem Islam sehr genutzt hat."

5

„Er ist Vater geworden, da plant man doch kein Attentat“

Wie der 11. September die Überlebenden und die Familien der Täter verändert hat

Bloomfield, New Jersey

Sie sieht gut aus. Sie sieht nicht aus wie jemand, der neun Wochen zuvor Verbrennungen dritten Grades im Gesicht erlitten hat. Die Nase war schwarz, sagt sie. Jetzt ist die Nase ein bisschen rot, wie das ganze Gesicht. Aber auch das wird sich legen. Die Kunst der Ärzte.

Virginia DiChiaras Haut verbrannte zu 30 Prozent, als sie durch einen Schleier brennenden Kerosins einen Aufzug im 78. Stock des Nordturms verließ. Gesicht, Hände, Arme, Schultern, Rücken. Am schlimmsten, sagt sie, ist es mit den Händen. Sie trägt schwarze Handschuhe.

Sie wohnt in Bloomfield, New Jersey. Ein hübsches Haus, groß, gemütlich eingerichtet, mit Garten. Hier lebt sie mit ihren beiden Golden Retrievern, Remy und Sidney, die ihr am 11. September das Leben gerettet haben, weil sie länger als sonst im Garten herumtollten. DiChiara ließ sie, trank einen zweiten Kaffee, das Wetter war so schön.

Deshalb kam sie später als üblich ins World Trade Center. Deshalb war sie im Aufzug, als das Flugzeug einschlug, und nicht in ihrem Büro bei Cantor Fitzgerald im 101. Stock. Im 101. Stock hat niemand überlebt.

„Ich habe viele Freunde verloren“, sagt sie, und zum einzigen Mal in einem zweistündigen Gespräch füllen sich ihre Augen mit Tränen. 677 Mitarbeiter von Cantor Fitzgerald sind umgekommen, alle, die am 11. September im Büro waren.

DiChiara geht zweimal in der Woche zu einem Psychologen. „Ich muss mit einer Menge Dinge klarkommen“, sagt sie. Die Freude verloren, das Leben mit den Verbrennungen, die Erinnerung an das Feuer, das zweite in ihrem Leben. Ihr Bruder verbrannte, als sie sechs war. Sie wechselt rasch das Thema.

Gleichwohl wirkt sie robust. Sie erzählt flüssig von ihren schlimmen Erlebnissen, lacht immer dann, wenn es besonders schlimm ist. Sie kratzt sich. Sie kratzt sich sehr oft an den Armen, hart und tief. Es juckt höllisch, wenn Brandwunden heilen.

Manchmal trottet einer der Golden Retriever heran und legt seine Schnauze auf den Tisch. Streicheln bitte. Dann kommt eine Hand mit einem schwarzen Handschuh.

Es fällt Virginia DiChiara schwer, nicht richtig zu funktionieren. Sie kann ihre Hände noch nicht richtig bewegen, kann nicht richtig greifen. Das wird schon, aber es dauert. Und sie mag es nicht, wenn es dauert. „Ich bin ein Typ, der Ergebnisse will“, sagt sie. Sofort. Jetzt. Aber sie muss nun in Wochen denken, in Monaten. In einem Jahr, sagen die Ärzte, wird sie wieder die Alte sein. 12 Monate. 52 Wochen.

Sie macht Übungen, täglich. Sie hat früher angefangen als üblich. Sie macht mehr als üblich. Die Finger krümmen und strecken, immer wieder krümmen und strecken. Tagelang kein Fortschritt und dann doch: ein Millimeter mehr die Finger gestreckt und gekrümmt.

Es dauert. Alles dauert. Duschen, anziehen. „Ich bin wie eine alte Frau", sagt DiChiara und lacht. Sie ist 44. Sie darf sich nicht schminken, das verträgt die Haut noch nicht.

Von montags bis freitags geht sie zur Massage, Belebung der verbrannten Körperpartien. „Da machen sie mich fertig", sagt sie lachend, „die schlagen mich zusammen." Aber sie geht gern. Es hilft.

Ihr Schicksal hat viele Menschen bewegt. Täglich kommt Post, und DiChiara versucht, allen zurückzuschreiben. Den Stift kann sie schon ganz gut halten, aber sie wird rasch müde.

Das Telefon klingelt, nicht zum ersten Mal während des Gesprächs. An den ersten Tagen zu Hause bekam sie Hunderte von Anrufen. So viel Aufmunterung kann erschöpfend sein. Hilfe hat sie durch Freunde und ihre Mutter. Es ist immer jemand bei ihr.

„Ich bin Workaholic", sagt sie. Ihr fehlt die Arbeit sehr. Sie ist Revisorin bei Cantor Fitzgerald und muss dafür sorgen, dass alle Geschäfte sauber laufen. Ein Job, mit dem man sich nicht nur Freunde macht. Aber sie ist ein kraftvoller Typ und dabei herzlich. Diese Mischung ist ideal für ihren Job, Kraft und Herzlichkeit. In drei Monaten kann sie wieder anfangen zu arbeiten.

Sie zieht ihre Handschuhe aus, Luft für die Hände. Es ist ein Schock, die Hände zu sehen. Rot, roh, zwei Klumpen Fleisch. So liegen sie eine Weile auf dem Tisch. Dann muss sich DiChiara wieder kratzen.

Sie hasst niemanden für diese Hände, dieses Jucken. Sie hat keinen persönlichen Wunsch nach Rache. Aber sie ist für den Krieg gegen die Taliban und al-Qaida, damit sich der 11. September nicht wiederholt.

Jersey City, New Jersey, Büro der Port Authority

Jan Demczur hat den Eimer und den Schrubber mitgebracht, weil die von Interesse sein könnten. Sie bilden doch das Zentrum seiner Geschichte. Er war der Fensterputzer vom World Trade Center. Jetzt steht er auf einem unbekannten Flur. Er trägt eine gelbe Krawatte unter der Windjacke. Er kennt sich hier nicht mehr aus.

Die Port Authority ist übergangsweise in ein flaches Bürogebäude zwischen zwei Tankstellen gezogen. Es liegt am Ausgang des Holland-Tunnels in Jersey City. Der Behörde gehörte das World Trade Center, wo auch ein Großteil ihrer 8000 Angestellten gearbeitet hat. Das neue Gebäude sieht aus wie eine hektisch ausgebaute Garage. Es gibt keine Fenster. Demczur war nie zuvor hier. Es ist ein Gewimmel, viel zu viele Leute für den Raum, in jeder freien Ecke wurden Schreibtische aufgebaut, selbst in der Kantine sitzen Büroangestellte an Computern und Aktenordnern zwischen den Esstischen. Polizisten, Zeichner, Bauarbeiter, alle sind hier untergebracht worden, bis neue Plätze gefunden sind. Es erinnert an ein Auffanglager nach einer Katastrophe, und das ist es ja auch.

Demczur blinzelt. Dann sieht er George Phönix und dann auch Al Smith, zwei von den Männern, mit denen er im Fahrstuhl eingesperrt war. Er lacht, und auch die beiden anderen lachen. Am Vormittag des 11. September, als sie alle auf verschiedenen Wegen durch Downtown irrten, liefen sich Demczur und Phönix noch mal zufällig in die Arme. Sie haben sich damals vorgenommen, sich immer wieder zu treffen. Wie man das so macht. Jan Demczur hat sich alle Namen auf eine kleine Pappe gekritzelt. Heute fehlen drei der sechs Fahrstuhlgefangenen. Iver und Paczkowski haben Termine, Colin Richardson kann noch nicht über den 11. September reden.

Wir gehen in den Speisesaal. Demczur stellt den Eimer neben den Tisch, die Windjacke behält er die ganze Zeit an. Er gibt einem ständig das Gefühl, als müsse er gleich wieder los, weiterarbeiten, als habe er nur eine Pause. Es wird eine fünfstündige Pause. Und für Demczur geht sie auch danach weiter. Er hat kein Fenster mehr geputzt, seit das World Trade Center zusammenbrach. Seine Fensterputzfirma hatte ihr Büro im 35. Stock des Südturms. Es gibt die Firma noch, aber sie muss sich neu orientieren, hat man Jan Demczur gesagt. Er ist ein freundlicher Mann, er sagt, dass ihm das ganz gut passt. Er fühlt sich noch nicht so weit. Er wacht nachts auf, schweißgebadet. Am Tag ist er müde und antriebslos. Er hat Platzangst im Zug. Er war auch schon bei einem Psychologen. Die Angst kann verschwinden, hat der Psychologe gesagt. Wenn sie nicht verschwindet, muss man weitersehen. Im Augenblick bekommt Demczur ein Drittel seines Lohnes bezahlt. Er verliert nicht die Hoffnung. Als er nach Amerika kam, hatte er gar nichts. Jetzt hat er eine Familie, ein Haus, und es gibt immer noch sehr viele Fenster in New York.

Phönix, Iver und Richardson sind Ingenieure bei der Port Authority, sie behielten ihre Jobs. Der stellvertretende Direktor Paczkowski hat im Augenblick mehr zu tun als jemals zuvor. Nur der Fensterputzer und der Postbote haben ihre Arbeit verloren.

So ist das.

Al Smith ist für zwei oder drei Tage in Brooklyn versackt, nachdem die Türme eingestürzt sind. Er hat sein Leben gefeiert. Anschließend hat er nachgefragt, wie es mit seinem Job ist. Nun, sagten sie: Es gibt keine Poststelle im World Trade Center mehr. Also gibt es auch keine Poststellenmitarbeiter, nicht wahr. Zwei Monate lang bekommt er ein paar hundert Dollar Übergangsgeld, dann nichts mehr. Er weiß, dass er das nicht so laut sagen kann, aber manchmal wünscht er sich, dass auch die Arbeitslosen ein bisschen was von dem ganzen Geld abbekommen würden, das die Hinterbliebenen der Toten kriegen.

„Schließlich sind wir auch Opfer", sagt Smith.

Er war in den ersten Geschichten, die eine Zeitung über die Fahrstuhlfahrt brachte, nicht erwähnt. Niemand kannte seinen Namen, aber bei dem großen Trauerservice im Yankee Stadion in der Bronx hat er einen Reporter der „Times" angequatscht und ihm seine Geschichte erzählt. Der hat ihm zu Anfang nicht geglaubt, aber dann doch noch mal zurückgerufen, als ihm die anderen sagten, dass auch ein schwarzer Mann mit im Aufzug gewesen sei. So hat dann auch Al Smith seinen Platz in der Geschichte bekommen. Aber davon kann er sich auch nichts kaufen.

Phönix muss irgendwann wieder an die Arbeit. Demczur und Smith bleiben so lange, wie es geht, in dem Lagerhaus, immer wieder treffen sie Kollegen, ehemalige Kollegen. Al Smith schwatzt mit den Kaltmamsells in der Kantine, erzählt seine Geschichte, immer wieder. Sie hören ihm mit offenem Mund zu. Er sieht gut aus.

Die beiden reden und reden, aber irgendwann müssen sie wieder raus. Sie geben ihre Besucherkarten ab. Demczur hat sich alle Neuigkeiten auf einer seiner kleinen Pappen notiert, neue Telefonnummern, Zeitungen, die was über ihre Fahrstuhlaktion brachten.

Wir stehen auf dem Parkplatz, die Autos donnern an uns vorbei. Demczur fragt, ob wir ihn noch nach Hause bringen können. Es ist ja nicht weit. Er hat den Eimer in seinem Schoß. Wir fahren zwei Meilen, dann sind wir in der kleinen Straße, wo sein Haus steht. Ein kleines weißes Haus mit einem dünnen Baum davor.

„Dort wo der Baum ist", sagt Demczur. „Das ist es."

Er strahlt. Shivam Iver hat gesagt, dass Jan sein Schutzengel ist.

Demczur trägt den Eimer in sein kleines Haus. Er hat ihn auch heute nicht gebraucht.

Wir fahren weiter. Als wir in Manhattan sind, fragt Al Smith, ob er ein bisschen Geld für die Subway haben kann.

Kairo, im „Nadi-Sid-Schützenclub"

Vater Atta weint. Vater Atta zappelt. Vater Atta brüllt.

Aber Fragen beantwortet er nicht. Er sagt, dass der Mossad, der israelische Geheimdienst, die Anschläge verübt habe. „Denn es handelt sich um eine wahnsinnige Planung mit einem Wahnsinnsgedanken, zugleich aber um eine akribisch genaue Durchführung. Das kann nur der Mossad, und das ist die Arbeitsweise der Zionisten, seit sie Moses durchs Rote Meer geführt hat". Oh nein, kreischt Vater Atta dann, wie hätte sein lieber, netter, nämlich wohl erzogener Sohn so etwas tun können? „Wie könnte mein Sohn plötzlich vor 240 Hebeln und Lämpchen sitzen und die große Maschine aus großer Höhe auf die gewünschte Höhe lenken? Es gehört doch unglaubliches Können und Geschick dazu, das Stahlkorsett eines Gebäudes zu treffen mit der Genauigkeit, mit der man auf einen Bleistift schießt. So etwas erfordert doch einen gewaltigen Aufwand."

Ihr Sohn, Herr Atta, hat lange trainiert.

„Nein, nein, nein."

Treffen kann man den Vater des Mörders im „Nadi-Sid-Schützenclub", einem Geläuf für reiche Ägypter, die hier herumballern oder auf der Terrasse die Zeit totsitzen und zur Musik der Gewehre ihren Mokka trinken. Da hockt Vater Atta nun, Wochen nach dem Attentat, das Hemd offen, den Zeigefinger erhoben, die Brille verschmiert von seinen Fingern, die schwarz sind vom Zeitunglesen. Vater Atta raucht „Cleopatra", amerikanische Herstellung.

Schon früh brachte Mohammed Atta senior, Rechtsanwalt, laut und launisch, seine Frau und die drei Kinder von Kafr al-Scheich im Nildelta nach Kairo. Sie zogen in die bürgerliche Vorstadt Giseh, aus Downtown Kairo immer Richtung Pyramiden und ein paar Kilometer vor der Sphinx links ab. Erst wohnten die fünf Attas hier ganz billig in einem Eckhaus, zweiter Stock links, doch als Vaters Kanzlei funktionierte, zogen sie in die ziemlich feine Schari Khatim al-Mursalin. Gegenüber gibt es ein Theater, an der Hausfront „Pepsi"-Werbung, im Eingang vier Topfpflanzen und einen Spiegel und oben, im elften Stock, gibt es einen einsamen, alten Mann; einen, dessen Frau schon vor Jahren gegangen ist, einen, dessen zwei Töchter nur noch selten vorbeikommen.

Einen Mann eben, dessen Sohn am 11. September im Nordturm des World Trade Center verschwand.

„Lügner, alles Lügner", schreit Mohammed Atta senior. Verklagen werde er die Journalisten, alle, jedenfalls die, die geschrieben haben, der Terrorist Mohammed Atta sei ein schwuler Terrorist gewesen.

Doch hier oben mag er nicht reden, die Nachbarn, man kennt das, und darum schließt sich die Tür wieder; also geht es in den Schützenclub.

Interviews mit dem Vater des Terroristen sind zum einen deshalb bizarr, weil man nie allein mit ihm ist; an den Nebentischen hocken Menschen, die so tun, als würden sie Zeitung lesen, und Kellner kommen vorbei, die erst vor zwei Minuten vorbeigekommen sind – Geheimdienstler eben. Zum zweiten aber, dies vor allem, sind Interviews mit dem Vater des Mörders keine Interviews.

Vater Atta schreit, dass Amerika, der „tumbe Raufbold“, dies und noch viel mehr verdiene, weil Amerika ja „den Terrorismus erfunden“ habe. „Die erste Terrororganisation war der Ku-Klux-Klan im Heimatland des Herrn Bush. In den USA gibt es heute 5000 solcher Organisationen, und die Früchte der Erziehung der USA sehen wir ja: Kleine Jungs nehmen Maschinenpistolen mit in die Schulen und bringen Lehrer und Mitschüler um. Und die Filmindustrie bringt allen Völkern diesen Terror erst richtig nahe.“ Schließlich sagt er noch, dass amerikanische oder israelische Agenten seinen Sohn umgebracht hätten, „mit Säure, wie sie es immer machen“.

Dann holt er Luft, und es ist still auf der Terrasse, still bis auf die Schüsse.

Wieso das alles? Welchen Sinn sollte so eine Verschwörung machen?

„Den Zionisten geht es darum, einen jungen Ägypter in den Schmutz zu ziehen, weil Ägypten den zionistischen Rassisten ein Dorn im Auge ist“, sagt Atta senior.

Eines noch, Herr Atta: Spüren Sie überhaupt keine Trauer, haben Sie gar keine Angst, dass ausgerechnet Ihr Sohn vielleicht doch am 11. September ins World Trade Center geflogen sein könnte?

„Nein, warum? Er lebte doch nach dem Anschlag noch. Er hat mich ja 24 und 48 Stunden nach den Attentaten angerufen.“

Da allerdings zum letzten Mal.

Denn dann, sagt Vater Atta, „dann haben sie ihn ja umgebracht“.

Manhattan, Upper East Side

Jill Gartenberg steht wie ein Zinnsoldat in der Tür ihres Apartments in der Upper East Side. Sie ist sehr klein und hält sich gerade. Sie ist 34 Jahre alt. Sie hat einen festen Händedruck, müde Augen und ein mattes Strahlen um den Mund. Alles, was sie tut, wirkt automatisch, einstudiert. Ihre Züge und Gesten scheinen nichts mit dem zu tun zu haben, was sie fühlt.

Wie geht es?

„Okay", sagt sie.

Man sieht gleich, dass sie schwanger ist. Es ist November, sie ist jetzt im fünften Monat. Es wird wieder ein Mädchen.

Jill Gartenberg läuft mit kleinen Schritten, die Fußspitzen nach außen gerichtet, wie es Schwangere oft tun, zur Couch. Es ist ein kurzer Weg, es gibt keinen Flur. Im Wohnzimmer sitzt noch eine sehr kleine Frau. Es ist eine Freundin, die zuhört. Sie hört zu und passt auf, dass Jill nichts Unrechtes gefragt wird. Wenn das Telefon klingelt, schickt Jill Gartenberg ihre Freundin zum Telefon, um herauszubekommen, wer es ist. Die Freundin wimmelt alle Leute ab, die in den folgenden anderthalb Stunden anrufen. Sie ist blond, schmallippig und blass. Sie sieht aus, als habe Jill sie früher immer mitgenommen. Jill Gartenberg will nicht die Kontrolle verlieren. Der Portier des Apartmentgebäudes ist über jeden Besucher informiert, den sie erwartet. Das Zimmer ist ordentlich, das Spielzeug ihrer Tochter Nicole ist sortiert. Das Mädchen ist zwei Jahre alt und schläft seit zehn Minuten. Es ist ein einfaches, rechtwinkliges Wohnzimmer, mit einer flachen Decke. Auf dem Couchtisch liegt eine Fotografie ihres Mannes. Ein kleiner, untersetzter Mann, dem langsam die Haare ausgehen. Er sieht freundlich aus.

Die ganze Zeit liegt das Foto da.

Wir reden ein bisschen über die Vergangenheit, sie haben sich an der Universität von Michigan kennen gelernt. Sie waren sieben Jahre verheiratet und zehn Jahre zusammen.

Gartenberg hat am 11. September um 7.15 Uhr das Haus verlassen. Er wollte früher fertig sein, es sollte kein voller Tag werden. Er hat ja immer lange gearbeitet, meistens bis in die Nacht. Aber sie will ihm jetzt keine Vorwürfe mehr machen. Zweimal in der Woche war er so früh da, dass er Nicole ins Bett bringen konnte, und am Wochenende war er auch für sie da, sagt Jill Gartenberg. Alles war gut. Sie hat ein Video, auf dem man ihren Mann mit seiner Tochter spielen sieht. Ein tapsiger, glücklicher Vater in kurzen Hosen.

„Ich rede mit Nicole darüber, ich weiß nicht, was sie versteht. Ich zeige ihr Bilder vom World Trade Center. Ich sage ihr, dass ihr Daddy da drin war und dass er nicht wiederkommt. Ich sage ihr, dass er sie liebt und gern bei ihr zu Hause wäre. Vielleicht ist es eine Gnade, dass sie noch so klein ist. Es gibt ja keinen Sinn, den man verstehen könnte, wenn man fünf oder sechs ist. Es ist so unsinnig."

Als das Flugzeug einschlug, war Jill Gartenberg auf dem Weg ins Büro. Sie hat eine kleine Praxis als Logopädin. Sein erster Anruf erreichte sie nicht. Er sprach ihn auf den Anrufbeantworter in ihrem Büro.

„Ich kann das Band vorspielen“, sagt sie und geht kurz raus.

Als sie wiederkommt, hat sie ein Diktiergerät in der Hand.

„Jill, es ist Feuer auf unserer Etage. Ich liebe dich, Jill. Sag allen, dass ich dich liebe. Ich weiß nicht, ob ich rauskomme, Jill. Ich liebe dich so sehr“, ruft er. Die Stimme ist hoch und überschlägt sich fast. So als rechne er damit, nicht mehr viel Zeit zu haben.

„Die Nachricht wurde um 8.46 Uhr aufgesprochen“, sagt Jill. „Wollen Sie es noch mal hören?“

Sie hält den kleinen silbernen Recorder in ihrer Faust, lässt das Band zurücksurren.

Wieder schreit ihr Mann, fleht. Noch mal zurück. Das Band surrt. Ihr Mann schreit. Jill hat das Gerät fest im Griff, ihr Blick ist weit weg. Der Mann schreit. Irgendwann legt sie den Recorder zum Foto auf den Couchtisch. Die Stimme und das Foto.

„Ich kann Ihnen Briefe zeigen“, sagt sie, steht auf und öffnet einen kleinen Sekretär. Die meisten Briefe beziehen sich auf das kurze Telefonat, dass James Gartenberg mit dem ABC-Fernsehen hatte. Er war live auf Sendung, während er in dem brennenden Turm steckte. Jill Gartenberg hat das Band nie gesehen, auf dem ihr Mann mit dem Fernsehen redet. Vielleicht ist es auch ganz gut so. Eine Frau aus Illinois lobt den Mut von James Gartenberg, der sehr gefasst wirkte, als er mit dem Moderatoren redete. Tapfer, mutig, besonnen. Das sind die Attribute, die in fast allen Briefen fallen. Tapfer, mutig, besonnen. Ein altes Ehepaar, das zu Besuch in New York war, als es passierte, schreibt: „Er ist ein leuchtendes Beispiel für alles, was gut an Amerika ist.“

Sie möchte auch, dass ihr Mann nicht umsonst gestorben ist. Dass er ein Held ist.

„Aber ich will keinen Krieg, weil er nichts wieder gutmacht“, sagt sie. „Es bringt nichts, dass dort in Afghanistan Menschen sterben.“

Sie findet auch die ganze Anthrax-Angst absurd.

„Vielleicht bin ich ungerecht, aber ich finde, die Leute sind so egozentrisch“, sagt sie. Draußen rauscht der Abendverkehr über die 1st Avenue, das kleine Apartment ist im vierten Stock eines Neubaublocks. Die Upper East Side ist teuer, aber James ist hier groß geworden, seine Schule ist um die Ecke, seine Mutter auch. Jill Gartenberg spricht ein wenig distanziert, kühler, wenn sie über ihre Schwiegermutter redet.

„Wir hatten verschiedene Verhältnisse zu James. Wir müssen auf verschiedenen Weise damit fertig werden“, sagt Jill Gartenberg. Sie zieht das Gespräch weg von der Familie ihres Mannes. Sein Vater ist drei Tage nach ihm gestorben, in einem Krankenhaus in New York.

„Ich weiß gar nicht, ob er die Nachricht noch erhalten hat", sagt Jill Gartenberg beiläufig, als interessierte sie das auch nicht sonderlich. Genauso lustlos spricht sie über die vielen Freunde ihres Mannes. Er war der Chef vom Club der ehemaligen Studenten der University of Michigan in New York. Vielleicht haben die Kollegen, all die guten Freunde ihr Zeit mit ihrem Mann weggenommen, die sie nie wieder zurückbekommt. Er hat ja selbst in der letzten Stunde seines Lebens mehr mit den anderen geredet als mit ihr.

James Gartenbergs Bild liegt auf dem Tisch. Er lacht. Ihre Freundin knetet eine Puppe ihrer Tochter. Jill Gartenberg überlegt manchmal, was sie ihm noch hätte sagen können am Telefon. Was sagt man?

„Ich versteh nicht, dass das mein Leben sein soll", sagt sie einmal. „Meine beiden Kinder werden keinen Vater haben. Es ist nicht fair."

Einen Moment lang sieht es so aus, als würde sie anfangen zu weinen. Aber sie weint nicht.

Long Island City, im Büro des Metropolitan Transportation Council

Jan Khan räuspert sich. Er räuspert sich nach jedem Satz, manchmal nach jedem Wort. Vielleicht ist es ein Tick, den er schon länger hat, vielleicht ist es seine Art, mit seinen furchtbaren Erinnerungen vom 11. September fertig zu werden: eine kleine Pause vor dem nächsten Wort über die Hölle.

Er war in der Hölle. Er war im Untergeschoss des World Trade Center, als der Südturm zusammenstürzte. Davon erzählt er ruhig, tonlos, fast distanziert. Nur das Räuspern deutet an, dass er es womöglich schwer hat mit seinen Erinnerungen.

Sein Leben geht normal weiter. Er fährt täglich ins Büro, nicht mehr nach Manhattan, sondern nach Long Island City, wo der New York Metropolitan Transportation Council Ersatzräume gefunden hat. Hier sitzt er und erzählt räuspernd von seinen Erinnerungen, in einem Zimmer, das keine Fenster hat. Es ist nur für den Übergang, man will zurück nach Manhattan, aber Khan hat eine Bedingung: Er wird nie mehr in einem Büro arbeiten, das über dem zwölften Stock liegt.

Khan ist als Muslim geboren, aber er praktiziert seinen Glauben nicht, anders als seine Frau, die regelmäßig in die Moschee geht. Sie sind beide für diesen Krieg, den sie nicht als Krieg gegen den Islam sehen, sondern als Krieg gegen Verbrecher.

Das Problem ist, dass er und seine Familie nun selbst aussehen wie Verbrecher. Denken jedenfalls einige Amerikaner. Khan kommt aus

Guyana, ist aber indischer Abstammung. In den Augen mancher Leute sieht er damit aus wie ein Araber oder ein Afghane, und die stehen bei manchen Leuten nun generell unter Verbrecherverdacht.

Sein Sohn hatte da so ein Erlebnis. Khan räuspert sich, winkt ab. Er will nicht weiter darauf eingehen. Amerika ist seine Heimat, seit zehn Jahren. Vor allem wegen seiner Kinder ist er hergekommen. Er will, dass sie eine große Zukunft haben in diesem Land.

Brooklyn, in der Bar „Blue Ribbon"

Smiller ist immer noch bei der Fuji-Bank, die jetzt zur Mizuho Holding gehört. Aber er will weg, wollte das schon länger. Seit dem 11. September bereitet er seine Kündigung konkret vor. Er will im nächsten Jahr ein Studium der Bibliothekswissenschaft beginnen. Anfang Dezember hat Smiller sehr gut bei einem Eignungstest an der Universität abgeschnitten.

Mittlerweile kümmert er sich um den Neuaufbau der Rechner bei der Bank. Sie stehen im 25. Stock eines Hochhauses am Broadway, was Smiller schon deshalb sympathisch findet, weil er nun zum Mittagessen das Gebäude verlassen kann. Im World Trade Center lag sein Büro so hoch, dass es sich nicht gelohnt hat. Nun muss er nicht mehr kalte Hamburger vom Vormittag mampfen.

Die Stimmung in der Bank ist gut. Nur die vier Chefs kamen am 11. September ums Leben – alle anderen sind im Laufe der Wochen zu ihrer Arbeit zurückgekehrt. Die Bank war, finden die Angestellten, sehr großzügig. Wer sich nicht wohl fühlte, dem wurde nahe gelegt, zu Hause zu bleiben.

Weil in Manhattan Platzmangel herrscht, sind die Trader in New Jersey untergebracht. Einerseits ist Smiller froh, dass er deren geldgieriges Geschrei nicht mehr hören muss. Andererseits vermisst er das kapitalistische Kriegsgeheul. „Dieses Ausrufen von Millionenbeträgen", sagt er, „war auch sexy."

Die Angst vor weiteren Anschlägen, die Smiller in den ersten Wochen plagte, hat sich ein wenig gelegt. Zwar hat er sich zusammen mit seiner Frau Häuser in den Catskills, in der Nähe von Woodstock, angeschaut, aber er plant nicht mehr, New York fluchtartig zu verlassen. Selbst die Nachricht, dass die Männer um Bin Laden Plutonium gekauft hätten, mit dem sie in der Lage wären, schmutzige Atombomben zu bauen, raubt Smiller nicht den Schlaf. Die „Washington Post" hatte berichtet, dass auf einer Versammlung von al-Qaida in Kabul ein Terrorist mit einem Benzinkanister herumgewedelt und dazu gerufen habe: Das ist die Bombe. „Wenn da wirklich Plutonium drin gewesen wäre“, sagt Smiller, „wäre der Typ jetzt tot.“

Smiller fühlt sich nicht länger unmittelbar bedroht, aber er fühlt sich immer noch bedroht genug, um sich für den Islam zu interessieren. Aus diesem Grund hat er sich das Buch „The Muslim Encounter of the West“ von Bernard Lewis bei einem Online-Warenhaus bestellt. Ergebnis der Lektüre: Die islamische Welt ist nicht besonders neugierig auf den Westen und war es auch in den letzten 1000 Jahren nicht. Die Ignoranz scheint ein wesentlicher Grund für den Hass zu sein.

Den Einwand, dass US-Amerikaner fünf Prozent der Weltbevölkerung stellen, aber ein Viertel der Weltenergie verbrennen und Regierungen wie die von Saudi-Arabien stützen, damit dies für immer so bleibt, lässt Smiller nicht gelten. Amerika, kontert er, könne es der Welt eben nicht recht machen. Entweder werde dem Land vorgeworfen, es halte sich aus allem raus, oder dass es regiere wie ein Weltpolizist.

Der 11. September hat Smiller, der stets ultraliberale Positionen vertrat und die Regierung Bush für einen Witz hielt, zum Patrioten werden lassen. Die Kriegsführung in Afghanistan hält er für vorbildlich und den Vorwurf, dass der Westen damit langfristig vor allem Hass und neue Terroristen züchte, für falsch. „Die Tatsache, dass wir sie zu Dreck gebombt haben, hat sie beeindruckt. Typen, die mit Gewalt arbeiten, verstehen nur die Sprache der Gewalt. Und genau in dieser Hinsicht waren unsere Angriffe sehr erfolgreich. Unsere Bomben haben dafür gesorgt, dass es die Qaida in Zukunft schwerer haben wird.“

New York, „Yaffa's Tea Room“, Tribeca

Anthony DeBlase hat eine raue, leicht heisere Stimme. So wie Marlon Brando in der ersten Szene des „Paten“. Aber eigentlich, sagt DeBlase, sei er ein spiritueller Mensch. Er rede oft mit Gott, und wenn der Tag lausig ist, dann sagt er: Gott, der Tag heute ist kein Meisterwerk, aber macht nichts. Ich weiß, du bist beschäftigt.

Es gibt jetzt immer mehr Tage, die so laufen. Er sagt, dass es ihm schon vorher nicht so toll gegangen sei. Eigentlich seit jenem Tag vor einem Jahr, als seine Frau ihn mitsamt den Kindern verließ: „Ich verstehe es immer noch nicht. Sie hatte alles. Gutes Geld, neue Küche, neue Titten. Warum musste sie gehen?“ Anthony DeBlase ist stolz darauf, nicht zu reden wie einer der gefönten Wallstreet-Jungs.

Das „Yaffa's“ ist um sieben Uhr abends vermutlich der lauteste Ort der Straße. Außer Ground Zero natürlich, wo die Bagger lärmen. DeBlase hat sich die Bar ausgesucht. Lärm hilft. Es geht ihm nicht gut. Auch nicht, wenn er wie früher breitschultrig vor seinem Bildschirm sitzt und mit den Bond-Märkten kämpft. Aber in ihm, sagt er, sehe es aus wie auf Ground Zero, zwei Blocks die Straße runter.

Seine Wohnung in der Greenwich Street hat er behalten. Jeden Morgen, jeden Abend hat Anthony den Geruch vom Ort der Katastrophe in der Nase und versucht, nicht daran zu denken, was er da eigentlich riecht. „Gut, dass ihr von so weit gekommen seid", sagt er. „Gut, dass die Europäer ihre Soldaten auch nach Afghanistan schicken wollen."

Für Anthony DeBlase ist das WTC die Essenz von New York City gewesen. Bis auf den letzten Quadratmeter voll gestopft mit Menschen aus allen Teilen der Erde, die damit beschäftigt waren, Geld zu machen. Anthony DeBlase liebte die Türme. Wenn er und seine beiden Brüder von irgendwoher zurückkamen, dann wussten sie: Wo die Türme stehen, ist zu Hause.

Das ist nicht mehr. Die Türme sind weg, die Frau ist weg, und Bruder Jimmy ist weg. Erschlagen? Verbrannt? Verdunstet? Keiner wird es jemals wissen. Zwei Tage nach dem Einschlag sind die Gehaltszahlungen an Jimmy DeBlase eingestellt worden.

Jetzt sammelt sein Bruder Anthony Geld für seine Neffen. „Als Jungs haben wir uns einmal geschworen, jeden umzubringen, der einen von uns töten würde. Das macht man als Junge. Aber ich verrate Ihnen lieber nicht, was ich mit einem von denen anstellen würde, die dahinter stehen. Jede Bombe, die fällt, hat meinen persönlichen Segen."

Anita DeBlase, die Mutter, ist am 12. September mit einem selbst gemalten Schild nach Ground Zero gegangen. „Missing", stand über einem Foto von Jimmy, und darunter „Sechs Fuß – 133 Kilo". Als sie von einem Polizisten aufgehalten wurde, sagte sie, der Bürgermeister Giuliani würde auf sie warten. Als Giuliani auftauchte, quetschte sie sich durch die Menschen zu ihm durch: „Please", sagte sie, „mein Sohn ist da in den Trümmern." Das Foto, wo Bürgermeister Giuliani die Hände von Anita hält, wurde weltweit verbreitet.

Zum Begräbnis für Jimmy DeBlase in Manalapan, New Jersey, kamen 1000 Leute. Anita las ein selbst geschriebenes Gebet für ihren Sohn, und ihr Mann hatte zum ersten Mal seit ihrer Hochzeit einen Anzug an. „Es ist nicht zu glauben", las sie, „dass wir nie wieder deine mitreißende Persönlichkeit spüren können, nie wieder dein schönes Lachen hören und dein hübsches Gesicht sehen können." Dann musste sie sich setzen.

„Ist gut, dass ihr gekommen seid", sagt Anthony DeBlase, der Mann mit der Bodyguard-Statur. Er deutet eine Umarmung an und verschwindet schnell wieder im Gedränge der Bar.

Manhattan, Broad Street, Büro der „Lava Trading, LLC"

Chuck Allen, der Hobbypilot und Computerspezialist aus dem 83. Stockwerk, sitzt wieder in der obersten Etage eines Wolkenkratzers im Finanzdistrikt und schaut auf das Wasser – diesmal auf den East River. Es ist ein herrlich klarer Tag. Der Himmel ist ohne jeden Kondensstreifen. Der Luftraum über der Stadt ist seit einer halben Stunde für jeden Verkehr gesperrt.

Denn es ist der Montagmorgen, an dem gegenüber, am anderen Ufer des East River, eine Maschine der American Airlines über Queens abgestürzt ist. „Okay, das ist sonderbar", sagt Chuck Allen, „aber im Radio sagten sie, es sei ein Unfall gewesen, kein Attentat." Ein knochiger Yankee. Homo faber. Er spricht in aller Seelenruhe.

Kein Anzeichen, dass er noch vor kurzem dem Anschlag nur knapp entkommen ist. Sein Computerteam, sagt er, habe sechs Wochen gebraucht, um die Datenströme von „Lava Trading" wieder zum Fließen zu bringen. Dann lief es wie vorher. Das war seine größte Sorge. „Wissen Sie", sagt er, „wer knapp 20 Jahre seines Lebens im Nahen Osten verbracht hat, immer in der Gefahr irgendwelcher Explosionen, der ist wahrscheinlich nicht mehr so leicht aus dem Gleis zu werfen."

Er müsse oft daran denken, weshalb er damals nicht noch in den anderen Büros nachgeschaut habe, ob dort Leute warteten. „Ich wünschte, es wäre anders, aber es ist mir einfach nicht in den Sinn gekommen."

Seine palästinensische Frau, die Journalistin Sabah Hassounah, bekam schon am Morgen des 12. September einen dringenden Anruf aus Washington. Dort werden Nahost-Experten gerade händeringend gesucht.

Manhattan, in der Feuerwache Duane Street

Pete Hayden kommt am 11. Dezember mit einer schlammbespritzten blauen Uniformhose ins Büro. Er war bei einem Gedenkgottesdienst mit Bürgermeister Giuliani auf den Trümmern des World Trade Center. Heute vor drei Monaten war der Anschlag.

An der Wand von Haydens Büro hängt ein Verkehrszeichen, auf dem das Wort „Whining" („Jammern") durchgestrichen ist, aber Haydens blaue Augen wirken müde und traurig, so als habe er nächtelang nicht geschlafen. „Nein", sagt Hayden, „nachts geht es jetzt wieder. Aber dieser Schutthaufen aus Eisen nagt an einem. Dort unten ist nichts als Tod."

Hayden war am 11. September der Kommandant für alle Feuerwehreinheiten unterhalb der 43. Straße. Er baute seinen Führungstisch in der Lobby des Nordturms auf und hielt die Stellung, bis der Südturm zusammenkrachte. Gegen Abend stellte sich heraus, dass Hayden, 55, einer der wenigen aus der Führungsspitze der New Yorker Feuerwehr war, der den Tag überlebt hatte. Hayden stand inmitten der Verwüstung auf dem Dach eines Feuerwehrautos auf der West Street und versuchte, mit dem Rest des FDNY die Verschütteten unter den Trümmern auszugraben. Oder sie wenigstens zu lokalisieren. Das Blau seiner Augen füllt sich mit Wasser, als er sagt: „Es gab nur fast keine. Die meisten waren zu Staub zerrieben."

Trotzdem, auch jetzt, drei Monate nach der Katastrophe, ist er immer noch auf der Suche. Fast jeden Tag. 12 Stunden lang. Die Bilanz ist trostlos. Auf seinem Tisch liegt ein Blatt Papier vom 10. Dezember. Darauf sind die Funde aufgelistet.

Geborgene Tote FDNY / NYPD: 131

Davon ... FDNY: 117

Ganze Körper insgesamt: 232

Identifizierte Tote insgesamt: 503

Menschliche Überbleibsel: 10 416

Natürlich plagen Hayden Schuldgefühle. Er wusste von Anfang an, dass ein Brand, der über 20 Stockwerke geht, nicht zu löschen war. Aber was hätte er tun sollen? Seine Jungs nicht in die brennenden Tower schicken, um den Verlorenen und Abgeschnittenen in den oberen Stockwerken zu helfen? Hayden hatte viele von ihnen am Telefon unten in seiner Lobby. „Man musste es versuchen", sagt er. Und fügt bitter hinzu: „Auf Anschläge dieses Ausmaßes kann man sich nicht vorbereiten." Wenn der Vernichtungswille groß genug ist, nützen auch Zehntausende von Übungsstunden nichts.

Der Stolz, den ganz Amerika auf seine Männer empfindet, kann Hayden nicht wirklich aufrichten. Wenn die Attentäter das nächste Mal kommen, mit chemischen Waffen oder nuklearen – was werden die New Yorker Feuerwehrleute tun? Natürlich wieder hingehen zur Stelle der Katastrophe. Es ist schließlich ihr Job zu helfen. Dass New York wieder ein Ziel sein wird – da ist er sich sicher. Nirgends sonst gibt es so viele Symbole auf einem Haufen.

Als Hayden am 11. September spät nach Hause kam zu seiner Frau in den Stadtteil Rockaway Beach, fragt er sie kurz, was sie davon halten würde, wenn er jetzt in Rente ginge. „Meine neun Leben habe ich an einem einzigen Tag aufgebraucht." Seine Frau betete für Hayden, aber sie glaubte keine Sekunde an die Sache mit der Rente.

Chief Feeham, ein anderes Mitglied der Führungsspitze, war 73. Er starb mit seinem Sohn, ebenfalls ein Feuerwehrmann, in den Trümmern. Feuer war ihr Ding. Selbst an den freien Tagen hatten Feeham und sein Sohn Brände begutachtet wie andere Leute Briefmarken oder Theaterstücke und danach bei einem Bier Manöverkritik geübt.

Nur war der Anschlag auf das World Trade Center mehr als ein Brand, und genau deshalb stieß das FDNY an seine Grenzen. Die Leidenschaft, ein Feuerwehrmann zu sein, ist schwer aufrechtzuhalten in Zeiten des globalen Terrorismus, ausgeübt von Selbstmördern.

An seinem einzigen freien Tag Anfang Oktober führte Hayden seinen Hund morgens spazieren. Er hörte eine Explosion, schaute nach oben, sah, wie es ein Flugzeug zerriss, und sah, wie sich der Rumpf wie ein Korkenzieher langsam auf ihn herunterdrehte. „Here we go again", dachte er, bevor er den Wrackteilen knapp entkam. Dann band er den Hund an und begann mit den Rettungsarbeiten.

„Natürlich war es Terrorismus", sagt Hayden. Das FBI und all die anderen Behörden können ihm hundertmal das Gegenteil erzählen. Er hat im Gegensatz zu denen gesehen, wie das Flugzeug auseinander krachte.

Aber all der Terror, die Enttäuschungen und das Misstrauen in die Behörden haben eines nicht zerstören können: Haydens Treue zu seinem Job. Anscheinend hat er doch noch ein paar Leben.

Meknès, Marokko

Welche Mutter würde sich nicht vor ihren Sohn stellen? Ihn schützen, ihm vertrauen, Angst um den Sohn haben? Welche Mutter würde sagen: „Ja, mein Sohn ist ein Terrorist"?

Anneliese Bahaji sitzt zu Hause in Meknès in Marokko, „das nicht meine Heimat ist", und sie schaut deutsches Fernsehen, tagelang. Jeden Morgen, sagt sie, könnte doch eine Nachricht über den verlorenen Sohn kommen. Er wird verdächtigt, das Attentat von Hamburg aus mit vorbereitet zu haben. Nun soll er auf der Flucht sein.

Seine Mutter trägt einen Strickpulli und Hosen, sie hat ihre Haare mit einem Tuch zurückgebunden, und sie blickt ins Leere. Starr ist ihr Gesicht, verhärmt, Anneliese Bahaji bewegt sich mühsam. Sie kann sehr flüssig reden, sehr schnell, aber wenn man sie nach ihren Gefühlen fragt, wird es für Minuten still im Raum.

Anneliese Bahaji hat in den letzten Wochen mit niemandem reden können. Auch nicht mit ihrem Mann. Die beiden leben neben- und nicht miteinander. Ihn könnte man eine marokkanische Pflanze nennen, und sie hat ihre Wurzeln in Deutschland – früher war das aufregend, aber heute trennt es sie. Sie pendelt zwischen Marokko und Georgsmarienhütte, und jedesmal, wenn sie nach Deutschland kommt, stellt sie aufs Neue fest, dass „Marokko nur für Touristen schön“ sei.

Mit wem reden? Die alten Freundinnen, die sie durch ihre Arbeit in einem Modeunternehmen gefunden hatte, sind längst nach Deutschland zurückgekehrt, und marokkanische Freundinnen hat sie nie gefunden.

Also sitzt sie vor dem Fernseher und denkt an Said, ihren Sohn.

Und sie klammert sich an alles, was die Hoffnung nährt, dieser Sohn könne unschuldig sein. Hat er nicht erzählt, dass er vielleicht in den Arabischen Emiraten leben wolle? Dass er eine Zukunft aufbauen wolle mit Neşe, seiner Frau, in einem islamischen Land?

„Er ist doch gerade Vater geworden, da plant man doch kein Attentat“, sagt sie. Und ihre Theorie oder ihr Wunsch oder ihr Traum geht so: „Wahrscheinlich ist alles ein dummes Zusammentreffen, und er ist in Pakistan in die Hände von Extremisten geraten, die ihn unter Druck setzen. Alle haben ihn benutzt, immer, vielleicht ist er ja von Leuten zu Sachen mitgenommen worden, von denen er nichts wusste.“

Und warum, fragt sie, reist er mit seinem echten Pass, wenn er auf der Flucht ist?

Warum, fragt sie, versucht er sie anzurufen?

Am 1. Oktober, Said Bahaji war seit vier Wochen verschwunden, registrierten die Fahnder tatsächlich einen Anruf bei Frau Bahaji in Deutschland. Vermutlich war es Said, und noch während die Ansage des Anrufbeantworters lief, rief eine ziemlich hilflose Stimme: „Hallo? Hallo?“ Dann legte der Anrufer auf, in dem Moment, als Anneliese Bahaji den Apparat erreicht hatte.

Was, fragt sie, wenn irgendjemand ihn zu all diesen Dingen gezwungen hat? „Wenn sie ihn mit seiner Frau und seinem Kind erpressen? Wer weiß das schon?“

Als die Familie Bahaji 1984 in die Heimat des Vaters zog, hatte der alles verloren und mit Deutschland abgeschlossen. Zwei Discotheken hatte er in den Sand gesetzt, zuletzt „Zur Sonne“ in Haren. Viele tausend Mark Schulden hatte die Familie, als sie nach Marokko ging.

Deutschland hat dem alten Abdallah Bahaji alles geraubt, so muss es sich anfühlen für ihn, und am Ende raubte Deutschland ihm seinen Sohn. Und Marokko, so sieht es Anneliese Bahaji, hat ihr das frühere Leben geraubt: „Paris, Mailand, London, Oslo, Köln – man kommt herum, wenn man in der Modebranche arbeitet."

Heute ist Abdallah Bahaji Bauer. Er geht gekrümmt und langsam über seine Felder, er trägt einen dicken Wollpullover und eine noch dickere grüne Steppjacke, und er hat ein dunkles, gegerbtes Gesicht mit tiefen Falten. Abdallah Bahaji ist ein Mann der Arbeit und kein Redner, und der 11. September und die neue Weltordnung sind weit weg hier auf den Äckern von Meknès.

Abdallah hätte es am liebsten gesehen, wenn sich auch Said in Marokko niedergelassen hätte und nicht in Deutschland geblieben wäre. Er hätte einer dieser Akademiker sein können, die hier nebenbei Felder bewirtschaften lassen. Er hätte zur Oberschicht gehört.

„Aber Marokko war Said immer zu korrupt", sagt Anneliese Bahaji.

Dass Said ausgerechnet in Deutschland zu einem strengen Muslim wurde, hat der Vater kaum mitbekommen. „Den Islam trägt man im Herzen", sagt er, „nicht in der Kleidung." Abdallah Bahaji versteht nicht, warum die Frau seines Sohnes ihr Gesicht hinter einem Schleier verstecken musste.

Der Vater hat seinen Sohn schon vor Jahren verloren. Telefoniert haben sie, hin und wieder, aber worüber reden Vater und Sohn schon am Telefon?

Said war ein eher intellektuelles Kind, zu zart für den Geschmack des Vaters. „Er ist ängstlich", sagt Abdallah, „auf der Jagd haben wir einmal einen Fasan erlegt, und er wollte ihn nicht holen. Seitdem isst Said keinen Fasan mehr." Der Vater lächelt, denn solche Geschichten sind einem wie ihm immer ein wenig peinlich.

Wenn Said damals etwas nicht passte, machte er seine Tür zu, und der Vater sah ihn nicht mehr. „Dann antwortete er einfach nicht", sagt Abdallah.

Und darum glaubte der Vater, der in der Ferne gescheitert ist, dass sein Sohn nicht gewappnet sein würde für all die Schwierigkeiten, die das kalte Deutschland für Fremde bedeuten könnte.

„Ich sagte ihm noch", sagt Abdallah Bahaji, „lass dich nicht reinlegen."

Elmont, Long Island

Das Häuschen der Praimnaths ist eine Art begehbarer Altar der Wohlanständigkeit. Die Füße versinken im poolblauen Teppich, von der Wand strahlt das kolorierte Hochzeitsfoto, auf den Rokoko-ähnlichen Sesseln liegen dicke Plastikschoner. Die Luft ist leicht parfümiert. Stanley Praimnath ist glücklich, und er sieht auch keinen Grund, damit hinterm Berg zu halten.

Schon gar nicht seit dem 11. September. „Es war eine sehr böse Tat. Warum sind sie nicht nachts in die Türme geflogen, als keiner darin war?" Im Kinderzimmer kichern die beiden Mädchen.

Stanley Praimnath, dessen Gebet die rechte Tragfläche der United-Airlines-Boeing nach oben kippen ließ, wodurch er überleben konnte, erzählt die Geschichte seiner Rettung jedem und am liebsten sonntags in der Kirche „Bethel Assembly of God". „Hört mich an", sagt er dann, „ich bin der lebende Beweis, dass Beten in der höchsten Not hilft. Ich habe den Herrn gerufen, und er hat sofort geantwortet. Sofort! Gottes Finger kann ein Flugzeug beiseite wischen."

Praimnath hat einen langen Weg hinter sich. Er wurde in Guyana geboren. Ein Zehntel seines Gehalts von der „Fuji Bank" überweist Praimnath seiner Kirche. Das sei nur logisch, sagt er: „Wenn Gott mir keinen Job gegeben hätte, dann hätte ich gar kein Geld."

Seine Firma ist nach New Jersey hinübergezogen. Die Fahrt zu dem neuen Büro ist heute weiter. Der Draht zu Gott kürzer.

Dallas, Texas, im Büro von „Aon Risk Services"

Das sandsteingetäfelte Hochhaus am Rande von Downtown steht frei in der prallen Sonne, und der Supermarkt gleich nebenan heißt „Target" („Zielscheibe"). Clyde Ebanks ist 2800 Meilen von Manhattan entfernt, aber der 11. September ist ständig in seiner Nähe. Schon morgens unter der Dusche: „Ich kann die Augen nicht mehr zumachen. Da ist die Angst, irgendetwas könnte plötzlich da sein, sobald ich die Augen wieder öffne."

Die Kollegen im Büro legen ihm die Hand auf die Schulter und sagen: „Wird schon, Clyde." Niemand fragt, was er wirklich erlebt hat. Aber Ebanks möchte gern erzählen. Er sagt: „Ich begreife nicht, weshalb ich herausgekommen bin. Andere hatten Familie, kleine Kinder, wollten heiraten, und sie haben es nicht geschafft. Ich habe eine Woche lang darüber nachgedacht und bin fast wahnsinnig geworden. Jetzt stürze ich mich in meine Arbeit. Aber es ist jede Nacht da."

Er ist kein Kirchgänger. Aber er betet jeden Abend und hat auf dem College viel über Religionen gelesen. Der erste Anschlag aufs World Trade Center 1993, sagt er, habe nichts mit irgendeinem Gott zu tun gehabt. „Das war eine Menschentat. Das sind ultrakonservative Leute gewesen, deren Leben sich unter dem Einfluss des Kapitalismus verändert, zum Guten wie zum Schlechten. Und die um ihr Überleben kämpfen. Die Welt wird nicht von Ideologien oder Religionen regiert, sondern vom Geld."

Ebanks glaubt an die Dinge, die Amerika groß gemacht haben. Das Recht zu wählen, das Recht zu glauben, was man will, und das Recht, eine Waffe zu tragen. Er sagt, er sei immer eher ein Liberaler gewesen: „Aber ich fürchte, in den letzten Wochen bin ich konservativer geworden."

Dania, Florida

Bert Rodriguez lehnt im ersten Stock seines Fitnesscenters an den Seilen eines Boxrings und ist mit sich zufrieden. Wie meistens. Rodriguez zweifelt selten an sich.

Auf der anderen Seite des Saals trainieren zwei Männer, sie sind ein seltsames Paar. Ein Zwerg mit einem kugelrunden Bauch tritt auf einen Sandsack ein, der an einer Kette von der Decke hängt. Ein paar Meter weiter schlägt ein Riese einen Punchingball. „Man soll es kaum glauben", sagt Rodriguez, „aber der Kleine könnte dem Großen im Ring gefährlich werden. Der erste Eindruck kann wirklich täuschen."

Rodriguez federt mit dem Rücken gegen die Seile des Rings. Der Ring ist eine Konstruktion aus eisernen Federn, Sperrholz, Schaumstoff und grobem Tuch, gesprenkelt mit Wasser, Schweiß und Blut. Er misst sieben mal sieben Meter, in jeder Ecke steht ein Pfosten, zwischen die Pfosten sind elastische Seile gespannt, mit Schaumstoffhüllen gepolstert.

Rodriguez war der Kampfsporttrainer von Ziad Jarrah, einem der Piloten. Vier Monate vor dem Anschlag erschien Jarrah zum ersten Mal zum Training. Im Laufe der nächsten Wochen stand Rodriguez mit ihm 18 Stunden im Ring, 18 Stunden prügelten sich der Lehrer und sein Schüler, 18 Stunden redeten sie über Gott und die Welt. Am Ende des Trainings achtete Rodriguez seinen Schüler. Und Rodriguez leugnet seinen Respekt auch nach dem Anschlag nicht: „Man kann vieles über diese Attentäter sagen, aber Bushs Vorwurf, sie seien Feiglinge, ist Blödsinn."

Im Cockpit eines Jets zu sitzen, die Front eines Hochhauses auf sich zurasen zu sehen, die eigene Angst zu besiegen und den Schubhebel weiter nach vorn zu drücken, das verdiene Respekt, egal, wie unsinnig die Ideale sind, an die Jarrah und die anderen Attentäter glaubten. Es sei besser, zweifelhafte Ideale zu haben als gar keine, sagt Rodriguez.

Seit 46 Jahren übt sich Rodriguez in asiatischen Kampfsportarten. Er begann als Sechsjähriger in New York, und heute besitzt er einen Haufen Meistertitel und einen guten Ruf im Süden Floridas. Er unterrichtete die

Beamten der amerikanischen Drogenpolizei DEA, er lehrte Miamis Polizisten und Einheiten der Armee, wie man einen Gegner kampfunfähig macht. Rodriguez kämpft immer. Es ist egal, worüber man mit ihm spricht, über das Kaufen und Verkaufen von Grundstücken, übers Essen, über Beziehungen zu Frauen, Rodriguez gibt nie nach, er muss immer das letzte Wort haben. Der Ring ist sein Zuhause geworden. Von hier betrachtet er die Welt, von hier aus beurteilt er die Menschen. Rodriguez war der richtige Lehrer für Jarrah.

Es gibt Leute, die haben Rodriguez gefragt, ob er es bedauere, einen Terroristen unterrichtet zu haben. Rodriguez hat nur verständnislos geschaut.

Vor ein paar Jahren hingen in Rodriguez' Gym Waffen an den Wänden. Messer, Dolche, Spieße, Wurfsterne, Schlaghölzer, und jeder musste sie passieren auf dem Weg in den Ring. Irgendwo stand auch eine Kiste, in der sich eine Schlange ringelte, eine Kobra, manchmal auch eine Klapperschlange. Rodriguez ermunterte seine Schüler, eine Hand in die Kiste zu stecken und zu versuchen, die Schlange hinter dem Kopf zu fassen. Er war es auch, der die Wände mit Waffen voll hängte. Aber die Waffen und die Schlangen verschreckten zu viele Kunden. Deshalb verschwanden sie. Heute teilt sich Rodriguez' Studio in zwei Welten. Unten, im Erdgeschoss, strampeln die, denen ein bisschen Fitness reicht, auf Fahrrädern. Im Obergeschoss trainieren die Kämpfer.

Rodriguez glaubt, der Griff in die Schlangenkiste sei eine sinnvolle Übung, um im Ring zu siegen. „Man verliert nicht gegen den Gegner", sagt Rodriguez, „man verliert gegen die eigene Angst." Stellt man sich seiner Angst und besiegt man sie, besiegt man wahrscheinlich auch seine Gegner. Niemand griff häufiger nach der Schlange als Rodriguez.

Es gibt Leute, die halten ihn wegen der Sache mit den Schlangen für einen todessüchtigen Irren, aber Rodriguez stört das nicht, denn seiner Meinung nach bringen die meisten seiner Kritiker in ihrem Leben nicht mehr zu Stande, als ein Haus abzuzahlen und jedes Jahr ein paar Pfund Fett auf ihre Hüften zu schaufeln. Im Ring würden sie nicht eine Minute überstehen.

Es ist früher Nachmittag, Rodriguez sitzt jetzt ruhig am Rand des Rings und wischt sich den Schweiß von der Glatze. Er hat drei Trainingsrunden hinter sich, und er atmet immer noch leicht. Er läuft dreimal die Woche sieben Meilen, er kämpft fast täglich ein paar Runden im Ring, und er isst nur eine Mahlzeit am Tag, abends, „weil Raubtiere das auch nicht anders machen". So sieht sich Rodriguez. Als Raubtier, das nicht einmal vor Giftschlangen zurückschreckt. Rodriguez glaubt, er gehöre zu einer Elite. Zu einer kleinen Gruppe von Männern und Frauen, die ihre Angst vor der Angst besiegen können und die zu Außergewöhnlichem fähig sind. Der Mehrheit gelingt das nicht. Sie gibt nach, wird weich, fett und bequem und kämpft auf Laufbändern gegen den eigenen Bauch, nicht gegen die Welt. Seit dem Anschlag gehört auch Jarrah zur Elite.

„Das ist ein vernünftiger Bauch“, sagt Rodriguez und hebt das Hemd. Sechs konturierte Bauchmuskeln, darüber spannen sich die Rippenbögen. Links sind ein paar Narben zu sehen. „Das waren Messer“, sagt Rodriguez. Er klingt stolz.

Anfangs schien Jarrah auch einer von denen zu sein, die ins Erdgeschoss gehören, auf die Laufbänder. Dort joggte er brav und stemmte Gewichte. Für ihn sprach nur, dass er kein Großmaul war. Er trainierte nicht fünf Minuten, um dann dummes Zeug zu reden und breitbeinig in der Gegend herumzustehen, als hinge ein Feuerwehrschlauch zwischen seinen Beinen. Er betrat das Studio, zog sich um, arbeitete sich durch sein Programm, duschte, grüßte und ging.

Karen, der Rezeptionistin, gefiel das. Als Jarrah fragte, was der Kampfunterricht bei Rodriguez koste, sagte sie ihm, dass Bert üblicherweise 150 Mark die Stunde berechne, aber es gebe Mengenrabatt, wenn man 10 Stunden auf einmal buche. Jarrah buchte 20 Stunden. Er zahlte 2000 Mark. Die letzten beiden Stunden sagte Rodriguez wegen einer Reise zu einem Kickbox-Turnier ab.

Rodriguez ist als Trainer gefragt, weil er viele Wege kennt, Menschen zu verletzen, zu verkrüppeln, umzubringen, und weil er seine Schüler nicht mit fernöstlicher Philosophie langweilt. Sie müssen auch keine komplizierte Choreografie erlernen, voll gestopft mit Schlägen, Tritten und Drehungen. Sie müssen nicht einmal besonders sportlich sein. Sie müssen bereit sein, anderen Menschen Schmerz zuzufügen, und willens sein, selbst Schmerz zu erdulden. Das ist alles. Fragt man Rodriguez: „Fügen Sie Ihren Schülern im Unterricht Schmerzen und Schaden zu?“, antwortet er: „O ja.“ Spätestens nach der zehnten Stunde müssen seine Schüler in der Lage sein, einen Baseballschläger abzuwehren oder ihm auszuweichen. Sonst haben sie ein Problem.

Denkt Rodriguez an den Unterricht mit Jarrah zurück, dann erinnert er sich an Jarrahs Pünktlichkeit, seine Höflichkeit und seine Disziplin. „Er war kein großartiger Kämpfer“, urteilt Rodriguez, „aber er konnte sich diese Schwäche eingestehen und war bereit zu lernen.“ In der Welt von Rodriguez ist die Bereitschaft, sich zu Boden prügeln lassen, wieder aufzustehen, um sich noch einmal auf den Boden prügeln zu lassen, keine Dummheit, sondern eine Tugend.

Rodriguez steht auf, um sich ein Paar Boxhandschuhe aus einem Nebenraum zu holen. Bevor er sie anzieht, bandagiert er sich die Knöchel seiner Hände. Er tut es, ohne hinzuschauen, er hat es Tausende Male getan.

Es sei gut, auf die eigenen Fähigkeiten zu vertrauen, sagt Rodriguez, während er die Hände in die Handschuhe zwängt, und es sei sinnvoll, sich ein Ziel zu suchen, für das man kämpfen wolle. Amerika sei groß geworden durch die Leistungen von Individuen, die ihr Leben gewagt haben, nicht durch Nihilisten oder durch den Glauben an die Kraft des Kollektivs. Rodriguez stammt aus Kuba.

Als Kind kämpfte er in New York gegen Vorurteile, als Teenager gegen die Polizei. Nahe seinem Herzen ist eine Narbe zu sehen. Eine Kugel aus einer Pistole schlug hier ein, abgefeuert von einem Beamten. Als junger Mann besuchte er säumige Schuldner und sorgte dafür, dass sie pünktlich zahlende Schuldner wurden. Er sagt heute, dass er immer allein unterwegs war, er braucht keinen Partner. Allein ist er am stärksten.

Dann steigt Rodriguez in den Ring und kämpft ein paar Runden gegen einen Jungen in einem T-Shirt der US-Küstenwache. Der Junge könnte Rodriguez' Sohn sein, und das Einzige, was den Jungen von seinem Idealgewicht trennt, sind ein paar Kilo Muskeln, die an den genau richtigen Stellen sitzen. Eine Chance gegen Rodriguez hat er nicht. Rodriguez' Schläge gehen durch seine Deckung wie eine Kreissäge durch Butter.

Rodriguez setzt sich wieder.

„Das ist das Problem", sagt er, „der Junge konnte keinen Schlag landen, weil er sich dauernd fragte, was ich wohl als Nächstes machen werde. Er war nicht aktiv, er war reaktiv. So ist es auch in unserer Gesellschaft."

Rodriguez beklagt, dass immer mehr Amerikaner nicht an sich selbst glauben, sondern an irgendjemanden, der ihnen die Verantwortung für eine mögliche Niederlage abnimmt. Einen Anwalt zum Beispiel. Oder sie beschwören das Team, die Mannschaft.

Welche fatalen Folgen der Glaube an das Team haben kann, zeige das Scheitern der Revolte der Passagiere gegen die Attentäter an Bord von Flug 93, doziert Rodriguez. Das Thema ist ihm wichtig. Er hängt mit dem Oberkörper nicht mehr in den Seilen. Er sitzt aufrecht da und sagt: „Erst wollten sie Jarrah und die anderen mit kochendem Wasser verbrühen, dann mussten sie mit ihren Familien telefonieren, dann sich untereinander absprechen, dann sich Mut machen und dann, nach einer halben Stunde, gingen sie gegen die Attentäter vor. Kein Wunder, dass sie scheiterten. Die Attentäter hatten Zeit genug, sich zu organisieren." Rodriguez glaubt wirklich, dass die Passagiere an Bord von Flug 93 fatale Fehler gemacht haben. Und dass er es hätte besser machen können.

Ein Bursche wie Rodriguez wäre Richtung Cockpit marschiert und hätte versucht, die Attentäter fertig zu machen. Vielleicht hätte er es geschafft. Vielleicht auch nicht.

Rodriguez hat gesagt, was er zu sagen hat. Er verlässt den Rand des Rings und zieht sich um. Er lächelt. Er fühlt sich gut. Er weiß auf alles eine Antwort.

Bevor er geht, setzt er sich eine Baseballkappe auf und dreht den Schirm nach hinten. Die Kappe ist eine Sonderanfertigung für ihn und seine Kämpfer. Rodriguez trägt die Kappe oft verkehrt herum. Über seiner Stirn leuchtet dann ein Wort.

Killerinstinkt.

Westfield, New Jersey

Wie kann ein Blinder aus dem 78. Stock des brennenden World Trade Center fliehen? Dank aufopfernder Mitmenschen? Mit Gottes Hilfe? Durch unglaubliches Glück? Er habe dankbar zu sein, hört Mike Hingson dauernd: den Mitmenschen, Gott oder dem Glück. Dass er selbst einiges zu seiner Rettung beitrug, darauf kommen die Leute meist nicht.

Also will Mike Hingson reden. Er will, dass die Welt begreifen möge, dass auch er, der nichts sehen kann, jenen Katastrophentag nicht nur als Opfer erlebt hat, sondern als jemand, der mit über sein Schicksal bestimmt. Er empfängt in seinem weißen Kleinstadt-Einfamilienhaus in Westfield, New Jersey; ein massiger Mann mit hellen, blicklosen Augen, der sich zielsicher und offenbar erfreut auf den Gast zu bewegt.

Im Wohnraum zieht ein Golden Retriever japsend an Teppichfransen herum: Roselle, die Blindenhündin; im Moment hat sie frei und ist ein normaler Hund. Am Esstisch Mrs Hingson, eine freundliche Dame im Rollstuhl, die sich mit drei Freundinnen zusammen über Stoffmuster und Farbpaletten beugt. Es ist Patchwork-Tag. Sie nähen Decken in patriotischen Farben, für einen Wohltätigkeitsbasar zum 11. September. Drei liegen schon vor.

Hingson will lieber weg, will zum China-Imbiss, wo man in Ruhe Mittag essen und reden kann. Er nimmt seinen Stock, lässt Roselle zurück im Wohnzimmer, gibt dem Taxifahrer draußen Kommandos: „Was sehen Sie jetzt links? Eine Schule? Dann die nächste scharf rechts."

Die Straßen weiß er auswendig. „Ist da drüben ein Briefkasten? Da muss es sein.“ Er stemmt sich aus dem parkenden Auto, nimmt Kurs Richtung Straßenrand, horcht, nimmt den Stock und geht los.

Konzentrieren könne er sich gut, lauschen, das Gehirn fixieren auf den zentralen Gedanken: Dort muss ich hin. Jetzt nur zum Chinesen, an der Theke Huhn nach Kaiserart bestellen und dann den Tisch finden. Damals aber, zwei Monate ist es jetzt her, hieß das Ziel: Sicherheit. Überleben.

Da war jener grässliche Moment, als er dachte: Wenn ich mich jetzt nicht zusammenreiße, bin ich tot. Sie waren draußen, Ecke Broadway und Fulton Street, glaubten sich gerettet, Roselle durfte verschnaufen, Hingson hielt sich an Davids Arm. David hielt an und wollte Fotos machen, Erinnerungsfotos, ließ den Freund los, es war genau der Moment, als der Südturm zusammenbrach. David rannte los, allein.

„Er hat mich stehen lassen“, sagt Hingson. Er sagt es so, als habe er diesem Satz vorsätzlich alle Gefühlsfärbung entzogen. Nicht anklagend klingt es. Ungläubig allenfalls.

Er habe, sagt er sehr sachlich, darüber nachgedacht, was wäre, wenn er über den Müll am Boden fällt. „Ich wäre zerquetscht worden, glaube ich.“ Er aber, und jetzt klingt es stolz, er griff Roselles Halfter und hieß sie laufen, und sie hielten durch, bis eine Stimme sagte, es war Davids: „Es tut mir Leid, Mike. Gib mir deinen Arm.“

Unter der Staubwolke war Hingson ausnahmsweise im Vorteil gegenüber anderen mit seiner Fähigkeit, dem Gehör zu folgen, und mit Roselle. Einer Frau mit staubverklebten Augen half er weiter, „ich sehe nichts“, weinte die, und Hingson sagte: „Ich sehe auch nichts. Aber ich habe einen Hund.“ Auch David – immer wieder musste David beruhigt werden, so empfand es der Blinde. Hingson war nicht der Meinung, dass David für ihn verantwortlich sei. Er fand, sie waren ein Team.

Damals, in der Katastrophe, hat der Adrenalin-gepuschte Körper seinen Job getan, hat dafür gesorgt, dass er überlebte. Jetzt muss der Kopf damit fertig werden, was war. Manchmal könnte man Roselle beneiden, die den Tag offenbar nicht als Schock erlebt hat, „ein Hund analysiert ja nicht“, sagt Hingson. „Sie lebt im Jetzt, es geht ihr gut.“ Der Mensch dagegen – „Wir wissen nicht mehr, was normal ist. Wir werden dauernd über die Schulter schauen: Kommt da was? Bedroht es uns? Das neue ‚normal‘ müssen wir erst finden.“

Man habe nun, sagt er auf der Rückfahrt nach Hause, andere Prioritäten. Zahlen, verkaufen, das ist zwar sein Job bei der Software-Firma „Quantum“, aber es gebe jetzt andere Dinge, die zählten mehr. Dass es Menschen gibt, auf die man sich verlassen kann, und Hunde auch.

Und dass es andererseits solche gibt, „die das Recht verwirkt haben, dass man sie Menschen nennt“. Man werde sie richten, sagt er und wuchtet seinen Körper aus dem Taxi. „Wenn die Justiz es nicht tut, wird Gott es tun. Danke, dass Sie gekommen sind. Goodbye.“

Er geht aufs Haus zu, tastet sich zwischen Autos durch, er will keine Hilfe. Er geht allein mit seinem Stock.

Catskill Mountains, New York

Chief Jonas war Ende November zum ersten Mal in Wien. Seine Großeltern kommen von dort, und Jonas bekam den Flug für sich und seine Frau bezahlt, weil er für die New Yorker Feuerwehr einen Preis namens „Mann des Jahres“ entgegennehmen sollte. Außer Jonas standen noch Paul McCartney, Hans-Dietrich Genscher, Michail Gorbatschow und der britische Milliardär Richard Branson in dunklen Anzügen auf der Bühne.

„Ein netter Abend“, sagt Jonas. Aber er war froh, als er wieder zu Hause war: Zu Hause ist ein Dorf am Fuße der Catskills, 70 Meilen nördlich von New York City. Zu Hause ist ein helles Holzhaus, in dessen Garten seine drei Kinder toben. Seine Frau arbeitet als Krankengymnastin, und wenn Jonas Nachtschicht hat, dann ist er nachmittags mit den Kindern dran. Nicht dass ihm dies was ausmachen würde. Jonas liebt seine Kinder. Stolz erzählt er, dass seine 15-Jährige in ein paar Tagen als Balletttänzerin in Tschaikowskys „Nussknacker“ auftreten wird. Es ist ein seltsamer Anblick, dieser 260 Pfund schwere ehemalige Footballspieler mit der Statur eines Arnold Schwarzenegger, der traumverloren seiner Tochter nachblickt, wie sie das Haus zur Ballettprobe verlässt.

Der Preis, den Jonas als „Mann des Jahres“ verliehen bekommen hat, ist eine Büste von Rodins „Denker“. Sie steht unauffällig auf dem Küchentresen in der Nähe der Kaffeemaschine. Man kann sich gut vorstellen, wie Jonas in all dem Familientrubel seine Frau fragt: „Verdammt, wo habe ich denn den ‚Denker‘ hingestellt? Ich finde ihn nicht mehr.“

Die Geschichte von Chief Jonas und seinen Jungs von der Ladder 6 gehört zu den wenigen Storys vom 11. September, die ein Happy End haben. Die Feuerwehrleute halfen einer alten Dame die Treppen hinunter, als der Nordturm über ihnen zusammenbrach. Nach fünf Stunden konnten sie sich aus den Trümmern befreien, zogen die Lady auf ein Blechgestell sicher durch das qualmende Inferno und schenkten ihr später eine Baseballjacke mit den Wahrzeichen ihres Feuerwehrhauses drauf: dem grünen Drachen von Chinatown. Darunter hatten sie sticken lassen: „For Josephine – Our Guardian Angel" (Für Josephine – unseren Schutzengel).

Chief Jonas ist das, was die Amerikaner „the big silent type" nennen. Einer der nicht viel redet, sondern handelt. Einer wie Gary Cooper oder Robert Mitchum. Ein Profi, dessen blaue Augen sofort zu leuchten beginnen, wenn es um seine Stadt und seinen Beruf geht. Seine Stadt ist New York, jeden Tag fährt er die über hundert Kilometer, und wenn er die Washington-Bridge über den Hudson entlangschnurrt und die glitzernden Häuser sieht, bekommt er eine Gänsehaut, als würde eine Symphonie erklingen. Er wird helfen, diese Stadt und ihre Bewohner zu beschützen – komme, was da wolle.

Bevor er in Chinatown einzog, arbeitete er im puerto-ricanischen Viertel, dann in einem, wo viele Menschen aus der Dominikanischen Republik lebten. Chief Jonas liebt den Schmelztiegel New York. Er hat in seinem Beruf das Gefühl, jeden Tag eine Weltreise anzutreten. Dabei fährt er nur ein paar Meilen mit dem Feuerwehrauto.

Oft gibt es Rangeleien mit Billy Butler, einem seiner Jungs von der Ladder 6. Butler, Schnauzbart, ehemaliger Gefängniswächter, wohnt wie Jonas in der Nähe der Catskills und geht gern auf die Jagd. Jonas nennt Butler den „Grizzly Man". Und wenn Butler fragt, warum Jonas eigentlich nicht auf Tiere schieße, antwortet der nur: „Wenn ich auf die Jagd gehe, dann in der Nähe der Fleischtheke des Supermarktes. Mann, Butler – I am a city boy."

Dass diese Stadt, dieses Zentrum an Toleranz, dieser Schmelzpott der Rassen und Kulturen, dieser Höhepunkt menschlichen Miteinanders, angegriffen wurde, macht Jonas wütend. Und es wird ihn wütend machen, solange er lebt.

Vor ein paar Monaten wurde Jonas befördert. Er ist jetzt als Chief zuständig für ganz Lower Manhattan. Es sind grimmige Zeiten, einen solchen Job anzutreten. In den letzten Wochen war er auf so vielen Beerdigungen von Feuerwehrleuten, darunter sehr gute Freunde, dass er aufgehört hat zu zählen. Sein Assistent sagte neulich: „Chief, allmählich wird es weniger. Nur noch gut 30 Beerdigungen liegen vor uns." Die Bemerkung traf Jonas wie ein Knüppel. Nur noch 30 Beerdigungen, dachte er. Eigentlich unglaublich viel. In der gesamten Geschichte des Fire Departments New York sind 700 Feuerwehrleute umgekommen. Fast die Hälfte davon am 11. September: 343 Mann.

Es fällt schwer, einen Preis anzunehmen für den Kampf gegen solch eine Katastrophe. Vielleicht steht er ganz gut dort, unauffällig neben der Kaffeemaschine.

Manhattan, Midtown

Rafael Kava sitzt wieder gegenüber der Eingangstür. Es ist nur der 29. Stock, doch es ist immer noch Manhattan. Sie haben ein Büro in Midtown gefunden, der Blick geht nicht mehr so weit, aber Kava hat wieder eine elektrische Schreibmaschine bekommen. Er sitzt still an seinem Schreibtisch, er ist so was wie eine Empfangssekretärin. Seine alte Tasche ist da, auch sein Hut. Er trägt eine Brille, die zu groß ist für sein Gesicht.

Es ist nachmittags, und er ist nicht allein wie an jenem Morgen. In dem kleinen Büro summt die Familie, Kavas Neffe, die Frau des Neffen, die Großnichte, der Großneffe und die Frau des Großneffen sind hier. Es ist ein Familienbetrieb. Sie haben viel zu tun kurz vor Weihnachten, alle wirken hektisch, aber nicht gestresst. Es geht südländisch zu, wenn man das so sagen kann. Kavas Neffe Albert Cohen, der Chef der kleinen Spedition, kommt kurz und bringt eine Apfelsine, das ist das, was man bei Mutual International Forwarding angeboten bekommt: Apfelsinen, Bananen, Clementinen.

Kava lacht freundlich, er kann kaum Englisch sprechen. Er spielt vor, wie das Flugzeug einschlug und er von seinem Stuhl geworfen wurde. Wie er Hut und Tasche nahm. Eine Pantomime. Die Fenster: Plopp! Rausgefallen! Und dann: schwarzer Rauch. Puhh. Weg! Raus! Runter! Gerettet! Kava lächelt wie ein Kind. Dann schweigen wir. Man versteht, warum all die anderen Flüchtlinge der 89. Etage dachten, der alte Mann habe es nicht geschafft. Er sieht so zerbrechlich aus, so hilflos. Draußen wird es dunkel, die Stadt funkelt. Kava tippt ein bisschen was auf seiner großen elektrischen Schreibmaschine. Irgendwann, nach fünf Uhr, als es ruhiger wird, kommt sein Neffe Albert Cohen und übersetzt.

Rafael Kava erzählt nun in Französisch, wie er das brennende Büro verließ, er wirkt sehr ruhig, während er das Inferno beschreibt. Es ist nicht anders als bei seiner Pantomime. All die anderen Personen aus der 89. Etage tauchen aus dem Dunkeln auf. Die Leute von MetLife, Diane von der Rechtsanwaltskanzlei, Walter von den Cosmos Versicherungen und natürlich Theresa, die er seinen Engel nennt.

„Theresa ist der wahre Held", sagt Albert Cohen und hört auf zu übersetzen. Er muss selbst erzählen. Er sagt, wie er draußen stand, als der Turm brannte. Er kam, fünf Minuten nachdem ihr Turm getroffen wurde, mit seinem Auto aus dem Battery-Tunnel. Da war schon alles abgesperrt. Cohen wollte immer reinrennen, aber sie ließen ihn nicht. Er sagt, dass er das zweite Flugzeug sah, er hörte es den Schub drosseln. Er wusste den Flugzeugtyp sofort und natürlich auch die Airline. Er betreibt eine Spedition, er war viel auf Flughäfen in seinem Leben. Er sagt, dass er nahezu jede Fluggesellschaft auf dieser Welt sofort identifizieren könne. Sein Onkel schaut ihm zu. Albert Cohen sagt, dass er Wut auf die Attentäter empfindet. Er sagt, dass es Leute wie sie waren, die seinen Onkel aus Kairo vertrieben und später dann auch ihn.

„Wir haben dort als Juden gelebt, ohne jemandem was zu tun. Wir sind Händler, keine Krieger. Wir sind ohne etwas in New York angekommen. Wir haben uns hier eine Existenz aufgebaut, das ist jetzt unsere Heimat. Aber sie lassen uns nicht in Ruhe. Wir müssen sie besiegen, um endlich in Frieden leben zu können“, sagt Albert Cohen.

Sein Onkel starrt durch seine großen Brillengläser. Es sieht so aus, als würde er lieber wieder auf seiner großen Schreibmaschine schreiben.

Rafael Kava hat auch am 11. September anderen vertraut. Er ist an der Hand von Theresa Moya 89 Etagen runtergegangen, sie waren am Fuß der Brooklyn-Bridge, als ihr Turm zusammenfiel. Er hat ihre Hand nicht losgelassen. Sie sind weitergelaufen, über die Brücke bis nach Downtown Brooklyn. Sie haben ein paar Stunden vor dem Gerichtsgebäude gewartet und sind dann am Abend ins Marriott Hotel gegangen. Dort hat ihn sein Neffe abholen lassen. Kurz vor sieben war er zu Hause auf Staten Island.

Mutual International Forwarding hat gleich am nächsten Tag wieder angefangen, eine Spedition kann keine Pause machen. Sie haben schon zwei Jahre bevor das World Trade Center überhaupt eröffnet wurde, im Nordturm gearbeitet, und sie arbeiteten auch einen Tag nachdem es zusammenstürzte wieder. Sie bezogen das Apartment von Cohens Tochter. Rafael Kava hat sich zwei Tage lang von dem langen Abstieg ausgeruht. Dann haben sie ihn in das kleine Büro geschickt, das sie auf dem John F. Kennedy Airport haben. Zwei Wochen lang führten sie die Geschäfte aus dem Konferenzraum eines Kunden, dann haben sie den Platz hier an der 40. Straße, Ecke Fifth Avenue, bekommen. Es ist ein Wunder, wie viel vakanten Büroraum es in der Stadt gibt. Auch die anderen Flüchtlinge der 89. Etage sind schnell untergekommen. Die Leute von MetLife arbeiten im Hauptquartier ihres Konzerns in Manhattan, die Werber von „Strategic Communications“ haben eine komplette Etage in der Park Avenue South gemietet, und die Kanzlei Drinker, Biddle & Reath ist zeitweilig in ihre Niederlassung nach New Jersey gezogen.

Rafael Kava braucht ein wenig länger für den Weg zur Arbeit, aber sonst hat sich eigentlich nicht so viel für ihn verändert. Er musste Ägypten schon vor 50 Jahren verlassen. Er lebt bei seiner Schwester auf Staten Island.

Es geht einfach weiter.

Hollywood, Florida

Mit dem Einsturz des World Trade Center bricht auch das Weltbild von Susan Khalil, geborene Samek, zusammen. Bis dahin hat sie immer an das Gute im Menschen geglaubt. Zum Beispiel damals, als Hani, wie sie ihn heute noch nennt, bei ihnen einzog, bot sie ihre ganze Herzlichkeit auf. Gab sich alle Mühe, eine gute Gastgeberin zu sein. Ihn aufzumuntern. Ihm zu helfen.

„Und fünf Jahre später kommen dann diese Fernsehbilder", sagt sie, „und dieser Schock, diese Schande."

Dazu die Angst. Vor den Nachbarn, den Reportern, vor Anschlägen der Islamisten. Höllischen Respekt hatte Susan Khalil vor den Vernehmungsbeamten des FBI – obwohl die freundlich waren und sie den special agents unter Tränen alles erzählte, was passiert war, damals.

Als der junge Besucher in das Leben von Susan Khalil trat, war ihr erster Gedanke: armer Kerl. Ein mageres Bürschlein stand da vor ihr, mit Trichterbrust, unreiner Haut, Bartflusen am Kinn. Sein Blick flackerte, andauernd zog er die Schultern hoch, als wollte er in sich hineinkriechen. Er stotterte. Brachte kaum ein „Hello" über die Lippen. Er hat Mundgeruch, dachte Susan Khalil, und sein T-Shirt gehört dringend in die Waschmaschine. Der arme Kerl, wahrscheinlich völlig verschüchtert, dachte sie. Und überwältigt von Amerika. Und bestimmt hat er Heimweh. Also strahlte sie ihn an und verdoppelte ihre Freundlichkeit.

Der Name des jungen Besuchers lautet Hani Saleh Hassan Hanjour, geboren am 3. August 1972 in Taif, Saudi-Arabien. Im März 1996, als er bei den Khalils einzieht, ist Hanjour 23, sieht höchstens aus wie 18 und benimmt sich wie ein pubertätsgeschüttelter 14-Jähriger. Einen Monat, vielleicht auch ein paar Wochen mehr, so ist es mit Hanjours älterem Bruder verabredet, soll er bei den Khalils in Hollywood, Florida, wohnen.

Von hier aus will sich Hanjour nach geeigneten Flugschulen umsehen, sein Traum ist es, wie er errötend zugibt, Passagierpilot zu werden. Susan findet das großartig, sie bewundert Piloten, ihr Bruder ist selbst einer.

Der Bungalow der Khalils an der Canal Road ist bescheiden, es gibt kein separates Gästezimmer, deshalb hat Susan das mit Mickymaus-Postern dekorierte Zimmer ihres Sohnes umfunktioniert, der dreijährige Adam darf so lange im Elternbett schlafen. Susan hat das Spielzeug in Kisten gestopft, die Bretter im Wandschrank gewischt, das Bett ist frisch bezogen, ein kleiner Blumenstrauß steht auf dem Nachttisch – alles ist vorbereitet.

Dass aber der junge Besucher fünf Jahre später als Top-Terrorist und Massenmörder in die Weltgeschichte eingehen und zu ihrem ganz persönlichen Alptraum werden wird – damit hat Susan Khalil nicht gerechnet.

„Mein Gott, man ist da schlagartig in etwas hineingezogen", sagt sie, „was man gar nicht begreift. Ich meine – wir sind doch nur eine ganz normale Familie."

Die normale Familie besteht aus Susan und ihrem Mann Adnan, der aus Saudi-Arabien stammt und im Ort als Englischlehrer arbeitet. Sie sind ein gegensätzliches Paar. Er groß und dunkel, sie klein und blass. Er mit orientalischem Habitus, laut, lustig, ein begeisterter Koch; sie mütterlich, still und mit ein paar Kilo zu viel auf den Hüften. Die Ehe könnte nicht glücklicher sein.

Zwei Kinder haben sie, die ältere Tochter ist schon aus dem Haus, Adam ist inzwischen acht. Zwischen Kindergarten, Haushalt und Shopping Mall versucht sich Susan als Künstlerin, sie malt bunte Kakteen vor aufgeräumten Wüstenlandschaften, die Farben leuchten, die Berge glänzen wie kandiert. „Ich brauche Harmonie", sagt sie, „in meinen Bildern und im Leben, und vielleicht war ich immer ein bisschen zu vertrauensvoll."

Diesen Fehler will sie nicht mehr machen. Sich in den Wochen nach dem 11. September mit Susan Khalil zu treffen, erfordert diplomatische Mühen. Erst will sie ein Interview geben, dann nicht, dann vielleicht doch, dann wieder nicht, dann doch, aber auf keinen Fall bei ihr zu Hause. Als Treffpunkt schlägt sie das „Friday's" vor, im letzten Moment disponiert sie um, im „Red Lobster" fühlt sie sich sicherer. Und ein Fotograf darf nicht in der Nähe sein, auf keinen Fall, okay?

Dabei ist Susan Khalil keine zickige Person. Sie hat nur Angst.

Sie wartet in einer Nische des „Red Lobster", die Handtasche, das Erkennungszeichen, liegt sichtbar auf dem Tisch, sie hat sich so weit weg wie möglich von den übrigen Gästen gesetzt, stochert im Krabbensalat und erzählt von ihrem unheimlichen Hausgast. Obwohl es so wenig zu erzählen gibt. Denn Hani Saleh Hassan Hanjour, der Mann, der mutmaßlich die Boeing 757 steuerte und um 9.43 Uhr in den Südwesttrakt des Pentagon krachen ließ, wohnte zwar in ihrem Haus, aber er blieb die ganze Zeit über so unscheinbar wie ein Phantom. Hanjour, der Geister-Gast, der Besucher ohne Eigenschaften.

Es muss eine seltsame Zeit gewesen sein. Susan Khalil gab sich Mühe. Jeden Morgen ein strahlendes Lächeln. Und was hätte Hani gern zum Frühstück, lieber Tee oder Kaffee, Cornflakes oder Toast oder Eier mit Speck? Ach, irgendwas, es ist ihm immer egal.

Lustlos kaut ihr Gast an dem herum, was sie ihm vorsetzt, er sagt kaum jemals „thank you", und wenn sie ihn etwas fragt, um etwas Konversation zu machen, senkt er den Blick, wird rot, murmelt eine Antwort, die sie kaum versteht.

„Ich dachte damals, vielleicht ist er so, weil er schlecht Englisch spricht. Oder weil ich eine Frau bin und er als Muslim den Kontakt mit Frauen nicht gewohnt war – aber heute frage ich mich, vielleicht stand er auch schon im Kontakt mit diesen, wie soll ich sagen, diesen Leuten, seinen Gesinnungsgenossen? Vielleicht gab es schon diesen entsetzlichen Plan – und er schämte sich einfach vor mir."

Susan Khalil schaut sich im Restaurant um, ob jemand sie beobachtet, schiebt ihren halb aufgegessenen Krabbensalat zur Seite, kämpft mit den Tränen. „Was man sich fragt, obwohl es natürlich absurd ist: Hätte ich irgend etwas verhindern können? Hätte mir irgend etwas auffallen müssen?"

Anders ausgedrückt: Bin ich mitschuldig?

Es spricht für Susan Khalil, dass sie sich solche Fragen nicht erspart.

Es war ein zähes Miteinander. Hier die fröhliche Amerikanerin, die immer verspannter wurde. Dort der verklemmte Araber auf der Flucht vor ihrer Freundlichkeit. Morgens ein fröhlicher Gruß, der kaum je erwidert wurde. Dreimal täglich die Mahlzeiten für einen Gast, der nie Hunger hat. Der sich fast immer in sein Zimmer verkriecht, dort nicht mal Fernsehen guckt, wie Adnan ihm aufgetragen hat, damit er sein Englisch verbessere, der dort auch keine Zeitungen oder Bücher liest, sondern immer nur den Koran studiert, den Koran, den Koran. Susan Khalil ist gläubige Christin, sie geht regelmäßig in die Kirche; aber dieser mönchische Eifer ist ihr fast schon unheimlich.

Wenn sie zum Mittag-, zum Abendessen an seine Tür klopft, schleicht Hanjour an ihr vorbei, ein bisschen abwesend, verlegen, fast schuldbewusst, um nach der Mahlzeit so schnell wie möglich wieder in sein Zimmer zu schlüpfen, unsichtbar zu werden. Susan Khalil ist hilflos angesichts dieser verkapselten Ablehnung. „Ich meine, was sollte ich denn mit ihm machen? Ihn schütteln? Ihn zwingen, mit mir zu reden – er war ja immer noch ein Gast. Also sagte ich mir: Komm, respektiere ihn, Susan, und gib ihm Zeit."

Sie gibt ihm Zeit. Aber das ändert nichts. Susan Khalil fügt sich schließlich in die bizarre Situation. Und müht sich, die guten Seiten ihres Hausgastes zu sehen: dass er ausgiebig und liebevoll mit ihrem Sohn spielt zum Beispiel. Mit dem dreijährigen Adam tollt und spielt der junge Mann stundenlang. Er bringt ihm arabische Wörter bei, freut sich, wenn der Kleine sie nachplappert, er lässt ihn auf seinem Rücken reiten, stapelt geduldig Klötzchen. „Wie er da auftaute, das war für eine Mutter natürlich sehr rührend anzusehen."

Andere Gewohnheiten sind nicht ganz so rührend. Zum Beispiel die Hygiene. Hani Hanjour duscht offenbar viel zu selten, sein Körpergeruch ist bald mehr als nur lästig, und er putzt sich auch nicht die Zähne. „Nach ein, zwei Wochen hatte er einen richtigen braunen Schmutzfilm auf seinen Zähnen – und das konnte ich nun wirklich nicht mitansehen."

Susan Khalil spricht mit ihrem Mann, der nimmt den Hausgast wohlwollend beiseite und findet heraus, dass Hanjour nicht mal eine Zahnbürste besitzt. Susan Khalil kann es kaum fassen: „Absurd, seine Familie in Saudi-Arabien ist wirklich wohlhabend, und wir hatten auch zig Zahnbürsten im Haus, ich kaufe sie immer in der Großpackung – er hätte uns nur fragen müssen, aber er traute sich nicht."

Sie schüttelt den Kopf. Und sagt: „Ich wollte eine Art Freundin für ihn sein, aber ich war es nie."

Eines Tages zieht Hani Hanjour nach Oakland, Kalifornien, an eine Schule, wo er erst einen Sprachkurs und dann eine Pilotenausbildung machen will. Susan Khalil gibt sich Mühe, ihre Erleichterung zu verbergen.

An seinem letzten Abend bei den Khalils führt der junge Araber mit Susan Khalil fast schon ein richtiges Gespräch: Sie stehen in der Küche, verlegen fischt er eine Hundert-Dollar-Note aus der Tasche, will sie Susan Khalil in die Hand drücken, die wehrt beleidigt ab – er war doch hier als Freund, nicht als zahlender Mieter.

Nein, nein, die 100 Dollar sind für Adam, den very, very good boy, sagt Hanjour mit schiefem Lächeln, und wenn Adam älter sei, könne Susan ihm das Geld geben, mit schönen Grüßen von ihm, von Hani. Falls der Kleine sich dann noch an ihn erinnere.

Ganz bestimmt, sagt Susan Khalil, wird Adam sich an ihn erinnern, und sie nimmt das Geld und sagt, auch Adnan und sie werden Hani nicht vergessen!

Damals weiß sie nicht, wie Recht sie hat.

Manhattan, Restaurant „Le Café Crème"

Mark Oettinger trägt ein Flanellhemd, er ist blond und scharf gescheitelt und sehr glatt gekämmt. Er hat breite Schultern und trägt eine graue Werkzeugtasche durch Midtown Manhattan. Er ist ein sehr höflicher New Yorker, fürsorglich, Vorsicht, Lady, da kommt ein Auto, jetzt, Lady, jetzt ist die Straße frei.

Zimmermann ist er und hatte am 11. September im 10. Stock des Nordturms zu tun. Er hat Möbel zusammengebaut für die Bank of America, war von 7 bis 8.45 Uhr Handwerker und danach Menschenretter, stundenlang. Hat geholfen, geholfen, geholfen. Das jedenfalls war über ihn zu lesen in New York. Außerdem hieß es, um Amerika zu rächen, ziehe er demnächst in den Krieg.

Nun ja, denkt man, hinterher will jeder derjenige gewesen sein, der den anderen sagte: „Wir müssen hier raus. Hier geht's lang." Das ist normal. Vielleicht, denkt man auch, übertreibt da einer ein bisschen, vielleicht muss er, um diesen Tag im Rückblick zu ertragen, ein Held gewesen sein. Und sich selbst versprechen, ein noch größerer Held zu werden – in der Armee.

Es ist der Nachmittag des 14. November 2001, Oettinger schleppt seine Tasche in ein Lokal an der Madison Avenue, das sich französisch gibt; er nimmt die Tasche und deponiert sie neben sich am zierlichen Bistro-Tischchen, behutsam setzt er sie ab. Er trägt sie den ganzen Tag mit sich herum, von morgens an, wenn er seine Wohnung in Brooklyn verlässt, und in Upper Manhattan wirkt er so, als ob er einerseits hier nicht sehr zu Hause sei und andererseits doch. Vom Times Square kommt er gerade, vom Condé-Nast-Gebäude, von einem Job bei „Vanity Fair".

Ein Handwerker, ja. Ein Kämpfer? Passt irgendwie nicht, dass er darauf brennt, zur Waffe zu greifen und Bin Ladens Soldaten zu erschießen. Ein bisschen unbeholfen wirkt er, ein 35-Jähriger im großen, schweren Körper, er sitzt da und erzählt, wie er Frauen aus dem Nordturm geführt hat, immer wieder Frauen, hier, Ladys, kommen Sie, Ladys. Er sagt, er konnte nicht anders, hat welche rausgebracht und ist immer wieder zurückgelaufen, obwohl das nicht sein Job war.

Warum hat er das gemacht?

Er sagt: „Weil ich weich bin." Er sagt: „Ich wollte nicht allein sein." Er lächelt ein bisschen geistesabwesend, dann spricht er von dem Moment, als der Südturm fiel und die Wolke kam, dunkel war sie, wie ein Nachthimmel im Winter. Er rannte einem Windhauch entgegen, spürbar im Gesicht. Plötzlich, als ob eine Tür aufginge, war das Gras grün und ein Brunnen plätscherte. Er stand vor dem kleinen Park an der City Hall. Es war unglaublich still. Erst da, sagt er, konnte er heulen.

Um die anderen hat er geheult, und um sich selbst. Um die Leute aus seiner Firma, die er kannte, die weiter oben in den Türmen gearbeitet hatten, Chris, Pat, Brian. Das sind Opfer, um die Giuliani jetzt nicht so wortreich trauert wie um Feuerwehrleute und Polizisten, aber es sind genauso normale Leute, die ihren Job getan haben. Diejenigen, die immer Backstage waren, die hinter den Kulissen dafür sorgten, dass Manhattan funktioniert.

Sie sind diejenigen, die normalerweise nicht in einem Lokal sitzen, das „Le Café Crème" heißt und in dem, zum Geklimper von Richard Clayderman, feine Herrschaften am Nebentisch über die Vorzüge des Chardonnay vom Napa Valley diskutieren, verglichen mit dem aus dem Burgund.

Brian und Chris und Mark sind die Leute, die man nicht sehen wollte in der Lobby des WTC. Sie hatten ihre eigenen Treppen, ihre Lifts und ihre Abstellräume im Keller. Er mochte diesen Arbeitsplatz, sagt Oettinger. Er war immer gern im Keller, in diesen hübschen kleinen Korridoren, den versteckten Abstellkammern, und in manchen Wandschränken, so erzählte man den Neulingen immer, finde man noch die Bierflaschen von den Leuten, die es einst gebaut hatten, das WTC.

Sie haben sich selbst als das Fundament empfunden, als diejenigen, die nie ganz oben landen werden, und die ihren Stolz aus der Vorstellung beziehen: Auch ganz oben geht es nicht ohne mich.

Mark kommt von unten, ist Sohn kleiner Leute aus New Jersey, zehn war er, als der Vater starb. Acht Kinder hatte die Mutter durchzubringen und schaffte das auch, mit der Bibel und rigiden Vorstellungen von Recht und Moral. Der Jüngste war er, ein schüchterner Kerl mit Muskeln, der in den Schulferien schon gutes Geld als Maurer verdiente und von der Mutter sehr genau gelernt hat, was gut ist, was böse ist und wie man sich zu den Ladys benimmt.

Zur Armee, sagt er, ging er eigentlich nur, weil das nichts wurde mit dem College, und irgendwas muss der Mensch ja tun. Ein bisschen Abenteuer, ja, aber nur Manöver und nie Krieg und echte Tote. Anders als am 11. September. Vielleicht, grübelt er jetzt, war das alles eine Übung dafür?

Es war ja nicht abzusehen, dass eine echte Katastrophe in seinem Leben passieren würde, und es war auch nichts abzusehen, dass er in so einem Moment zum großen Retter mutiert. Aber es passt. Sei nett zu den Ladys. Du weißt, Junge, was gut ist und was schlecht.

Ein sanfter Riese ist aus Mutters Jüngstem geworden, der bedachtsam eine zierliche Kaffeetasse bewegt, der getragen, melodisch, fast wie ein Pfarrer spricht. Von seinen Kunden erzählt er, für die er Möbel baut, und dass er bekannt sei in Manhattan, er werde gemocht, und seine Kunden riefen ihn wieder, und er tue alles, wirklich alles, damit ein Kunde zufrieden sei. Das sei sein Ehrgeiz, sein Lohn, sein Brot.

Er sei diese Art Mensch, sagt er und blickt prüfend über die Möbel im „Café Crème", er sei diese Art Mensch, der in alte Häuser gehe, um das

Holz anzuschauen, so wie andere in Galerien. Der nachts manchmal wach liegt und grübelt – wo baue ich diese Säule hin, die der Kunde unbedingt will? Wenn ich die Paneele mehr nach links rücke, sieht es dann vielleicht besser aus?

Jetzt liegt sein Werkzeug zerschmettert irgendwo auf Ground Zero, und sein Chef – ist das nicht nett? – hat ihm erlaubt, sich neu zu kaufen, was er braucht. Das hat er getan. Wollte wieder Arbeit, schon am übernächsten Tag. Konnte nicht stillsitzen in seinem engen Apartment in Brooklyn, ließ sich die nächsten Kundenadressen geben von der Firma, einmal war der 31. Stock dabei, in Upper Manhattan, war nicht ganz leicht, wieder in einen Lift zu steigen, aber es ging.

Das neue Leben – es ist anders, wenn er jetzt den Fernseher anschaltet und Tote sieht. Im Kopf schieben sich die echten Toten ins Bild. Wut kommt dann auf, und einer wie Mark, der von Mutter Oettinger Moral gelernt hat, Gott hab sie selig, der redet sehr selbstverständlich von der Todesstrafe und ist erstaunt, wenn man ihm widerspricht. Todesstrafe? Wieso nicht Todesstrafe? Ist die amerikanische Justiz, so hört er das jedenfalls immer, ist die nicht eher viel zu lax?

Dass Amerika zu rächen sei, ja doch, das findet er schon. Er war bei der Nationalgarde. Er ist Corporal der Reserve, 28. Infanteriedivision. Am Wochenende nach dem Terrorangriff war eigentlich eine Familienfeier geplant, beim ältesten Bruder in New Jersey; da musste Mark zum Manöver und konnte nicht hin. Mal sehen, hieß es, „wozu die Regierung uns braucht". Flughäfen bewachen vielleicht und vielleicht sogar rüber nach Asien, „ist ja nichts mehr sicher, heute", sagt Corporal Oettinger. Die Tornister sind gepackt. Es ist nicht sehr wahrscheinlich, dass er drankommt, aber „wo die Regierung mich hinschickt", sagt er patriotisch, „da gehe ich natürlich hin".

Pflichtschuldig klingt das. Enthusiastisch klingt es nicht. Nicht so wie der Mark Oettinger, der dem „New York Newsday Service" Mitte Oktober noch sagte, er sei „ganz wild darauf loszuziehen". Sondern eher wie einer, der die Welt von vorher zurückhaben möchte, oder besser noch eine friedlichere. Von einer Farm träumt er heute, 41 Acres Boden hat er schon gekauft, in Pennsylvania, wo die Hügel sanft sind und das Gras fast immer grün ist. Ein Haus bauen. Vieh züchten. Vielleicht vergessen, was im September 2001 gewesen ist.

Oder nein, Ground Zero vergessen, das geht wohl nicht. Den ganzen Tag hat er sich damals dort rumgetrieben, konnte nicht weg, hat nach Menschen geschaut. Und nach Möbeln auch, ob er etwas wiedererkennen kann, aber da war nur noch Staub.

Er ist wieder dort gewesen, am Ground Zero. Hat sich Geschichten erzählen lassen von Freunden, die Rettungsarbeiter sind. Von dem Körper der jungen Frau, den sie umdrehten, und darunter lag das Kind. Von dem Arm, den sie fanden, einen weiblichen, und als sie der Toten die Hand aufbogen, war die Faust eines Babys drin.

Eigentlich will er gar nicht vergessen. Ein paar Erinnerungsstücke hat er aufgehoben. Er kramt in seiner grauen Tasche, zieht etwas heraus, hier, Lady, sagt er, ein Geschenk.

Es ist ein Schlüssel aus Messing, für ein Sicherheitsschloss. Er trägt eine Gravur: „World Trade Center. Do not duplicate."

Firehouse Greenwich Village, Houston Street Ecke 6th Avenue

Ein aufblasbarer Schneemann und ein Christbaum, der glitzert wie eine Discothek, sind noch übrig geblieben von der Weihnachtsfeier gestern im Firehouse Greenwich Village. Zauberer waren da, Sänger aus der Nachbarschaft und sogar ein Clown, der die 15 Kinder wieder ein wenig lachen lassen sollte, deren Väter ihren Dienst am 11. September im Firehouse angetreten hatten und die nie nach Hause zurückgekehrt sind.

Elf Feuerwehrleute hat die Station verloren. Einer wäre schon zu viel gewesen, aber elf? Alles erfahrene Burschen, wie Mike Warchola, der nach 24 Jahren im Departement am 12. September in Pension gehen wollte. Wie Lonie Avena, der einen Rasenmäher mitbrachte am Morgen, um ihn zu reparieren. Wie erholt sich eine Mannschaft davon, wenn auf einmal elf der besten, lustigsten und patentesten Kumpels fehlen? John Ottrando, Fahrer der Engine 24, einer der ersten am World Trade Center am 11. September, schüttelt den Kopf: „Erst mal gar nicht. Erst mal ist da eine Trauer, die sich anfühlt, als sei man gelähmt. Aber es muss weitergehen." Wenn die Sirene losdröhnt, haben er und seine Jungs 30 Sekunden Zeit. Dann jagen sie los. Blaulicht duldet keine Sorgen.

Aber wenn es ruhiger zugeht, hilft es den hinterbliebenen Frauen und Kindern und den Männern, die überlebt haben, dass die New Yorker Feuerwehr auch in Trauerzeiten funktioniert wie eine Familie. Und es tut denen, die am 11. September mit ihrem Leben für ihre Stadt und deren Bewohner gekämpft haben, gut, zu spüren, wie New York, das vermeintlich harte und schnelle New York, seit Monaten innehält, um seine toten und überlebenden Feuerwehrleute mit Liebe, Respekt und Geld zu überschütten.

Ottrando hat extra ein großes, gelbes Buch angelegt, in dem er die Spenden einträgt. Manche geben 2 Dollar, manche 1000 oder 2000. Andere laden palettenweise Eistee und Kuchen ab. Hinten in der Garage stehen Kartons voller Hemden und Stofftiere. Was soll John Ottrando, 44, Vater zweier Söhne mit einem blauen Plüschhasen anfangen? „Keine Ahnung", sagt Ottrando. „Aber es ist rührend gemeint. Wahrscheinlich sind es Kinder, die wollen, dass ich mich besser fühle."

Es gab keinen Anruf für diese Spenden, die Stofftiere, die Cola-Kästen, die Eimer voller Süßigkeiten kamen von allein. Eine Frau von gegenüber nähte zehn Kleider für die Mädchen der Feuerwehrleute. Eine andere fragte, ob die Männer Verwendung für eine Spende vom Friedhof hätten; sie wolle nicht makaber klingen, aber sie habe zwei Gräber umsonst abzugeben. In einer Feuerwache in Brooklyn sammelten die Männer das Geld in schwarzen Müllsäcken und lagerten es in der Dusche. Inzwischen ist etwas Ordnung eingekehrt in das Spendenwesen. Ergebnis: Jede Witwe wird ungefähr 880 000 Dollar erhalten, ungefähr zwei Millionen Mark.

All diese Zärtlichkeiten haben aus den Feuerwehrstationen Wallfahrtsorte gemacht, aber sie schaffen es nicht, in Ottrando dieses uneingeschränkt gute Grundgefühl wieder aufflammen zu lassen, welches er früher hatte, sobald es um seine Bruderschaft, das FDNY, ging.

Vor dem 11. September hatten es die Männer mit bösen Feuern zu tun. Seit dem 11. September fühlen sich viele Feuerwehrmänner, als sei das WTC erst das Präludium zu einer neuen Art von Krieg gewesen. „Soldat wollte ich nie sein", sagt Ottrando, der als Kind vier Tage lang krank im Bett lag, weil er mit dem Luftgewehr einen Spatzen erschossen hatte. Er schaut zum Fenster hinaus, über die rot leuchtenden kleinen Feuerwehrhelme und Plastikhydranten, die einer als Weihnachtsschmuck in den Rahmen gehängt hat. „Es tut gut", sagt er, „gemocht zu werden." Auch, wenn ihn schon manchmal der Arm weh tut vom vielen Zurückwinken.

Neulich in der Carmine Street, an einem der wärmeren Tage, konnte er kaum noch weiterfahren. Die Leute saßen draußen in den Cafés und Restaurants und fingen an zu klatschen. Immer mehr Leute kamen aus den Häusern, und das Ganze wurde zu einer Art Prozession. Und da spürte Ottrando, dass er den richtigen Beruf gewählt hatte. Und auch die anderen elf Männer aus seiner Feuerwache, die mit dem Leben dafür bezahlt hatten.

Marj, Bekaatal, Libanon

Mit Erfrischungstüchern wischt der Vater die Tränen weg. Das Fleisch unter den Augen ist geschwollen, der Kopf ist zwischen die Schultern gesunken, die Arme baumeln herum, und darum sitzt er jetzt seltsam gekrümmt da in seinem grünen Rollkragenpullover. Vater Jarrah sitzt im Empfangssalon der Familie, im Dorf Marj im Bekaatal, 35 Kilometer östlich von Beirut, denn hier haben die Jarrahs ihren Familiensitz, wer in Beirut arbeitet, kommt am Wochenende her. Vier Sofas gibt es hier und neun Polstersessel, an den Rand des Zimmers drapiert, dazu einen Kristalllüster und schwere Brokatvorhänge in Rot und Grün. Ziad Jarrah war ein reicher Sohn reicher Eltern.

Draußen vor dem grünen schmiedeeisernen Tor stehen die Händler, öffnen die Kofferräume zerbeulter Kleinwagen und bieten Kartoffeln an. Angeschlagene Mercedes-Limousinen quälen sich durch die Schlaglöcher, nur ein paar Häuser weiter steht eine riesige Moschee, ein Prunkbau.

Hier drinnen, im Ferienhaus seiner Eltern, hat Ziad Jarrah seine Wochenenden und den Sommer verbracht. Aufgewachsen ist er im Bürgerkrieg von Beirut, wo die Fassaden von Einschusslöchern übersät sind. Sechs Zimmer bewohnt die Familie Jarrah dort in der Hamad Street, siebte Etage in einem neunstöckigen Hochhaus, die Empfangshalle unten strotzt vor Marmor. Dort hat sich jetzt seine Mutter Nafisa verkrochen, die „überhaupt nicht mehr sprechen kann", wie ihr Mann sagt. Die beiden Schwestern Dania, 27, und Nisri, 23, beide BWL-Studentinnen, sind bei ihr. Und niemand darf zu ihnen.

Wie können Angehörige begreifen, dass der Sohn, der Bruder gestorben ist? Es ist herzzerreißend, aber es ist möglich.

Wie aber können Angehörige begreifen, dass der Sohn, der Bruder gestorben ist, weil er beim größten Terroranschlag aller Zeiten einer der Täter war?

Vater Jarrah sagt, er glaube es einfach nicht. Denn schließlich war Ziad ein moderner junger Mann mit einem modernen jungen Leben.

Er hatte doch alles.

Und er, der Vater, hat den Sohn doch auf lauter christliche Schulen geschickt, von der Grundschule bis zum Abitur, „die teuersten Schulen in Beirut. Es ging nicht um Religion, sondern um Bildung". Nur das Beste habe es gegeben für den einzigen Sohn: „Ich habe ihn verwöhnt", sagt der Vater, „er bekam , was er wollte, und noch mehr."

„Manchmal schwänzten wir die Schule und spielten Fußball", sagt Mazen Mamiche, ein Schulkamerad, „Ziad war kein Streber, sondern riss Witze über die Lehrer." Für die Spritztour am Wochenende bekam er die Schlüssel von Papas Mercedes. Die Nachbarn erinnern sich noch daran, wie das Auto mit Ziad am Steuer und drei Mädchen auf dem Rücksitz aus der Tiefgarage schoss.

Nur im Unterricht kam er nicht mit. Wenn es ging, verschwieg er daheim die schlechten Noten, aber als nichts mehr zu verschweigen war, beichtete er, und der Vater engagierte Nachhilfe in Mathe, Physik und Chemie. Ziad fiel trotzdem durchs Abitur und kam erst zwei Jahre später, auf einem öffentlichen Gymnasium, durch.

Aus seinem Jugendtraum, als Pilot zu arbeiten, wurde zunächst nichts; der Junge, beschloss der Familienrat, solle im Ausland erst mal was Ordentliches studieren, Flugzeugbau. 1200 Mark im Monat schickte der Vater nach Hamburg, dann 1500 Mark, dann 2000 Dollar, als Jarrah in Amerika studierte. Ziad bat oft um Geld. Vater, ein hoher Beamter, zuständig für Sozialversicherung, fragte nicht, Vater zahlte. Nur eines wollte er am Telefon wissen: „Bist du der Beste?"

Also schickte Ziad ein Dokument nach Hause, ein wichtiges Zeugnis, wie die Eltern meinten. „Er brauchte nur noch ein Jahr, um seinen Abschluss zu machen", glaubte der Vater, als Ziad noch nicht mal das Vordiplom abgeschlossen hatte. Was er da nach Beirut geschickt hatte, war ja bloß die Immatrikulationsbescheinigung.

Nichts ist geblieben in diesem Zimmer, was an ihn erinnert. An den Sohn, der ein Terrorist war.

Ziads Onkel Jamal, 46, Bankdirektor in grauen Nadelstreifen, ist so etwas wie der Sprecher der Familie. Dokumente und Zeitungsausschnitte sammelt Jamal Jarrah in roten, gelben und blauen Plastikmappen. Gästen lässt er Tee servieren, und immer wirkt er so professionell, als würde er einen Geschäftsbericht erläutern.

„Ziad war kein Hijacker", sagt er, „bis jetzt haben sie keine Beweise dafür gefunden, dass Ziad der Pilot war."

Der Stimmenrecorder aus dem Cockpit? „Nicht Ziads Stimme." Der Abschiedsbrief an Aysel, die Kampfschule in Florida, die Nachricht auf Attas Handy? Und all die Dokumente über den Märtyrertod?

„Gefälscht."

„Lügen."

„Erfindungen."

Wieso?

„Die Amerikaner haben das Flugzeug abgeschossen, und deshalb musste es als entführt gelten." Und darum redet der Onkel noch immer von einem „Unfall" und sagt, sein Neffe werde „vermisst".

Einer wie Jamal Jarrah findet, wenn er will, vermutlich immer eine Erklärung. Da erscheint es irgendwann als normal, dass Ziad, der in Beirut keine Party auslässt, in Hamburg fünfmal am Tag betet; und so entsteht das Bild eines perfekten Neffen ohne Schwächen und Brüche, seltsam glatt.

Ziad, der Massenmörder? „Das macht keinen Sinn", sagt Jamal Jarrah, „er hatte eine Familie, er wollte seine Freundin Aysel heiraten und einen guten Job finden."

Natürlich macht es keinen Sinn. Wie könnte es?

Aber all die Fürsorge und das viele Geld, all die Partys und die vielen Mädchen haben eben nicht gereicht. Vielleicht wird ja gerade einer wie Ziad, der an Bestätigungen gewöhnt war, in der Fremde anfällig für Einflüsse von außen. Es war wohl so, dass Ziad, der Verwöhnte, zufällig in den Dunstkreis der Terroristen geriet wie ein Teenager im Asienurlaub in die Fänge einer Sekte – und Ziad, zugleich Mutter- und Vatersöhnchen, war zu schwach, um zu widerstehen. Unentschlossen und impulsiv sei er gewesen, schreiben die Gutachter, die die Profile der Täter erstellt haben, unreif, labil und unprofessionell. Immer wieder muss er vor dem 11. September gezweifelt haben; und trotzdem machte er weiter.

„In Hamburg war er einsam", sagt Ziads Cousin, der mit ihm nach Greifswald gegangen war.

In Beirut hatte Ziad noch gejammert, dass die Mädchen ihn nach dem ersten Kuss immer gleich heiraten wollten; in Deutschland band er sich sofort fest an Aysel, die türkische Medizinstudentin, die er in Greifswald getroffen hatte. Und dann fand er jene Freunde, die in die Moschee gingen.

Zwei Welten gab es auf einmal, und dazwischen Ziad, den es hin- und hertrieb, der am liebsten beide zusammengeführt hätte – und es bis zum letzten Tag versuchte.

Freunde bemerken Veränderungen, die Angehörigen angeblich nicht. Nie habe Ziad einen Bart getragen, „ich war streng dagegen", sagt der Vater – doch Fotos zeigen den Sohn mit einem gepflegten kurzen Vollbart. Manche Verwandte vermuten, dass er in Afghanistan oder Pakistan war. Kann nicht sein, sagt der Vater, „er hat mir doch immer alles erzählt".

Und wie zum Beweis führt der Vater Besucher in den Innenhof des Ferienhauses. Auf hellen Steinfliesen steht dort ein schwarzer Mercedes, 300er Modell, Ledersitze, Automatik, gekauft am 9. September, „zwei Tage vor dem Unfall", wie sie hier sagen. Am 11. September 2001 wurde der Wagen auf die Nummer Z 140810 zugelassen. Links am Heck klebt das „D".

Sie freuten sich auf die Hochzeit, auf Ziads Heimkehr nach Beirut an jenem 11. September. Der Mercedes war ein Symbol.

Samir Jarrah, der Vater, fährt eine Nebenstraße entlang, einen schmalen Weg Richtung Dorfrand. Vor einem frisch umgepflügten Acker steigt er aus. „Für Ziad und Aysel", ruft er in den Nieselregen und lacht. Den Bauplatz hat er gekauft, weil er für den Sohn und die Schwiegertochter hier eine Villa bauen wollte.

Nein, das alles macht keinen Sinn, auch wenn man stundenlang darüber redet.

Manhattan, Fifth Avenue

Die Potters sind schüchterne Leute. Durch Zufall kam ihr Foto am 12. September in die Boulevardzeitungen, und danach klingelte ihr Telefon, monatelang. Larry King, die Redaktion von NBC Dateline, die Rechercheure vom Magazin „People" – alle wollten ein Interview mit den Potters. Aber die Potters schämten sich. Viele ihrer besten Freunde waren tot. Und die Potters wollten nicht zu Profiteuren der Katastrophe werden.

Sie lehnten alles ab. Bis Sabine Schenk vom SPIEGEL-Büro New York in der Fifth Avenue anrief. „Sie klang so warm, so menschlich, so nett", sagt Dan Potter. Er überredete seine Frau. Der Weg zurück in die Trümmer des 11. September wurde ein Nachmittag mit vielen Tränen, aber auch einigen Lachern.

Anfang Dezember hat sich das Ehepaar eine Dreizimmerwohnung in Bronxville, einem Vorort von New York, gekauft. Sie haben es nicht mehr ausgehalten. Manhattan ist teuer. Außerdem verfolgt es sie mit schlimmen Erinnerungen. Unten, vor ihrem Apartment in Battery Park City, wo sie vom Schlafzimmer aus immer die Türme des World Trade Center sehen konnten, dröhnt jetzt 24 Stunden am Tag, 7 Tage die Woche eine Großbaustelle, die ein Friedhof ist. Nachts wird der berühmteste Schutthaufen der Welt taghell angeleuchtet. Neulich sagte Dan Potter zu seiner Frau: „Da drüben liegt die Asche von vielen Leuten, mit denen wir erst vor ein paar Monaten beim Abendessen waren."

Die Nächte der Potters sind kurz – immer noch. Wenn sie um zehn Uhr erschöpft ins Bett gehen, wacht Jean gegen Mitternacht wieder auf, gejagt von Alpträumen über Katastrophen: Autounfälle, Flugzeugabstürze, Bombenexplosionen. Dan nimmt sie dann in den Arm. Manchmal dauert es Stunden, bis beide wieder einschlafen. Oft muss Jean um sechs Uhr wieder raus. Sie arbeitet weiter bei der Bank of America, die an die Fifth Avenue, Uptown, umgezogen ist.

Dan Potter kann nicht mehr auf einen Feuerwehrwagen springen. Zwei seiner Wirbel wurden am 11. September verschoben, sein linkes Bein ist oft ohne Gefühl. Dan Potter müsste sich operieren lassen. Die Hälfte seiner Kumpels rät zu, die andere Hälfte warnt ihn, dringend. Dan Potter hat Angst. Lieber als ins Krankenhaus will er in Rente gehen.

Ihm fällt diese Entscheidung nicht leicht. Das FDNY ist die Familie, mit der er es am längsten ausgehalten hat, seit 23 Jahren. Die Feuerwehrhäuser, in denen er gearbeitet hat, waren magische Zentren ihrer Stadtviertel. Oft stand er in der Tür und sagte „Hi“ zu den Leuten, die vorübergingen – Kinder und Omas und hübsche Mädchen winkten ihm zu. Drinnen saßen die anderen Jungs, schliefen, schauten Fernsehen, lernten für ihr Examen oder kochten. Feuerwehrleute sind berühmt für ihre Kochkunst. Oft sieht man sie in New Yorker Supermärkten herumstehen und einkaufen: Zutaten für Chicken Curry Thai oder Osso Buco oder ein Irish Stew. New Yorker Feuerwehrleute sind, auch was ihre Essgewohnheiten angeht, Kosmopoliten.

Aber neben dieser geradlinigen und zugleich beschwingten Kameraderie wird Dan Potter am meisten die Action vermissen. Die Action, die sein Blut und seinen Geist und sein Adrenalin anheizt und deren Ziel eindeutig, einfach und nicht zu hinterfragen ist: Menschen retten, egal welchen Alters, egal welcher Hautfarbe, egal welcher Klasse. Es mag ja sein, dass es in amerikanischen Gerichtssälen oft ungerecht zugeht. Nicht auf amerikanischen Brandstellen. Die Katastrophe macht alle gleich.

Dan Potter wird es vermissen, nicht mehr zu dieser Bruderschaft zu gehören, die eigentlich ein Club proletarischer Ritter ist. Ein Club, der die Ideale der amerikanischen Verfassung verkörpert wie keine andere Organisation in den Vereinigten Staaten, Tapferkeit, Freiheit, Gemeinschaft und Gleichheit.

Nicht dass Dan Potter dies alles je wirklich bewusst gewesen wäre. Aber gespürt hat er es. „Ich bin ja nur ein Feuerwehrmann“, sagt er und lacht sein gutmütiges Dan-Potter-Lachen. Dann verrät er seinen Geheimplan. Er möchte bleiben. Als Feuerwehrlehrer. Irgendwo auf dem Land.

Manu Dhingra, der von einem 1000 Grad heißen Feuerstoß erwischt wurde, als er im 83. Stock des Nordturms aus dem Aufzug stieg, wurde am 2. Oktober aus dem New Yorker Weill Cornell Burn Center entlassen. Sein Kopf ist auf die natürliche Größe abgeschwollen, das Gesicht ist glatt und hat wieder die normale Farbe, die Wimpern und Augenbrauen sind nachgewachsen. Die frisch verpflanzte Haut an Armen und

Oberkörper juckt nicht mehr ganz so sehr wie in der ersten Zeit nach den Operationen. Bis er die Hände wieder richtig benutzen kann, werden noch Monate vergehen. Bis dahin hofft er auch, dass er es fertig bringt, wieder in ein Flugzeug zu steigen. Zu seiner Arbeit als Anlageberater ist er noch nicht zurückgekehrt. Er hat Schwierigkeiten, sich zu konzentrieren. Zurzeit arbeitet er an einem Betreuungsprogramm für Brandopfer mit und überlegt, ob er lieber studieren soll oder weiter arbeiten, wenn er wieder gesund ist.

David Frank, der mit dem blinden Mike Hingson zusammen aus dem Nordturm entkam, ist wieder nach Los Angeles zurückgekehrt. Er spricht gern und viel über den Tag des Angriffs auf das World Trade Center. Noch am selben Tag hat er seine Erlebnisse detailliert aufgeschrieben, er will sie nie vergessen. Als Buddhist ist er der Meinung, dass der Mensch sein Schicksal annehmen müsse, also auch das, was am 11. September geschehen ist. Dennoch interessiert er sich jetzt mehr als früher für die politische Situation im Nahen Osten.

Liz Porter, die Computerexpertin von Lava Trading im 83. Stock, hat sich das Video von „Matrix" geholt. Sie sagt, es sei gespenstisch, wie realistisch die Szene des Hubschrauber-Crashs sei. Sie sagt auch, dass ihr Freund Reservist bei der U.S. Airforce sei.

Bob Pottorff, der zur Schulung bei Morgan Stanley von der Westküste gekommen war und der im Schock immer nur davon sprach, dass er im 61. Stock seine Sporttasche verloren habe, bekam von diversen Freunden diverse Sporttaschen geschenkt. New York findet er immer noch großartig. Besonders eingeprägt hat sich ihm ein Bild aus dem Krankenhaus, das er typisch findet für diese Stadt: zwei Geschäftsleute aus Manhattan mit Anzug und Krawatte, mit einer Blutspende-Nadel im Arm wie er selbst. Aber die lagen da nicht nur. Nebenbei machten sie Geschäfte: Als der Blutbeutel voll war, hatte der eine dem anderen irgendwas verkauft.

Brian Clark von Eurobrokers aus dem 84. Stock, der es als einer der wenigen schaffte, von oberhalb der Einschlagstelle ins Freie zu kommen, hat manchmal einen Traum. Dann steht sein Freund und Kollege José Marrero an seinem Bett. Marrero war damals nach oben gegangen, um anderen zu helfen. „Ich wache dann auf und denke, er muss hier irgendwo noch sein."

Anhang

Die Attentäter und ihre Helfer in Deutschland / Chronologie des Attentats / Zeitplan der entführten Flüge / Das Terroristen-Handbuch (Auszüge) / Attas Testament / Fibel für Selbstmordattentäter / Kabuler Bombenblätter / Das Bin-Laden-Tape

Die Attentäter und ihre Helfer in Deutschland

Die Piloten:

Mohammed Atta alias Amir, Ägypter, geboren 1968, steuerte Flug AA 11 in den Nordturm des World Trade Center. Mutmaßlicher Anführer der Terrorpiloten, studierte sieben Jahre Stadtplanung an der TU Hamburg-Harburg, gründete 1999 eine Islam AG an der Hochschule. War vermutlich 1999 in einem afghanischen Ausbildungslager.

Marwan al-Shehhi, geboren 1978, aus den Vereinigten Arabischen Emiraten, steuerte Flug UA 175 in den Südturm des World Trade Center. Enger Vertrauter Attas, seit 1996 mit einem Militärstipendium in Deutschland. War vermutlich 1999 in einem Ausbildungslager.

Ziad Jarrah, geboren 1975, aus dem Libanon, stürzte mit UA 93 auf ein Feld bei Shanksville in Pennsylvania. Seit 1996 in Deutschland, studierte Flugzeugbau an der FH Hamburg. 2000 bis 2001 Pilotenausbildung in Florida; meldete fast gleichzeitig mit Shehhi und Atta seinen Pass als verloren.

Hani Hanjour, geboren 1972, aus Saudi-Arabien, rammte mit AA 77 das Pentagon. Er war von 1996 an in den USA. Er hatte große Schwierigkeiten, die Pilotenlizenz zu bekommen.

Die Kämpfer:

Abd al-Asis al-Umari, geboren 1979, aus Saudi-Arabien.
Wail al-Schari, geboren 1973, aus Saudi-Arabien.
Walid M. al-Schari, geboren 1978, aus Saudi-Arabien.
Satam al-Sukami, geboren 1976, aus den Vereinigten Arabischen Emiraten.
Fajis Ahmed, geboren 1977, aus Saudi-Arabien.
Ahmed al-Ghamdi, geboren 1979, aus Saudi-Arabien.
Hamsa al-Ghamdi, geboren 1980, aus Saudi-Arabien.
Mohald al-Scheri, geboren 1979, aus Saudi-Arabien.
Salim al-Hamsi, geboren 1981, aus Saudi-Arabien.
Madschid Mukid, geboren 1977, aus Saudi-Arabien.
Ahmed al-Hasnawi, geboren 1980, aus Saudi-Arabien.
Ahmed al-Nami, geboren 1977, aus Saudi-Arabien.
Said al-Ghamdi, geboren 1979, aus Saudi-Arabien.

Die Logistiker:

Chalid al-Midhar, geboren 1975, aus Saudi-Arabien.
Nawaf al-Hamsi, geboren 1976, aus Saudi-Arabien

Die Helfer:

Said Bahaji, Deutsch-Marokkaner, Elektrotechnikstudent der TU Hamburg-Harburg; gehörte zu Attas engsten Komplizen. Setzte sich vor dem Attentat nach Pakistan ab.

Ramzi Binalshibh alias Omar, Jemenit, 1995 nach Deutschland eingereist, zunächst mit falscher Identität als Asylbewerber. Er plante Flugunterricht in Florida, US-Behörden verweigerten ihm die Einreise.

Zakariya Essabar, Marokkaner, seit 1997 in Deutschland, studierte Medizintechnik. Sollte vermutlich Ersatzpilot für Binalshibh werden. Versuchte zweimal in die USA einzureisen, erhielt jedoch kein Visum.

Habib Zacarias Moussaoui, Wohnsitz in London, nahm Flugunterricht in Oklahoma, wurde vor den Anschlägen wegen Verstoßes gegen die US-Einreisebestimungen in Minnesota festgenommen, sollte womöglich Mitglied eines weiteren Teams sein. Ihm wurden aus Hamburg und Düsseldorf rund 30 000 Mark überwiesen. Hatte die Telefonnummer eines Unterstützers in Deutschland.

Lutfi Raissi, Algerier mit französischem Pass, wurde am 21. September 2001 in Großbritannien festgenommen. Raissi soll als Fluglehrer den Piloten Hani Hanjour unterrichtet haben, der Flug AA 77 in das Pentagon steuerte.

Chronologie des Attentats

1992

24. Juli Der Ägypter Mohammed Atta reist nach Deutschland ein und wohnt zunächst bei einem Lehrerpaar in Hamburg, das ihn eingeladen hat.
23. November Atta beginnt an der TU Hamburg-Harburg ein Stadtplanungsstudium.
1. Dezember Atta jobbt für die Firma „Plankontor“ in Hamburg (bis Juli 1997).
31. Dezember Atta meldet seinen Wohnsitz in Hamburg an.

1993

26. Februar Eine Autobombe explodiert in der Tiefgarage des World Trade Center in New York, fünf Tote.
28. Juli Atta zieht ins Studentenwohnheim „Am Centrumshaus" in Hamburg.

1994

Atta besucht Istanbul, reist anschließend weiter nach Syrien.

1995

Atta pilgert nach Mekka.
1. August bis 31. Oktober Studienaufenthalt von Atta in Kairo.
22. September Der Jemenit Ramzi Binalshibh kommt per Schiff nach Hamburg und beantragt in Pinneberg Asyl unter dem Namen Ramzi Mohamed Abdellah Omar.

1996

Der Deutsch-Marokkaner Said Bahaji beginnt ein Studium an der TU Hamburg-Harburg.
17. Januar Binalshibhs Asylantrag wird abgelehnt, er legt Rechtsmittel ein.
April Hani Hanjour wohnt bei der befreundeten Familie Khalil in Hollywood, Florida.
3. April Der Libanese Ziad Jarrah kommt nach Deutschland und beginnt einen dreimonatigen Sprachkurs in Greifswald. Dort lernt er seine Freundin Aysel kennen und kommt mit einem radikalen Islamisten in Kontakt.
11. April Atta macht sein Testament.
28. April Marwan al-Shehhi kommt nach Deutschland. Militärische Stellen der Vereinigten Arabischen Emirate gewähren ihm ein Stipendium. Er lebt zunächst in Bonn, wo er ein Jahr lang am Goethe-Institut Deutsch lernt.

1997

Shehhi besucht das Studienkolleg in Bonn.
5. Februar Einreise des Marokkaners Zakariya Essabar nach Deutschland, wo er an der Fachhochschule Anhalt/Köthen das Studienkolleg besucht.
11. Juni Jarrah qualifiziert sich in Greifswald für die Aufnahme eines medizinischen Studiums.
30. September Jarrah beginnt ein Studium für Flugzeugbau an der Fachhochschule Hamburg.

Mohamed El-Amir

8. Gründe für die Bewerbung auf ein entwicklungspolitisches Studienprogramm :

Da ich in einem Entwicklungsland geboren und aufgewachsen bin, habe ich selbst mehrere Seiten der Problematik miterlebt. Während meiner Ausbildung in Architektur und Stadtplanung in Kairo habe ich mich mit mehreren Aspekten der Planung in Verbindung mit Entwicklungspolitik fachlich beschäftigt. Sozusagen als 'neue Generation' haben wir Studenten uns mit Fragen über die Möglichkeiten, Chancen und Gefahren befaßt und das Thema Entwicklung kritisch aber hoffnungsvoll diskutiert.
Ohne bereits genau zu wissen, wie dies geschehen sollte, wollten wir doch in jedem Falle etwas für unser Land tun.

Seitdem ich in Deutschland bin, versuche ich - ob bewußt oder unbewußt - als Außenstehender zu erfahren, wie diese sogenannte 'Erste Welt' uns betrachtet und wie sie sich unserer 'Dritten Welt' gegenüber verhält.

Da ich hier an der Technischen Universität Hamburg-Harburg Stadt- und Regionalplanung vertiefend studiere, bin ich derzeit sehr intensiv mit dieser Thematik befaßt, besonders durch die Fragestellungen und Diskussionen in Seminaren wie 'Planen und Bauen in Entwicklungsländern'.

Sehr interessiert bin ich jetzt, praktisch zu erfahren, wie eine Zusammenarbeit von 'westlichen' und 'nationalen' Beteiligten funktionieren und erfolgreich sein kann.
Die Menschen aus der 'Dritten Welt' sollen sich auch selbst helfen. Dazu brauchen sie aber das Selbstvertrauen und die Erfahrung, bzw. das Know-how aus dem 'Westen'.
Wie man die Entwicklungspolitik in dieser Richtung steuern könnte, ist eine entscheidende Frage für die Zukunft - damit wir es wirklich schaffen, die Ursachen und nicht nur die Symptome der Problematik zu behandeln.

Von der Teilnahme am ASA-Programm erhoffe ich mir, die Praxis der Entwicklungspolitik von innen kennenzulernen.

Attas Bewerbung für ein Forschungsprogramm in Kairo

1998

Januar Shehhi wechselt zum Studienkolleg nach Hamburg.
Februar Osama Bin Laden gründet die „Internationale Islamische Front für den Dschihad gegen Juden und Kreuzritter".
25. Mai Nach der endgültigen Ablehnung des Asylantrags taucht Omar alias Binalshibh unter und wird zur Fahndung ausgeschrieben.
16. Juli Jarrah und Essabar arbeiten als Werksstudenten bei VW in Wolfsburg.

29. Juli Atta erteilt dem Tunesier Béchir B. Vollmacht, seine sämtlichen Angelegenheiten zu regeln.
7. August Bei Sprengstoffanschlägen von Osama Bin Ladens Netzwerk al-Qaida auf die US-Botschaften in Nairobi und Daressalam sterben 263 Menschen, mehr als 4500 werden verletzt.
16. September Festnahme des mutmaßlichen al-Qaida-Finanzmanagers Mamduh Mahmud Salim in Grüneck bei München, Beginn der Ermittlungen gegen den Hamburger Kaufmann Mamoun Darkazanli wegen möglicher Zugehörigkeit zur Qaida.
1. Oktober Essabar zieht nach Hamburg, studiert an der Fachhochschule Medizintechnik.
2. Oktober Bei einer Wohnungsdurchsuchung in Turin bei drei mutmaßlichen Terroristen, die Anschläge auf US-Einrichtungen in Europa geplant haben sollen, wird neben Waffen und Munition auch die Hamburger Adresse von Mohammed Haydar Zammar, einem der Verdächtigen, gefunden.
1. November Atta, Bahaji und Binalshibh ziehen in die Marienstraße 54 in Hamburg-Harburg.

1999

Atta besucht nach Erkenntnissen der CIA das al-Qaida-Gästehaus in Kandahar. Shehhi hält sich wahrscheinlich unter dem Namen Abu Abdallah im al-Qaida-Gästehaus in Kandahar auf.
1. Januar Bahaji beginnt seinen Wehrdienst, wird aber schon am 15. Mai aus gesundheitlichen Gründen wieder aus der Bundeswehr entlassen. Mitte des Jahres heiratet Bahaji. Auf der Feier erscheinen alle mutmaßlichen Terroristen und ihre Unterstützer, Zammar wird Trauzeuge.
27. Januar Atta gründet eine Islam-AG an der TU Harburg.
26. August Atta gibt seine Diplomarbeit ab.
1. September Essabar zieht in die Marienstraße 54. Shehhi zieht nach Hamburg in die Wilhelmstraße. Er schreibt sich zum Wintersemester an der TU Harburg ein.
November bis Januar Jarrah ist aus Hamburg verschwunden, er hält sich möglicherweise in Pakistan oder Afghanistan auf. Ende des Jahres melden Atta und Shehhi ihre Pässe als verloren. Jarrah bleibt der Fachhochschule fern.

2000

15. Januar Die Logistiker Chalid al-Midhar und Nawaf al-Hamsi treffen mit einem Flug aus Hongkong in Los Angeles ein.

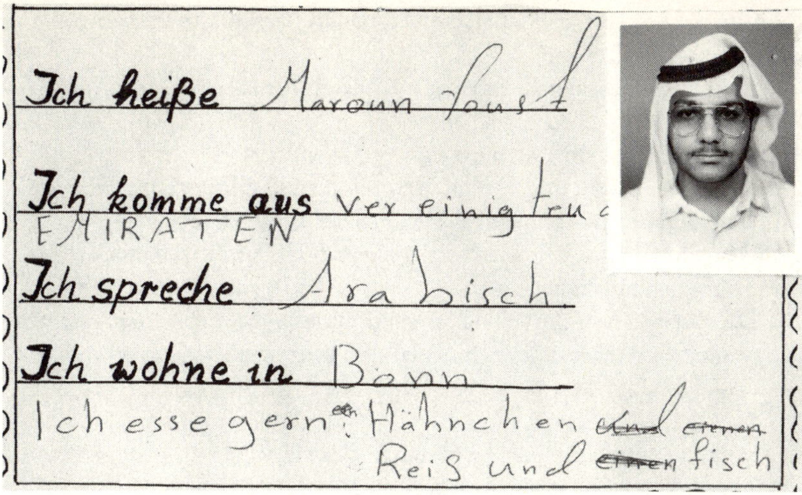

Vorstellung von Shehhi beim Studienkolleg Bonn

9. Februar Jarrah meldet seinen libanesischen Pass Nr. 1151479 beim Einwohnermeldeamt in Hamburg verloren.
12. Februar Bei einem Selbstmordattentat in Aden, Jemen, auf das US-Kriegsschiff „Cole" sterben 17 Soldaten.
Mai bis August Auf Shehhis Konto bei der Dresdner Bank gehen insgesamt 45 000 Mark aus den Vereinigten Arabischen Emiraten ein. Binalshibh überweist von Shehhis Konto immer wieder Geld an die Attentäter in den USA.
29. Mai Marwan al-Shehhi reist in Newark in die USA ein.
31. Mai Atta will auf dem Luftweg nach Tschechien, darf aber ohne Visum nicht einreisen.
2. Juni Atta fährt – diesmal mit Visum – im Bus nach Tschechien, wo er einen irakischen Agenten trifft.
3. Juni Mohammed Atta reist in Newark in die USA ein.
29. Juni Ziad Jarrah reist in Newark in die USA ein.
19. Juli bis 18.September Atta und Shehhi erhalten in vier Tranchen aus den Vereinigten Arabischen Emiraten knapp 110 000 Dollar.
26. Juli Binalshibh schickt 3853 Mark an Shehhi in die USA.
August Atta und Shehhi beginnen ihren Flugunterricht in der Flugschule Huffman in Venice, Florida.
25. September Binalshibh schickt 9629 Mark an Shehhi in die USA.

24. Oktober Essabar lässt sich einen neuen Pass ausstellen, obwohl der alte noch gültig ist.
12. Dezember Essabar beantragt ein Visum für die USA. Der Antrag wird abgelehnt.
18. Dezember Shehhi wird zwangsexmatrikuliert.
21. Dezember Atta und Shehhi erhalten ihre Fluglizenzen.
26. Dezember Festnahme von Mitgliedern der Meliani-Gruppe in Frankfurt am Main, die einen Anschlag auf den Weihnachtsmarkt in Straßburg geplant haben soll.
29. Dezember Atta und Shehhi mieten für sechs Stunden einen Boeing-Flugsimulator in Opa-Locka, Florida, und üben das Fliegen von Kurven.

2001

4. Januar Atta fliegt von Miami nach Madrid.
10. Januar Atta fliegt von Berlin nach Miami.
23. Januar Zacarias Moussaoui reist aus London in die USA ein und trainiert ohne fliegerischen Hintergrund an einem Boeing-757-400-Flugsimulator.
28. Januar Essabar beantragt erneut ein Visum für die USA und erhält gleichzeitig eine Bareinzahlung von 11 300 Mark auf sein Konto. Der Antrag wird abgelehnt.
März bis Juni Die Kämpfer Salim al-Hamsi, Madschid Mukid, Hamsa al-Ghamdi, Mohald al-Scheri, Ahmed al-Ghamdi, Fajis Ahmed, Satam al-Sukami, Wail und Walid M. al-Scheri, Abd al-Asis al-Umari, Said al-Ghamdi, Ahmed al-Hasnawi und Ahmed al-Nami reisen in die USA ein, u. a. über Miami und Orlando, Florida, und über Washington, D. C.
April bis Juli Atta und Shehhi mieten das Apartment 122 im Tara Gardens Condominium, 10 001 West Atlantic Blvd, in Coral Springs, Florida.
Mai bis September Jarrah nimmt Kampfsportunterricht im „US-1“-Fitness-Studio in Dania, Florida.
26. April Atta gerät in Fort Lauderdale, Florida, in eine Verkehrskontrolle.
28. April Jarrah mietet sich für einen Monat ein Zimmer im Bimini Motel am North Ocean Drive in Hollywood, Florida.
2. Mai Atta erwirbt in den USA den Autoführerschein Nummer A 300540-68-321-0.
21. Juni Osama Bin Laden kündigt einem arabischen Journalisten in einem Interview einen schwer wiegenden Anschlag auf US-Ziele an.
29. Juni Atta reist nach Las Vegas. Trifft dort Salim al-Hamsi und

Hani Hanjour. Atta wohnt in der Econo Lodge am Las Vegas Boulevard South.
5. Juli Atta gerät in Delray Beach, Florida, erneut in eine Verkehrskontrolle.
7. Juli Atta fliegt von Miami über Zürich nach Madrid, mietet dort ein Auto, das er später in Barajas zurückgibt, mit 2000 Kilometern mehr auf dem Tacho. Fahnder vermuten, dass er Kontakt zu mutmaßlichen spanischen al-Qaida-Anhängern um Abu Dahdah hatte.
19. Juli Atta fliegt von Madrid über Berlin nach Atlanta.
1. August Moussaoui erhält von Ramzi Binalshibh aus der Reisebank am Düsseldorfer Hauptbahnhof 23 571,59 Mark. Hanjour und Chalid al-Midhar besorgen sich neue Ausweise in Falls Church, Virginia.
3. August Moussaoui erhält von Binalshibh weitere 9487,80 Mark aus Hamburg.
13. August Atta reist zum zweitenmal nach Las Vegas. Er wohnt wieder in der Econo Lodge.
16. August Moussaoui wird in den USA wegen Verstoßes gegen die Einreisebestimmungen festgenommen.
4. September Bahaji steigt im Hotel Embassy in Karatschi ab.
5. September Bahaji schickt seiner Frau eine E-Mail aus Karatschi und fliegt weiter in die pakistansiche Stadt Quetta nahe der Grenze zu Afghanistan. Binalshibh fliegt über Düsseldorf nach Madrid.
6. September Shehhi überweist 5000 Mark auf das Konto von Binalshibh.
7. September Atta und Shehhi streiten sich mit einer Kellnerin in der Bar Shuckum's in Hollywood, Florida.
8. September Atta überweist 7 860 Dollar an einen Mustafa Ahmed in die Vereinigten Arabischen Emirate.
9. September Shehhi, Wail al-Schari und die anderen Terroristen ziehen aus dem Panther Motel in Deerfield Beach, Florida, aus.
10. September Shehhi überweist 5400 Dollar an einen Helfer. Die Entführer verteilen sich auf mehrere Hotels in Boston. Atta und Umari fahren mit einem Wagen nach Portland, Maine.
11. September Atta und Umari besteigen in Portland den Zubringerflug nach Boston, dort checken sie mit den übrigen Mitgliedern ihrer Gruppe ein für Flug AA 11.
Jarrah und seine Gruppe checken in Newark für den Flug UA 93 ein.
Shehhi checkt mit seiner Gruppe in Boston für Flug UA 175 ein.
Hanjour und sein Team checken für den Flug AA 77 in Washington D.C. ein.

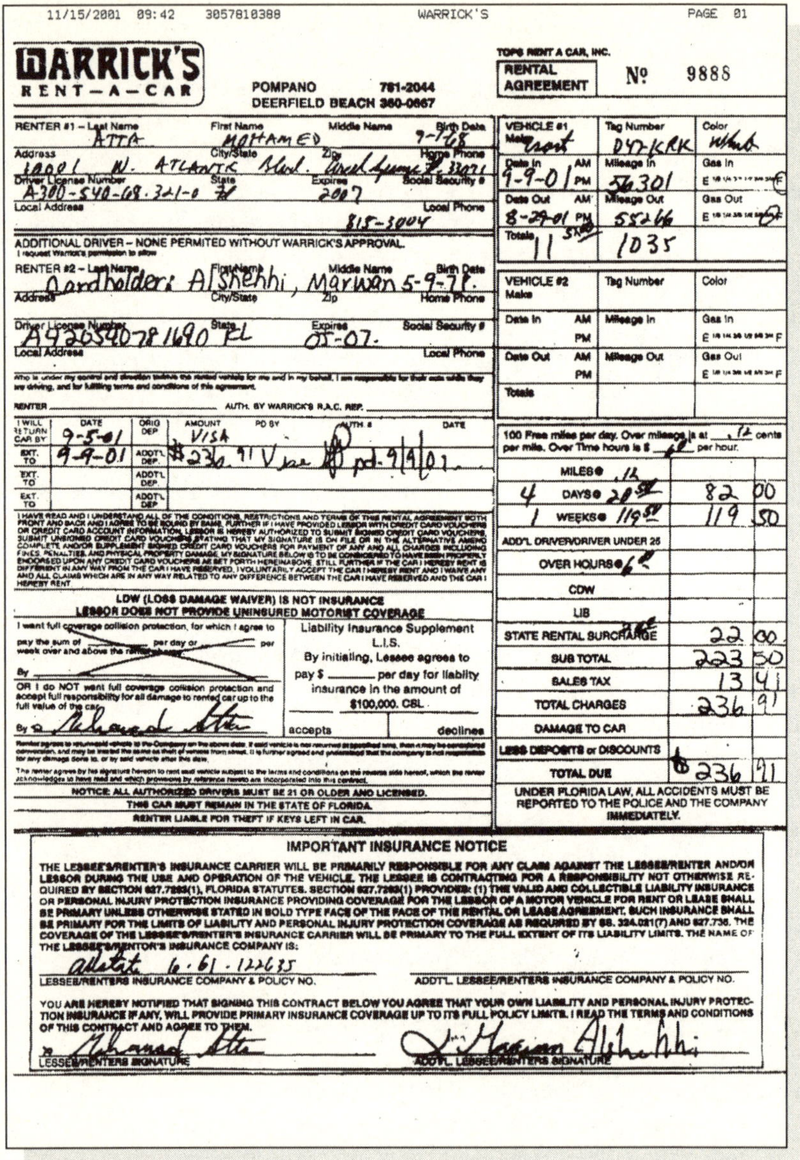

11/15/2001 09:42 3057810388 WARRICK'S PAGE 01

WARRICK'S RENT-A-CAR

POMPANO 781-2044
DEERFIELD BEACH 360-0667

TOPS RENT A CAR, INC.
RENTAL AGREEMENT Nº 9888

RENTER #1 – Last Name: ATTA | First Name: MOHAMED | Middle Name | Birth Date: 9-1-68
Address: 1000 N. ATLANTIC Blvd. [illegible] 33071 | City/State | Zip | Home Phone
Driver License Number: A300-540-68-321-0 | State: FL | Expires: 2007 | Social Security #
Local Address | Local Phone: 815-3004

ADDITIONAL DRIVER – NONE PERMITED WITHOUT WARRICK'S APPROVAL.
RENTER #2 – Last Name: Cardholder: AlShehhi, Marwan | First Name | Middle Name | Birth Date: 5-9-78
Address | City/State | Zip | Home Phone
Driver License Number: A420540781690 | State: FL | Expires: 05-07 | Social Security #
Local Address | Local Phone

RENTER | AUTH. BY WARRICK'S R.A.C. REP.

	DATE		AMOUNT	PD BY	AUTH. #	DATE
I WILL RETURN CAR BY	9-5-01	ORIG DEP	VISA			
EXT. TO	9-9-01	ADDT'L DEP.	$236.91 Visa pd. 9/9/01			
EXT. TO		ADDT'L DEP.				
EXT. TO		ADDT'L DEP.				

I HAVE READ AND I UNDERSTAND ALL OF THE CONDITIONS, RESTRICTIONS AND TERMS OF THIS RENTAL AGREEMENT BOTH FRONT AND BACK AND I AGREE TO BE BOUND BY SAME. FURTHER IF I HAVE PROVIDED LESSOR WITH CREDIT CARD VOUCHERS OR CREDIT CARD ACCOUNT INFORMATION, LESSOR IS HEREBY AUTHORIZED TO SUBMIT SIGNED CREDIT CARD VOUCHERS, SUBMIT UNSIGNED CREDIT CARD VOUCHERS STATING THAT MY SIGNATURE IS ON FILE OR IN THE ALTERNATIVE AMEND COMPLETE AND/OR SUPPLEMENT SIGNED CREDIT CARD VOUCHERS FOR PAYMENT OF ANY AND ALL CHARGES INCLUDING FINES, PENALTIES, AND PHYSICAL PROPERTY DAMAGE. MY SIGNATURE BELOW IS TO BE CONSIDERED TO HAVE BEEN PROPERLY ENDORSED UPON ANY CREDIT CARD VOUCHERS AS SET FORTH HEREINABOVE. STILL FURTHER IF THE CAR I HEREBY RENT IS DIFFERENT IN ANY WAY FROM THE CAR I HAVE RESERVED, I VOLUNTARILY ACCEPT THE CAR I HEREBY RENT AND I WAIVE ANY AND ALL CLAIMS WHICH ARE IN ANY WAY RELATED TO ANY DIFFERENCE BETWEEN THE CAR I HAVE RESERVED AND THE CAR I HEREBY RENT.

LDW (LOSS DAMAGE WAIVER) IS NOT INSURANCE
LESSOR DOES NOT PROVIDE UNINSURED MOTORIST COVERAGE

I want full coverage collision protection, for which I agree to pay the sum of ____ per day or ____ per week over and above the rental charges.
By

OR I do NOT want full coverage collision protection and accept full responsibility for all damage to rented car up to the full value of the car.
By: Mohamed Atta

Liability Insurance Supplement L.I.S.
By initialing, Lessee agrees to pay $ ____ per day for liability insurance in the amount of $100,000. CSL.
accepts | declines

The renter agrees by his signature hereon to rent said vehicle subject to the terms and conditions on the reverse side hereof, which the renter acknowledges to have read and which provisions by reference hereto are incorporated into this contract.

NOTICE: ALL AUTHORIZED DRIVERS MUST BE 21 OR OLDER AND LICENSED.
THIS CAR MUST REMAIN IN THE STATE OF FLORIDA.
RENTER LIABLE FOR THEFT IF KEYS LEFT IN CAR.

VEHICLE #1 Make	Tag Number	Color
Ford	D47-KRK	White
Date In: 9-9-01 PM	Mileage In: 56301	Gas In
Date Out: 8-29-01 PM	Mileage Out: 55266	Gas Out
Totals: 11	1035	

VEHICLE #2 Make	Tag Number	Color
Date In AM PM	Mileage In	Gas In
Date Out AM PM	Mileage Out	Gas Out
Totals		

100 Free miles per day. Over mileage is at .12 cents per mile. Over Time hours is $ 6 per hour.

	MILES @ .12	
4	DAYS @ 20.50	82 00
1	WEEKS @ 119.50	119 50
	ADD'L DRIVER/DRIVER UNDER 25	
	OVER HOURS @ 6	
	CDW	
	LIS	
	STATE RENTAL SURCHARGE	22 00
	SUB TOTAL	223 50
	SALES TAX	13 41
	TOTAL CHARGES	236 91
	DAMAGE TO CAR	
	LESS DEPOSITS or DISCOUNTS	
	TOTAL DUE	$236 91

UNDER FLORIDA LAW, ALL ACCIDENTS MUST BE REPORTED TO THE POLICE AND THE COMPANY IMMEDIATELY.

IMPORTANT INSURANCE NOTICE

THE LESSEE'S/RENTER'S INSURANCE CARRIER WILL BE PRIMARILY RESPONSIBLE FOR ANY CLAIM AGAINST THE LESSEE/RENTER AND/OR LESSOR DURING THE USE AND OPERATION OF THE VEHICLE. THE LESSEE IS CONTRACTING FOR A RESPONSIBILITY NOT OTHERWISE REQUIRED BY SECTION 627.7263(1), FLORIDA STATUTES. SECTION 627.7263(1) PROVIDES: (1) THE VALID AND COLLECTIBLE LIABILITY INSURANCE OR PERSONAL INJURY PROTECTION INSURANCE PROVIDING COVERAGE FOR THE LESSOR OF A MOTOR VEHICLE FOR RENT OR LEASE SHALL BE PRIMARY UNLESS OTHERWISE STATED IN BOLD TYPE FACE OF THE FACE OF THE RENTAL OR LEASE AGREEMENT. SUCH INSURANCE SHALL BE PRIMARY FOR THE LIMITS OF LIABILITY AND PERSONAL INJURY PROTECTION COVERAGE AS REQUIRED BY SS. 324.021(7) AND 627.736. THE COVERAGE OF THE LESSEE'S/RENTER'S INSURANCE CARRIER WILL BE PRIMARY TO THE FULL EXTENT OF ITS LIABILITY LIMITS. THE NAME OF THE LESSEE'S/RENTOR'S INSURANCE COMPANY IS:

Allstate 6.61.122635
LESSEE/RENTERS INSURANCE COMPANY & POLICY NO. | ADDT'L. LESSEE/RENTERS INSURANCE COMPANY & POLICY NO.

YOU ARE HEREBY NOTIFIED THAT SIGNING THIS CONTRACT BELOW YOU AGREE THAT YOUR OWN LIABILITY AND PERSONAL INJURY PROTECTION INSURANCE IF ANY, WILL PROVIDE PRIMARY INSURANCE COVERAGE UP TO ITS FULL POLICY LIMITS. I READ THE TERMS AND CONDITIONS OF THIS CONTRACT AND AGREE TO THEM.

Mohamed Atta
LESSEE/RENTERS SIGNATURE

Marwan Alshehhi
ADDT'L. LESSEE/RENTERS SIGNATURE

Automietvertrag von Atta in den USA

Zeitplan der entführten Flüge

Flug AA 11 (Mohammed Atta und seine Gruppe)

7.59 Uhr	Start auf dem Logan International Airport, Boston.
8.15 Uhr	Vermutlicher Zeitpunkt der Entführung.
8.28 Uhr	Maschine dreht scharf nach Süden ab.
8.38 Uhr	Letzte Funksprüche aus dem Cockpit.
8.45 Uhr	Einschlag im Nordturm des World Trade Center, New York.

Flug UA 175 (Marwan al-Shehhi und seine Gruppe)

8.14 Uhr	Start auf dem Logan International Airport, Boston.
8.37 Uhr	UA 175 wird von der Bodenkontrolle gebeten, Ausschau nach AA 11 zu halten.
8.42 Uhr	Die Entführer übernehmen die Maschine.
8.43 Uhr	Die Federal Aviation Administration (FAA) meldet Flug 175 als entführt.
8.50 Uhr	UA 175 änderte die Flugroute Richtung New York.
9.03 Uhr	Einschlag im Südturm des WTC.

Flug AA 77 (Hani Hanjour und seine Gruppe)

8.20 Uhr	Start auf dem Dulles International Airport, Washington.
9.00 Uhr	Maschine wendet um 180 Grad und nimmt Kurs auf Washington.
9.24 Uhr	FAA meldet, dass Flug 77 möglicherweise entführt sei und sich Richtung Washington bewege.
9.37 Uhr	Maschine verschwindet vom Radarschirm.
9.38 Uhr	Einschlag in der südwestlichen Seite des Pentagon, Washington.

Flug UA 93 (Ziad Jarrah und seine Gruppe)

8.42 Uhr	Start auf dem Newark International Airport, New Jersey.
9.00 Uhr	United Airlines warnt alle Maschinen der Gesellschaft vor einer möglichen Entführung. Flug 93 antwortet: „Verstanden."
9.16 Uhr	FAA meldet Flug 93 als möglicherweise entführt.
9.28 Uhr	Passagier Jeremy Glick ruft seine Frau an und erfährt von den Angriffen auf das WTC.
9.35 Uhr	Maschine wendet plötzlich Richtung Washington.
9.59 Uhr	Todd Beamer gibt das Signal zum Angriff der Passagiere auf die Entführer: „Are you guys ready? Let's roll."
10.01 Uhr	Schreie und Flüche aus dem Cockpit; die Maschine fliegt Zickzackkurs.
10.06 Uhr	Absturz bei Shanksville, Pennsylvania.

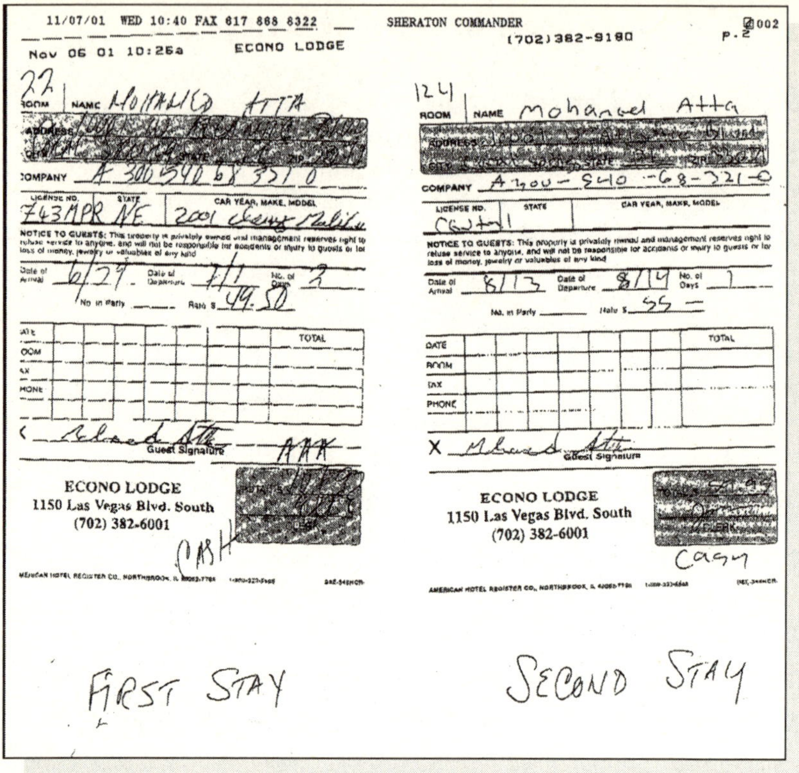
11/07/01 WED 10:40 FAX 617 868 8322 SHERATON COMMANDER 002
Nov 06 01 10:25a ECONO LODGE (702) 382-9180 P. 2

ROOM 22 NAME MOHAMED ATTA
ADDRESS [redacted]
COMPANY A 300 540 68 321 0
LICENSE NO. 743MPR STATE NE CAR YEAR, MAKE, MODEL 2001 Chevy Malibu
NOTICE TO GUESTS: This property is privately owned and management reserves right to refuse service to anyone, and will not be responsible for accidents or injury to guests or for loss of money, jewelry or valuables of any kind
Date of Arrival 6/29 Date of Departure 7/1 No. of Days 2
No. in Party Rate $ 49.50
DATE / ROOM / TAX / PHONE / TOTAL
X Guest Signature
ECONO LODGE
1150 Las Vegas Blvd. South
(702) 382-6001
CASH
AMERICAN HOTEL REGISTER CO., NORTHBROOK, IL

ROOM 124 NAME Mohamed Atta
ADDRESS [redacted]
COMPANY A 300-540-68-321-0
LICENSE NO. Cash STATE CAR YEAR, MAKE, MODEL
NOTICE TO GUESTS: This property is privately owned and management reserves right to refuse service to anyone, and will not be responsible for accidents or injury to guests or for loss of money, jewelry or valuables of any kind
Date of Arrival 8/13 Date of Departure 8/14 No. of Days 1
No. in Party Rate $ 55 —
DATE / ROOM / TAX / PHONE / TOTAL
X Guest Signature
ECONO LODGE
1150 Las Vegas Blvd. South
(702) 382-6001
Cash
AMERICAN HOTEL REGISTER CO., NORTHBROOK, IL

FIRST STAY SECOND STAY

Meldezettel von Atta für das Hotel „Econo Lodge" in Las Vegas

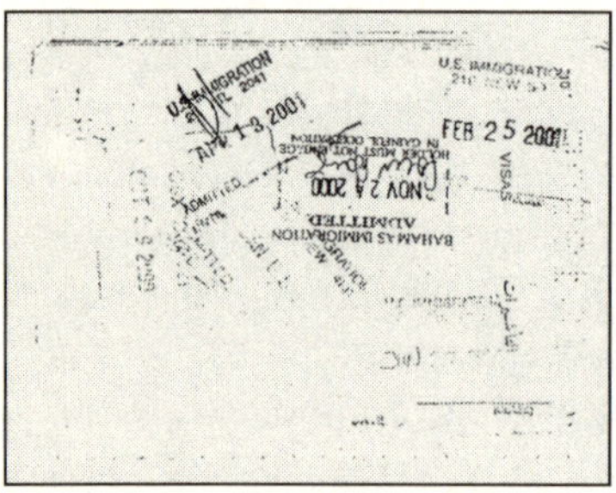

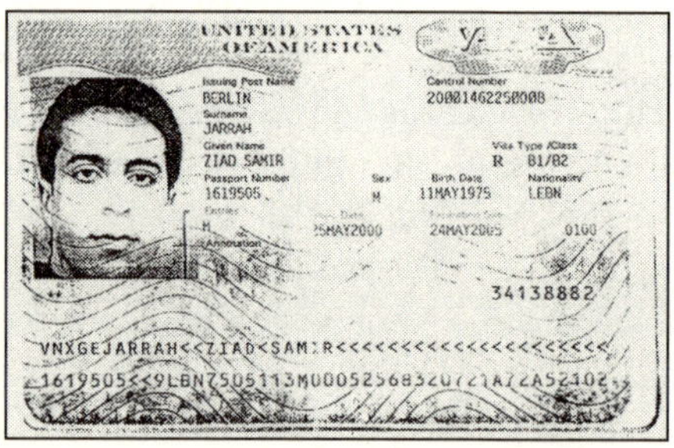

Einreisevisum für Ziad Jarrah in die USA

Das Terroristen-Handbuch (Auszüge)

Das Handbuch, das mit hoher Wahrscheinlichkeit Bin Ladens al-Qaida zuzurechnen ist, trug die Beweisstück-Nummer 1677 im New Yorker Terroristenprozess um die Anschläge auf die US-Botschaften in Kenia und Tansania. Das 180 Seiten starke, auf Arabisch verfasste Buch wurde im Mai 2000 in Manchester in der konspirativen Wohnung eines Islamisten gefunden – der Besitzer ist bis heute flüchtig. Die Zusammenfassung trägt den Titel „Militärische Studien des Dschihad im Kampf gegen die Tyrannen". Das Buch hat außerdem eine Art Eigentumsvermerk im Einband: „Gehört dem Gästehaus", was amerikanische Ermittler als Hinweis werten, dass es aus einem der afghanischen Häuser stammt, in denen Bin Laden Terroristen schulte. Auszüge daraus:

Widmung

Für jene Streiter, die sich Tag und Nacht zur Wahrheit bekannten und diese Zeilen mit ihrem Blut und Leiden schrieben.

Die Konfrontation mit den abtrünnigen Regimes, zu der wir aufrufen, kennt keine sokratischen Debatten, platonischen Ideale und auch keine aristotelische Diplomatie. Vielmehr kennt sie den Dialog der Kugeln, die Ideale der Anschläge, Bombardierungen, Zerstörungen, und die Diplomatie der Kanonen und des Maschinengewehrs. Nie in der Vergangenheit und nie in der Zukunft wurde und wird ein islamisches Reich durch friedliche Verhandlungen und durch die Zusammenarbeit von Gremien errichtet werden. Islamische Reiche werden errichtet durch den Stift und das Gewehr. Und durch das Wort und die Kugel. Und durch die Zunge und den Zahn.

Einleitung

Märtyrer wurden getötet, Frauen wurden zu Witwen, Kinder zu Waisen, Männer kamen in Fesseln, keuschen Frauen wurde der Kopf rasiert, Huren wurde das Haupt gekrönt, Gräuel wurden den Unschuldigen angetan, Geschenke wurden den Schlechten gegeben, Jungfrauen wurden auf dem Altar der Prostitution vergewaltigt.

Nach dem Fall unserer orthodoxen Kalifate am 3. März 1924 und nach der Vertreibung der Kolonialherren wurde unsere islamische Nation mit abtrünnigen Herrschern geschlagen. Diese Herrscher erwiesen sich als noch treuloser und verbrecherischer als die Kolonialherren selbst. Durch ihre Hand haben Muslime alle Arten von Verletzung, Unterdrückung und Folter erlitten.

Diese abtrünnigen Herrscher haben Tausende Jugendliche der islamischen Bewegung in finstere Gefängnisse geworfen, die mit den modernsten Foltergeräten ausgestattet und mit Experten für Unterdrückung und Folter besetzt sind. Sie haben begonnen, das Wesen der islamischen Nation zu zerbrechen. Sie versuchen, dessen muslimische Identität auszulöschen. Und sie verbreiteten unter den Jugendlichen gottlose und atheistische Ansichten: Zum Beispiel, dass der Sozialismus aus dem Islam kommt; dass die Demokratie gerecht ist; und dass der Prophet – Gott segne und bewahre ihn – den Kommunismus propagiere.

Der Kolonialismus und seine Nachfolger, die abtrünnigen Herrscher, begannen dann, Zentren, Gesellschaften und Organisationen der Kreuzzügler zu errichten, Freimaurerlogen, Lions Clubs und internationale Schulen. Sie wollten eine verschwendete Generation heranziehen, die nach allem trachtet, was westlich ist, sie wollten eine neue Generation von Herrschern, Ministern, Führern, Ärzten, Ingenieuren, Geschäftsleuten, Politikern, Journalisten und Informationsspezialisten. „Und die Feinde Allahs planten, und auch Allah plante, und der beste Planer ist Allah.“ So steht es im Koran.

Die Herrscher haben versucht, eine Generation junger Männer heranzuziehen, die nur das will, was die Herrscher wollen, die nur das sagt, was die Herrscher denken, die so lebt wie die Herrscher und die sich so kleidet wie die Herrschenden. Doch Allah, der Majestätische, lässt sich nicht täuschen: Denn viele junge Männer sind aufgewacht und in Reue zurückgekehrt zu Allah.

Erste Lektion

Die Militärorganisation kennt drei Prinzipien, ohne die sie nicht errichtet werden kann.

1. Kommandeur und Beratungsausschuss der Militärorganisation
2. Die Soldaten
3. Eine klar definierte Strategie

Die wichtigste Mission der Militärorganisation ist der Sturz der gottlosen Regime und ihre Ersetzung durch ein islamisches Regime.
Andere Missionen bestehen aus:

1. Sammeln von Informationen über den Feind, das Land, die Einrichtungen und die Nachbarn.
2. Entführung von feindlichen Personen, Dokumenten, Geheimnissen und Waffen.
3. Anschläge auf feindliche Personen wie auch auf ausländische Touristen.
4. Befreiung der Brüder, die vom Feind gefangen gehalten werden.
5. Verbreitung von Gerüchten und Abfassung von Erklärungen, die die Menschen gegen den Feind aufstacheln.
6. Sprengung und Zerstörung der Orte des Vergnügens, der Unmoral und Sünde; kein entscheidendes Ziel.
7. Sprengung und Zerstörung der Botschaften und Angriff auf entscheidende Wirtschaftszentren.
8. Sprengung und Zerstörung von Brücken, die in die Städte hinein- und herausführen.

Zweite Lektion

Notwendige Qualifikationen und Eigenschaften von Angehörigen der Organisation

1. Der Angehörige der Organisation muss Muslim sein. Wie kann ein Ungläubiger, ein Christ, ein Jude, ein weltlicher Mensch, ein Kommunist den Islam und die Muslime schützen und ihre Ziele und Geheimnisse verteidigen, wenn er nicht an den Islam glaubt? Die israelische Armee verlangt, dass der Kämpfer der jüdischen Religion angehört. Ebenso verlangte die Kommandoführung in den Armeen Afghanistans und Russlands, dass jeder im Offiziersrang Mitglied der Kommunistischen Partei ist.
2. Die Erfordernisse der Militärarbeit sind vielfältig, und ein Minderjähriger kann sie nicht leisten. Die Natur harter und kontinuierlicher Arbeit unter gefährlichen Bedingungen erfordert ein hohes Maß an psychologischer, mentaler und geistiger Stärke, die man bei Minderjährigen zumeist nicht findet.
3. Um die Religion Allahs des Majestätischen auf Erden zu begründen, muss er bereit sein, sich dem Märtyrertum zu unterziehen.
4. Disziplin beim Militär drückt sich darin aus, wie der Angehörige die ihm erteilten Befehle befolgt. Und das verlangt auch unsere Religion. Der Ruhmreiche sagt: „O ihr, die ihr glaubt! Gehorcht

Allah und gehorcht dem Boten und jenen unter euch, die mit Autorität versehen sind."

5. Geheimhaltung sollte sogar bei Nahestehenden bewahrt werden, denn die Täuschung des Feindes ist nicht einfach. Allahs Bote – Gott segne und bewahre ihn – sagt: „Suche Allahs Hilfe, wenn du deine Dinge im Geheimen tun willst."
   „Die Herzen freier Männer sind die Gräber von Geheimnissen." Die Geheimhaltung der Muslime ist Treue, und darüber zu reden ist Treulosigkeit. Mohammed – Gott segne und bewahre ihn – hielt seine Arbeit auch vor seinen nächsten geheim, sogar vor seiner Frau A'isha – möge die Gnade Allahs über ihr sein.
6. Der Angehörige der Militärorganisation muss frei von Krankheit sein. Allah sagt: „Jene trifft keine Schuld, die schwach oder krank sind oder die keine Kraft mehr aufbringen können."
7. Er sollte viel Geduld haben, um Nöte auszuhalten, wenn er von den Feinden überwältigt worden ist. Er sollte sich nicht dem Feind verkaufen oder seine Religion der Freiheit opfern.
8. Er sollte eine Persönlichkeit haben, die es ihm ermöglicht, Blutvergießen, Mord, Verhaftung, Gefangenschaft auszuhalten – genauso wie die Tötung eines oder aller der Genossen seiner Organisation.

Vierte Lektion

Organisation Militärbasen
Wohnungen – Verstecke

Basen sind Wohnungen, Verstecke, Kommandozentralen, in denen Geheimoperationen gegen den Feind geplant werden.

Diese Basen können in Städten sein und werden dann Häuser oder Wohnungen genannt. Sie können auch in gebirgigem, unwegsamem Gelände fernab vom Feind sein und werden dann Verstecke oder Basen genannt.

Gewöhnlich benutzt die Militärorganisation Wohnungen in Städten als Ausgangspunkte für ihre Missionen: Dort sammeln sie Informationen und beobachten die Angehörigen des herrschenden Regimes.

Verstecke und Basen im Gebirge und unwegsamen Gelände werden in späteren Stadien benutzt. Von dort werden dann Dschihad-Gruppen abgeschickt, um Anschläge auf feindliche Individuen auszuführen, ihre Zentren zu bombardieren und ihre Waffen zu erbeuten. In manchen arabischen Ländern wie Ägypten, in denen es keine Berge oder unwegsames

Gelände gibt, würden alle Stadien der Dschihad-Arbeit in Städten stattfinden. Ganz anders in Afghanistan, wo der Dschihad in den Städten begann und die Krieger danach in die Berge und unwegsames Gelände zogen.

Sicherheitsvorkehrungen bei Wohnungen:

1. Man wählt die Wohnung sorgfältig nach Lage und Größe entsprechend der nötigen Arbeit aus (Treffen, Lagerung, Waffen, Flüchtlinge, Arbeitsvorbereitungen).
2. Man mietet vorzugsweise Wohnungen im Erdgeschoss an, damit Flucht und Anlegung von Tunneln erleichtert werden.
3. Man legt in der Wohnung geheime Stellen an, um Dokumente, Aufzeichnungen, Waffen und andere wichtige Gegenstände zu sichern.
4. Man bereitet Fluchtwege für den Fall eines Überraschungsangriffs vor (Podeste, Holzleitern).
5. Unter allen Umständen dürfen nur diejenigen von der Wohnung wissen, die sie auch benutzen.
6. Diejenigen, die die Wohnung benutzen, müssen für die nötige Tarnung sorgen (Student, Arbeiter, Angestellter usw.).
7. Man vermeide es, sich von der Bevölkerung abzuschotten und die Wohnung zu verdächtigen Zeiten zu betreten.
8. Vorzugsweise wird die Wohnung unter falschem Namen, entsprechender Tarnung und nicht muslimischem Aussehen angemietet.
9. Ein Bruder sollte jeweils nur eine Wohnung in einer Gegend oder beim selben Makler mieten.
10. Man soll darauf achten, keine Wohnung zu mieten, die dem Sicherheitsapparat schon bekannt ist.
11. Wohnungen in der Nähe von Polizeiwachen und Regierungsgebäuden sind zu meiden.

Siebte Lektion

Maßnahmen für den Kauf und Transport von Waffen

1. Folgende Maßnahmen sind notwendig vor dem Kauf von Waffen
   a. Gründliche Kenntnis des Ortes, inklusive der Lage von Ein- und Ausgängen, an dem Waffen gekauft werden sollen.
   b. Sicherstellen, dass sich keine Informanten oder Sicherheitsleute an dem Ort befinden, wo der Kauf stattfinden soll.
   c. Der Ort sollte weit entfernt sein von Polizeiwachen und Regierungsgebäuden.

d. Zum Ort des Kaufs nur Nebenstraßen benutzen.
e. Die Übungen durchführen, mit denen die Überwachung entdeckt wird.
f. Erscheinungsbild und Kleidung sollen zu dem Ort passen, wo der Kauf stattfinden soll.
g. Der Ort des Kaufs soll so gelegen sein, dass Verkäufer und Käufer nicht beobachtet werden können. Im Gegenteil: Der Ort des Kaufs soll so gelegen sein, dass Verkäufer und Käufer ihre Umgebung überblicken.
h. Der Ort sollte abgeschieden sein, damit die Polizei sich nicht in der Menge verstecken kann, um die Waffenübergabe zu überwachen und so den kaufenden Bruder zu verhaften.

2. Stufe: Der Kauf

a. Überprüfen, dass die Waffen funktionstüchtig sind.
b. Die Waffen erst bezahlen, wenn sie untersucht und getestet worden sind.
c. Dem Verkäufer nichts über den Auftrag sagen, für den die Waffen gekauft werden.
d. Äußerste Vorsicht, falls der Verkäufer oder ein anderer in der Umgebung sich unnatürlich verhält.
e. Es ist wichtig, gleich nach dem Kauf der Waffen wegzufahren.

3. Stufe: Der Transport

a. Hauptstraßen meiden, auf denen Kontrollstellen zu erwarten sind.
b. Eine passende Zeit für den Transport der Waffen wählen.
c. Es sollen Beobachter vor dem Transportfahrzeug vorausfahren, um vor einem eventuellen Notfall warnen zu können.
d. Nicht direkt zum Lagerraum fahren, sondern erst, nachdem sichergestellt ist, dass keine Observierung stattfindet.
e. Während des Transports sollen die Waffen so versteckt sein, dass sie unauffällig und schwer zu finden sind.
f. Die Route des Transports der Waffen soll sehr sorgfältig festgelegt werden.
g. Prüfung der Legalität des Fahrzeugs, Inspektion, Benzin- und Wasserstände usw.
h. Unbedingt einen Unfall vermeiden.

(...)

Achte Lektion

Sicherheit der Angehörigen

Es ist notwendig, dass jede Abteilung, die Dschihad-Arbeit aufnimmt und viele Angehörige hat, diese Angehörigen in drei Gruppen unterteilt, die jeweils ihre eigenen Sicherheitsmaßnahmen treffen. Die drei Gruppen sind:
1. Der offene Angehörige 2. Der verdeckte Angehörige 3. Der Kommandeur

1. Der offene Angehörige sollte nicht neugierig auf Dinge sein, die ihn nicht betreffen.
   Er sollte nicht geschwätzig sein.
   Er sollte nicht die Namen und Adressen der Angehörigen, die er kennt, bei sich tragen.
   Er sollte im Falle staatlicher Repressionen (Verhaftungswellen etc.) zu Hause bleiben – vor allem, wenn er ein islamisches Erscheinungsbild hat.
   Beim Telefonieren soll er jegliche Information meiden, die dem Feind nützlich sein könnte.
   In Briefen soll er jegliche Information meiden, die dem Feind nützlich sein könnte. Nach Erhalt eines Briefes soll er diesen gleich nach dem Lesen verbrennen und die Asche mit Wasser übergießen, damit der Feind sie nicht mehr lesen kann. Weiterhin soll er jegliche Feuerspuren beseitigen, damit der Feind nicht herausfinden kann, dass etwas verbrannt wurde.
2. Der verdeckte Angehörige sollte den Angehörigen der Organisation, die mit ihm arbeiten, seinen wirklichen Namen verschweigen.
   Er sollte in seinem Erscheinungsbild auf Dinge verzichten, die auf seine islamische Orientierung verweisen (Bart, Zahnstocher, Buch, Kleiner Koran).
   Er sollte darauf auf islamische Redewendungen verzichten („Möge Allah es dir vergelten", „Friede sei mit dir" bei Begrüßung und Abschied usw.).
   Er sollte auf den Besuch islamischer Treffpunkte (Moscheen, Büchereien, Feste usw.) verzichten.
   Er sollte gefälschte Dokumente mit sich führen und alle Informationen kennen, die sie enthalten.
   Er sollte die Beziehungen zu seiner Familie und seinen Nachbarn aufrechterhalten und sein Verhalten ihnen gegenüber nicht ändern.
   Er sollte nur im Notfall Briefe und Boten einsetzen.

Er sollte nicht laut sprechen.
Er sollte nicht das Gute befürworten und das Böse verdammen und so Aufmerksamkeit auf sich lenken.
Er sollte die tägliche Routine bei Fahrten und Einkäufen unterbrechen, insbesondere während der Ausführung einer Undercover-Mission.
Er sollte keinen Ärger in dem Viertel machen, in dem er lebt, oder an seiner Arbeitsstelle.
Er sollte beim Telefonieren einen besonderen Code verwenden.
Er sollte die offenen Angehörigen nur im Notfall kontaktieren. Solche Kontakte sollen kurz sein.
Er sollte jedesmal, wenn er eine Aufgabe erledigen soll, die Übungen durchführen, um eine Observierung zu entdecken.
Er sollte nicht im Parkverbot parken und nicht dort fotografieren, wo dies verboten ist.
Er sollte alles abschließen, was abgeschlossen sein soll, bevor er weggeht, sei es zu Hause oder am Ort seiner Undercover-Tätigkeit.
Er sollte sich nicht an Orten verabreden, an denen es Spitzel geben könnte, etwa in Kaffeehäusern, und er sollte auch nicht in Gegenden wohnen, wo bedeutende Persönlichkeiten wohnen, oder in der Nähe von Regierungsstellen oder Polizeiwachen.

3. Der Kommandeur hat, ob er offen oder verdeckt arbeitet, eine besondere Bedeutung, weil er über eine große Menge an Informationen verfügt und weil er nur schwer zu ersetzen ist. Deswegen sollen alle zuvor erwähnten Sicherheitsvorkehrungen für den Kommandeur verstärkt gelten.
   Verheiratete Brüder sollen außerdem beachten, dass sie nicht mit der Ehefrau über die Dschihad-Arbeit sprechen, Soldaten mit Sicherheitsrisiko sollten nicht mit ihrer Ehefrau reisen. Eine Ehefrau mit islamischem Äußeren (Schleier) erregt Aufmerksamkeit.

Dreizehnte Lektion

Geheimschriften, Chiffren und Codes

Noch immer herrscht Krieg zwischen den Nationen und Terrororganisationen. Auch die islamischen Organisationen sollen die Möglichkeit nutzen, Briefe mit unsichtbarer Tinte zu schreiben.
Methoden der Herstellung von Geheimtinte und Möglichkeiten, sie sichtbar zu machen:

1. Man kann die Nachricht mittels jeder Flüssigkeit auf Tierbasis und

jedem Frucht- oder Zitronensaft sichtbar machen. Man kann sie auch über eine Lampe halten, über einer Kerze schwenken oder mit einem heißen Bügeleisen bügeln, dann erscheint eine gelbe oder braune Schrift.

2. Man kann Briefe mit Aluminiumchlorid [Neshader [PH] Salz) in Geheimschrift schreiben. Um die Schrift sichtbar zu machen, siehe Punkt 1.
3. Um die Schrift sichtbar zu machen, kann man eine Aspirin-Tablette in Alkohol auflösen. Man braucht nur ein Stück Baumwolle in die Alkohollösung tauchen und damit über die Nachricht wischen.
4. Man kann auch manche farblosen Vitamine wie Vitamin A oder auch Penizillin verwenden.
3. Verbindungen wie Silber oder Blei sollten gemieden werden, weil sie die Geheimtinte beeinträchtigen.

Wie man mit Geheimtinte auf Papier schreibt:
Ein harmlos wirkender Brief (zum Beispiel an die Familie) wird mit Kugelschreiber geschrieben, zwischen den Zeilen ist Platz für die Nachricht in Geheimtinte.

Vierzehnte Lektion

Entführung und Attentate mit Hilfe von Gewehren und Pistolen

Prinzipien und Regen des Zielens

Die meisten Zielfehler sind auf körperlichen Stress oder Nerven zurückzuführen, wodurch die Hand zittert. Eine Ursache kann auch zu großer Druck auf dem Abzug sein und indem man den Abzug zieht, anstatt ihn zu drücken, wodurch der Lauf der Pistole vom Ziel weicht.

Daher ist beim Zielen und Schießen das Folgende zu beachten:

1. Selbstbeherrschung beim Drücken des Abzugs, damit die Pistole nicht wackelt.
2. Den Abzug nur mit geringem Kraftaufwand drücken, den Abzug nicht ziehen, weil sonst der Lauf der Pistole nach unten geht.
3. Nicht durch das Geräusch des abgefeuerten Schusses oder die Explosion stören lassen, sich nicht vorher schon auf das Geräusch der Explosion konzentrieren, da dies zu einem unbewussten Zittern von Hand und Pistole führt.
4. Der Körper sollte normal sein, nicht angespannt, die Gelenke entspannt, nicht zu starr und nicht zu locker.

5. Beim Feuern fällt das Querstück des Visiers oben auf das Korn, das vordere Visier auf die Mitte des Ziels; es sind also vier [Gegenstände] involviert: Das rechte Auge, die Mitte des Visiergehäuses, das Korn des vorderen Visiers und die Mitte des Ziels müssen in einer Reihe liegen, dann schießt die Pistole auf die Mitte des Ziels. Dies gilt, wenn man nahe am Ziel steht und die Schwerkraft nicht auf die Kugel einwirkt. Mit dem Gewehr und wenn man dem Ziel nicht nahe ist, feuert man tief und in die Mitte des Ziels.
6. Man schließt das linke Auge, wenn man mit der rechten Hand feuert, und umgekehrt [mit der linken].
7. Man sollte nicht zu lange zielen, damit die Nerven nicht zittern.

Der Schütze muss die tödlichen Körperteile kennen oder [wo er] schwere Verwundungen zufügen kann, um auf die Punkte an der Person, die er ermorden will, zu feuern. Es sind:

1. Der Kreis, der Augen, Nase und Mund umschließt, ist eine tödliche Stelle, und der Schütze sollte nicht darüber, nach links oder rechts zielen, damit die Kugel nicht abprallt.
2. Der Teil des Halses, wo die Venen und Arterien zusammenlaufen.
3. Das Herz, und das ist die tödliche Stelle.
4. Der Magen
5. Die Leber
6. Die Nieren
7. Die Wirbelsäule

Siebzehnte Lektion

Verhören und Ermitteln

Geheimagenten wenden zwei Arten der Folter an
A: Körperliche Folter
B: Psychologische Folter

A. Methoden der körperlichen Folter:

1. Augen verbinden und ausziehen.
2. An den Händen aufhängen.
3. An den Füßen [mit dem Kopf nach unten] aufhängen.
4. Mit Stöcken und Elektrokabeln schlagen.
5. Mit Stöcken und verdrehten Gummigürteln peitschen und schlagen.
6. Den Bruder zwingen, lange Zeit nackt stillzustehen.

7. Dem Bruder kaltes Wasser über den Kopf gießen.
8. Dem Bruder brennende Zigaretten auf der Haut ausdrücken.
9. Mit Stromstößen behandeln.
10. Treten und Prügeln.
11. Den Bruder mit bissigen Hunden attackieren.
12. Den Bruder auf einen Pfahl setzen.
13. In einen Faulbehälter werfen.
14. Nägel und Haare ausreißen.
15. Herumzerren.
16. Hände und Füße auf dem Rücken zusammenbinden.
17. Scharfe Gegenstände wie Taschenmesser oder Glasscherben anwenden.
18. Mit Feuer brennen.
19. Auf einem kahlen Marmorfußboden ohne Decke schlafen lassen und die Zelle mit Abwasser überschwemmen.
20. Lange Zeit auf den Zehen stehen lassen, dabei mit den Fingern gegen eine Wand drücken. Dem Bruder können Schlaf, Essen, Trinken und Medikamente verweigert werden.
21. Auf Wunden am Körper schlagen.
22. Dem Bruder viel Wasser oder stark wasserhaltige Früchte wie Wassermelonen einflößen, nachdem ihm lange Essen und Trinken verweigert wurden. Nachdem der Bruder getrunken oder die Früchte gegessen hat, werden ihm Hände und Penis zusammengebunden, so dass der Bruder nicht urinieren kann.
23. Dem Bruder Drogen und Narkotika ins Essen mischen, um seine Willenskraft zu schwächen.
24. Den Bruder in eine Einzelzelle schließen, deren Wände aus einem Spezialzement bestehen, der im Sommer sehr heiß und im Winter sehr kalt werden.
25. Die Genitalien des Bruders mit einem Stock schlagen oder mit der Hand quetschen.
26. Den Bruder über Stacheldraht und Glasscherben oder Metallspäne ziehen.

B. Methoden der psychologischen Folter:

1. Den Bruder gesellschaftlich isolieren, ihn vom öffentlichen Leben abschotten, ihn in Einzelhaft stecken und ihm Nachrichten und Informationen vorenthalten, damit er sich einsam fühlt.
2. Verbot, ihn mit Namen anzusprechen, dem Bruder eine Nummer geben und ihn mit dieser Nummer ansprechen, um seine Moral zu besiegen.

3. Ihm drohen, seine Schwester, Mutter, Ehefrau oder Tochter zu holen und sie zu vergewaltigen.
4. Drohen, ihn selbst zu vergewaltigen.
5. Ihm drohen, seine Habe zu konfiszieren und ihn von seinem Arbeitsplatz zu entfernen.
6. Androhung einer dauerhaften körperlichen Behinderung oder lebenslänglicher Haft.
7. Dem Bruder bestimmte Lockungen anbieten (Wohnung, Auto, Pass, Stipendium usw.)
8. Ihn grob behandeln, beschimpfen, um seine Moral zu besiegen.
9. Alles überwachen, was der Bruder tut, selbst in der Privatsphäre, ob er nun wach ist oder schläft, um ihn zu überzeugen, dass man ihn in seiner Gewalt hat. Ihn zwingen, den Kopf gesenkt zu halten und zu Boden zu blicken, wenn er mit den Wachen spricht.

Des Weiteren soll niemand meinen, die erwähnten Techniken seien Auswüchse unserer Phantasie oder wir hätten sie aus Spionagegeschichten abgeschrieben. Im Gegenteil, diese Dinge geschehen tatsächlich in Gefängnissen in Ägypten, Syrien, Jordanien, Saudi-Arabien und allen anderen arabischen Ländern.

Ratschläge:

1. Auf dem Weg zum Verhör und den Folterstätten sollte man sich genau auf die Route konzentrieren und versuchen, sich für spätere Operationen und Entwicklung von Plänen markante Punkte einzuprägen.
2. Am Anfang des Verhörs kommt ein Sicherheitsoffizier (Vernehmungsbeamter) mit väterlichem Rat, hinterlistigen Phrasen und „Krokodilstränen“, damit man gesteht und alles sagt.
3. Es ist notwendig, sich heimlich jedes Dokuments zu entledigen, das in Verbindung zur Arbeit steht, und auch alles anderen, das als Beweismittel gegen einen verwendet werden kann. Am besten führt man nie die Arbeit betreffende Dokumente mit.
4. Vom ersten Moment der Gefangennahme an sollte der Bruder stolz eine feste Oppositionshaltung gegen den Feind einnehmen und keine Befehle befolgen. Je fester diese Oppositionshaltung, desto vorteilhafter ist sie. Diese Haltung wird nicht zu härterer Behandlung führen. Man darf dem Feind keine Gelegenheit und keine Lücke bieten.
5. Während der Folterung gibt man vor, dass der Schmerz stark ist, beugt sich vor und schreit laut.

6. Mit der Verstärkung der Folter naht ihr Ende.
7. Zwischen den Folterungen verhandeln die Beamten mit dem Bruder und bieten ihm an, die Folter zu beenden, wenn er ihnen Informationen gibt.
8. Während der Folter kann der beisitzende Prediger zu einem bösartigen Tier werden.
9. Wer Informationen preisgibt, um der Peitsche zu entgehen, täuscht sich, weil die Folter noch heftiger werden würde.
10. Es ist notwendig, dass sich jeder Bruder auf ein Verhör vorbereitet und es mit seinem Kommandeur bespricht. Eines Tages könnte er gefangen genommen werden.

Attas Testament

Am Tag der Anschläge auf das World Trade Center wurde im Bostoner Logan Airport eine Reisetasche gefunden. Darin das nicht rechtzeitig umgeladene Gepäck des Terrorpiloten Atta, der die Boeing 757, Flug 11 der American Airlines, in den Nordturm steuerte. Unter den Schriftstücken sein letzter Wille, verfasst im April 1996, und eine Fibel für Selbstmordattentäter.

Ich, Mohammed, der Sohn von Mohammed al-Amir Awad al-Sajjid, wünsche mir, dass Folgendes nach meinem Tod stattfindet: Ich glaube, dass Mohammed Gottes Gesandter ist, und habe nicht den geringsten Zweifel, dass die Zeit kommen wird, da Gott alle Menschen aus ihren Gräbern wiederauferstehen lässt. Ich wünsche, dass meine Familie und jeder, der dies hier liest, den allmächtigen Gott fürchtet und sich nicht durch das Leben ablenken lässt; dass sie Gott fürchten und ihm und seinem Propheten nacheifern, wenn sie denn wahre Gläubige sind. Zu meinem Angedenken sollten sie sich verhalten nach dem Vorbild (des Propheten) Abraham, der seinem Sohn auftrug, als guter Muslim zu sterben. Wenn ich sterbe, sollten diejenigen, die meinen Besitz erben, Folgendes beachten:

1. Diejenigen, die meinen Leichnam aufbahren, sollten gute Muslime sein, denn das wird mich Gott und seiner Vergebung empfehlen.

2. Diejenigen, die meinen Leichnam aufbahren, sollten mir die Augen schließen und beten, dass ich zum Himmel aufsteige, sie sollten mir neue Kleider geben und mich nicht in jenen lassen, in denen ich starb.

3. Niemand soll meinetwegen weinen, schreien oder gar seine Kleider zerreißen und sein Gesicht schlagen – das sind törichte Gesten.

4. Niemand, der in der Vergangenheit nicht mit mir auskam, soll mich nach meinem Tod besuchen, küssen oder von mir Abschied nehmen.

5. Weder schwangere Frauen noch unreine Personen sollen von mir Abschied nehmen – das lehne ich ab.

6. Frauen sollten nicht für meinen Tod Abbitte leisten. Ich bin nicht verantwortlich für Tieropfer vor meinem aufgebahrten Leichnam – das widerspricht den Lehren des Islam.

7. Diejenigen, die Totenwache halten, sollten Gottes gedenken und beten, dass ich bei den Engeln bin.

8. Jene, die meinen Leichnam waschen, sollen gute Muslime sein. Es sollten auch nicht zu viele Leute sein, es sei denn, das wäre unbedingt notwendig.

9. Derjenige, der meinen Körper rund um meine Genitalien wäscht, sollte Handschuhe tragen, damit ich dort nicht berührt werde.

10. Die Totenkleider sollen aus drei Stücken weißen Tuches sein, aber nicht aus Seide oder anderweitig teurem Material.

11. Frauen sollen weder bei der Beerdigung zugegen sein noch irgendwann später sich an meinem Grab einfinden.

12. Die Beerdigung soll leise vonstatten gehen, denn Gott hat gesagt, dass er bei drei Anlässen Ruhe schätzt: bei der Lektüre des Koran, bei Begräbnissen und wenn man sich beim Gebet zu Boden wirft. Die Beerdigung soll schnell erfolgen, im Beisein von vielen Menschen, die für mich beten.

13. Bei der Grablegung sollte ich zusammen mit guten Muslimen bestattet werden, das Gesicht gen Mekka.

14. Ich will auf meiner rechten Seite liegen. Dreimal soll Erde auf meinen Körper geworfen werden, mit dem Spruch: „Du kommst aus Staub, bist Staub, und zum Staub kehrst du zurück. Und aus dem Staub wird ein neuer Mensch entstehen." Danach sollte jeder Gottes Namen rufen und bezeugen, dass ich als Muslim starb, im Glauben an Gottes Religion. Alle, die an meiner Beerdigung teilnehmen, sollen für mich um Vergebung bitten.

15. Eine Stunde sollten die Menschen an meinem Grab zubringen, auf dass ich ihre Gesellschaft genießen kann; ein Tieropfer soll erfolgen, das Fleisch an die Bedürftigen verteilt werden.

16. Es gibt die Sitte, alle 40 Tage oder einmal jährlich der Toten zu gedenken. Das möchte ich nicht, denn es entspricht nicht den islamischen Gebräuchen.

In the name of God all mighty
Death Certificate

This is what I want to happen after my death, I am Mohamed the son of Mohamed Elamir awad Elsayed: I believe that prophet Mohamed is God's messenger and time will come no doubt about that and God will resurrect people who are in their graves. I wanted my family and everyone who reads this will to fear the Almighty God and don't get deceived by what is in life and to fear God and to follow God and his prophets if they are real believers. In my memory I want them to do what Ibrahim (a prophet) told his son to do, to die as a good Muslim. When I die, I want the people who will inherit my possessions to do the following:

1. The people who will prepare my body should be good Muslims because this will remind me of god and his forgiveness.

2. The people who are preparing my body should close my eyes and pray that I will go to heaven and to get me new clothes, not the ones I died in.

3. I don't want anyone to weep and cry or to rip their clothes or slap their face because this is an ignorant thing to do.

4. I don't want anyone to visit me who didn't get along with me while I was alive or to kiss me or say goodbye when I die.

5. I don't want a pregnant women or a person who is not clean to come and say goodbye to me because I don't approve of it.

6. I don't want women to come to my house to apologize for my death. I am not responsible for people who will sacrifice animals in front of my lying body because this is against Islam.

7. Those who will sit beside my body must remember Allah, God, and pray for me to be with the angels.

8. The people who will clean my body should be good Muslims and I do not want a lot of people to wash my body unless it is necessary.

9. The person who will wash my body near my genitals must wear gloves on his hand so he won't touch my genitals.

10. I want the clothes I wear to consist of three white pieces of cloth, not to be made from silk or expensive material.

11. I don't want any women to go to my grave at all during my funeral or any occasion thereafter.

12. During my funeral I want everyone to be quiet because God mentioned that he likes being quiet on three occasions, when

Attas Testament (englische Übersetzung aus dem Arabischen)

17. Bei der Beerdigung sollte niemand Sprüche auf Papier niederschreiben, die man dann als Talisman in der Tasche herumträgt. Das ist ein Aberglaube. Besser sollte die Zeit genutzt werden, um zu Gott zu beten.
18. Das Vermögen, das ich zurücklasse, soll nach den Regeln der islamischen Religion aufgeteilt werden – so wie der allmächtige Gott es uns aufgetragen hat: ein Drittel für die Armen und Bedürftigen. Meine Bücher sollen in den Besitz einer Moschee übergehen. Jene, die mein Testament vollstrecken, sollten Führer der Sunniten sein. Wer immer es ist, er sollte aus der Gegend stammen, in der ich groß wurde, oder ein Mensch, dem ich beim Gebet folgte. Sollte die Zeremonie nicht dem islamischen Glauben entsprechen, werden die Betroffenen dafür zur Verantwortung gezogen. Diejenigen, die ich zurücklasse, sollen gottesfürchtig sein und sich nicht von den Dingen, die das Leben bietet, etwas vorgaukeln lassen – stattdessen sollten sie zu Gott beten und gute Gläubige sein. Wer den Anweisungen dieses Testaments nicht entspricht oder den Geboten der Religion zuwiderhandelt, wird dafür letztendlich zur Verantwortung gezogen.

So geschrieben am 11. April 1996, nach dem islamischen Kalender im Dhu al-Kada im Jahr 1416.

Geschrieben von:
Mohammed al-Amir Awad al-Sajjid

Zeuge: Abd al-Ghani Muswadi
(Unterschrift)

Zeuge: al-Mutasadik Munir
(Unterschrift)

Fibel für Selbstmordattentäter

„Der Himmel lächelt, mein junger Sohn"

Spirituelle Anleitung für den Selbstmordanschlag auf das World Trade Center

Zu den in Mohammed Attas Reisetasche gefundenen Papieren gehört auch ein Leitfaden für Selbstmordattentäter: ein bizarres Dokument des religiösen Wahns mit einer Handlungsanleitung für den Opfertod im Massenmord.

Die Arbeit und die Arbeit der Gruppe (das heißt: die Arbeit um des Propheten willen) sollten Priorität haben, weil dies Sunna ist. Wir sind zu dieser Arbeit verpflichtet. Tu dies nicht für dich selbst, sondern für Gott den Allmächtigen. Ein Beispiel ist Ali Ibn Abi Talib – Gott segne seine Seele. Er hatte Streit mit einem Ungläubigen, der Ali – Gott segne seine Seele – anspuckte. Zunächst wollte Ali sein Schwert nicht gegen den Ungläubigen führen; später tat er es. Nach dem Streit fragten einige seiner Anhänger ihn: Warum hast du nicht gleich das Schwert gegen den Ungläubigen geführt? Ali – Gott segne seine Seele – antwortete: Als er mich zuerst anspuckte, scheute ich mich, sofort darauf zu reagieren, weil ich fürchtete, damit Rache für mich selbst zu nehmen; ich wollte dies aber eher für Gott tun.

Gott sagt, dass man auf Erden ohne Wünsche sein sollte, aber Gott will dich am Ende, wenn du stirbst, belohnen.

Wenn die Arbeit getan und alles gut verlaufen ist, werden alle sich die Hände reichen und sagen, dass dies eine Aktion im Namen Gottes war. Andere Brüder sollten nicht in Angst versetzt oder in Verwirrung gestürzt werden, sondern man sollte mit ihnen sprechen, sie beruhigen und ihnen Mut machen. Für niemanden gibt es etwas Besseres zu tun, als die Verse des Korans zu lesen, da Gott gesagt hat, dass man in seinem Namen kämpfe und dass man das, was man im jetzigen Leben hat, für ein anderes, besseres Leben im Himmel aufgeben solle. In einem anderen Vers sagt Gott: Betrachtet die Menschen, die im Namen Gottes gehandelt haben und dabei gestorben sind, nicht als tot ... (sie leben vielmehr im Himmel).

Die Brüder, die sich gegenseitig Anerkennung zollen, sollten damit zufrieden sein und einander trösten, und ihr Herz sollte mit Glück erfüllt sein. Das Ende steht bevor, und das Himmelsversprechen ist zum Greifen nahe. Öffne dein Herz, heiße den Tod im Namen Gottes willkommen.

Und das Letzte, was zu tun ist, ist stets die Erinnerung an Gott, und die letzten Worte sollten sein, dass es keinen Gott außer Allah gibt und dass Mohammed sein Prophet ist. Danach werde ich Gott im Himmel antreffen. Betrachtet man die Menge der Ungläubigen, so wird Gott – trotz der hohen Anzahl der Ungläubigen – dazu beitragen, dass die Gläubigen die Mehrheit besiegen. Gott sagte: Wenn die Gläubigen den Kampf gegen die Ungläubigen aufnehmen, werden sich die Gläubigen daran erinnern, dass Gott ihnen beisteht und dass sie siegen werden.

Danach die zweite Phase:

Wenn dich der Taxifahrer nach (M) fahren sollte, so sag ihm etwas über die Stadt und die anderen Orte. Wenn du ankommst und (M) siehst und aus dem Taxi steigst, dann bete zu Gott, und bete zu Gott, wo immer du auch hingehst, und lächle und vertraue darauf, dass Gott den Gläubigen stets beisteht und die Engel dich beschützen, obwohl du davon nichts bemerkst. Bete, dass alle von Gott erschaffen sind, und bete, dass du das tust, was Gott dir aufgetragen hat. Bete, dass du es tust, weil der Ungläubige den wahren Gott nicht erkennt und du nichts mit ihm zu tun hast.

Wenn du diese Gebete gesprochen hast, wird alles leicht für dich gehen, denn die Kraft Gottes ist mit dir, und Gott versprach seinen Anhängern nach Sprechen dieser Gebete,

1. dass dies auf Grund von Gottes Segen und seiner Vergebung geschah;
2. dass den Menschen, die den Plan ausführten, nichts geschehen wird;
3. dass du den Lehren Gottes folgst. Gott sagt, dass du Gottes Segen und seine Vergebung hast und dir nichts Böses geschehen wird, solange du dem allmächtigen Gott folgst, der alle erschaffen hat, denn die Taten und Worte der Ungläubigen werden ihnen nicht helfen und dir nicht schaden, Gott ist gewillt, denn du bist ein Gläubiger. Die Gläubigen fürchten niemanden, und diejenigen, die Angst haben, sind Söhne und Töchter des Teufels, die den Teufel selbst fürchten, und sie sind Sklaven des Teufels. Aber diejenigen, die Gott fürchten und ihm folgen und nach seinem Willen handeln, werden am Ende die Richtigen sein. Gott sagte, dass der Teufel seine Anhänger überwältigen wird.

Alle westlichen Zivilisationen, die ihre Macht genießen, sind in ihrem Inneren sehr schwach. So habe keine Angst und keine Furcht, wenn du ein Gläubiger bist, denn Gläubige fürchten nur Gott den Allmächtigen, der die Macht über alles innehat. Gläubige glauben in dem Vertrauen, dass der Ungläubige am Ende besiegt wird. Entsinne dich, dass Gott die Ungläubigen niederschlagen und besiegen wird. Entsinne dich der Aussagen des Allmächtigen, und du musst es eintausendmal sagen – und niemand wird es bemerken, ob du es sagst oder nicht – zum Ruhme Gottes entsinne dich seiner Aussage, dass der Gläubige, der es von Herzen sagt, in den Himmel kommen wird. Auch wie der Prophet – Gott segne ihn – sagt, wenn man den Himmel und die Erde in eine Hand nimmt und Gott in die andere, wird die Hand, in der Gott ist, oben sein. Du kannst lächeln, während du die Worte Gottes rezitierst, und die Schönheit seiner Worte besteht darin, dass du sie nicht laut sagen oder rezitieren musst, du kannst sie in Gedanken sagen. Es reicht aus, dass du versuchst, den Islam zu erheben und unter seiner Fahne zu kämpfen, wie das der Prophet – Gott segne seine Seele – und dessen Anhänger getan haben.

Gebe nicht den Anschein, verwirrt zu sein, sondern sei stark und glücklich mit geöffnetem Herzen und Zuversicht, denn du tust Arbeit, die Gott gefällig ist und die er segnet. Der Tag im Himmel wird kommen, Gottes Wille, und du wirst diesen Vers im Himmel haben:

Der Himmel lächelt, mein junger Sohn, denn du marschierst zum Himmel. Überall, wo du hingehst, bei allem, was du tust, entsinne dich und bete zu Gott, denn Gott ist immer bei seinen Anhängern, die an ihn glauben, und Gott wird es leicht machen und dich segnen und deine Arbeit mit Erfolg krönen, und du wirst am Ende der Sieger sein.

Die dritte Phase:

Wenn du im Flugzeug bist, sobald du das Flugzeug betrittst, solltest du zu Gott beten, denn jeder, der zu Gott betet, wird gewinnen, denn du tust dies für Gott. Wie der allmächtige Prophet sagt, ist eine Tat für Gott besser als die ganze Welt und alles auf der Welt.

Sobald du das Flugzeug betrittst und dich auf deinen Sitz setzt, entsinne dich dessen, was dir zu einem früheren Zeitpunkt gesagt wurde, und befleißige dich, dich Gottes zu entsinnen. Gott sagt, dass du, wenn du durch einige Ungläubige umgeben bist, stillsitzen und dich entsinnen sollst, dass Gott dir den Sieg am Ende ermöglichen wird.

Wenn das Flugzeug sich bewegt, sobald es sich langsam zu bewegen beginnt und sich in Richtung von (K) dreht, bete die Gebete der reisenden Muslime, denn du reist, um Gott zu treffen und die Reisen zu genießen. Du wirst bemerken, dass das Flugzeug anhalten und dann erneut fliegen wird. Dies ist die Stunde, in der du Gott treffen wirst, und bete zu Gott, wie Gott es in seinem Buch gesagt hat, Gott hilf mir, dies zu tun, und lass uns über die ungläubigen Nationen siegen, und in einem anderen Ausspruch Gottes, Gott vergib uns unsere Sünden und hilf uns, das zu erreichen, was wir versuchen, und lass uns über die ungläubigen Völker siegen, und wie der Prophet Mohammed – Gott segne seine Seele

– sagte, Gott besiege sie und lass uns siegen und die Ungläubigen niederschlagen und sie ihre Köpfe senken lassen.

Bete für dich und deine muslimischen Brüder um den Sieg am Ende, und fürchte dich nicht, denn du wirst bald Gott treffen. Jeder sollte bereit sein, seinen Teil zu übernehmen, und deine Tat wird durch Gottes Willen befürwortet. Wenn du deine Tat beginnst, schlage hart wie ein Held zu, denn Gott mag Menschen nicht, die ihre begonnene Arbeit nicht beenden. Du kommst nicht zur Erde zurück und pflanzt die Angst in die Herzen der Ungläubigen, wie Gott sagte, schlag sehr hart in das Genick, in dem Wissen, dass der Himmel auf dich wartet, dich erwartet und du dort ein besseres Leben führen wirst, und Engel rufen deinen Namen und tragen für dich ihre schönsten Kleider.

Und wie Mustafa, einer der Anhänger des Propheten, sagte, töte und denke nicht an den Besitz derjenigen, die du töten wirst. Denn dies wird dich vom eigentlichen Zweck deiner Tat ablenken, denn dies ist gefährlich für dich.

Am Abend, bevor du deine Tat verübst:

1. Du solltest rezitieren, dass du für Gott stirbst. Rasiere das gesamte überflüssige Haar von deinem Körper, parfümiere deinen Körper und wasche deinen Körper.

2. Sieh dir deinen Plan sehr gut an und kenne ihn, und erwarte eine Reaktion sowie auch Widerstand vom Feind.

3. Rezitiere die Verse über Vergebung und das, was Gott für Märtyrer bereithält, denn sie kommen ins Paradies.

4. Entsinne dich, dass du in dieser Nacht – der Nacht vor der Tat – zuhören und gehorsam sein sollst, denn du wirst mit einer ernsten Situation konfrontiert werden, und der einzige Weg, den es gibt, ist das Zuhören und 100-prozentiger Gehorsam. Sage dir, dass du die Pflicht hast, dies zu tun, verstehe dies im Geiste und überzeuge dich selbst, dass du diese Tat tun musst. Gott sagte, dass du seine Befehle und die seiner Propheten befolgen sollst und keinen Widerstand leisten sollst, denn sonst wird es dir misslingen. Sei geduldig, denn Gott ist mit den Geduldigen.

5. Stehe in der Nacht auf, und bete für den Sieg, dann wird Gott alles leicht machen und dich beschützen.

6. Sei immer auf der Hut, und entsinne dich. Am besten ist es, den Koran zu rezitieren und zu wissen, dass du endlich diese Erde verlässt und bald in den Himmel kommst.

7. Reinige dein Herz von allen schlechten Gefühlen, die du hast, und vergiss alles über dein weltliches Leben, denn alles, was du in deinem Leben getan hast, wird bald vorüber sein. Die Zeit ist reif, um das

Richtige zu tun. Wir haben unser Leben verschwendet, und nun ist die Gelegenheit und die Stunde gekommen, uns Gott hinzugeben und ihm zu gehorchen.

8. Öffne dein Herz, denn du bist nur einen kurzen Moment entfernt von dem guten, ewigen Leben voller positiver Werte in der Gesellschaft von Märtyrern. Dies ist die beste Gesellschaft, in der man sich befinden kann. Wir bitten um Gottes Segen und sind optimistisch, denn der allmächtige Gott mag optimistische Menschen, die Dinge für Gott tun.

9. Erinnere dich dessen, was du tun und sagen sollst, falls du erwischt wirst. Falls du erwischt wirst, geschieht dies nicht, weil du einen Fehler gemacht hast, und es liegt nicht an dir. Dies geschah aus Gottes Gründen, und Gott wird dich erheben und dir alle Sünden vergeben. Dies ist nur vorübergehend Gottes Wille. Genieße es, denn du wirst durch Gott den Allmächtigen belohnt werden. Gott sagte, dass jeder, der für ihn gekämpft hat, in den Himmel kommen wird.

10. Entsinne dich immer dessen, was Gott gesagt hat, du hast gehofft, zum Märtyrer zu werden, bevor du ihn triffst, und nun wurdest du … (die Pünktchen bedeuten, dass wir beide es wissen, daher werde ich es nicht schreiben). Danach entsinne dich der Verse des Korans, die besagten, dass die kleinere Gruppe die Mehrheit besiegen wird, das ist Gottes Wille. Und wie Gott sagt, wenn Gott mit dir ist, wirst du nicht besiegt werden, und wenn du besiegt wirst, ist Gott der Einzige, der dich erheben wird.

11. Erinnere dich selbst durch die Gebete und mit deinen muslimischen Brüdern, und entsinne dich immer deiner Brüder in deinen Gebeten, morgens und abends.

12. Erinnere dich an dein Gepäck, die Kleidung, das Messer und die Dinge, die du brauchst, an dein Ausweisdokument, deinen Reisepass und all deine Papiere.

13. Überprüfe vor der Reise deine Waffe, denn du wirst sie zur Ausführung deiner Tat brauchen.

14. Trage deine beste Kleidung, und folge damit dem Beispiel deiner Vorfahren, die vor dem Kampf gute Kleidung trugen. Binde deine Schuhe sehr eng zu und trage Socken, so dass die Schuhe eng an deinen Füßen ansitzen. Dies versteht sich alles von selbst, und Gott wird dich schützen.

15. Bete am Morgen in der Gruppe, denn das ist eine gute Belohnung, und jeder wird sich nach der Tat daran erinnern, dass du mit ihnen gebetet hast. Verlasse die Wohnung nicht, bevor du gewaschen und sauber bist, denn die Engel werden dir vergeben, wenn du sauber bist und zu Gott gebetet hast. Wie Gott sagt, ist es eine gute Angewohnheit, gut rasiert zu sein, und das steht so in seinem Buch.

Kabuler Bombenblätter

Diese Zeichnungen und Anleitungen entstammen einem Terror-Handbuch, das SPIEGEL-Korrespondent Uwe Klußmann und der Fotograf Thomas Grabka im ehemaligen Unicef-Haus im Kabuler Stadtteil Shar-i-Nau fanden. Das Gebäude wurde noch bis September 2001, drei Monate vor dem Ende der Taliban-Herrschaft, von Bin Ladens al-Qaida als Zentrale genutzt. Das Material dokumentiert, dass Bin Ladens Kämpfer nicht nur Flugzeuge in Wolkenkratzer steuern können, sondern auch mit simpleren Mitteln des Terrors herumexperimentieren.

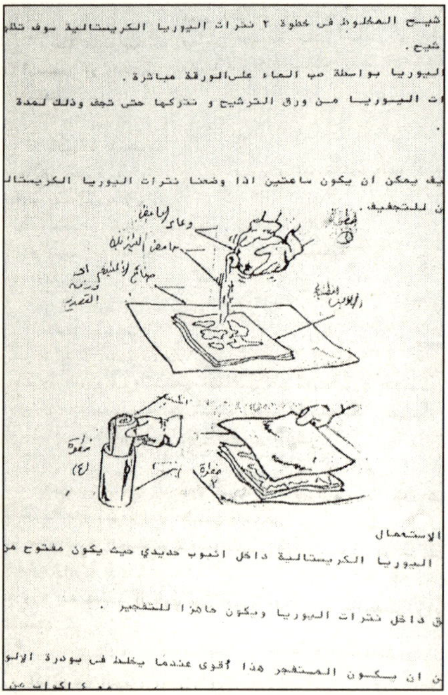

Anleitung zur Herstellung von Carbamidnitrat-Sprengstoff

Nachdem man die Mischung, wie in Schritt drei beschrieben, gefiltert hat, entsteht kristallisiertes Carbamidnitrat. Wische die Kristalle vom Papier und lasse sie sechs Stunden trocknen. Den Baumwollstoff mit kristallisiertem Carbamidnitrat zusammenrollen und in einen Metallzylinder stecken – nun ist es explosionsbereit. Die obere Zeichnung ist mit folgenden Erklärungen versehen: Säurebehälter; Nitriersäure; Alufolie; Baumwollstoff. Die untere Zeichnung ist mit den Kommentaren versehen: Schritt 3, Schritt 4

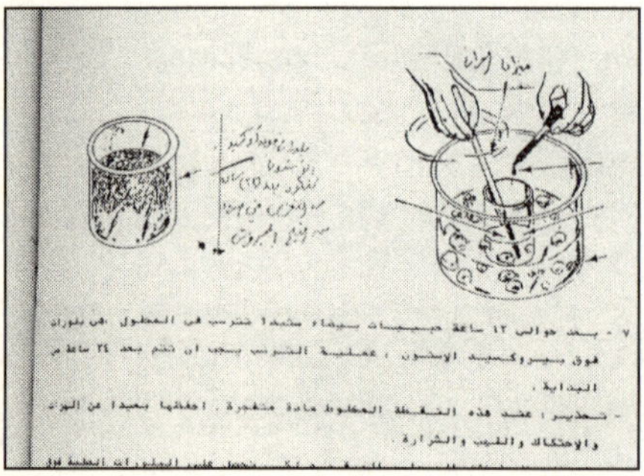

Anleitung für Sprengsätze

Nach zwölf Stunden werden sich kleine, weiße Kügelchen in der Flüssigkeit absetzen, die Acetonperoxidkristalle. Nun muss man 24 Stunden warten, dann haben sich alle Kristalle gebildet. Achtung, wichtige Warnung: Von diesem Zeitpunkt an ist die Mischung explosiv. Schütze sie unbedingt vor Erschütterung, vor Reibung, Feuer und Funken!

Die linke der beiden Zeichnungen ist mit dem Hinweis versehen: Die Acetonperoxidkristalle entstehen 24 Stunden nach Lagerung im Eiswasser.

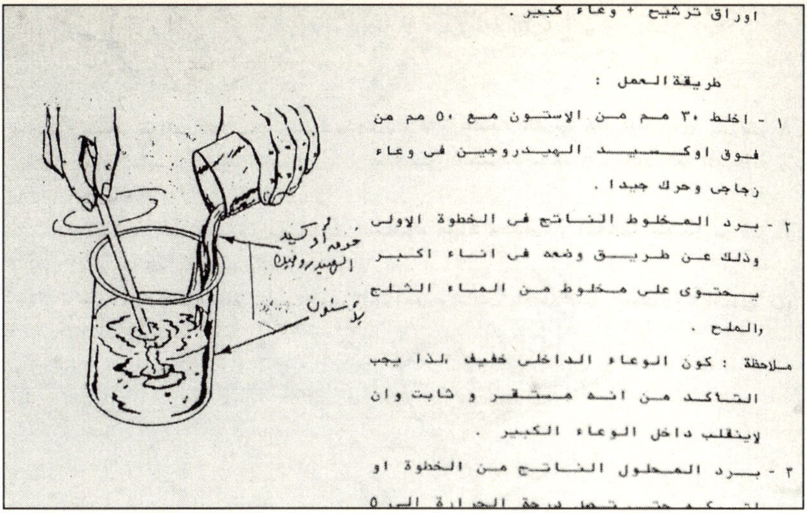
اوراق ترشيح + وعاء كبير .

طريقة العمل :

١ - اخلط ٣٠ مم من الاستون مع ٥٠ مم من
فوق اوكسيد الهيدروجين في وعاء
زجاجي وحرك جيدا .

٢ - برد المخلوط الناتج في الخطوة الاولى
وذلك عن طريق وضعه في اناء اكبر
يحتوي على مخلوط من الماء الثلج
والملح .

ملاحظة : كون الوعاء الداخلي خفيف لذا يجب
التاكد من انه مستقر و ثابت وان
لاينقلب داخل الوعاء الكبير .

٣ - برد المحلول الناتج من الخطوة او

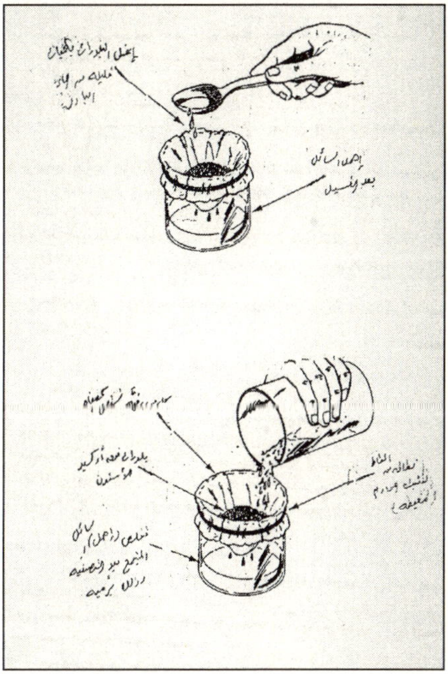

Anleitung zum Gebrauch von Wasserstoffperoxid

Gib 30 Milliliter Aceton in einen Glasbehälter und füge 50 Milliliter Wasserstoffperoxid unter fortwährendem Rühren hinzu. Die Mischung muß eine Weile gut durchgerührt werden. Den Glasbehälter mit der Mischung stelle man zum Kühlen in einen größeren Behälter, der mit Wasser, Salz und Eiswürfeln gefüllt ist. Dabei muss man darauf achten, dass der leichtere kleine Behälter nicht umkippt. Die Mischung soll bei einer Temperatur von fünf Grad gehalten werden.

Anleitung zum Auswaschen von Acetonperoxidkristallen

Anweisungen zur oberen Zeichnung: Die Kristalle mit etwas kaltem Wasser ausspülen, die Flüssigkeit nach dem Waschen wegschütten. Zur unteren Zeichnung: Papiertücher als Filter benutzen; die entstandenen Acetonperoxidkristalle; die Flüssigkeit nach dem Waschen muss weggeschüttet werden; man benutze ein Gummi zur Befestigung der Papiertücher.

Das Bin-Laden-Tape

Das verrauschte, verwackelte Videoband, 39 Minuten lang, fand, kaum dass es publik wurde, unterschiedliche Interpreten. Die Aufnahmen seien, so der amerikanische Geheimdienst, Ende November 2001 in einem Haus im ostafghanischen Jalalabad gefunden worden. Transkribiert wurde das Video von George Michel, Übersetzer beim Diplomatischen Sprachendienst, wie auch von Dr. Kassem M. Wahba, Programmkoordinator Arabisch an der renomierten School of Advanced International Studies an der Johns Hopkins University. Zwei Abschnitte des Bandes dokumentieren einen Höflichkeitsbesuch des Islamisten Scheich Khaled al-Harbi und einiger seiner Männer bei Bin Laden, offenbar am 9. November in einem Gästehaus in Kandahar. Auszüge:

al-Harbi: (*unverständlich*) Sie haben uns Waffen gegeben, Sie haben uns Hoffnung gegeben, und wir danken Allah dafür. Wir möchten Ihre Zeit nicht über Gebühr beanspruchen, aber dies ist das Arrangement der Brüder. Die Menschen unterstützen uns jetzt mehr; selbst diejenigen, die uns in der Vergangenheit nicht so unterstützt haben, unterstützen uns jetzt stärker. Ich wollte nicht so viel Ihrer Zeit in Anspruch nehmen. Allah sei gepriesen, Allah sei gepriesen. Wir kommen aus Kabul. Wir freuen uns über den Besuch. Möge Allah Sie beide zu Hause und das Lager segnen. Wir baten den Fahrer, uns abzuholen; es war eine Vollmondnacht, Allah sei Dank. Glauben Sie mir, es liegt nicht auf dem Land. Die Alten ... jeder lobt Sie dafür, was Sie getan haben, wegen der großen Aktion, die zu allererst durch Allahs Gnade geschah. Dies ist die Anleitung von Allah und die gesegnete Frucht des Dschihad.
Bin Laden: Allah sei Dank. Was denkt man in der Moschee *(in Saudi-Arabien)* darüber?
al-Harbi: Ehrlich gesagt, sie denken sehr positiv. Scheich Al-Bahrani (*phonetisch*) hielt in seiner Klasse eine gute Predigt nach dem Sonnenaufgangsgebet. Sie wurde per Video aufgezeichnet, und ich hätte das Band eigentlich mitbringen sollen, doch leider musste ich sofort aufbrechen.
Bin Laden: Am Tag der Ereignisse?
al-Harbi: Genau zur Zeit der Angriffe auf Amerika, genau zu dieser Zeit. Er (*Bahrani*) hielt eine beeindruckende Predigt. Allah sei Dank für seinen Segen. Er (*Bahrani*) war der erste, der zur Kriegszeit schrieb. Ich habe ihn zweimal in Al-Qasim besucht.
Bin Laden: Allah sei Dank.

al-Harbi: Darum habe ich Allah gebeten. Er (*Bahrani*) sagte der Jugend: „Ihr verlangt nach dem Märtyrertod und fragt euch, wohin ihr gehen sollt (*für das Märtyrertum*)?“ Allah leitete sie an zu gehen. Ich bat Allah, mir zu erlauben, die Wahrheit vor dem Angesicht des ungerechten Herrschers zu bezeugen. Wir baten Allah, ihn zu beschützen und ihm das Märtyrertum zu geben, nachdem er die erste Fatwa erlassen hatte. Er wurde zum Verhör dabehalten, wie Sie wissen. Als man ihn später hereinrief und aufforderte zu unterschreiben, sagte er: „Vergeuden Sie nicht Ihre Zeit, ich habe noch eine Fatwa. Wenn Sie wollen, kann ich beide auf einmal unterschreiben.“
Bin Laden: Allah sei Dank.
al-Harbi: Seine Haltung war wirklich sehr ermutigend. Als ich ihn vor etwa anderthalb Jahren zum ersten Mal besuchte, fragte er mich: »Wie geht es Scheich Bin-Laden?“ Er sendet Ihnen seine besonderen Grüße. Was Scheich Suleiman ‘Ulwan betrifft, so fertigte er eine schöne Fatwa an, Allah möge ihn segnen. Wunderbarerweise hörte ich sie im Radio. Es war seltsam, weil er auf seine Stellung verzichtet hat, die der eines Direktors entspricht. Sie wurde wortwörtlich transkribiert. Die Brüder hörten sie sich im Detail an. Ich hörte sie kurz vor dem Mittagsgebet. Er sagte, dies sei der Dschihad, und diese Menschen seien keine unschuldigen Menschen *(die Opfer im World Trade Center und im Pentagon)*. Er schwor Allah. Dies wurde Scheich Suleiman Al (*‘Umar*) übermittelt. Allah möge ihn segnen.
Bin Laden: Was gibt’s zu Scheich Al-(*Rayan*) zu sagen?
al-Harbi: Ehrlich gesagt, ich habe ihn nicht getroffen. Meine Bewegungen waren wirklich eingeschränkt.
Bin Laden: Allah möge Sie segnen. Sie sind willkommen.
al Harbi: (*beschreibt die Anreise zum Treffen*) Sie schmuggelten uns durch, und dann dachte ich, dass wir in verschiedene Höhlen in den Bergen kommen würden. Daher war ich überrascht, im Gästehaus alles sehr sauber und bequem zu finden. Allah sei Dank, wir haben auch erfahren, dass dieser Ort sicher ist, dank Allahs Segen. Der Ort ist sauber, und wir haben es sehr bequem.
Bin Laden: (*unverständlich*) Wenn Menschen ein starkes und ein schwaches Pferd sehen, dann lieben sie naturgemäß das starke Pferd. Dies ist nur ein Ziel; diejenigen, die möchten, dass die Menschen den Herrn der Menschen verehren, ohne seiner Lehre zu folgen, werden der Lehre Mohammeds folgen. Friede seiner Seele.

(Bin Laden zitiert mehrere kurze und unvollständige Hadith-Verse)

Bin Laden: Diese jungen Leute, die die Operationen durchgeführt haben, akzeptierten keinen Kampf in der herkömmlichen Bedeutung des Wortes, aber sie akzeptierten den Kampf, den der Prophet Mohammed focht. Diese jungen Männer (*unverständlich*) sagten es in Worten; in New York und in Washington. Reden, die alle anderen Reden, die irgendwer sonst auf der Welt hielt, überstrahlten. Die Reden werden von Arabern wie von Nicht-Arabern verstanden, sogar von Chinesen. Es geht weit über das hinaus, was die Medien gesagt haben. Einige von ihnen behaupten, dass in Holland in einem der Zentren die Anzahl der Menschen, die in den Tagen nach den Operationen zum Islam übertraten, die Anzahl der Übertritte zum Islam in den vergangenen elf Jahren übertraf. Im islamischen Radio hörte ich, dass jemand, der eine Schule in Amerika besitzt, sagte: „Wir haben nicht mehr die Zeit, alle jene Anfragen zu bearbeiten, die nach islamischen Büchern verlangen, um etwas über den Islam zu erfahren." Dieses Ereignis hat die Menschen nach Nachdenken gebracht (*über den wahren Islam*), das dem Islam im großen Umfang zugute kommt.
al-Harbi: Hunderte Leute stellten Sie in Frage, und nur wenige sind Ihnen gefolgt, bis dieses riesige Ereignis geschah. Jetzt kommen Hunderte von Menschen, um sich Ihnen anzuschließen. Ich erinnere mich an eine Vision von Scheich Salih Al-(*Shuaybi*). Er sagt: „Es wird ein großer Schlag erfolgen, und die Menschen gehen zu Hunderten nach Afghanistan." Ich fragte ihn (*Salih*): „Nach Afghanistan?" Er erwiderte: „Ja." Seiner Meinung nach waren die geistig Impotenten und die Lügner (*Heuchler*) die Einzigen, die zurückstehen. Ich erinnere mich, dass er sagte, Hunderte von Menschen werden nach Afghanistan gehen. Er hatte diese Vision vor einem Jahr. Dieses Ereignis schied die verschiedenen Typen von Anhängern voneinander.
Bin Laden: (*unverständlich*) Wir berechneten im Voraus die Anzahl der Toten für den Feind, die auf Grund der Position der Türme getötet werden würden. Wir rechneten damit, dass drei oder vier Stockwerke getroffen werden würden. Ich war der Optimistischste dabei. (*unverständlich*) Auf Grund meiner Erfahrungen auf diesem Gebiet rechne ich damit, dass das Feuer aus dem Kerosin im Flugzeug das Stahlgerüst des Gebäudes zum Schmelzen bringen und nur der Bereich zusammenbrechen würde, in den das Flugzeug eingeschlagen war, sowie nur die Stockwerke darüber. Das war alles, was wir uns erhofften.
al-Harbi: Allah sei Dank.
Bin Laden: Wir waren in (*unverständlich*), als das Ereignis geschah. Wir wußten seit dem vorherigen Donnerstag, dass das Ereignis an jenem Tag

stattfinden werde. An diesem Tag hatten wir unser Tagewerk beendet und das Radiogerät eingeschaltet. Es war 17.30 Uhr unserer Zeit. Ich saß mit Dr. Ahmad Abu-al-(*Khair*) zusammen. Sofort hörten wir die Nachricht, dass ein Flugzeug das World Trade Center getroffen habe. Wir stellten am Radio die Nachrichten aus Washington ein. Die Nachrichten liefen weiter, aber keine Erwähnung des Angriffs. Erst am Ende der Nachrichtensendung berichteten sie, dass gerade ein Flugzeug in das World Trade Center gestürzt sei.

al-Harbi: Allah sei Dank.

Bin Laden: Nach einer kleinen Weile kündigten sie an, dass ein weiteres Flugzeug in das World Trade Center gestürzt sei. Die Brüder, die die Nachrichten hörten, waren außer sich vor Freude darüber.

al-Harbi: Ich saß und hörte die Nachrichten. Wir ... wir dachten weiter an nichts, und dann plötzlich, so Allahs Wille, sprachen wir darüber, wie es kommt, dass wir nichts haben, und plötzlich kam die Nachricht, und alle waren außer sich vor Freude, und jeder sprach bis morgens am nächsten Tag darüber, was geschehen war, und wir blieben bis vier Uhr zusammen, hörten die Nachrichten, die jedes Mal etwas anders lauteten. Alle waren sehr erfreut und sagten „Allah ist groß", „Allah ist groß", „Wir danken Allah", „Allah sei gelobt". Und ich freute mich wegen der Freude meiner Brüder. An diesem Tag trafen die telefonischen Glückwünsche am laufenden Band ein. Die Mutter nahm ständig die Anrufe entgegen. Dank Allah. Allah ist groß, Allah sei gelobt.

(Zitiert Verse aus dem Koran)

al-Harbi: „Bekämpft sie, Allah wird sie foltern mit euren Händen, er wird sie foltern. Er wird sie enttäuschen, und er wird euch den Sieg geben. Allah wird seinen Gläubigen vergeben; ihm bleibt nichts verborgen." Ohne Zweifel ist das ein eindeutiger Sieg. Allah hat uns zuteil ... uns geehrt ... und er gibt uns seinen Segen und noch mehr Siege während des heiligen Monats Ramadan. Und darauf hofft ein jeder. Dank Allah kam Amerika aus seinen Höhlen. Wir schlugen zuerst zu, und der Nächste wird es mit den Händen der Gläubigen schlagen, den guten Gläubigen, den strengen Gläubigen. Durch Allah ist es ein großes Werk. Allah bereitet für Sie eine große Belohnung für dieses Werk vor. Verzeihung, dass ich dies in Ihrer Gegenwart sage, aber es sind nur Gedanken, nur Gedanken. Durch Allah, wo es keinen Gott gibt außer ihm. Ich lebe im Glück, Glück ... So etwas habe ich seit langem nicht mehr erfahren oder gefühlt. Ich erinnere mich an die Worte von Al-Rabbani, der sagte, sie wollten im Winter eine Koalition aus den Ungläubigen wie den Türken und anderen und ein paar anderen Arabern gegen uns schmieden. Und

sie würden uns umzingeln, wie in den Tagen ... in den Tagen des Propheten Mohammed. Genau das geschieht jetzt. Aber er tröstete seine Anhänger und sagte: „Dies kommt zurück und wird sie treffen." Und für uns ist es eine Gnade. Und ein Segen für uns. Und es wird die Menschen zurückbringen. Sehen Sie, wie weise er war. Und Allah gibt ihm Segen. Und der Tag wird kommen, wenn die Symbole des Islam aufsteigen, und es wird ähnlich wie in den frühen Tagen von Al-Mudschahedin und Al-Ansar (*vergleichbar den frühen Jahren des Islam*). Und Sieg denen, die Allah folgen. Schließlich, wenn es dasselbe wie in den alten Tagen ist, so wie Abu Bakr und Othman und Ali und anderen. In diesen Tagen, in unseren Zeiten, dass es der größte Dschihad in der Geschichte des Islam und der Widerstand der verruchten Menschen wird. Bei Allah, mein Scheich. Wir beglückwünschen Sie zu dem großen Werk. Allah sei Dank!
Band endet hier.

Zweiter Abschnitt von Bin Ladens Besuch.

Bin Laden: Abdallah Azzam, Allah sei seiner Seele gnädig, sagte mir, es sollte nichts aufgezeichnet werden (*unverständlich*) daher dachte ich, es sei ein gutes Omen, und Allah wird uns segnen (*unverständlich*). Abu-Al-Hasan-Al-(*Masri*), der im al-Dschasira-TV vor einigen Tagen auftauchte und sich mit den Worten an die Amerikaner wandte: „Wenn ihr richtige Männer seid, dann kommt her und tretet vor uns." (*unverständlich*) Vor einem Jahr hat er mir gesagt: „Ich sah in einem Traum, wie wir gegen die Amerikaner Fußball spielten. Als unsere Mannschaft aufs Spielfeld lief, waren es alles Piloten!" Er sagte: „Daher fragte ich mich, ob es ein Fußball- oder ein Pilotenspiel war. Unsere Spieler waren Piloten." Er (*Abu-Al-Hasan*) wusste nichts von der Operation, bis er davon am Radio erfuhr. Er sagte, das Spiel ging weiter, und wir schlugen sie. Das war ein gutes Omen für uns.
al-Harbi: Allah sei gelobt.
Suleiman (*Abu Guaith*): Ich saß mit dem Scheich in einem Zimmer; dann ging ich in ein anderes Zimmer, in dem ein Fernseher stand. Das Fernsehen übertrug das große Ereignis. Die Szene zeigte eine ägyptische Familie im Wohnzimmer, die vor Freude explodierte. Wissen Sie, wenn es ein Fußballspiel gibt und deine Mannschaft gewinnt, dann ist das derselbe Freudenausbruch. Es gab einen Untertitel, der lautete: „Als Rache für die Kinder von Al Aqsa führt Osama Bin Laden eine Operation gegen Amerika durch." Daher ging ich zum Scheich zurück (*meint Bin Laden)*, der in einem Zimmer mit 50 bis 60 Leuten zusammen saß. Ich versuchte,

ihm zu berichten, was ich gesehen hatte, aber er gab mir per Handzeichen zu verstehen: Ich weiß, ich weiß ..."

Bin Laden: Er wusste nichts über die Operation. Niemand wusste etwas ... (*unverständlich*) Muhammad (*Atta*) aus der ägyptischen Familie (*Anspielung auf den ägyptischen Zweig der al-Qaida-Organisation*) war für die Gruppe verantwortlich.

al-Harbi: Ein Flugzeug, das in ein hohes Gebäude stürzt, war bisher für jeden unvorstellbar. Dies war eine große Leistung. Er war einer der frommen Männer in der Organisation. Er wurde Märtyrer. Allah segne seine Seele. Das Flugzeug, das er in das Gebäude stürzen sah, wurde zuvor von mehr als einem Menschen gesehen. Einer der guten religiösen Menschen hat alles aufgegeben und ist hierher gekommen. Er sagte mir: „Ich habe eine Vision gehabt, ich saß in einem langen und breiten, in einem riesigen Flugzeug. Ich trug es auf meinen Schultern und spazierte von der Straße in die Wüste, einen halben Kilometer weit. Ich schleppte das Flugzeug." Ich hörte ihm zu, und ich betete zu Allah, er möge ihm helfen. Eine andere Person sagte mir, sie habe im letzten Jahr gesehen, aber ich verstand ihn nicht und sagte ihm, ich verstünde ihn nicht. Er sagte: „Ich sah Menschen, die sich zum Dschihad aufmachten ... und sie fanden sich in New York wieder ... in Washington und in New York." Ich sagte: „Was ist das?" Er sagte mir, das Flugzeug sei ins Gebäude gestürzt. Das war im letzten Jahr. Wir haben nicht viel darüber nachgedacht. Aber als die Ereignisse geschahen, kam er zu mir und sagte: „Sehen Sie ... das ist merkwürdig." Die Brüder, die die Operation leiteten, wussten nur, dass es um eine Märtyrer-Operation gehen sollte, und wir baten jeden von ihnen, nach Amerika zu gehen, aber sie wussten nichts über die Operation, nicht einmal einen Buchstaben. Aber sie waren ausgebildet, und wir haben ihnen gegenüber die Operation nicht offenbart, bis sie dort waren und erst kurz bevor sie an Bord gingen. (*unverständlich*) ... diejenigen, die das Fliegen erlernt hatten, kannten die anderen nicht. Einer aus der Gruppe kannte die anderen der Gruppe nicht. (*unverständlich*)

(Jemand aus der Menge bittet Bin Laden, dem Scheich vom Traum (Abu-Da'uds) zu erzählen.)

Bin Laden: Wir befanden uns in einem der Lager der Wächterbrüder in Kandahar. Dieser Bruder gehörte zur Mehrheit der Gruppe. Er kam näher und sagte mir, dass er in einem Traum ein hohes Gebäude in Amerika gesehen habe, und im selben Traum habe er noch Mukhtar gesehen, der ihm Karate beibrachte. An diesem Punkt machte ich mir Sorgen, dass das Geheimnis vielleicht entdeckt würde, wenn jedermann

es in seinen Träumen sehen würde. Daher wechselte ich das Thema. Ich sagte ihm, wenn er einen anderen Traum sehe, sollte er den anderen davon nichts erzählen, denn sonst würden sie sich über ihn aufregen.
(Die Stimme einer anderen Person ist zu vernehmen, die ihren Traum vom Zusammenstoß zweier Flugzeuge wiedergibt.)
Bin Laden: Sie waren außer sich vor Freude, als das erste Flugzeug das Gebäude traf, aber ich sagte ihnen: nur Geduld. Der Zeitunterschied zwischen dem ersten und dem zweiten Flugzeug, das die Türme traf, betrug 20 Minuten. Und der Zeitunterschied zwischen dem ersten Flugzeug und dem, das im Pentagon einschlug, betrug eine Stunde.
al-Harbi: Sie (*die Amerikaner*) waren entsetzt, als sie an einen Coup dachten.

Bin Laden (rezitiert ein Gedicht):

> Ich bezeuge, dass gegen die scharfe Klinge
> sie immer Nöte hatten und zusammen standen ...
> Wenn die Dunkelheit über uns kommt und wir
> Von einem scharfen Zahn gebissen werden, sage ich...
> "Unser Heim ist mit Blut überströmt und der Tyrann
> Wandert frei in unserem Heim umher“ ...
> Und vom Schlachtfeld verschwindet
> Der Glanz der Schwerter und die Pferde ...
> Und über den weinenden Klängen
> hören wir nun Trommeln und Rhythmen schlagen...
> Sie stürmen seine Festungen
> und rufen: „Wir hören erst auf,
> wenn du unsere Länder befreit hast.“...